U0510364

THE
TWELVE LIVES
OF
ALFRED HITCHCOCK

An Anatomy of
the Master of Suspense

—

Edward White

希区柯克的
12种人生

［英］爱德华·怀特 著

黄渊 译

上海人民出版社

目 录

Contents

前　言

　　阿尔弗雷德·希区柯克的电影事业，始于 1921 年之春。往前倒推数月，他在报上读到了美国名角-拉斯基电影公司（Famous Players-Lasky）即将在他家乡伦敦开设分所的消息，公司计划招募一批插卡字幕（intertitles，无声电影里涉及剧情和对白的字幕卡）的设计师。痴迷电影的希区柯克，此时虽才二十出头，但因为过去几年一直都在为威廉·托马斯·亨利电报工程公司（W. T. Henley's Telegraph Works Company）设计平面广告的关系，技术专长正巧对口这份电影公司的工作。

　　美国名角-拉斯基电影公司的伦敦分公司成立之后，原本第一部打算要拍的电影，是根据同名小说翻拍的《撒旦的悲哀》（*The Sorrows of Satan*）。希区柯克还专门找来了这本小说，并靠着一些做广告的同仁帮忙，提前设计好了插卡字幕，不料挫折却也接踵而至。插卡字幕设计稿交了上去，希区柯克才被告知，《撒旦的悲哀》决定不拍了。于是他只得默默离开，但不久之后又为代替该片投入筹备的新项目设计好了插卡字幕，重新交了上来。电影公司的几位老板为他这股劲头所打动，决定让这小伙子以自由职业身份入职，先过来试试。公司给他的酬劳不高，所以希区柯克只能两头兼顾，一边设计电影字幕，一边还不能放弃电报工程公司的工作。为让公司对他的兼职行为网开一面，希区柯克还专门从这份额外收入中拿出了小部分，偷偷塞给了顶头上司。所幸，他的这些插卡字幕都设计得相当优秀，不久便成了名角-拉斯基电影公司的正式员工。他离开电报工程公司，那是在 1921 年的 4 月 27 日。[1] 这是海底电缆行业不小的损失，但对世界电影来说，却是巨大的收获。

　　上述这段轶事，最初还是由希区柯克自己主动对外透露的。回过头来看，这完全就是希区柯克六十年电影生涯的完美缩影。他的雄心勃勃，他丰富的画面想象力，他苦心钻研如何才能尽可能少用对白、多用画面来讲述故事的那股劲头，他对小说素材的仰赖，还有他善于发动众人共同努力以实现其个人目标的本领，这些全都在他入行之初便已存在了。但最重要的一点或许还在于，他还真是喜欢把自己描述成这么一个人：靠着才华、热情和鬼点子来攻坚克难的外来者。

　　正式加入名角-拉斯基电影公司不到六年，这个永远不知何为疲惫的影坛新手，已开始锻造只属于他的传奇。时至 1927 年，凭着头三部作品《欢乐园》(*The Pleasure Garden*)、《山鹰》(*The Mountain Eagle*) 和《房客》(*The Lodger*) 所取得的成功*，希区柯克已成为轰动一时的影坛红人。但可千万别以为他的天才就只体现

---

* 这三部影片都首映于 1926 年，但 1927 年时才遍及全英各地进行公映。

在拍电影这一件事上。据他自己所讲，就在那年圣诞早晨，他有好些亲朋好友翻开圣诞袜后，都找到了里面藏着的一件颇有心思的小礼物：绘有他这位电影神童侧面肖像剪影的小型拼图玩具。整个侧像仅以寥寥九笔勾画而成，不论是这件精致的装饰风格作品本身，还是他会想到拿这来当圣诞礼物的巧心妙思，其实都特别符合希区柯克其人。[2] 由此开始，希区柯克的这个自身形象，也成了他手中的宣传工具外加艺术作品。他本身就成了一块会说话、能走路的活商标。过去也有影评人管这叫作"希区柯克笔触"，但或许我们也可以称其为"希区柯克金字招牌"。总之，这是他的个人声誉外加各种坊间传说再结合上他那些电影的主题、美学和气氛之后的集大成者。光是他这个人往那儿一站，便足以让所有人目不转睛。在随后的半个世纪之中，希区柯克的这种人格面具也成了某种本身具有活性的成分，普遍存在于他那 53 部电影之中 *，性质等同于王尔德之于王尔德戏剧作品，或是安迪·沃霍尔之于沃霍尔艺术作品。对比其他那些同样被视作好莱坞正典的导演，希区柯克的独特之处便在于，关于他自身的那些坊间传说，其光芒之强，已足以盖过他那些经典作品所散发出的璀璨光华。

如今，希区柯克早已被视作他这一行里的代表人物。正如史学家宝拉·马兰士·科恩（Paula Marantz Cohen）所述，希区柯克的电影事业为我们提供了"一条研究整个电影发展史的捷径"。[3] 他的作品横跨无声电影、有声片、黑白片、彩色片和 3D 片；横跨表现主义、黑色电影和社会写实风格；横跨惊悚片、神经喜剧和恐怖

---

* 如果算上和英语版同步套拍的德语版《谋杀》（*Murder!*），那就是 54 部电影。

片；横跨魏玛共和国的德国电影、好莱坞的黄金时代、电视的崛起以及 20 世纪 60 年代和 70 年代库布里克、斯皮尔伯格与斯科塞斯接连涌现的时代骚动。

　　希区柯克的重要性其实还远在电影之外。从很多角度来讲，他都在 20 世纪最具代表性的艺术家之列。当然，这并不表示，他就非得是他们之中最有才华或艺术上最为成熟的代表。说他具有代表性，主要是因为他的影响力是如此之大，而且他的人生和他那些跨类型、跨媒体的作品，为我们生动展示了由咆哮的 20 年代至摇摆的 60 年代整个西方文化的各种关键主题。而且，我们还可以由他身上看到美国作为一个文化上的庞然巨兽那种逐步展露真容的全过程，由他身上看到女性主义的持续崛起，看到性、暴力和宗教在流行文化中所扮演的角色是如何不断演变的，看到精神分析学说在西方社会中的普遍影响，看到广告业和推销术如何作为一股文化力量不断壮大，看到艺术和娱乐之间的天堑是如何逐步消弭的。总之，他和他的作品都是文化意义上的点金石，为电影、电视、艺术、文学和广告带来了深远影响。不管是参加威尼斯艺术双年展的评论家，还是爱看动画剧集《辛普森一家》的普通观众，全都熟悉他和他的作品。焦虑、恐惧、偏执、内疚和羞耻，都是他电影里的情绪发动机；监视、阴谋、怀疑权威和性暴力，都是他电影里最常出现的要素。也因为上述这两点，他的作品即便是对今天的观众而言，依旧具有一种迫切性。早在 20 世纪 60 年代，希区柯克的作品就因各种专门的电影研究而登堂入室，被纳入学术范畴。时至今日，希区柯克更是成了包括性别研究、酷儿研究、城市研究、肥胖研究、宗教研究和刑事司法研究在内的五花八门各种学科的探究对象。他活着的时候，或许会让人觉得像是有些生错了时代，仿佛是一件被错置在 20 世纪的维多利亚时代古董。但在他去世之后，哪怕又过了几十年，你会发现独一无二的他经过了各种乔装打扮之后，其实还依然活在我们当中。

本书所述，正是他身上 12 种那样的"人生"。这是 12 幅希区柯克的特写肖像，由 12 个不同角度切入，揭示他身上 12 处最基本的特征，让我们看看他身上这种富有传奇色彩的公开形象，究竟是如何一步步精心打造而成的。本书写到的，既是他曾活过的全部人生，同时又是他曾扮演过的、进入过的那些形形色色的角色，是他曾经投射出的各种不同版本的自己，外加我们这些外人一直以来所投射在他身上的那些东西。在他这 12 重形色各异的化身之中，包括那个怎么都忍不住要拿别人来开玩笑的搞笑者，还有那个孤独惊恐的小男孩，那个善于解决难题的革新者，那个其实从没离开过伦敦的全球公民，还有那个觉得暴力与失序才是具有创造性的生命力的跨界艺术家。此外，那些与他同时代的电影人，那些曾经影响过他的人以及受到他影响的人，也都会在本书中依次出现。因为，说到希区柯克这面金字招牌，大家首先会想到的便是，他是他那个电影宇宙中的全能造物主。但这种看法在我看来其实既对又不对，他本身的才华固然无可否认，但倘若缺少了他那些创意十足的合作伙伴、记者、企宣人员以及我们这些观众的介入，这面希区柯克金字招牌其实也就不会存在了。

您即将读到的这 12 段希区柯克人生故事，每一段都会上下数十年，将那个年轻希区柯克和年老希区柯克前后串联。普罗大众对于希区柯克的想象，最主要的，自然还是来自 20 世纪 50 年代至

60 年代初他事业最顺遂的那一阶段的希区柯克公众形象。但事实上，距离他拍出《惊魂记》(*Psycho*)的很久之前，希区柯克还曾有过完全不同于这种可怕大叔形象的另外一副模样。那是一个生活在爵士年代的年轻城里人，初出茅庐，不知天高地厚。他用镜头为我们描绘了两次世界大战之间那段时间里的伦敦究竟是什么样子，而在他后来完成的更受外界推崇的那些作品里占据核心地位的那些想法和冲动，其实也早在这些电影作品中，都已获得了出色的呈现。经济学家大卫·加伦森（David Galenson）曾经提出过一种理论，他说世上存在两种截然不同的天才。一种以高产、早熟的毕加索为代表，另一种则以喜欢反复掂量再三的晚熟者塞尚为典型。回想过去这一百年间，要说有哪位重要艺术家能够同时兼具这两种天赋的，恐怕最具代表性的也就只有希区柯克了。[4]

说来有些矛盾但或许又不可避免，那就是，虽然之前说了希区柯克身上有着强烈的时代代表性，但其实他又代表不了什么人，因为他是如此的独一份。他那种经由多种媒体开发、打造而形成的公众形象，可谓是集合了维多利亚时代的唯美主义者、爱德华时代的歌舞秀场表演艺人、好莱坞的电影大亨以及欧洲的前卫派艺术家于一身。刚进入大众视野时的他，当时曾被看作一个特别有英国味道的现代派。明明受到自己国家那种怀旧文化和传统的浸淫，但希区柯克寻求的却是用新技术和新思维，去把那些被视作禁忌的、具有实验性质的非主流元素，一步步悄悄推向主流。作为现代和都市的演绎者，他时常在电影里强调电影技巧和工序的重要性，他会利用摄影机、棚内布景和后期剪辑来摆弄画面的运动、速度和时间。和所有真正的现代派一样，他乐于在电影里暗中破坏各种过时的信仰，乐于故意刺激观众的美好情感。他是波德莱尔笔下的闲逛者，也是关于他的那些传说的缔造者。他的自我推销不是为了别的目的，纯粹就是因为他喜欢推销自我。他不仅是导演，同时也是演出经理人和舞台上的表演艺人。他是这一整出戏的缔造者，而戏的核心，正是他自己身上的那些传说。这些传说传得越是邪乎，他就越是变本加厉地利用各种相关的自我揶揄、反语和懂的人自然懂的笑料来和我们逗闷子。也因此，等到 20 世纪 60 年代各种文化革命纷纷兴起之际，这位原本的现代派天才青年，反倒是又转型成了狡猾、犬儒的后现代主义老顽童。

希区柯克常坚称自己为人其实非常简单直接，但他的复杂个性决定了，针对这一点，外界永远都少不了各执一词的争论。他有着非常强烈的自我意识，但对自己的主观评价却又很不堪一击；他的自视有多高，反过来自怨自艾就会有多深。一方面，他对自身的能力和想法极度自信，但另一方面却又时时刻刻都离不开别人对他的首肯——这里说的别人，既有他身边最亲密的人，也包括与他完全陌路的普通观众。一方面，他传递情感经验的本领堪称一绝，另一方面，他主观上却几乎完全就不怎么能弄明白自己的内心感受，而且似乎总有一种有人要威胁他的感觉，时刻都得小心提防。他那些关于自己的说法，很明显都有互相矛盾、彼此相左的地方；他希望我们能相信他是这么一个人：一遇上什么事，就会神经质一样地精神崩溃，可是同时却又能沉着冷静地面对这一切。他对自己身上的优雅和教养引以为傲，可同时却又为克制自己的大胃口而苦苦烦恼。他发现自己身上的男性气质让他是既惊又喜；虽然他常把自己看作妇女之盟友，但到头来却又慢慢变成了男性掠食者和仗势欺人之徒的代名词。平日里，他明明表现得像是无所不知、无所不晓，一切尽在掌握，可他这一辈子直至临终大限，却又始终都没弄明白他自己这个人。这一生，他一直都在为自己关于今生所知的这些事和关于来世所不知的那些事而日日惶恐不安。

各种如此强烈的矛盾冲突，也催生了关于希区柯克的各式读解，其五花八门和众说纷纭，着实让人叹为观止。色中饿鬼版本的希区柯克，与宠妻狂人版本的希区柯克，可谓针锋相对。沉思型艺术家版本的希区柯克，与耍宝艺人版本的希区柯克，也是互不相让。有些人认定了，他就是一个郁郁寡欢、讨厌人类的厌世者，但也有人恰恰相反，他们在将他所有作品细细爬梳后得出结论：希区柯克其实就是一位无可救药的浪漫主义者。自他去世之后，同一个人衍生而出的这些迥然不同的形象，如雨后春笋一般犬牙交错着拔地而起，但不论是哪种形象，背后的始作俑者，最初为这一节节春笋播下种子的，其实全都是他本人。这几十年里，人们不停地问着这同一个问题：究竟哪一个才是真正的阿尔弗雷德·希区柯克？但有些时候，更为切题的问法，或许还应改作"究竟哪一个阿尔弗雷德·希区柯克，才是你心目中的阿尔弗雷德·希区柯克"才更合适。

他那幅著名的侧颜自画像，其实仅由寥寥数笔构成；同样道理，我也希望凑成本书的这12个章节，可以各自贡献一个不同组件，以构成希区柯克的整体身份。只有将它们摆在一起去看，才能拼出一幅完整的画面。但另一方面，正所谓万变不离其宗，这每一个侧面，说到底也都来自这同一个人，都来自他对构成电影这件瑰宝的每个不同琢面的迷恋。他迷恋电影的色彩和服装，迷恋电影舞

美的诸种细节，迷恋电影对于音乐和声音的运用，迷恋电影剧本的
编写，迷恋经过精挑细选而来的电影演员阵容的奇妙化学作用，迷
恋照明所能带来的电影质变，迷恋靠着审慎操刀才能达成的电影剪
辑奇效。"我这辈子就没见过比他更享受拍电影这件事的人，"好
友兼同事诺曼·劳埃德（Norman Lloyd）曾经说过，"那已成了
他身上很重要的一部分，分不开了。要说人这一辈子究竟该怎么
活，看看他对拍电影这件事的乐在其中，那应该就是一个很好的榜
样。"[5] 而照我说，希区柯克这么多重人生里面，真有哪一种是应
当被我们拿出来，当作自己的人生榜样的吗，这个问题其实还真挺
耐人寻味的。

1

长不大的男孩

距离一战结束已有一年零六个月，伦敦人民也已开始熟悉失去亲人的滋味。首都的每条街道上，都已有人永远离开；死者固然长已矣，生者却还在常戚戚。在许多这样的生者中，就包括了因创作《小飞侠彼得潘》而人尽皆知的剧作家 J·M·巴里（J. M. Barrie）。战争带走了他的好友，为他话剧事业助力甚多的百老汇制作人查尔斯·弗罗曼（Charles Frohman），还带走了巴里笔下那些"迷失男孩"的人物原型，戴维斯家那几兄弟里的乔治·李维林·戴维斯（George Llewelyn Davies）。

1920 年 4 月，巴里的新剧《玛丽·罗斯》（*Mary Rose*）在伦敦干草市场剧院首演。和彼得潘不同，这一次的主人公倒是很想要长大，结果却发现自己没法像正常人那样地老去。孩提时代的玛丽·罗斯，曾失踪过一次，时隔三周才重新出现，但她却以为自己只是离开了数小时而已。玛丽之后的人生一如寻常，但内心却一直像孩子那样没有长大。成年之后，她又再度失踪，这一次要等几十年后才重新归来，但外貌却是丝毫未变。她由家人口中得知，儿子早已成人，但却不幸遇上世界大战，音讯杳然。受不了这么大的刺激，玛丽·罗斯溘然去世，但她的魂魄却又回到了这里，疯狂地寻找儿子，久久不愿离去——那鬼魂还是一副甜美少女的模样，她被困在了那个业已消逝的时代之中，曾几何时，那时候所有人都还保留着自己的内心纯真，未被夺走。就这样，《玛丽·罗斯》成了巴里所有那些超自然神秘故事中最贴近俗世的一则。

当时正在一家海底电缆公司做广告设计工作的阿尔弗雷德·希区柯克，也去看了《玛丽·罗斯》的首轮演出，而且还梦想着有朝一日能将它搬上银幕。对于年轻的他来说，专程跑一次伦敦西区，度过这么一个戏剧之夜，那可是他当时最大的人生享受。战争爆发之前他也常来，但都是和父母一起。而现在，他则更愿独自前来看戏，享受这仅属于他一个人的沉浸式体验；类似这样的体验，他还有许多别的途径可以获得，而他本就想象力极其丰富的生活，也因为这些体验而获得了更多刺激。

从某些角度来说，巴里身上有很多地方会让我们想到日后的希区柯克。他们两人都有那么一些自己念念不忘的主题，它们反反复复地在两人各自的作品里出现，而且那些怪力乱神的故事，总是会让你越琢磨越是心神不宁，因为在那表象底下，不知怎么就会觉得，一定还存在着某些更复杂的东西。当初《玛丽·罗斯》所收获的评论，相比日后希区柯克作品所得到的评价，也有着惊人的相似。某位伦敦剧评家写道："这么一出怪异且优美的话剧，就像是有什么魔法，能把你迷得神魂颠倒，哪怕回家之后再想起来，也会觉得脊背阵阵凉意。"随后，这位剧评家两头出击，既批评那些对巴里作品嗤之以鼻的老古董傲慢自大、不可理喻，也嘲笑某些拼命在他话剧里寻找隐藏意义的人，说他们"哪怕是在脚手架里都能找出隐喻来，哪怕是看到装煤的铁筒，都能想到那是某某的象征"。[1]对比日后某些影评人针对那些看希区柯克电影看出了强迫症的观众大加批判时的遣词造句，两者完全就是同一种路子。此外，还有一位剧评人盛赞《玛丽·罗斯》这出戏"就像是一片可口的蛋糕"[2]，而希区柯克日后常爱用来自夸的一句话，说的也正是某些导演拍的电影，像是一段段人生切片，而他自己拍的电影，却是一片片蛋糕。

《玛丽·罗斯》带给希区柯克的影响，持续终身，甚至在他拍摄《迷魂记》(Vertigo) 时，还设法找到了《玛丽·罗斯》当年首演时用过的背景音乐，交给了为《迷魂记》配乐的伯纳德·赫曼 (Bernard Herrmann)，希望能给他一些启发。[3]又过了几年，他找人完成了《玛丽·罗斯》的电影剧本，可电影公司却以故事基调太过压抑为由拒绝投拍，也让希区柯克直至去世都未能得偿所愿。总而言之，在希区柯克和《玛丽·罗斯》之间，存在着一种强烈却又难以言表的关系，它和剧场那种让人愉悦的陌生感有关，和饰演玛丽·罗斯的斐·康普顿 (Fay Compton) 身上所散发出的令人神魂颠倒的灵性有关，也和童年之蚕茧一旦撕裂后所产生的幻火感有关。和当年看过话剧《玛丽·罗斯》的许多观众一样，希区柯克也因战争年代的各种失落和挂念的情绪而饱经折磨，青少年时期便经历如此强烈的情感体验，给他留下了终身的影响。而这也和剧中的玛丽·罗斯有着些许的相似，在希区柯克身上，也有那么一部分，就那么永远地定格在了童年。或是用他自己的话来说，"男人和男孩，其实本就没什么不同"。[4]

    如何处理每部电影的结局，这是希区柯克始终十分纠结的事，而这方面的最典型例子，非《惊魂记》莫属。直到最后一刻，他才在拍摄计划中加入了解释发展心理学的那一场戏。以此解释主人公诺曼·贝茨的杀人动机，无疑是一种天降神兵式（deus ex machina）的解决方案。不过，他之所以会纠结于故事该如何结局，具体原因倒是多种多样。有时候，是因为审查部门的敏感玻璃心，有时候则是因为某些喜欢胡乱插手的制片人的冥顽不灵，还有一些时候更是因为希区柯克觉得要为观众着想，观众需要圆满完整的故事结局。相比之下，希区柯克在处理电影开端时，倒是很少会如此犹疑不决，尤其是在那些电影故事本就属于典型阿尔弗雷德·希区柯克式故事的时候。

    关于希区柯克早年生活的那些基本史实，绝对可以用平平无奇四个字来形容。1899 年 8 月 13 日，他出生在父亲所经营的那家蔬果铺的二楼，地址是位于伦敦东边的埃塞克斯郡雷顿斯通区高路517 号。在他之前，艾玛和威廉夫妇已有两个孩子：大儿子威廉和父亲同名，时年九岁；女儿爱伦又名内丽，时年七岁。生活在 19世纪的人，在描述英国这个国度时，常爱采用"小店主国度"这一说法，而希区柯克的父亲正是此类"小店主"人物的典型。他们对于能自己当老板这件事，相当引以为傲；能够把一便士翻倍成两便士，那是一种本事，更是一种做人的美德。当然，老希区柯克翻倍翻出来的那些便士里头，似乎有相当不少都被留在了他最爱光顾的那几间酒吧里。相比之下，倒是他的弟弟，也就是希区柯克的叔叔

他家的蔬果铺门外，希区柯克的父亲和哥哥，约 1900 年。

约翰，更多地被视作他们家族那一辈里的榜样。在富人扎堆的伦敦帕特尼区，约翰成功地经营着几家连锁食品商店，自己住的也是带五间卧房的大宅，还有数名佣人伺候。至于希区柯克的母亲艾玛，虽然表面看来个性外向、乐乐呵呵，但其实却是一位令人心生敬畏的女性大家长。她会要求子女在家必须做到整整齐齐、一尘不染，因为这才是内心良善所应有的外在表现。"她是一个了不起的人物……非常强势，"希区柯克的女儿帕特丽夏日后在回忆奶奶的时候，曾这么说过，"所以你不难想象，年轻人看到她的时候，可能会有些害怕……她总能让他们全都规规矩矩的。"[5]

虽然努力工作和自律生活可算是他们家的家训，但严格说来，倒也不能用清教徒来形容这一大家人。去剧场看戏，听古典音乐会，逛游乐场外加看马戏，这些可都是他们家常有的家庭活动。而且，他们还经常会沿着泰晤士河或是深入埃塞克斯乡间搞搞一日游什么的。而到了夏天，这家人还会去约翰在肯特郡克利夫顿维尔海边租下的大别墅度假消暑。

到了希区柯克六七岁时，他们家搬去了泰晤士河畔的莱姆豪斯地区（Limehouse）生活。那是传统意义上的伦敦东区核心地带，老希区柯克在那儿买下了两家鱼产店，把新家安在了位于鲑鱼巷175号的那家店的楼上。希区柯克的父母其实都有爱尔兰血统，但父亲威廉家里信的是英格兰国教，艾玛家却是虔诚的天主教徒。婚后，老希区柯克改宗皈依，家里三个孩子也都从小虔信天主教。因此，天主教的教义与仪式，在他们的家庭生活中承担着核心角色。老希区柯克会引用《彼得前书》里的话，深情地用"无玷污的羔羊"[6]来称呼儿子阿尔弗雷德，而艾玛——如果我们可以相信希区柯克回忆往事时的那些说法的话——则会让他每晚睡觉前都站在母亲床头，忏悔自己的罪。

九岁那年，希区柯克被送去了位于伦敦巴特西地区的天主教慈幼会公学。不过，这所寄宿制学校的风纪显然是太过严苛，而饭食却又糟糕透顶，所以他只在那里待了一周，便又被父母接了回去。随后，他读的是由耶稣忠诚同伴修女会管理的教会学校豪拉之家（Howrah House）。就这么又过了两年，十一岁的希区柯克被送去位于北伦敦地区史丹佛山的耶稣会学校圣依纳爵公学。该校因耶稣会会祖圣依纳爵·罗耀拉（St Ignatius of Loyola）而得名，他是生活在 16 世纪的外交家和军人，在他关于心灵之道的那些影响力巨大的著作里，罗耀拉倡导在宗教信仰中注入骑士精神，号召信徒为上帝之荣耀而战，奉献出他们全部的精力和生命。[7] 因此，耶稣会学校的条件艰苦和戒律森严，都是名声在外，而希区柯克对此自然也都有着切身感受。和当时所有的耶稣会学校一样，圣依纳爵公学的各式惩罚手段里，也包括了用戒尺鞭挞手掌。说是戒尺，其实是一条橡胶皮带，长一英尺，外面以皮革包覆。据希区柯克回忆，这一体罚仪式"极富戏剧感"，因为"会由受罚学生自己决定要何时执行，所以大家都会能拖则拖，拖到实在没办法了，只能在晚上去到那间专门的屋子里，被神父或是负责杂役的凡人修士鞭挞手掌——整个过程，夸张点讲，就像是在等待死刑执行"。[8] 伸手被鞭的那一刻终于来到，那可不是一般的痛。如果有哪个孩子被判鞭挞 12 下的话，"那就需要分两天执行才能完成，因为每只手一次最多只能承受三下痛击"。[9]

正是这段经历，造成了希区柯克对于仪式的敬畏和对于威权的恐惧。当然，和希区柯克同时代的人或许会反驳说，在当时的英国，其实不管是哪种中学，类似如此的体罚行为都可说是司空见惯，而且相比耶稣会学校，包括基督教兄弟会在内的其他那些教派下属的教会学校，用的各种惩罚手段甚至还要来得更严厉，更武断。但不管怎么说，这段经历显然给希区柯克留下了终生难以磨灭的印迹。他自己也曾讲述，神父和他们那套东西带给他的恐惧心理，正是他电影作品的"根基"所在。[10]不知是存心还是无意，日后希区柯克也曾将他对于暴力惩戒的这种恐惧心理，又再传递给了他本该加以庇护的一个小男孩。演员比尔·穆米（Bill Mumy）当时年仅七岁，要在20世纪五六十年代风靡一时的电视剧集《希区柯克剧场》（Alfred Hitchcock Presents）第七季名为《砰！你死了》（Bang! You're Dead）的那一集中饰演重要角色。那天的戏拍了好久，穆米渐失耐心，不顾剧组让他保持静止不动的要求，整个人坐立不安起来，而这也逼得希区柯克站起身来，冲他走了过去。接下来的那一幕，让比尔·穆米永生难忘。像是神父那样穿着一身黑衣白衫的希区柯克，整个人如泰山压顶一般凑近过来，他满头大汗，喘着粗气，轻声地在小男孩耳边说："如果你再继续乱动的话，我就要用钉子把你双脚牢牢钉在地板上，我要让你脚上的鲜血像是被打翻了的牛奶那样，洒满一地——所以我劝你，千万别再动了。"当下，穆米整个人都吓呆了，甚至多年之后，当他和希区柯克又在同一栋环球影业办公大楼里上下班时，穆米也会刻意避开后者的办公室左近。"这件事对我影响巨大，持续了五十年都不止，那就像是一道文身，刻在了我的心底。"他在2013年时如此说道。[11]对比那些威权人物当初带给希区柯克的终身影响，这其实根本就是一回事。

　　和大部分与他相似背景的孩子一样，希区柯克也在距离十四岁生日还剩几周时离开了教会学校。随后，他入读伦敦郡立海洋工程与航海学校，对于科学、技术和工程的兴趣获得极大拓展。一年之后的 1914 年 11 月，他已告别校园迈入社会。在威廉·托马斯·亨利电报工程公司，起初他干的只是估量海底电缆尺寸和电压规格的无聊工作，但之后他被转去广告部，同时又在伦敦大学金史密斯学院办的艺术夜校班上课。也正是由这时候开始，在他即将彻底告别自己少年时代之际，希区柯克的创作人生也正式启航了。

　　关于希区柯克的童年经历，上述这些内容基本只是一个框架，想要让它变得更立体和丰满，主要还是得依靠希区柯克自己追忆往事时所讲过的各种趣事轶闻。按他自己对自己的认识，这是一个害羞、孤僻的小男孩，童年生活虽不能用不幸二字来形容，但大多数时候都只是冷眼旁观其他孩子的活动，而非参与其中。体育运动和打打闹闹的游戏，从来就不是他的兴趣所在。希区柯克曾回忆说："在我印象里由始至终我就没有过任何玩伴。"[12] 至于家中的哥哥姐姐，也都因为和他年龄相差太大，根本没法玩到一起去。虽然他自觉小时候其实还挺和蔼可亲的，但按照某位希区柯克传记作家的说法，大多数同龄人当时就已觉得他这人有些奇怪，甚至还会取笑他身上有鱼腥味。[13] 于是，缺伴的希区柯克索性就躲进了书本和地图之中。他迷上了旅行，不光将火车时刻表牢记于心，还会在地图上追踪游轮的航行轨迹。按他自己的说法，还没到八岁，他就已经搭乘过伦敦公共巴士公司的所有线路了。

　　关于童年，他最为逼真的记忆全都和恐惧相关——当然，你也可以说，那些都是他最爱公开讲述的私人记忆——而恐惧也成了他电影里最为重要的推动力。他总爱说自己什么都害怕：怕警察、怕陌生人、怕开车、怕独处、怕人多、怕高、怕水、怕各式各样的冲突和对立；他说所有这些都会让他非常头疼。"我就像是一台马上就要到点响起的闹钟，外表看不出来，其实里头好不热闹。"面对好莱坞传奇八卦记者海姐·霍普（Hedda Hopper）时，希区柯克曾如此描述自己。[14] "能在他的电影里看到这些内心恐惧，这可真是让人惊喜。"当过《西北偏北》（*North by Northwest*，1959）、《群鸟》（*The Birds*，1963）和《艳贼》（*Marnie*，1964）等片美术指导的罗伯特·博伊尔（Robert Boyle）之所以会这么觉得，并非是因为希区柯克害怕的这些东西有多么离奇古怪，而是因为这种恐惧时的情绪体验和身体反应我们每个人其实都有，而希区柯克就是有这么一种本领，能把它们表现在银幕之上。所以博伊尔才会说："他的害怕威权和他的怕高，要说和我们的有什么不同，那就是他能够将其呈现在银幕之上。"[15] 正如希区柯克传记作者唐纳德·斯伯特（Donald Spoto）所说，他是一位"善于表现内心焦虑和意外事件的视觉意义上的诗人"。[16]

希区柯克曾用先天遗传和后天习得这两种可能性，来解释自己这种心事重重的性格脾气，这和临床心理学家针对广泛性焦虑症的最新解释倒是颇有几分相似。一方面，老希区柯克就是一个爱担心的人，据希区柯克回忆，父亲似乎只有在看戏时才能彻底放松下来。"我觉得他总是忧心忡忡的，因为店里要卖的东西，全都是最经不起摆放的那类商品，这让他很伤脑筋。"[17] 但我们也不得不感慨，贩卖海鲜、水果和蔬菜这件事，看在希区柯克眼里，竟然也可以变成是一件如此充满悬念的事；原来，他还可以从沙丁鱼的生命周期里找出充满戏剧张力的那一面来，这也真是够典型性希区柯克的。

不过，相比先天遗传，大多数时候他还是更愿意用自己小时候某些特定时刻的亲身遭遇，来解释他成年后的高度内心焦虑。相比先天遗传说，这种来自后天的解释，听起来更妥帖也更有趣，但他关于这些陈年往事的鲜明记忆，总会有某些地方无法做到前后一致。总之，那全都是一些情绪化的追忆往昔，全都是他生命中非同寻常的瞬间，但时隔多年依然给他留下了无比鲜活的印象，能几十年如一日地被他反反复复地拿出来当故事讲，而且显然早已形成了某种固定套路。在他这些童年往事的段子里，最有名的一则，我们或许可以称之为是希区柯克版的创世传说。他对威权的恐惧，对遭人遗弃的担心，他既害怕自己真犯了错又害怕明明清白却又被冤枉的内心纠结，所有这些在他电影里都曾强烈显现过的让人久久无法平复的情绪，据说，全都来源于这段往事。"当时我应该是四岁还是五岁吧，"他告诉法国导演特吕弗说，"父亲把我送进了警察局，警长看了父亲让我带去的一纸便条后，便将我锁在了监狱里，关押了大概有五分钟、十分钟吧。警长说，'这就是淘气的下场。'" [18]约翰·拉塞尔·泰勒（John Russell Taylor）是得到希区柯克授权认可的传记作者，他说自己曾与希区柯克的姐姐内丽确认过这件事，结果得到了肯定的回答，但泰勒并未在书里直接引用内丽关于此事的回复。[19]

希区柯克实在是讲这同一件往事讲了太多遍，而各版本之间的矛盾差异，也让人不禁要怀疑，究竟这件事在他记忆里有没有他自

称的那么刻骨铭心、永生难忘。绝大多数时候，他都说自己当时
是五岁或六岁，但面对特吕弗的那一次，年龄下限被放宽到了四
岁，而面对意大利记者奥里亚娜·法拉奇（Oriana Fallaci）时，这
件事发生时他又变成了十一岁。[20] 曾经，他在接受某家澳大利亚
报纸采访时说过："据说我小时候曾被一位警官吓到过，或许这就
是我后来会喜欢寻找刺激的原因所在。"[21] 这么说的话，他关于
此事的记忆，说不定是从某位家里人那儿听来的，然后再经过他日
后的一番想象，才逐步形成了这段记忆——对于像他这么一个内心
世界丰富多彩、活力十足的人来说，这种可能性完全存在。至于他
当时究竟是犯了什么错才会被关起来，他有时候会说自己也毫无头
绪，另一些时候又会推断说是因为那天他沿着家门口的电车轨道一
路走了出去，整个人都沉浸在旅行的浪漫和冒险情绪之中，完全
忘了时间，结果因迷路而耽误了回家。可是，迷路的小孩好不容易
回了家，父亲的第一反应却是将他送去监狱——哪怕只是关押了一
小会儿——这虽说不上有多无情、多残酷，但至少还真让人觉得有
些匪夷所思吧。某一次，希区柯克在讲述这段往事时，曾开玩笑地
说起，他父亲那天还因为晚饭没能按时开饭而大发雷霆了，说完之
后，希区柯克自己又补充了一句，"他生气也可能是因为他很担心
我吧"。[22] 如果那天他父亲真是那种反应的话，这倒让我想起了
四十多年之后希区柯克自己也人到中年时的一次类似情形。那是某
个周日，他妻子和在他新片《忏情记》（I Confess，1953）里当女一
号的安娜·巴克斯特（Anne Baxter）相约外出，回来时遇上堵车，
到家时已过了平时的晚饭时间。结果，因紧张焦虑而怒火中烧的希
区柯克，给安娜·巴克斯特留下了极其深刻的印象。"他就像是神

话里的众神之王朱庇特那么端坐着，冲着我们大发脾气。过了很久很久之后，他才原谅了我耽误他吃晚饭这件事。"[23]

　　还有一些与之类似的童年感情创伤故事，也都变成了构建希区柯克那些传奇人生故事的基石。某次小希区柯克一觉醒来，发现父母都不在家，可能是外出散步或是去了酒吧，总之，这可把年幼的他给担心坏了，生怕自己遭到了遗弃。成年之后，他自然又为这段回忆补充上了不少情感丰沛的细节：他独自一人站在漆黑一片的厨房里，嘤嘤哭泣；他勉强吃了几片午餐肉，想要借此慰藉一下自己受伤的心灵，结果却发现这纯属徒劳，好在，不久之后父母便都回了家。[24]关于这段往事，他也曾反复多次地公开讲述，还说正是因此缘故，他才会变得那么惧怕黑暗（但电影院里不也是漆黑一片吗？他可是超级爱看电影的啊，这又要怎么解释？），才会对午餐肉有那么一种难以克制的厌恶。他最爱公开讲述的此类缘起故事之中，另外还有一则，解释的是他为什么会那么热衷于惊吓观众。他解释说，这种爱好的产生远比他会走路、会说话都要来得更早，是当他还躺在摇篮里时母亲忽然俯身冲他"哇"的一声时就已经诞生了的。[25]诸如此类故事，他显然也没指望听众真会当一回事，之所以还要孜孜不倦地讲，希区柯克只不过是以此方式来巧妙解释，我们看他电影时那种既害怕又享受的情绪，其实是一早就印刻在人类大脑之中的。人这一生，不管到了几岁，其实一直或多或少都还是当初摇篮里的那个哭哭啼啼的婴儿。而对此加以利用，也正是希区柯克电影的运作法则。

　　那些脱口秀主持人也好，新闻记者也罢，他们总是不厌其烦地给予希区柯克大把机会，任他讲述类似这样的童年往事。而每当他有新片上映之际，相关的好莱坞企宣人员也铁定会将这些轶事写进他的官方小传之中，再与事先包装好的影片宣传物料一起，交予各家媒体。于是，希区柯克的每一部新电影，都成就了他对自己童年生活的又一次追忆，都给了他一次崭新机会，去用镜头描绘那些由他幼年时便已在其胸中郁郁成长的恐惧心理。对于保罗·塞尚而言，那座圣维克托山可供其一画再画，而在希区柯克这边，也有属于他的空荡荡的漆黑房间和监狱铁门所发出的哐啷声，可以让他一拍再拍。

总之，他这些孩提时代的轶闻奇谈，究竟有多少事实根据，旁人恐怕根本就无法一一厘清。我们甚至还可以斗胆说一句，这是不是也太凑巧了，怎么这些童年往事就那么有希区柯克故事风格呢，都巧得让人有点不太敢相信它们的真实性了。或者，我们再退一步，最低限度，我们也会极度地怀疑，所谓推动希区柯克悬疑电影事业启动的嚆矢和滥觞，真就会是这些童年往事？按理说，谨遵庭训的希区柯克，对人对事，应该都很看重“清清楚楚”这四个字。他曾说过，他心目中关于“纯粹的幸福”的定义便是，“家里干干净净，心中凡事不慌”[26]；他希望自己能时刻保持“思路清晰”[27]，每天都为实现这一目标而奋进。但在讲述童年往事这件事上，那些旧时记忆所蕴含的情感价值，恐怕要比事情本身准确与否更为重要。借由这些往事，希区柯克想要让我们知道，他的童年满满交织着各种恐惧、不安和困惑，而且别看它们都只发生在短短一瞬间，其实却主宰了他日后的全部人生。

再往深了说，其实他始终都觉得自己身上一直都有着小孩子的那一面，可以说是一辈子都没彻底长大。按他自己的看法，这不仅是他与众不同的那些个性的基础所在，更是给予他强大创造力的根本源泉。他认为自己作品里那些占据主要地位的故事主题，其实全都源自他的内心幼童*，而且他之所以能够如此得心应手、如此具有原创性地在银幕上探索这些主题，也正是因为这个内心幼童赋予了他这项奇才异能。"我一直都相信，视觉化的这个过程，靠的是人的直觉，"他曾解释说，"只是随着年龄增长，我们渐渐失去了这种直觉。"当然，他应该是没把自己包括在这"我们"之列，所以他又继续解释说："我的头脑运作起来，更像是婴儿的头脑，以图片形式来思考。"[28] 这等于是把我们一直以来都很推崇的那种少年天才浪漫神话给颠倒了过来。少年天才，就是年纪轻轻便已不可思议地像是成年人，而希区柯克却是成年后依然还保持着童年时的品质，而且这些品质还在他成年后继续发挥着巨大作用。许多认识希区柯克的人，显然也都承认他身上一直都有着孩子气的那一面。《纽约客》杂志的拉塞尔·马洛尼（Russell Maloney）说过，希区柯克在工作时，"思路就像是一个高智商少年，会在自己心爱的冒险故事讲到一半却因为爱情、责任以及其他一些抽象概念而被捆住手脚时大发脾气"。[29] 也有人注意到了，希区柯克哪怕是到了八十几岁时，依然还保持着少年人那种相当幼稚的幽默感。曾担任《夺魂索》(*Rope*，1948）编剧的阿瑟·劳伦茨（Arthur Laurents）就说过，"我那时候和他来往很多，他其实就是一个孩子，一个非常喜欢黑色幽默的孩子"。[30]

按照希区柯克自己的记忆，他由童年到成年，当中根本就没途

---

* inner child，由荣格最早提出的心理学概念。——译者注

经过什么曲折小径；他走的是一条笔笔直的超级高速公路。"妻子
说过，我这辈子的人生设计，就是工作，"他曾说，"这话可能也没
说错，因为在我还是孩子的时候，就已计划好了这辈子要做什么工
作。"[31] 确实，他号称自己由学生时代便已相当崇拜的那几位小说
家、剧作家和艺术家，给他日后的电影事业带来了经久不衰的重要
影响。而且，希区柯克小时候曾着迷过的那些东西，日后也从未听
他说过成年后会觉得不好意思再提起，会觉得事过境迁略感尴尬。
谈起自己小时候在文艺上受过的最大影响，除了巴里之外，他还提
到了间谍小说作家约翰·巴肯（John Buchan）以及一大批以中等
文化水平读者为主要受众的英国作家。此外，还有爱伦坡。希区
柯克是十六岁时第一次知道的爱伦坡，而且最先读的还不是他的作
品，而是他的传记。据说，正是爱伦坡反复经历诸般失落的童年生
活，正是"他人生之中的巨大悲哀"，吸引了希区柯克继而又去找
了他的作品来阅读。爱伦坡写的书让年轻的希区柯克意识到了这么
一条真理：所有人都喜欢——或者说是都需要——受些惊吓，前提
是自身的安全确保无恙。而这一点，也成了日后筑建他整个电影事
业的基础所在。他曾说过："我之所以会拍悬疑片，很可能就是因
为我十分喜欢爱伦坡的那些短篇。"[32] 此外，1914 年上映的由大
卫·格里菲斯（D. W. Griffith）执导的《复仇之心》（*The Avenging
Conscience*），也曾给少年希区柯克带来巨大冲击，该片也正改编
自爱伦坡的作品。[33]

或许，在这件事情上我们还是应该相信他的自述。毕竟，他的
欣赏品味和鉴赏能力确实那么多年来始终都没怎么变过。希区柯克
在二十岁时曾为自己供职的电报工程公司创办过一本公司内刊，在

希区柯克身着囚服，扮成婴儿，出自电视剧集《希区柯克剧场》。

由他主编的这本《亨利电报》(*Henley Telegraph*)杂志里，他陆续发表过不少短篇，基本上都是一些情节夸张的奇闻逸事，而且全都有着搞笑的意外转折，很容易让人联想起他后来的某些电影作品，甚至是他偶尔以自己名义发表在通俗刊物上的那几篇文章。此外，他对各种时刻表、地图和机械产品都有着由来已久的浓厚兴趣，而且这确实也都伴随了他的全部人生。20 世纪 70 年代，那是他人生的最后十年，他在找人来策划剧本时，依然还会特别纠结于那些看似无关紧要的细枝末节，例如旧金山湾区公交系统的具体时刻表 [34]、伦敦某些地标物之间的空间距离或是某一场戏究竟应该安排在芬兰哪一处偏僻的火车站来拍摄才更合理等等，而这些要求，每次都会让他手底那些年轻编剧既觉愤懑又饶有兴致。[35]

虽然希区柯克总爱说他之所以能当上导演，靠的就是自己内心的那个小男孩，但讽刺的是，在他声名最盛的那些年里，他表现出的却完全是一副少年老成的样子，仿佛这个人从来就没有年轻过。成年之后的他，每每在和儿童打交道时，总爱拿对方当同龄人来对待，很少会去体谅小孩子的年幼无知。这让人感觉像是他自己从来就没有经历过童年，对于小孩子和成年人的区别，压根就毫无概念。好多去过他家的人也都注意到，女儿帕特丽夏尚且年幼之时，希区柯克对待她的那种方式，与其说是拿她当小女孩，还不如说是已经视她为成年人了。而且，这还不是孤例，因为他和那些出演他电影的童星打交道时，据说采用的也是这种方式。由多丽丝·黛（Doris Day）和詹姆斯·斯图尔特（James Stewart）担纲主演的《擒凶记》(*The Man Who Knew Too Much*, 1956）拍摄之际，就曾有一位同仁直言不讳地告诉希区柯克："你的问题就在于，你根本就不知道怎么指导小孩演戏。你和克里斯（克里斯托弗·奥尔森，拍摄本片时年仅十岁的好莱坞童星）说话时的措辞，和你跟詹姆斯、多丽丝或是随便哪个成年人说话时的措辞，好像完全就没任何区别啊。"[36] 另有一次，在《群鸟》剧本讨论会上，希区柯克提出了这么一个疑问：男主人公的妹妹凯希，为了感谢由蒂比·海德伦（Tippi Hedren）饰演的女主角送她的生日礼物而给了她一个大大的拥抱，这么处理，究竟是不是符合生活实际呢？"我确实是不太了解她们会怎么做啊。她们真的会扑进别人怀抱里吗？"[37] 希区柯克问出这句话的时候，感觉就像是在谈论某些外来物种，感觉他对她们只有相隔万里之外的粗浅认识，可实际上，此时的他早已当上了人人羡慕的外公，膝下已有三个小外孙女。

　　或许他生活中确实和那些小孩不怎么亲近，又或许他确实会在忆及童年往事时内心感到有些不太舒服，那样的话，便可以解释为什么希区柯克的电影里，只要一涉及童年，就总会让人觉得像是少了一些温情。无论是民间文艺还是流行文化，总爱呈现纯真无邪的儿童偏要赶上残酷命运的题材；电影也不例外。自其诞生之初，这样的故事主题便反复出现在各种电影之中，而希区柯克小的时候，正巧赶上电影发展的最初阶段。那时候，一股脑儿地涌现出不少专门抓拍婴儿、幼童的短片来，往往拍摄的都是那些小朋友正在经历痛苦悲伤时的样子，而且此类短片还特别受到当时观众的喜爱。例如由路易·卢米埃尔拍摄的《小孩吵架》（When Childish Quarrel）便是如此，你完全可以将其视作为 2007 年那部火爆全网的梗片《查理咬了我的手指》（Charlie Bit My Finger）在无声电影时代的老前辈。差不多和《小孩吵架》同期，还有一部短片干脆片名就叫作

《哭鼻子的婴儿》(*Cry Baby*)。它当年的宣传广告是这么写的：本片主角是"一个年纪还很小的小胖子，他正坐在一张儿童餐椅上，而他那胖墩墩的小脸上，那表情分明是在告诉我们，他正盼着好好饱餐一顿。当他发现事与愿违之际，男孩的表情先是失望，然后又立刻变成了悲痛。他边哭，边用两只小胖手抹眼睛，一颗颗硕大的泪珠顺着脸颊滑落。真是非常写实"。[38] 事实上，这一种纯真童年于暗中分崩离析的过程，也正是每一则格林兄弟童话故事的核心所在。观众们迫切地想要看这些东西，而希区柯克也充分满足了他们的愿望。在这方面，《群鸟》就是典型案例：波德加湾的小学生们，被疯狂的群鸦玩命追逐。纵观整个影史，有关儿童被伤害或是被威胁的最著名的场景，或许就非它莫属了，但与此同时，这也是电影史上让观众看着最感到揪心的电影场面之一。毕竟，《飞天万能车》(*Chitty Chitty Bang Bang*，1968)里的大反派"猎童人"所做的，也仅仅只是将年幼的受害者给拘禁起来而已，对比那些想把小孩的眼珠给啄出来的疯鸟，只能说是小巫见大巫了。

在陷小孩子于危险境地这件事上，早在《群鸟》之前，希区柯克就有累累前科。之前说到的由多丽丝·黛、詹姆斯·斯图尔特联袂主演的《擒凶记》，其实是他去了好莱坞之后重又翻拍了自己1934年的同名作品。两版《擒凶记》中，本都有着小孩遭人绑架的核心情节，但只有在1934年版中，这一过程被具体呈现了出来。希区柯克让我们看到了由诺娃·皮尔比姆(Nova Pilbeam)饰演的年仅十二岁的贝蒂的面部特写。只见她双目圆睁，神色绝望。与此同时，一只男人的手，死命摁住了她的嘴巴。不管是当年，还是现在，这样的画面看在观众眼中，都会让人感到无比揪心。两

版《擒凶记》，两个小孩的情况基本相同，都被卷入了暴力和尔虞
我诈的成人世界。但由情感层面来说，这两个娃娃却也不能说是完
全清白无辜。恰恰相反，两部影片都是甫一开场，就都因为这两个
小家伙而闹出了大乱子。1934 年版《擒凶记》中，引发跳台滑雪
比赛事故的，正是贝蒂；是她导致一群成年人跌倒在了雪地之上。
1956 年的美版《擒凶记》里，小汉克同样犯下罪过，虽然破坏力
没贝蒂那么厉害，但其行为本身，说实话却要更加骇人听闻：他在
行经摩洛哥的一辆拥挤的巴士上，意外地扯下了某位穆斯林妇女的
面纱，点燃了同行乘客的怒火，而他父母和那位即将打乱他们生活
的间谍，也正是因此有了第一次亲密接触。不妨再看看希区柯克的
其他作品，只要是有小演员出现，但凡是他们的角色稍微有那么一
丁点重要性，希区柯克就一定会用他们来制造出大麻烦。引出各种
纠纷和羞辱的，是小孩；挑战成年人观点的，是小孩；说出那些成
人可能永远都不会开口说出的大实话的，还是小孩。用影评人迈克
尔·沃克（Michael Walker）的话来说 [39]，如果将希区柯克比作
《仲夏夜之梦》里的仙王奥布朗，这些小孩便是他身边的小精灵帕
克；这些无拘无束的活泼捣蛋鬼，时不时地在他们主人那超越俗世
的王国中制造出一些混乱。众所周知，希区柯克很喜欢在他电影里
客串登场，比如在《讹诈》（Blackmail，1929）里，他就扮演了一
名搭乘伦敦地铁的普通乘客，结果被邻座小男孩故意捉弄，帽子被
猛地拉下，盖住了眼睛。他饰演的乘客只得愤怒地用力挥动胳膊，
其实却根本不知究竟该如何应对——真要下手打这小孩，那是不可
能的，而要他小小年纪就学会遵守这些成年人的礼节，那也有点不
切实际——结果，只能眼睁睁任凭自尊遭受打击，除了嘴里哼哼几

声之外，再无他法。当然，他电影里这些小孩所制造出的麻烦事，多数情况下纯属无心之过。所以相比小精灵帕克，他们或许还是更接近于巴里笔下的小飞侠彼得潘和那群迷失男孩吧，因为他们的瞎胡闹，源自其天真无邪而非蓄意想要作恶。

面对这些小孩，希区柯克钦佩他们的勇气，欣赏他们的喜剧潜能，也知道他们天生就有同情心。而另一方面，他也很清楚我们这些成年人"知礼守节"的自我之外所包裹着的那层虚饰，小孩轻易就能将其剥除，因此希区柯克自始至终都会在面对他们时小心翼翼。例如在《冲破铁幕》（*Torn Curtain*，1966）中，他客串扮演一位祖父式的人物，正襟危坐于某家高级酒店的大堂内，怀中还抱着一名婴儿，结果却显然是被撒了一泡尿在身上。生活中的希区柯克，平时就很爱为各种细枝末节而烦心焦虑，所以他总是想方设法尽可能去消除生活和工作环境中的各种不确定因素。因此，面对小孩时，面对他们的这种不可预知性，我们不难想象希区柯克会如何始终保持着高度警惕。不过，童年终究是神圣不可侵犯的，小孩子冲你扮鬼脸，你也还之以揶揄嘲弄，这倒也没什么，但是万一突破了边界，那就变成刻薄残忍了，就会让人觉得讨厌。好在，希区柯克也只是偶尔才会出此下策。比如1972年时，他接受了以大胆敢说而著称的影评人雷克斯·里德（Rex Reed）的采访。不知怎么的，话题就扯到了连环杀手身上。"我很喜欢听高沼地杀人狂录制的那几盘带子，"希区柯克说道。所谓的高沼地杀人狂，是20世纪60年代在英国兰开夏连续杀害五名儿童的伊安·布雷迪（Ian Brady）和麦拉·辛德利（Myra Hindley）。"他们活埋那些孩子时，会把小孩的惊叫声用录音机录下来……很了不起的录音啊。"[40] 向来语不惊人死不休的希区柯克，这句笑话却着实讲得太过毒舌了，以至于会让人觉得有些太过麻木不仁与孩子气。

其实，早在三十六年之前的 1936 年，他就因为类似情形而遭人责难过。在《阴谋破坏》（*Sabotage*，1936）里，名叫史迪威的十二岁小男生因炸弹爆炸丧命。炸弹是姐夫让他拿着的，史迪威并不知道那是定时炸弹，也不知道姐夫其实是恐怖分子。就这样，这么讨人喜欢的一个角色，这么娇弱的一条生命，早早地就被希区柯克判了死刑，实在是让人惊愕无语。结果，类似这样中途杀死主要人物的处理方式，于此之后他也有整整四分之一个世纪，都没再敢用过——直到拍《惊魂记》时，才让女主角玛丽安·克雷恩也在淋浴时被早早地砍成了碎尸。而在《阴谋破坏》里，随着史迪威的死去，什么童年，什么纯真无邪，一下子全都消逝，化成了一缕青烟。

交到史迪威手里的炸弹，被伪装成了一盘电影胶片，要求他在下午一点三刻之前送到皮卡迪利地铁站，而那也正是炸弹将被引爆的时刻。他就像是奉命去把网球叼回来的一条小拉布拉多犬，满怀热忱地踏上了这次足以致命的跑腿之行，精神饱满地穿行于伦敦城腹地。但是，他终究还是小孩，天生的孩子气——漫不经心、三心二意、难以预测——最终导致了混乱的结局。史迪威并没有按要求那样地抓紧赶去送货地点，反而时不时停下脚步，流连忘返地倾听着小商小贩的巧舌如簧，欣赏着市长巡游活动上的士兵方阵，甚至还由围观人群中被挑选了出来，参与了一款魔法牙膏的商品展示行为。他就要迟到了；史迪威并不知道自己拿着的包裹里装着一枚正滴答作响的炸弹，但作为观众的我们，却对此心知肚明。在这里，希区柯克在时间处理上，用的是一种真正现代派的方式：时间被打乱，但却并未被抹除，时间被他一会儿故意拖慢，一会儿又故意缩短，但不变的是时间始终保持着不断流逝。随着指定时刻越来越近，紧张气氛也越变越浓。史迪威跳上巴士，向邻座的女士展露微笑，爱抚她的小狗。与此同时，在那原本就让人揪心的伴奏音乐声中，由打击乐器制造出的滴答滴答声，变得越来越响。巴士一路行进，车窗外不断出现各种时钟表盘的特写画面，史迪威则紧张地摆弄着包裹。作为观众，我们此时仍想象着下一步一定会有平安解套的方案出现。可又有谁能料到，随着指针指向一点三刻，爆炸准时发生；我们看到了巴士车起火冒烟彻底炸毁的画面。

类似这样的电影场面，虽然无法给我们留下永久性的文化烙印，但却是希区柯克电影思想的一个具体案例。而像这么一个步步为营直至最终令人心碎的悬念的制造过程，也将八十多年前的希区柯克电影与如今的好莱坞票房大片给直接连通在了一起。回想当初，英国影评人也曾围绕这场炸弹戏大做文章，还有人试图从希区柯克个人电影风格这一角度切入来看待这一场戏，为他这种力求震撼人心而敢冒天下之大不韪的勇气大声叫好。"这炸弹可真是超有'爆炸性'啊，而车上所有那些乘客却恰恰毫不知情……热爱悬念的电影观众们哪，应该再没有比这更刺激的事情了吧？"某位影评人在谈到史迪威搭巴士的这一场戏时如此写道。[41]

可希区柯克更为在意的，反倒是持有反对意见的那些影评人。他们批评这一场戏，犯下了近乎不可饶恕的罪行。C·A·勒戎女士（C. A. Lejeune）是那年头首屈一指的英国影评人，对于这一场戏，她是这么评价的："即便是这种貌似无法无天的大屠杀戏码，其实一直以来也都有它那一套通行的典范，可是这一次，希区柯克却彻底踩过了界"[42]，因为他不顾这个小男孩早已俘获了观众的满腔同情，将他彻底杀死了。其实绝大多数情况下，勒戎女士一直都是希区柯克的粉丝，对他的作品相当欣赏，但这难得一见的负面意见，或许最终还是影响到了希区柯克，以至于他不得不公开承认，杀死史迪威，这一招他确实是大错特错了。不过，他所谓的错，并非来自道德层面，而是在具体执行时犯下了技术上的岔子。在希区柯克看来，自己这一次是把悬念和突袭给搞混了。正如他在受访时曾无数次反复说过的，像是《阴谋破坏》里的这一场戏这样，如果观众预先知道包裹里有炸弹，这叫作悬念；而这颗炸弹在毫无预警的情况下就爆炸了，那就叫突袭。"如果我预先不让观众知道包裹里究竟是什么，等爆炸忽然发生时，对他们而言，这就是一次彻底的突袭。类似这样的巨大冲击，会让观众产生某种情绪真空，如果是那样处理的话，我相信观众可能就不会这么义愤填膺了。"[43] 确实，观众心底的悬念一旦被勾起，最终便需获得释放。他们企盼能将悬着的心放下，可是在《阴谋破坏》里，希区柯克却剥夺了本该属于观众的这一权利。出于这样的推论，他相信这种半路杀死史迪威的做法，与其说是根本判断上有误，还不如说是具体实施上有失。"错就错在经过我之前那番操作，观众对小男孩已产生了过多的同情。结果，炸弹一响，观众目睹他被杀死，自然会怒不可遏。所以，我本该让扮演恐怖分子的奥斯卡·霍莫卡（Oscar Homolka）蓄意杀死史迪威，那样的话就好办了。"[44]

　　但是换个角度来看，希区柯克这种不拿小孩当小孩的做法，可能反而也让他变得更受这些小孩欢迎了。受惠于电视剧集《希区柯

克剧场》的热播，由 20 世纪 50 年代开始，希区柯克便一领风气之
先，拥有了老少咸宜的文化影响力——不过，他这种老少通吃的本
领，实质上却又和现在的类似风潮有所不同，因为现在我们所见证
的，是那种成年观众由小时候开始，便对魔法世界、超级英雄由衷
热爱，结果成年之后也不改初衷，而希区柯克那些影视作品，本质
上其实还是为成人观众而拍，只不过他就是有这种本领，有办法做
到与小朋友也保持心灵相通。说到电影导演格斯·范·桑特（Gus
Van Sant）和希区柯克的缘分，大家首先想到的肯定是 1998 年翻
拍版的《惊魂记》，但细究他对希区柯克这种浓厚兴趣的源起，其
实可以追溯到 20 世纪 60 年代，追溯到格斯·范·桑特自己还是
小孩的时候。想当年，他和妹妹都是《希区柯克剧场》的忠实观
众，不光是被那些悬疑故事牢牢吸引，而且每集故事开场和收尾
时，希区柯克本尊都会滑稽登场，而且有时候还会表现得相当卡
通，让格斯·范·桑特这样的小观众们，看得心驰神往。[45]《希
区柯克剧场》原本完全没想过要以纯真儿童作为目标观众，但我们
也不可否认，那里面其实有相当不少的内容，确实与那些经典传统
儿童文学作品异曲同工。更别说，《希区柯克剧场》中还有六集故
事本就改编自儿童文学大师罗尔德·达尔（Roald Dahl）的短篇小
说。而且，在希区柯克担任策划的各种类似电视节目中，我们时常
可以找到构成罗尔德·达尔那些小说和他短篇故事集《反叛童谣》
（Revolting Rhymes）的关键要素：精灵古怪的邪恶力量虽能横行一
时，最终还是会被压倒性的道德正义给打败，而负责给大家讲授这
一门道德思想课程的，往往就是每集故事收尾时负责出场独白的希
区柯克本尊——那状态就像是一位老师，直接走上讲台，给底下坐

着的小学生们来上一番耳提面命。

这还不算完。幼时的范·桑特在迷上他那些电视剧之后，又成了各种希区柯克神秘故事大合集和那本《希区柯克悬疑杂志》（*Alfred Hitchcock Mystery Magazine*）的忠实读者。反倒是希区柯克拍的电影，对于范·桑特来说，真正接触到那些，又是过了很久之后才发生的事了。[46] 我们可以参考一下希区柯克由 20 世纪 50 年代起收到的各种粉丝来信，不难发现，上述这一由电视到杂志最后才到电影的先后顺序，也是许多范·桑特同龄人都曾有过的经历。那时候，小读者寄去《希区柯克悬疑杂志》的读者来信很快便堆积如山，于是出版社干脆为他办了官方粉丝俱乐部。只要缴付 50 美分，会员便可收到一枚 8 英寸 × 10 英寸的希区柯克肖像照，外加一篇他的简短小传（里面少不了又会提到他小时候被关进监狱的那段插曲），而且每个季度还能拿到一份有关希区柯克最新动态的文字简报。随着他这种老少咸宜的吸引力与日俱增，甚至有人找到他，希望可以直接授权冠名出版儿童文学作品。结果，《希区柯克和三个小侦探》（*Alfred Hitchcock and the Three Investigators*）光是在美国，前前后后就出了三十多册，而且在欧洲和亚洲也都获得很大成功。他成了另类意义上的圣诞老人，每年都会收到全球各地小朋友的海量来信。他们会热心提醒他留意自己作品中的穿帮错误，会恳求他解释一下某处故事情节，而索取签名照的人更是多如过江之鲫，希区柯克办公室也只好有求必应地大量寄出。还有一些小读者，显然是受到了希区柯克的巨大影响，他们会寄来一些气氛阴森恐怖的小文章，应该没少让负责帮他拆信的那几位秘书既好气又好笑，外加还有少许的担心。例如，某位年仅十五岁的德州少年就在信中表示，他已设计好一款绞架，可以帮助希区柯克华丽退场。少年甚至还计算出了绞架成功完成使命所需的高度："三英尺九英寸的落差，应该足以扭断阁下的脖子。"[47]

阿尔弗雷德·希区柯克出生的那年，西格蒙德·弗洛伊德正在写一本书，假以时日，那会成为整个20世纪人类文明最重要的典籍之一，那便是1900年出版的《梦的解析》，而睡眠和做梦这两件事在西方文化世界中所占据的地位，也因其而产生了具有决定性意义的彻底改变。《梦的解析》将弗洛伊德关于无意识的各种理论引入主流文化，让那些哪怕从没看过他著作的人，也能逐渐对他那些观点耳熟能详。这本书在这方面所起到的作用，恐怕远超其余任何同类文字作品。说起弗洛伊德的梦之解析，要说它最吸引人的地方，或许就在于他所提出的，在我们每个人的头脑之中，其实都有如此这般活力十足的无意识存在着。它就在那儿不断高速运作，而穷究其起源与根基，我们便会发现，那一切其实都源自你我的童年。按照弗洛伊德的理论，梦是童年时各种欲望的表露，尤其是那些曾被禁止或是遭到过压制的欲望。时过境迁，后来弗洛伊德也针对自己不少观点做出修正，而且他那些推论，也早已有人从多个不同角度出发加以质疑，其中尤以他的门徒卡尔·荣格表现得最为突出——荣格自己也围绕着梦和做梦在心理学层面的重要性，有系统地提出了属于他的一整套综合性理论。即便如此，《梦的解析》的文化重要性，时至今日依然不可低估。在其出版二十年之后，弗洛伊德的这一观点——梦是一道门户，经由这道门户，我们就能进入由各自童年所塑造而成的无意识世界——已为世人普遍接受，并且成为当代艺术的一大主题，日后也对希区柯克的电影产生了重大影响。

有不少熟悉希区柯克的人，都说他阅读面相当广泛，不管是心理学、政治学、哲学还是几乎所有艺术课题，他全都可以娓娓道来、侃侃而谈。可是，他究竟有没有读过弗洛伊德，究竟看了他哪几本书，恐怕永远都是谜了。确实，在他某些电影里曾出现过弗洛伊德式的观点，但那些大多只是流于表面——我并非是在怪责，毕竟那些电影都只是面向普通观众的娱乐商品，而且时长也就九十分钟左右。但我相信，希区柯克想当初肯定是因弗洛伊德的这个观点——即梦可以帮助我们了解潜意识，了解我们的内心幼童——而得到了共鸣。他曾列举了自己的不少童年记忆，将自己成年之后的焦虑性格归因于此。类似这样的说法，一方面本身就很有弗洛伊德的味道；另一方面，像他这样回忆童年，也很容易被误认作是在叙述自己曾有过的某些梦境，因为这些回忆实在是和弗洛伊德曾记录、解读过的某些个案十分相似。遍览希区柯克的所有电影作品，或多或少，几乎全都具有某种宛若梦境或者说"与梦相关的（oneiric）"——那是梦学这个专门领域的术语——气质。以詹姆斯·斯图尔特在《迷魂记》里扮演的角色和加里·格兰特（Cary Grant）在《西北偏北》里扮演的角色为例，希区柯克电影里有不少的主人公，都会陷在某种宛似噩梦的处境之中，连他们自己都会觉得困惑难解，随后，他们都需一路过关斩将，才能由这所谓的恐怖谷（valley of the uncanny，另一个弗洛伊德的术语）中杀出一条血路，并让整个世界重新回到正轨。针对这个问题，特吕弗也曾询问希区柯克，他之所以要那么拍，是不是因为此类情节尤其生动的噩梦，他自己生活中就没少做。希区柯克这一生，接受过无数的采访，遇到采访者过分触及他私人领地的越界行为时，总爱兜头给对方浇下一盆冷水。那一次，特吕弗也不例外。"我自己平时做的梦，情节并不怎么生动，"他回答说，"都是一些很有理性的梦。"[48] 他的意思其实很明确，"很有理性的梦"，说的就是像他这样的体面人，某些时候有可能会做的那种平平无奇甚至是有点乏味的梦，至于让他电影里那些角色饱受困扰的与性或暴力相关的噩梦，他本人是绝对不会做的。可事实上，但凡是生活里认识希区柯克的人，恐怕没几个会赞同他的这种说法。就在他接受特吕弗采访时隔一年之后，希区柯克曾亲口告诉某位同仁说，自己有时会梦见阴茎变成了水晶，被妻子阿尔玛拿起来反复摔砸，这让梦里的他相当之苦恼。[49]

　　由电影叙事角度来说，梦、白日梦以及幻觉，全都在希区柯克电影中扮演着重要的角色。在他第四部作品《下坡路》(*Downhill*，1927) 里就有着那么一个段落，他希望能借此打破常规，以"可靠、清晰的画面"[50] 来呈现梦境，希望那会是一个鲜活的、强烈的梦，而非传统意义上云山雾罩、遥不可及的梦境。他希望《下坡路》里的那个梦，虽看似极其怪异，但最终留给观众的真实感觉，要胜过影片之中的清醒时分。在 1945 年的《爱德华大夫》(*Spellbound*) 里，希区柯克同样希望也能描绘出这样的梦境来——它是如此生动清晰，足以让人看了感觉坐立难安。在这里，由英格丽·褒曼饰演的精神病医生康斯坦丝·彼得森，想用分析梦境的办法来帮助由格利高里·派克饰演的约翰·布朗，帮他找回真实身份，洗脱杀人罪名。为此，希区柯克请来了画家萨尔瓦多·达利，期望他设计出的梦境，看上去就像是他的一幅画作获得了生命。约翰·布朗仔细分析这一梦境，终于参透了长久以来令他记忆封锁的原因，正是童年时候留下的那一段充斥着暴力和负罪感的情感创伤。封印一旦解除，他的精神苦痛即刻化为过眼云烟。布朗重又记起，自己真名约翰·巴兰丁，而他之所以会变成这样，其实也是受了旁人蓄意陷害。那就像是传说中的魔法，咒语被解开，王子和公主从此便过上了幸福生活。

在 1964 年上映的《艳贼》里，也有类似这样的故事结局。由之前的《惊魂记》《群鸟》再到《艳贼》，可被看作是一套希区柯克电影三部曲。其共同之处便在于，其故事全都建立在主人公的某种童年情感创伤之上，出于各种原因，它掩埋于主人公内心深处，令他们丧失纯真，在成年后陷入各种涉及暴力、任性和情感障碍的麻烦之中。例如《艳贼》，主人公玛妮做的噩梦让我们发现，她的盗窃癖，她难以控制的撒谎成性，还有影片并未明确表现但我们大致也能猜得出来的她的性功能障碍，这三者其实有着共同的起源。影片结尾，她内心被压抑已久的童年记忆终于重被唤醒：玛妮回想起了小时候杀死母亲情人的那一幕。这便是她的童年情感创伤，重新忆起的同时，她的肢体表现也倒退回到小时候的样子，整个人蜷缩起来，用小姑娘特有的高亢声调叫喊着，"我要我的妈妈！"

玛妮由蒂比·海德伦饰演，《群鸟》的任性女主角梅兰妮·丹尼尔斯，同样也由她扮演。在这部影片中，就在鸟群第一次大规模进攻的生日宴会那场戏之前，梅兰妮向由罗德·泰勒（Rod Taylor）饰演的男主角米奇透露了自己曾被母亲抛弃的往事。米奇问起了她的家人，梅兰妮苦涩地回答说，"我的母亲？别浪费时间了！我

《群鸟》中受到惊吓的孩子。

十一岁时，她就抛下了我们。"影片临近结尾时，梅兰妮遭到鸟群猛烈攻击，是米奇的母亲让她终于感受到了内心渴望已久的那份母爱。在《群鸟》的某一版初稿剧本里，上述这场戏的处理方式，其实要更刻意和露骨许多：梅兰妮会和玛妮一样，重又变回小孩子的样子，厉声呼唤着她缺席的母亲。[51] 同样，《惊魂记》里的诺曼·贝茨，受到性欲驱动，因为强烈的嫉妒心而杀死母亲诺玛。日后，在他假扮母亲犯下杀人罪行时，心中涌起的也都是满负情感创伤的昨日记忆。

显然，被压抑的内心幼童，这就是希区柯克长久以来始终很感兴趣的课题。不过，他怎么会想到要将其放在这本就相当黑暗的电影三部曲之中，详细原因我们已无从知晓。有人猜测，那是因为 20 世纪 50 年代末，他和妻子的健康状况都拉响了警报。惊恐之余，希区柯克开始考虑生死大事，遂重新想起了自己童年时候那些剪不断理还乱的往事。想当初，《惊魂记》编剧约瑟夫·斯蒂法诺（Joseph Stefano）和希区柯克才刚认识不久，就说起了自己正在接受心理治疗的事，也迅速勾起了他的强烈兴趣。"每次我都是前脚离开心理诊所，后脚马上就去了他办公室，把刚才的事详细都跟他说一遍。希区柯克对此很感兴趣，我猜想，他听到我这些事，就像是发现了新大陆一样，特别的兴奋。"斯蒂法诺回忆说。[52]

可能，也不一定完全就是新大陆。在此之前，他早已和人称"好莱坞莎士比亚"的编剧本·海克特（Ben Hecht）有过合作，而且成绩斐然。担任《爱德华大夫》编剧的海克特，本身就对精神分析大有兴趣——甚至于，该片制片人大卫·O·塞尔兹尼克（David O. Selznick）也是同道中人，还让平时给他做心理治疗的梅·E·罗姆医生（Dr. May E. Romm）去《爱德华大夫》剧组当了顾问。只是，相比海克特和塞尔兹尼克，斯蒂法诺属于更年轻一辈的好莱坞电影人。心理分析什么的，对他们而言早已不是什么新鲜事，那根本就是他们认识自我的重要手段。所以，写《惊魂记》剧本的过程中，斯蒂法诺主动向希区柯克透露了不少关于他自己母子关系的重要信息，片中的诺曼·贝茨和母亲之间的互动关系，显然也受到了这方面的影响。"有一天，我告诉希区柯克说：'你知道吗？我本来有机会杀了我妈妈的。有那么好几次，我已经都想好要杀了她的。'"斯蒂法诺回忆说。类似这样的谈话，一定勾起了希区柯克的浓厚兴趣。除了话题本身敏感之外，恐怕他也实在很难想象，怎么会有人如此袒露自己的真实内心情感。因为换作是他，是决不可能与任何人分享这些的，哪怕是自己说给自己听，那都不太可能，更别说和对方还只是才认识不久的关系，怎么都谈不上是熟人。《惊魂记》上映之后，有不少人觉得，促发诺曼杀人的童年情感创伤，其实就是他和母亲的乱伦关系。不过，编剧斯蒂法诺倒不这么认为。他认为这对母子之间并不存在实质上的乱伦，诺曼之所以会有情感创伤，其实是因为母亲对他实施了性挑逗。"她会故意找上他，然后又制止他。"斯蒂法诺站在诺曼的立场上，做出了这样的推想。[53]

在电影里，《艳贼》里的玛妮和《爱德华大夫》里的约翰·巴兰丁，都是心理治疗大见成效的案例。但希区柯克自己在生活中却未能遇到这样的好事。造成他成年之后各种恐惧心理的童年情感创伤事件，明明他早就已经找出了头绪——小时候被关进警局监狱、一觉睡醒发现家里没人、学生时代令人望而生畏的严厉神父——但却并不能解决什么实际问题。他还是会一看到警察就紧张，还是会夜里听到有什么动静就冒一身冷汗。显然，他自己电影里那些宛若童话故事的逻辑关系，摆在现实世界之中，其实并不适用。找出情感创伤是什么，这或许不难，难的是找到之后又该怎么办。此外，虽说希区柯克确实相当痴迷于心理分析那套东西，可他也不是没有公开表达过内心尚存的疑虑，怀疑心理分析究竟有多少实际效用。曾有一位熟人听他说过，"这种愚蠢的分析，我平时自己给自己做的，就已经够多的了，感觉应该没必要再让别人给我做这种愚蠢的分析了"。[54] 当然，你也可以说这只是他的某种借口，因为希区柯克不愿意有人拿他那些主题黑暗的作品当作切入点，来心理分析他的内心世界。总之，面对他反反复复说起的那些童年记忆，哪怕你百分百接受，丝毫不怀疑其真实性，但它们究竟有没有他自己说的那么重要？在这个问题上，我们的最低限度还是应该保有一些余地才好。因为，他的童年，可不仅只有这些；相比这几件事情，他明明还有另外好几件性质更为严重的不幸遭遇——父亲突然离世、第一次世界大战期间伦敦饱经的创伤——为什么日后却相对很少听他提起？

　　战事初起之时，希区柯克才十四岁；战火平息之际，他已是十九。他那一代英美艺术家，几乎都被卷入这场战争之中，被迫留下了终生难以抹灭的影响。但针对 1914 年时的冲突全面升级，当时希区柯克究竟作何感想，单从现有资料来看，似乎找不到任何记录。有可能，他那时候完全就没什么特别的想法；毕竟，世界大战的恐怖，对亲历者的影响足以持续一生一世，但回到事发之初，又很少有人能做到先知先觉。而且，当时也有相当一部分欧洲人，起初只觉得这场战争不过只是一次彰显爱国主义的高强度大型集会罢了。他们觉得这说不定还是一件好事，能让已陷入发展停滞的现代欧洲获得某种意义上的自我净化，重又恢复活力。遥想当年，英国向德国宣战的消息最初传出之后，英国人互相之间说的最多的一句话，据说就是"圣诞节之前结束战斗"。不过，即便当时还很年轻的希区柯克也像他们一样后知后觉，可不久之后，随着伤亡人数渐次增加，相信他也一定会迅速打消这样的念头。然后就是 1914 年12 月 12 日了，他的父亲因慢性肺气肿去世。阿尔弗雷德，这个一个月前才刚加入亨利电报工程公司的十五岁少年，猛的就被推着赶着，进到了成年人的世界，再也没有了退路。可是，和小时候的监狱轶事不同，希区柯克日后从未在公开场合提到过父亲忽然去世带给他的情感冲击。这方面我们目前所能掌握到的最接近于第一手资料的内容，来自约翰·拉塞尔·泰勒那本获得他亲自授权、距他离世尚有两年时出版的传记。那一天，先是哥哥找到了他，向他透露了父亲的死讯，然后他又去了姐姐内丽那里，她告诉弟弟："你要知道，你的父亲死了。"按照泰勒在传记中的说法，姐姐脱口而出的这句话，"给希区柯克带来了某种超现实的灵魂出窍的恍惚感觉"[55]，而这种五脏六腑宛若针扎的痛苦瞬间，也不止一次地出现在了希区柯克日后的电影作品中。

威廉·希区柯克去世仅仅几周之后，战事也有了戏剧性的转变。英国各地相继遭到空袭，1915年5月时更是直接轮到了伦敦。巨型的齐柏林飞艇缓缓上升，越过伦敦天际线，仿佛致命的阴森乌云泰山压顶。伦敦人都被惊呆了，他们感到迷惑不已，怎么都不敢相信眼前这一幕。对于当时的普通百姓来说，空袭完全就是一件毫无头绪的陌生事，更别说这还是以地面上的无辜平民作为攻击对象的军事袭击了。第一波轰炸，希区柯克家所在的伦敦东区便首当其冲。死者包括两名幼童，都是在看完电影回家途中遭遇了不幸。但这不过还只是一个开始，类似这般的恐怖与伤痛，一连要持续三年。最坏的情况出现在了1917年6月某个阳光明媚的美丽早晨，哥达轰炸机战队由东至西，对伦敦全城实施地毯式轰炸，共162名平民罹难，其中就包括位于伦敦东部波普勒地区上东街小学里的18名儿童，而此地距离希区柯克家也就八百多米，距离他曾就读过的那所工程学校，那就更近了。战争那几年，由前线撤回的伤兵，已成了伦敦街头景象的固有元素。到了战事末段，伤兵还将流感病毒带到了英国各地。1918 年 9 月至 12 月，共有 1.6 万名伦敦人死于这一波流感大流行 [56]，其中又以人口密集的伦敦东区最受打击。

这么一场全面战争就发生在他的家门口，怎么说希区柯克都不可能不受影响。正如某位专攻一战的历史学家所写的："伦敦人几乎无一例外地都被卷入其中，身体和灵魂就像是陷入了一个无底的黑洞。过往的城市生活完全被这场战争所吞没；它改变了一切。" [57] 事实上，最具摧毁性的，还不是物质层面的破坏，而是那持续了四年的"没完没了的心理崩溃和不断蓄积的神经紧张，一晚接一晚地不停累积" [58]，而这种叫人实在很难承受的悬念和焦虑层层叠加，也正是希区柯克日后那些电影里常使用的典型手法。

可是，面对传记作者泰勒也好，面对其他所有采访者也罢，希区柯克表现出的始终都是那种战争"并没怎么影响到他" [59] 的样子，而父亲的忽然去世，似乎也对他影响相对并不很大。这事情怎么想都觉得有些靠不住，尤其，他本身不就是一个神经敏感的人吗？所以，这就更站不住脚了。要知道，整个战争期间，希区柯克家都有好几次险些就被炮火波及。可是后来再讲起这些惨事时，他却都拿它们当笑话来讲。一次又一次的，他以轻描淡写的口吻，回忆着那些按理说肯定应该是极其可怕的经历。例如，某天他回家时，发现卧室里的母亲已因为刚才发生在附近的轰炸和炮击而彻底陷入了惊恐。她都没顾上脱掉睡袍，便拼命往身上套各种外衣。日后，在 1930 年的《谋杀》（*Murder!*）中，希区柯克以喜剧手法再现了这段往事。片中某位女性角色在听说有邻居被害而且警察已到现场后，匆匆忙忙地穿起衣服来，那种状态就和他母亲当初一样。另外，我们或许也可以将《群鸟》看作是他所经历的那些恐怖空袭的银幕再现：鸟群不加区分地以在校儿童和正在玩耍的小孩为袭击目标；空中打击如雨点般砸下，男主角一家只得躲回家中；鸟群在高空盘旋的空拍镜头极具开创性，它们就那么俯瞰着地面上的小镇，它遭受袭击的模样，就像是陷入了地狱的烈火之中；按照初稿剧本的设想，梅兰妮会大声呼唤早已弃她而去的母亲，她就像是受到了袭击的孩子，渴求得到家长的安慰与庇护。

由1914年到1918年，希区柯克也先后经历了不少事。失去父亲，正式踏入成人世界，自己生活的这座城市饱经战火肆虐，而且那还是一种完全有别于过往的全新的恐怖战争模式。像他这么一个爱焦虑的人，要说完全没受到这些事的深刻影响，那真是不太可能。而且，支持我这一推论的，还有话剧《玛丽·罗斯》带给他的那种持续影响。《玛丽·罗斯》在主题上也涉及死亡这件事，死亡令原本正常的生活混乱失序，这是小孩子尚且无法理解的人间悲剧，本该属于他们的纯真无邪，就此被彻底打得粉碎。1964年时，距离他那套关于童年时代情感创伤的三部曲才刚完成不久，希区柯克马上又打算要将《玛丽·罗斯》给搬上银幕，我相信这样的时间点，不能光用凑巧两字来作解释。如果我们从这个角度入手，他日后为什么会避而不谈自己在战争年代的经历，为什么反而要反复提起小时候被关监狱的那五分钟，为什么坚持要说那才是他内心苦痛的源头所在，或许就都可以找到合理解释了。因为这就是希区柯克，他从来就不想去自己的内心最深处打破砂锅问到底，他一直以来都十分珍视自己"思路清晰"的特点，所以，利用这些更加讨巧的小故事——尤其是此类故事还都很有画面感，很能抓牢听众，简直就是为他那种悬念大师的公众形象度身定制的——来传递遭到抛弃、遭遇不公的情绪，确实是更为明智的选择。

童年很能勾起希区柯克的复杂情绪。童年让他不知所措，让他恐惧不安，让他想起时不时会遇到的那种孤立无援的处境，让他觉得前路漫漫，找不到任何去处。但另一方面，童年同时也是他的创造力源泉，是他可以尽情玩乐、寻找刺激、体验新鲜感和发现新事物的那个人生阶段。一方面，我们小时候都拥有无限的潜能，但也正是在这时候，我们最容易受伤，而且行事不可预料。童年的这种不可预料性，既能带来欢乐，也能引发焦虑。希区柯克的童年坐监故事，便很好地说明了这种双重性。按他自己的说法，那天他顺着家附近的电车轨道信步瞎走，结果却因这次勇敢冒险而受到了惩罚。结果，这次经历给他留下终身难以摆脱的影响。六十三岁那年，希区柯克为满足英国威斯特克利夫（Westcliff）一个小型影迷社团的愿望，专门在洛杉矶环球影业制片厂 18 号摄影棚里，为他们录制了一段 11 分钟长的回信。威斯特克利夫是位于埃塞克斯郡海边的旅游胜地，希区柯克显然一直都没忘记自己童年时常去那边欢度假期。那一次，明明他的工作计划早已排满，却还是硬挤出时间来行此善举。对此，希区柯克曾解释说，那是因为"受到了那么一丝怀旧情绪的启发"，但是说这句话的时候，他脸上却习惯性地不带任何表情。在那段短片中，他追忆自己的青葱时代，说那距离现在，感觉已是既远又近。不过他随即又话锋一转，劝大家千万不要尝试去估算那究竟意味着多久之前。"请勿乱猜，"他故作严肃地说，"我其实要比外表更年轻。"[60]

2

杀人者

女孩因一段痛苦绝望的恋情而向着大海走去。从岸边看去，她像是要拿自己的生命做赌注，赌那个负心汉会冲过来拯救她，并承诺从今往后，不离不弃。有那么一瞬间，她的愿望似乎眼看就要实现。望着男人涉水而来，女孩不禁露出了满面笑容。她张开了双臂，等待男人的温柔拥抱。但彰显暴力的剧情转折随之而来，男人抓住她的后脑勺，双手用力，将其摁入水底，直至她的头发、裙子和整个人全都没入了水下。

这是 1925 年的夏天，阿尔弗雷德·希区柯克在《欢乐园》（*The Pleasure Garden*）中犯下了自己生平头一桩银幕杀人案。《欢乐园》是他的剧情长片处女作，以通俗剧的方式讲述了两名伦敦歌舞女郎的爱情生活。对于希区柯克而言，自从 1921 年春天全职加入名角-拉斯基英国分公司以来，真可谓是进步神速。他在这家总部位于北伦敦伊斯灵顿制片厂的电影公司里，很快就站稳了脚跟，而且还利用业余时间自行创作起了剧本提纲。在此期间，靠着由亲戚那儿七拼八凑来的资金，希区柯克本已启动开拍一部名为《十三号》[*Number Thirteen*，又名《皮博迪夫人》(*Mrs. Peabody*)]的剧情长片，但没过多久便被迫中途放弃。之后，他又在《无秘密的丈夫》(*Always Tell Your Wife*) 原定导演突然病倒后，得到顶替机会，与人联合执导完成了这部喜剧短片。此外，他还在这里结识了年轻的电影剪辑师阿尔玛·雷维尔 (Alma Reville)——后来她成了希区柯克的妻子兼最重要的事业伙伴。

名角-拉斯基英国分公司成立不过数年便宣告结业，不过希区柯克倒是和同在伊斯灵顿制片厂工作的一批年轻电影人打得火热。这群人中间领头的，是制片人迈克尔·巴尔肯 (Michael Balcon)。希区柯克"对于电影的激情和好学不倦的满腔热忱"[1]，让巴尔肯对这个小伙子印象特别深刻。确实，有那么好几部电影，希区柯克原本只需完成副制片的分内事，但他却都主动请缨，兼做起了编剧、美术指导甚至服装监督等各种额外工作。"哪怕是有人提出，要他把在伊斯灵顿电影厂里拖地板的工作也给包下来，我敢肯定，早已时刻准备着的他，肯定也会乐此不疲地应承下来。"巴尔肯回忆说。[2]

1924 年，巴尔肯自组庚斯博罗电影公司 (Gainsborough Pictures)，希区柯克也被招入，很快就参与了两部英德合拍片的制作。《老古板坠入情网》(*The Prude's Fall*) 和《恶棍》(*The Blackguard*) 均由格雷厄姆·柯茨 (Graham Cutts) 担任导演，拍摄地点则是柏林附近纽巴贝尔斯伯格 (Neubabelsberg) 的电影厂。该地早已成为德国表现主义电影运动的活动中枢，而希区柯克有关电影制作艺术维度的概念，其最初成型，也正是在此间。拍摄之余，他仔细观摩了德国导演茂瑙（F. W. Murnau）在影片《最卑贱的人》(*The Last Laugh*)制作现场的导演工作。据希区柯克自己回忆，这次经历让他初步认识到了表现主义电影的基本创作原理：依靠镜头而非文字来讲述故事；抓牢人物的主观情绪体验；利用大片大片的黑色和明亮的光线来涂绘银幕，而用德国电影理论家洛蒂·艾斯纳（Lotte Eisner）的话来说，这种做法产生出来的效果，便代表了"德国之魂的朦胧微光；德国之魂借由那些影影绰绰、神秘莫测的内景或是雾气弥漫、若即若离的景色获得了呈现"。[3]

相比茂瑙，反倒是自己剧组的格雷厄姆·柯茨导演并没能让希区柯克有什么收获。尽管时至今日仍有一些人相信，柯茨作品里其实也具有某些表现主义电影风格特色，但希区柯克却始终坚信，在拍电影这件事上，此君几乎一无所知，反倒是他的婚外情，导致了《老古板坠入情网》和《恶棍》的正常拍摄工作常被打乱，而作为副手的自己，还得想方设法为其隐匿，真是不堪其扰。《恶棍》尚未杀青，柯茨忽然退出剧组，而且临走还不忘留下一句狠话，谴责自己这位副手是"自以为无所不知的王八蛋"[4]。就这样，二十五岁的希区柯克被制片人巴尔肯委以重任，接手继续完成《恶棍》，而且不久之后还得到了独立执导《欢乐园》的机会。

《欢乐园》先后在德国和意大利北部进行拍摄，一路上遇到的各种变故，简直就是"墨菲定律"的最好示例：各种有可能会出现的拍摄问题，全都一个不落地出现了。器材遗失，胶片被海关罚没，经费被盗，还有不止一位演员在关键场景拍摄前夕忽告缺席。"时过境迁，现在我当然是可以拿这些事当笑话来讲，"回想起当初的巨大压力，希区柯克表示，"但在当时，那感觉可真是糟透了。"[5]

　　幸运的是,《欢乐园》其实拍得还挺不错,既有他在德国学到的那些电影风格上的花招,也有如今早已被认定是希区柯克电影重要组成部分的各种元素:偷窥、内疚、令人心驰神往的金发女郎,还有就是杀人。之后的这五十年里,在《欢乐园》的基础之上,希区柯克又开发出了各种令人生畏的故事情节,以巧妙的方式杀死了一位又一位的受害者。有人会在时髦的曼哈顿公寓里,在餐前举行的派对上被勒死,也有外交官会背部被人用尖刀刺入,还有发生在伦敦穷街陋巷的枪战。只要希区柯克一声令下,就会有女性或是洗澡洗了一半被人宰杀,或是由钟楼上被人推下摔死,或是被人斩成碎尸,或是被掩埋在花圃之中;只要他一声令下,就会有男性被焚烧,被扼颈,被带出去兜兜风但却就此失了踪。在希区柯克的致命电影宇宙之中,完全没有哪个地方是安全的。不管是工厂、学校还是教堂,不管是浴室、卧室还是厨房;不管是风车、旅店还是电影院——甚至是游乐园里的旋转木马——处处都有暴力的恐怖身影正在悄悄靠近。对他来说,人生无处不杀人。而对于想要破解希区柯克密码的人来说,最好的办法也就是由此入手了——拿这叫人毛骨悚然的人生结局,来当作一个开始。

　　谈论希区柯克和他电影里的杀人,《惊魂记》里的那场淋浴戏,势必是绕不开的。那就像是英谚所谓的"房间里的大象",而且这大象浑身上下还都沾满了鲜血,我们又岂能视而不见。在这场戏里,由珍妮特·李(Janet Leigh)饰演——但从裸露着的脖子再往下,那都是她的替身演员玛丽·伦弗洛(Marli Renfro)——的玛丽安·克雷恩，被疯狂的诺曼·贝茨活活刺死。很快，这场戏就成了战后流行文化的标志之一，不断被人拿来仿效、戏谑和重新加以诠释。这场戏之所以会诞生，是因为希区柯克有着一种强烈的意愿，想要让看电视、听摇滚成长起来的年轻一代，也被他的电影作品所俘获。同时，那也是因为他愿意迎接挑战，希望可以把砍杀电影（slasher movie）这种类型片提升到属于他作品的那个层次上去。此外，法国导演克鲁佐（Henri-Georges Clouzot）之前的《恶魔》（*Les Diaboliques*，1955）赢得舆论激赏，也让希区柯克相当艳羡；而且，克鲁佐的这部心理恐怖片里也有好几场暴力戏，都发生在洗澡的地方。遥想当年，克鲁佐显然是受到了来自希区柯克电影的影响，但时至20世纪50年代中期，相比希区柯克找加里·格兰特、詹姆斯·斯图尔特和格蕾丝·凯利拍摄的那些逃避现实的特艺彩色胶片作品，克鲁佐的《恶魔》显然是在前卫性和新潮性上更胜一筹。小说《惊魂记》是作家罗伯特·布洛克（Robert Bloch）的新作，故事大致以连环杀手艾德·盖因（Ed Gein）的真实罪案为蓝本。想当初，希区柯克的助手佩姬·罗伯森（Peggy Robertson）之所以会把这本书交到老板手上，是因为她觉着这里面的暴力成分和异装情节，还有各种当时被视作禁忌的性癖好，应该会很对希区柯克胃口。事实证明，佩姬·罗伯森预感正确。希区柯克确实被其牢牢抓住，尤其是"那突如其来、凭空而降的浴室杀人情节"[6]。

不过，《惊魂记》上映之后，狠狠批评它，视它为垃圾电影的影评人，可真不在少数。他们一致觉得，实在是很难相信像希区柯克这样的导演，竟会如此浪费才华，拍摄一部如此荒唐无谓的电影。甚至，还有影评人刻意无视希区柯克的事先恳请，提早泄漏了剧情的意外转折。泄密者表示，自己有责任提醒那些打算要看《惊魂记》的观众，"本片镜头最为深情关注的主要对象，是一具披着方巾的腐尸，外加一名头戴假发的疯子，再加上珍妮特·李被人用刀斩了之后，案发的那间浴室的整个清洁过程"。[7] 最终，影评人的讥讽和悲鸣并未起到什么作用。《惊魂记》一炮而红，以区区 80万美元的低廉制作成本，换回巨额票房利润——而且这 80 万美元还是由希区柯克自掏腰包支付，因为他所在的派拉蒙电影公司担心该片风险太大，拒绝为他拨付这笔拍摄资金。

《惊魂记》打破了多项票房纪录，也让希区柯克在一个全新的文化层面上引发了热烈回响。但与此同时，也有人开始疑问，究竟是什么样的头脑才会创造出那无比残暴的 52 秒钟浴室戏。对银幕暴力向来十分警惕的精神病学家弗雷德里克·沃瑟姆（Frederic Wertham），为此与希区柯克展开了一次对谈。导演坚称，玛丽安·克雷恩其实和小红帽异曲同工，都是长着淡金色头发的年轻女孩，都死在了身披老妪衣服的大灰狼手里。而且希区柯克还发誓说，浴室戏"既不是我个人生活任何一个方面的反映，也不是我私人想法任何一个方面的体现"。[8] 他还一再强调，自己尤其厌恶一切形式的暴力、愤怒和冲突。而事实上，距离拍摄《惊魂记》多年之前，他也公开说过，自己尤其反感某类仰赖"施虐、变态、兽性和畸形"来挑弄观众情绪反应的电影，并且谴责此种电影手法"实在是错的离谱，既邪恶，又危险"。[9] 希区柯克手底下的许多人都还记得，20 世纪 60 年代某天，他们在公司放映室里观看了某部别人特意为他推荐的电影。结果，片中有一段无预警出现的虐待动物

戏，让希区柯克愤而起身，夺门而出；他觉得那么拍电影实在是太
出格了。[10] 此外，许多与他合作过的人也都可以证明，他平素确
实十分讨厌与人发生争执冲突。因此，只要是可以不用"当众与人
大吵大闹起来"，希区柯克怎么都愿意。显然，他对这类事情的恐
惧心理，应该丝毫不会亚于他那张恐惧症列表上的其余那些单项。
当初拍摄《风流夜合花》（ *Under Capricorn*，1949）时，技术上有
些地方弄得相当复杂，以至于女主角英格丽·褒曼也一度发了不少
脾气。事后，希区柯克向人介绍过他当时的应对之道，"只要是遇
上了吵架的情况，我向来都是这种办法，我管我自己转身离开，我
先回家。"[11] 说这话时，他语气似乎相当自豪。希区柯克之所以要
讲述类似这样的片场轶事，似乎是要证明自己是多么的沉着冷静。
他会告诉对面的这些听众——通常情况下都是媒体记者——平时他
从来都不会发脾气，因为他根本就没脾气可发。但问题在于，事实
并非如此。他当然也会愤怒，而且这种情况真可谓是数不胜数。只
不过，他通常都会靠在心里懊恼，靠生闷气来排解这些愤怒。只
是，习惯一争吵就急速抽身而退，这可不是性情平和的标志，这反
而说明了，此人没有能力去应付生活中的各种复杂情绪——不管那
是他自己的情绪，还是旁人的情绪。

　　希区柯克总喜欢说，他其实也想要拍一些不以悬念见长，不一
定非要有尸体出现的电影，可惜自己的那些观众不肯答应。他还
说过，即便是他真想要拍《灰姑娘》，结果也肯定没法拍成，因为
"打从一开场，观众关注的肯定就只有一件事：尸体在哪里"？[12]
不过，真要说希区柯克对于暴力、杀人的兴趣，纯粹只是因为他这
份朝九晚五的导演工作使然，纯粹就像是煤矿工人看到煤块那样，

不带任何主观感情色彩，显然那也不符合事实。诚然，他本人肯定是从没想过要做连环杀手，但对于杀人这种残忍暴力的行为，希区柯克确实有着强烈兴趣，而且一生始终不曾改变。甚至于，就连他的艺术创造力，也由此汲取了不少养分。

希区柯克对于暴力犯罪的认识，和他这一生中对于其他许多东西的认识一样，主要也都来自他的阅读，他的幻想和他默默的冷眼旁观。"我这一生中，有太多的时间都用来痴迷犯罪和司法了。"讲这句话的时候，希区柯克已是七十八岁高龄。而回到当初他十四岁时，爱读的那些 G·K·彻斯特顿（G. K. Chesterton）和约翰·巴肯的作品，可都是英国犯罪文学之精华所在。此外，"但凡是当时手头能找到的真实犯罪故事"，他一概照读不误。[13] 多年积累下来，希区柯克拥有了一间属于他自己的小型犯罪图书馆，谈起那些臭名昭著、载入史册的连环杀手来，他也是了若指掌。平时拍电影时，他会找出某些相关书籍，分发给手下的编剧和即将在影片中饰演杀人凶手的演员，帮他们从中寻找剧本灵感和为角色做些准备。年轻时，希区柯克除了不厌其烦地光顾各种剧场和影院之外，曾经还将个人志趣又再往前延伸过一小步：他成了伦敦中央刑事法院旁听席上的常客。"我原本希望自己能当个刑事律师什么的，"他曾说过，"想象一下，在法庭上成为一个大人物，那会带给你多少好机遇啊。"[14]

在好几部希区柯克电影里，都出现了和他一样的安乐椅侦探角色。这些剧中人都和生活中的他一样，对真实犯罪故事抱有浓厚兴趣，将杀人案当作可以用来逃避现实的享受。例如《深闺疑云》（Suspicion，1941）里喜欢虚张声势的犯罪小说作家伊索贝尔，总是和加里·格兰特饰演的男主角深入探讨着如何才能杀人于无形；还有在《辣手摧花》（*Shadow of a Doubt*，1943）里，赫伯和约瑟夫每天放松下来闲聊时，谈的不是棒球比赛或名人八卦，而是如何下毒和怎么杀人。在《希区柯克剧场》名为《布朗夏先生的秘密》（*Mr. Blanchard's Secret*）的那一集里，他也拿小说家笔下虚构的谋杀案和他们自身内心想法之间的关系开起了玩笑。他让剧中那位生活在郊区的性格开朗的犯罪悬案小说作家，说出了她关于自己笔下最新的受害者的真实想法："可怜的女人啊。不得不安排她就这么被杀掉，真是叫人惋惜。精神病医生有可能会认为，在我内心深处，其实是不是也隐藏着什么杀人倾向……谁知道呢，如果不是靠写悬疑小说来消我胸中块垒的话，说不定我这会儿还真是已经犯下了好几单杀人案。"

　　谈到自己对于谋杀的浓烈兴趣，希区柯克更倾向于认为，那是他身上的文化传承不可避免的外在表现，而非自己内心真就特别对此心向往之。正如他向精神病学家弗雷德里克·沃瑟姆解释的："有许多伟大的英国文人一直以来也都对犯罪甚感兴趣……而且，他们会从一个很高的高度来审视犯罪这件事。依我愚见，这似乎是英国人全都生而有之的东西。"[15] 他还坚信："在英国这个地方，犯罪这件事，本身就带有某种神秘色彩，会让每一个英国人都为之心驰神往。"[16] 他给出的证据就是，自己年轻时接触的英国流行文化里，暴力总是显得无处不在。事实也确实如此，希区柯克小时候恐怕没少接触市面上充斥着的各种廉价恐怖小说和通俗杂志，那上面登载的，尽是一些以青少年和年轻男性为目标受众的阴森诡谲故事，而且还都号称是真实的凶杀和蓄意犯罪事件。

集凶手和受害者于一身的希区柯克，1955 年。

随后，一场战争更是将毁灭性的暴力直接送到了希区柯克的家门口。战事才刚结束，英国人的日常生活又遇到了各种暴力事件的迅速激增，而且借着大众媒体推波助澜，全国各地一时之间皆是人心惶惶。"据报道，目前正席卷全国的这一波犯罪浪潮，似已在民间引发极大不安。"1920年1月某日出版的英国《卫报》在记录此事时，将其归因于"过去几周内所发生的一系列尤其残忍、可怕的杀人案和暴力强抢事件"。[17]希区柯克电影事业起步之初，他要面对的恰恰就是这样的一个世界。甚至于，他和20世纪20年代极其恶名昭彰的杀人犯伊迪丝·汤普森（Edith Thompson），据称还有着一层私人关系——他曾在汤普森父亲那儿学过跳舞。[18]伊迪丝·汤普森在1923年被执行死刑，罪名是唆使情人谋杀亲夫，而整个案情恰好就是特别能让希区柯克着迷的那种关系错综复杂的畸情故事。当时，媒体对该案连篇累牍地连续报道，但时至今日早已有不少人公开指出，当初竟然会将伊迪丝·汤普森定罪，实在是一桩明目张胆的冤假错案。

希区柯克相信，英国人——他经常将英国人和英格兰人这两个词混为一谈——可不光是被杀人这件事强烈吸引，甚至于，英国人的国民身份和国民经验，也都离不开这种英式暴力。《讹诈》是他拍摄的第一部有声片，片中有那么一场戏让人记忆犹新：那家人谈起了一则凶手用刀刺人的社会新闻，其中一位不无惊诧地说："就用砖头给他脑门上干脆、漂亮、坦率地来上那么一下，这是一码事，而且这做法还挺英国人的。可是用刀？不成不成，那可就是另一码事了；用刀可不行。"希区柯克在接受《纽约时报》采访时曾说过，美国式杀人那种直截了当的粗暴方式，看多了，会让人觉得单调乏味。而反观英国的杀人案，那透着一种低调，一种客客气气，而且还有着"一种这民族与生俱来的戏剧感"[19]。这种戏剧感，按他说法，可一直往上追溯到莎士比亚的作品。所以，美国匪帮和职业杀手那种不讲感情的开枪杀人方式，希区柯克始终都不怎么感兴趣。他觉得这些人都是拿犯罪当职业的，而他心目中更吸引人的，还是那些平日里都是谦谦君子的业余杀手所经手的罪案，因为那突出了一种大家公平竞赛的道德规范。[20] 希区柯克还进一步解释说，英国社会基本就不存在什么和枪械相关的文化，因为英国警察本身就很少用枪，"所以礼尚往来，罪犯也不怎么持枪"。[21] 纵览希区柯克的各部电影，开枪杀人的情节并非完全没有——1934年版《擒凶记》的高潮戏就是一段持续颇久的枪战——但数量肯定很少。甚至还会像《西北偏北》里那样，看似是由伊娃·玛丽·森特（Eva Marie Saint）饰演的伊芙开了枪，将加里·格兰特饰演的罗杰给杀死了，但结果我们却发现那只是花招，是空包弹。希区柯克曾经说过，在美国这个地方，"到处都是开枪杀人的事，但我还是更喜欢自己的方式"[22]。

所谓"自己的方式"，指的当然是下毒、绳套或是从楼顶往下推了。总之，都和那些他心爱的英国谋杀案在整体精神上相符合。那些英国谋杀案，处处透着畸情与古怪，在杀人的表象底下，更是各种暗流涌动，牵涉性和阶级的元素，充分说明那些罪犯虽然平日里看似受人尊敬，其实内心长期都存有刻意压制着的令人反胃的情感冲突。而且，这些罪犯大多还都是伦敦当地人，有着和希区柯克相近的社会背景，情绪上的耐受力，恐怕也都和他差不太多。例如克瑞朋大夫（Dr. Crippen）案件，就涉及通奸和异装等具体案情。

还有总爱胡思乱想的恋尸癖约翰·克里斯蒂（John Christie）的连环杀人案，他折磨那些年轻女子的地点，是他和妻子共同居住的安宁小屋，位于伦敦诺丁山里灵顿广场10号。当然还有希区柯克曾多次提到过的，让他最感兴趣的埃德温·巴雷特（Edwin Bartlett）遇害案。此君在伦敦经营一家蔬果杂货店（希区柯克显然是在自己身上看到了共通之处），1885年的最后一天忽因氯仿中毒去世。他年轻美丽的妻子阿德莱德因谋杀丈夫罪名而被捕，但随着审判深入，关于她在丈夫怂恿之下与当地某位神职人员有染的丑闻，也引发了公众热议。不过，案情最终又出现了超乎常理的巨大反转，鉴于几位医学专家都无法解释巴雷特的食道为何未被氯仿灼伤，妻子最终被无罪释放了。

由巴雷特案件引出的那些话题，换作其他任何情况下，恐怕都无法让这些英国上流社会人士敢于拿来公开讨论。换句话说，希区柯克和像他那样的英国人在谈论谋杀时，他们其实究竟在谈论一些什么？首当其冲的，恐怕正是本该属于禁忌的性这个话题。《惊魂记》的浴室戏，即便在如今的年轻观众眼里，可能仍会引发些许的心绪不宁，可是该片一开场的约翰·盖文（John Gavin）和珍妮特·李在宾馆里部分身体裸露的画面，肯定是不会让现如今的观众再大惊失色了。但是回到1960年该片公映之际，开场这些画面激起的民众义愤，其实可真没比浴室戏差多少。时任《纽约时报》首席影评人的鲍斯利·克罗泽（Bosley Crowther）那时候正在写一篇主题为"今日好莱坞电影在性这方面态度越发直白的明显趋势"的文章。[23] 为此，他专门去信希区柯克，希望导演能解释一下《惊魂记》一开场就要拍得那么露骨，究竟有何目的。其实，包括《惊魂记》在内，有许多希区柯克电影里都有这样的处理方式：用死亡来暗示性，或者倒过来，用性来暗示死亡。例如《电话谋杀案》（*Dial M for Murder*，1954）里由格蕾丝·凯利饰演的角色遭到袭击——对方其实也是受她嫉妒心重的丈夫的胁迫，才会有此杀人举动——整个人被袭击者压在书桌上，只见她不断扭动身体，以图摆脱，最终抓起了一把剪刀，刺中男子背部。倘若观众不是预先知道这是个杀人计划的话，光看画面，很可能会将杀人误会成了强奸。而虔诚的希区柯克影迷应该还能看出这和《讹诈》之间的关系：《讹诈》里也有一位年轻女性靠利刃击倒意图强奸者的戏码。再细究希区柯克电影里诸多杀人场面，其实不少都和被视作禁忌的性行为有关——包括性窒息、捆绑式性交、同性恋、异装癖和乱伦等等。和杀人一样，上述这些也都是让他深深着迷但却全然缺乏——或是几乎全然缺乏——第一手经验的事。

　　和希区柯克一样，喜欢由谋杀案入手来探究何为英国人国民性的同时代的英国文化名人，其实大有人在。1927 年，希区柯克电影作品开始在英国各地全面公映；同年，马普尔小姐这个人物，也在装帧考究的英国《皇家杂志》（*The Royal Magazine*）上初次登场。这位可爱的老妇人，在乡间庄园大屋和牧师宅邸中侦破各种案件，而此种故事氛围其实也正是乔治·奥威尔在《英国式谋杀的衰弱》（Decline of the English Murder）和《莱福士和布兰迪希小姐》（Raffles and Miss Blandish）这两篇散文里尤其强调的东西。奥威尔指出，因阶级仇恨和性挫败而起，借着快速起效的毒药，以彬彬有礼的方式来执行完成，这就是传统意义上的"英国式"杀人。它曾经是独一无二的英国人国民性的标志，现今却已被吵吵闹闹的美国人给彻底盖过了风头。回到 20 世纪初期直至中期，主流英国文人和艺术家都爱用杀人案来彰显他们在文化上的归属感。立场坚定的英国中产阶级，即便是在面对杀人这种最邪恶的现代人粗陋行为时，都会尽可能地设法实施得更彬彬有礼一些，都能抓住这个在现代美国之巨大影响力全面获胜之前的最后时机，尽量去依从那些仅在那个已渐行渐远的黄金年代才获得过尊重的礼仪风俗；想到这些，这些英国文人和艺术家或许多少也有一些欣慰之情。自然，此类有关英国人之体面和教养的胡乱遐想，掩盖住了某些更为残酷的事实。就连奥威尔自己都不得不承认，"就在其实也不能算是很久之前的过去……将你妻子活活踢死这种事"，仍可以说是"一种相当典型的英国人罪行"[24]，而此类因家庭矛盾骤然升级而生成的暴力，曾经也很吸引希区柯克的注意。

在奥威尔看来，英国"发生谋杀案的伟大时期，也就是说我国的伊丽莎白时期，大约是在 1850 年至 1925 年之间"[25]。巧合的是，1925 年也正是希区柯克用胶片犯下自己第一宗谋杀案的年份。只是，奥威尔笔下互不相融的英美两方，反倒是在希区柯克的电影里被捏合在了一起。看看他 20 世纪二三十年代的那些作品，用的是来自德国的艺术风格和来自好莱坞的时髦风尚，英国式谋杀的传统就此被推进到了充满速度、机器和轰动性事件的新时代中。希区柯克那个年代的现代派艺术家，有不少都爱歌颂暴力和分裂。他们视此为某种文化力量，而希区柯克显然也吸收了这套说辞，自我辩解说他电影中的暴力和危险，其实并不会让观众越看越麻木不仁，反过来，还会让他们重新回到实际，重新找到生而为人的最基本意义。"我之所以这么做，是要给大众一次健康有益的精神

'震撼'，"[26] 他解释说，"不然的话，现代社会将越变越懒散、颓唐……在文明社会之中，我们一直都受着很好的保护与屏蔽，根本无法直观体验到足够的刺激。"[27] 看来，和我们这个时代的主流逻辑恰好相反，在希区柯克的心目中，活在当下的最好方式，反而是要将更多时间花在黑漆漆的影院里，用双眼紧盯着银幕。

　　一直以来，希区柯克总能通过阅读自己最喜爱的那一类家庭凶案而收获内心触动，以化解他那种中产阶级日常生活的无聊和无趣。因此，他也希望自己作品里的那些杀人案，也能以同样方式去震撼观众。这一点，在他到美国后拍摄的那些作品中，同样表现得十分明显。在那些电影里，有着那么一批具有类似的致命魅力和不俗社会背景的男性角色，他们将谋杀当作工具，期望能按照自己的愿景，靠着杀人来重塑世界。"我最崇拜有所作为的人。"《火车怪客》(*Strangers on a Train*，1951) 中由罗伯特·沃克 (Robert Walker) 饰演的布鲁诺如是说。正秘密筹划残忍杀人方案的他，自觉可以凌驾于普通人之上。对于布鲁诺提出的交换杀人方案，帅气的网球运动员盖尔觉得实在是恐怖到无法想象。但布鲁诺又反驳说："盖尔，一两条人命算得了什么啊？有些人还是死了的好。"想当初，演员约瑟夫·科顿 (Joseph Cotten) 在拍摄《辣手摧花》时曾为究竟该如何演好这个连环杀手角色而十分苦恼，但希区柯克却告诉他，那其实根本就没什么难度。"对他来说，除掉那些寡妇，那是在为人类文明做贡献。那是巨大的社会学贡献，值得他全身心投入进去。记住，想当初约翰·威尔克斯·布斯 (John Wilkes Booth，美国话剧演员，林肯刺杀案主谋) 开完那致命的一枪后，他跳上福特剧院的舞台，结果却因台下根本没人为他起立鼓掌喝彩而感到满心失落。"[28] 可见，或许希区柯克也曾被真实的暴力吓退过，但换个角度来看，他也确实很了解施暴者的这种迫切心理。他们希望自己大胆出格的举动能为公众所了解，希望自己颠覆现状的时候，下面也能有一大群观众正看着，而且这些观众正因为不敢相信自己眼前所见，而正在紧张地大口直喘粗气。

我们还可以将《惊魂记》里的浴室戏，当作是希区柯克的某种艺术姿态，它其实是在回应六十年前曾发生过的那桩艺术事件。那一年，奥伯利·比亚兹莱（Aubrey Beardsley）为奥斯卡·王尔德（Oscar Wilde）剧作《莎乐美》绘制的插图正式出版，让世人初次领略了此番骇人景象：浓稠的黑色血液顺着施洗约翰被割断的头颅滴下，落在乳白色的纸页之上。相应的，在罗伯特·布洛克的《惊魂记》小说原著里，其实浴室杀人案用到的手法并非是电影里这种疯狂刀刺的方式，而是斩首：诺曼·贝茨用切肉的菜刀砍下了受害者的脑袋。

王尔德和比亚兹莱是19世纪晚期那一代艺术家里的佼佼者，他们主动摒弃了以写实来描绘自然世界的做法，更加关注幻想、梦和噩梦，冀望可以由失序、不和谐之中寻获美的踪迹。他们的作品，为后来的德国表现主义电影提供了养分，而德国表现主义电影日后又强烈影响到了希区柯克的电影。这里的传承关系，希区柯克自己也曾公开承认。他说他年轻时就很为象征主义运动所吸引，有时连做梦都会梦到保罗·高更、古斯塔夫·克里姆特的油画。[29]而本身就受到象征主义直接影响的王尔德美学风格，同样也对希区柯克影响至深。他最心爱的那些小说读物里，就有王尔德的《道林·格雷的画像》(*The Picture of Dorian Gray*)。而且在希区柯克的电影里，我们也不难发现王尔德那种冷幽默、逻辑悖论和偶像颠覆的影子。

《惊魂记》上映数月之后，《时尚先生》(*Esquire*)杂志主编哈罗德·海斯（Harold Hayes）曾向希区柯克去信约稿。海斯似乎也意识到了希区柯克受到王尔德的影响，所以询问导演能否向读者揭秘："今时今日，还想让你电影里的暴力行为看着显得精巧别致，那究竟需要用到哪些电影手法？"20世纪60年代，海斯治下的《时尚先生》杂志成功抓住了那十年里整体文化热潮的脉动，逐步掌握了重要话语权。面对《惊魂记》，海斯显然也要比当时绝大多数的影评人更早意识到了，那可不止是恐怖电影那么单纯。他相信，对于已经经历过奥斯维辛集中营和广岛原爆的当代电影观众来说，《惊魂记》又将暴力再往上抬升了一个新高度。"过去三十年间，世人历遍沧桑。今时今日，再想让他们内心有所震动，那绝对需要一种特殊的天赋才行。"[30] 随后，希区柯克在为《时尚先生》撰写的这篇文章里，确实为读者给出了提示，说明了究竟要怎么做，才能完成一次精巧别致的谋杀。而且，他明显是模仿了王尔德的文风，开玩笑似地怂恿、鼓惑读者，语气相当反讽。他建议说，在选择受害者时，"如果目的是为娱乐消遣，那就在社区栋梁里选；如果目的是要标新立异，那就选平头百姓"。[31]

从某些角度来说，海斯的话肯定有它的道理。回顾希区柯克整个艺术人生，他努力以各种充满想象力的新奇而且时常还很幽默的方式，来表现人类的残酷、控制欲与鬼迷心窍，而《惊魂记》无疑在这方面做到了极致。可是即便如此，我们似乎并不应该就此将其视作希区柯克电影中的"精巧别致"典型。他始终坚称，这场浴室戏的暴力程度，其实并未超过他的其他电影里任何一场杀人戏，理由在于浴室戏用的是印象派手法，而非如实白描。不过他的这种说法，其实失之坦诚。希区柯克之所以要拍这场浴室戏，打从一开始他的想法就是，要让观众体会一下他们此前从未见过的最让人胆战心惊的流血事件。至于最终能够圆满达成他的这一初衷，其仰仗的倒确实是他精巧别致的电影技艺，但那就是另一码事了。浴室里的玛丽安·克雷恩，她所经历的可不光是恐惧和折磨，她还遭到了羞辱，因为她是在全身脱光的状态下，在毫无还手机会的前提下，像牲口一样遭到了宰杀。这可不仅仅是对她的嘲弄，也是针对我们这些观众的刻意嘲弄。在影片开始之后整整四十分钟时间里，观众都是通过她的视角去观察影片里这个世界的。我们听到她的内心想法，感受到她的焦虑不安，也期盼着她能想出办法来，带着这偷来的四万美元远走高飞。我们满心以为自己可以一路跟着她，一直走到故事结尾。谁会想到那么突然，她就遇上了屠夫的毒手，就像是圣诞节吃剩下来的火鸡的骨架那样，被彻底丢弃了事。不论是珍妮特·李厉声尖叫的面部特写画面，还是她额头上贴着的湿漉漉的头发，那纯粹都是为惊吓而惊吓的恐怖奇观，虽然让人看了精神为之一振，但事后却会觉得很不舒服。英国影评人大卫·汤姆森（David Thomson）在《〈惊魂记〉时刻》（The Moment of *Psycho*）一文中便曾指出：《惊魂记》，尤其是在当年颇具恶名的这场浴室戏，直接宣告了所谓"六〇年代"的到来，而其时代精神便是要大闹天宫，要颠覆真相。按照大卫·汤姆森的主张，不管是扎普鲁德（Abraham Zapruder）记录肯尼迪遇刺的那盘录影带，还是晚间电视新闻里播出的越战画面，《惊魂记》都可说是它们的先声，或者，至少也是提前为我们提供了一个视觉上的参照物，让我们日后在经历那些新闻画面的冲击时，不至于毫无心理准备。[32]再扩大一点的话，我们还可将《惊魂记》当作一部序曲。近年来我们在各种尺寸的银幕、屏幕上看到的各种越来越恐怖的暴力画面，全都可以视之为《惊魂记》的后续——包括现代恐怖电影里的血漫金山，也包括那些接受过西方流行文化熏陶的恐怖分子所拍摄的死囚处决画面。所以，不管你打光打得再怎么漂亮，配乐配得再怎么精彩，剪辑剪得再怎么专业——毋庸置疑，《惊魂记》确实百分百地做到了这几点——这场浴室戏说到底，终究还是不能用精巧别致来形容。因为之前那么多年里，希区柯克明明就一直都在努力想让大家相信，即便是杀人，也可以成为一门"艺术"；美丽、迷人、和谐的艺术。可是看到这场浴室戏时，相信了他过往这番说辞的人，显然都会觉得自己遭到了愚弄。从这个角度来看，与其说这场戏象征着20世纪的60年代，还不如说它更接近那之后的70年代。它走在了时代的前面，领先于之后的那一代伦敦青年。它是朋克，是破坏越大越欢乐的创造行为。

其实，希区柯克小时候成长生活的那个时代，也有属于他们那一代人的"《惊魂记》时刻"。距他出生十年之前，"开膛手杰克"已是构成伦敦东区神话的决定性要素。多年之后，当希区柯克有机会为自己的第三部电影挑选题材时，他选的就是玛丽·贝洛克·劳德斯（Marie Belloc Lowndes）的《房客》（The Lodger）。小说发表于1913年，故事来源正是"开膛手杰克"当年所犯下的多宗杀人案，而且根据这本小说改编的话剧，希区柯克年轻时就已看过。结果，他这部讲述年轻男子被误认为是专杀金发女郎的连环杀手的《房客：伦敦之雾的故事》(*The Lodger: A Story of the London Fog*)，上映伊始便获得观众和媒体交口称赞，而希区柯克也就此迈出了他成名道路上的第一大步。《房客》可说是大获全胜，而且带给他的美好回忆，也可以说是相当持久，以至于希区柯克干脆就把它认作是自己的"第一部好电影"[33]——他说过："在这里，我第一次用上了自己的风格，事实上，《房客》差不多可说是我真正意义上的电影处女作。"[34] 对比《惊魂记》和《房客》这两部电影，诸多相似点值得我们留意。两部影片中，起推动剧情发展的催化剂作用的，都是正在寻找隐匿落脚点的神秘外来客。两部影片里，都用黑色幽默来平衡令人骇然的恐怖元素，而且拍摄方式也都让人想到了德国表现主义电影那种不走写实路线的整体氛围。此外，两部影片都由小说改编，两部小说又都基于真实存在的连环杀手而来。他们都针对女性犯下了道德沦丧的残酷罪行。《房客》里的杀人犯，始终身着披风，始终只有"复仇者"这一代称，观众直到最后也不知道他的真实身份——当然，这里面也有制片方坚持对剧本做了几处修改的缘故——所以也不知道他究竟是要向谁复仇。我们可以认为，他单纯就是要报复所有的女性，因为她们让他想起了自己身体上的残缺。如果说诺曼·贝茨是最初代的极端厌女者（incel）代表，《房客》里的"复仇者"就是诺曼·贝茨的预告，同时也是华金·菲尼克斯那一版"小丑"的老前辈。

有人相信，这些电影其实也暴露了希区柯克自身的内心苦闷和阴暗幻想。确实，他曾在电影里探究过臣服和支配这些 SM 行为；确实，他也用拍电影的方式来操控过美丽的年轻女性，并且乐此不疲。他当着特吕弗的面曾提到过，自己电影里常出现的手铐，很多时候其实都带有涉及 SM 的弦外之音。而在说起自己曾拜访过一家位于巴黎的恶癖博物馆时，希区柯克也承认，他确实对各种各样的折磨、暴力和束缚器具饶有兴趣。[35] 另外，扼颈勒杀这一行为，出现在了他的好几部电影里；甚至，他自己也拍了不少扼颈杀人的照片，有时候是双手紧紧掐住女性的脖子，有时候则是他自己掐自己的喉咙。

但是，真要将希区柯克电影里所有的杀人犯放在一起，寻找他们之间的共通点，那也不该从受害者的角度去找——受害者也并非全是女性——而应着眼于杀人犯身上的那种男性破坏力才对。对于这种男性的情绪变异，希区柯克显然是察觉到了，或许他内心也有所感应，但最终却始终无法真正理解。希区柯克作品里的杀人犯，确实都会愤怒攻击女性，但他们也攻击其他男性，攻击政府，攻击整体意义上的人类文明。举例来说，诺曼·贝茨的残暴，固然表现在他忽然爆发的肢体攻击之上，但《房客》里的复仇者，这位被表现得宛若恶魔一般的杰出罪犯，他所拥有的力量却足以令整座城市陷入恐惧，并且长久难以得到解脱。

希区柯克曾反复谈起，谋杀是艺术天分的曲折表现。"所有杀人犯都把这事情视为艺术，"他半开玩笑半当真地解释说，"当然，我是说比较优秀的那些杀人犯。"[36] 希区柯克在说到杀人时，常会使用"视为艺术"这种说法，它出自托马斯·德·昆西（Thomas De Quincey）1827 年创作的讽刺散文《被视为艺术的谋杀案》（On Murder Considered as One of the Fine Arts）。在文中，这位审美家以冷嘲热讽的语气，对杀人行为做出了貌似公正的评价，也大致描述了如何才能将杀人这件事尽可能做得漂亮，而希区柯克也在他为《时尚先生》撰写的那一篇《暴力之精巧》(Sophistication of Violence) 里，借用了这一概念。德·昆西尤其迷恋 19 世纪初的连环杀手约翰·威廉斯（John Williams），此人在十二天内连续杀害七人，地点也在伦敦东区，可说是"开膛手杰克"的前辈。约翰·威廉斯的罪行，还启发德·昆西写了哥特小说《复仇者》(The Avenger)，然后这名称又被玛丽·贝洛克·劳德斯用在了自己小说《房客》的杀人犯头上，再然后又出现在了希区柯克的电影版本之中。德·昆西的《被视为艺术的谋杀案》给之后一代又一代的英国文人留下了深远影响，这不仅体现在该文用词儒雅但又尖酸刻薄的讽刺写法之上，更在于经他这么一写，杀人和艺术才华之间的文化关联，就算是某种板上钉钉的既成事实了。

在"开膛手杰克"的那个年代，习惯将真人真事和虚构创作混作一谈的畅销报刊，将他塑造成了某种新式文化名人的典型，即那种被摩登都会的满满恶意所扭曲的天才人物。甚至，某大众刊物干脆就把"开膛手杰克"描述成了"另一位海德（Hyde）"[37]，那等于是在说，罗伯特·路易斯·史蒂文森（Robert Louis Stevenson）笔下的《化身博士》(The Strange Case of Dr Jekyll and Mr Hyde) 的主人公，现实中确有其人，要不就是令人毛骨悚然的"开膛手杰克"，在他们看来只是一个虚构人物。这一类的媒体报道，也助长了"开膛手"其实就是美国演员理查德·曼斯菲尔德（Richard Mansfield）的谣传。当时，他正巧在伦敦西区舞台主演话剧版《化身博士》，其逼真演出，常让台下的英国观众吓得魂飞魄散。[38] 而在过去这一百年间，另外还有好几位艺术家，也都曾惹上过此种嫌疑。小说家帕特丽夏·康薇尔（Patricia Cornwell）先后在 2002 年和 2017 年两度出书，断言英国早期现代派绘画运动重要人物，在当时英国画坛举足轻重的卡姆登镇小组（Camden Town Group）主要成员之一的沃尔特·西克特（Walter Sickert），就是"开膛手杰克"本尊。[39] 如果希区柯克还活着的话，很可能会对康薇尔这套理论大感兴趣。想当初，西克特画过一组名为《卡姆登镇谋杀》（*Camden Town Murder*）的阴郁风格油画作品，画的全都是伦敦妓女艾米莉·蒂默克（Emily Dimmock）在 1907 年被嫖客割喉死在床上的主题。希区柯克也曾经买下过其中的一幅；喜欢在家中四处放置各种艺术品的他，将之挂在了自己卧房之中。[40]

到了 20 世纪 20 年代，这种杀人犯也是艺术家的伦敦东区传统，又因《房客》的出现而获得新生，而且仰赖的还是电影这种在当时很新颖的媒介形式。影片开场之后的前八分钟，可说是希区柯克毕生所有电影之中数一数二夺人眼球的开场段落。而且，就他所拍过的九部默片而言，可能也要数这一段落，拍得最是精彩。影片一上来，很自然的就已是在杀人了。《房客》的第一幅画面，正是女性面部的特写：她死的时候，嘴巴大张着，无声尖叫，也让人想起日后《惊魂记》里珍妮特·李的浴室名场面。随后，一组蒙太奇迅速交待时间和地点。警察抵达案发现场，已被吓破胆的女性目击者，给出了关于犯人的描述。接下来的这一幕，即便是在相隔将近百年之后的今日，依然会让人感觉十分熟悉。只见人群开始聚集，各种流言四起，而受害者尸骨未寒，各种恶搞却已甚嚣尘上，很快记者也倾巢而出，靠着最新科技的助力，各种消息如病毒般迅速传播四散。"杀人 / 油墨未干的最新消息，"插卡字幕写道，"杀人 / 广播里的热门新闻。"

和各种流行文化作品里所有擅长此道的杀人犯一样，"复仇者"也在受害者尸体旁留下了属于他的个性化名片。而且，和每一位擅长此道的现代艺术家一样，他的名片上，也有着精心设计的签名：一个单独的三角形。《房客》的总体插卡字幕设计之中，也融入了这款三角形图案，甚至在女主角黛西和她家的神秘房客以及她的警察男友之间，也存在着紧张的三角关系——男友怀疑房客就是杀人的"复仇者"。这样的设计安排，让人感觉就像是，这位留下三角形图案名片的嗜杀成性的邪恶天才，对比站在摄影机后的那位决定了此种插卡字幕和人物三角关系的创作者，其实根本就是一体两面，本质上没有什么区别。而当镜头转到报社办公室，当那个拿电话的男人出现在我们面前时，上述假设也就变得更有说服力了。因为那正是希区柯克本人，这是他第一次在自己电影里客串登场，而他所饰演的这名记者，正在报道"复仇者"已犯下第七宗谋杀案的大新闻。事后希区柯克坚称，当初纯粹只是因为找不到别人来演这个角色，于是才有了他的这一次银幕处子秀。可是慢慢的，他在自己电影里客串的做法，就变成了一种传统，具有了半开玩笑（而且是那种反复开、反复开的玩笑）半迷信的意义。当初是不是真的实在无人可用，他才会在《房客》里亲自上阵，此事至今仍有争议。但不管怎么说，这次客串登场，又一次地让我们想到了日后的《惊魂记》。相比《房客》里他客串饰演的记者角色，在《惊魂记》里，他是在为影片做宣传时，直接站到了舞台中央，用自己的形象、声音和身体来传播关于最新出现的这位失控凶手的及时消息，两者在本质上并无什么区别。

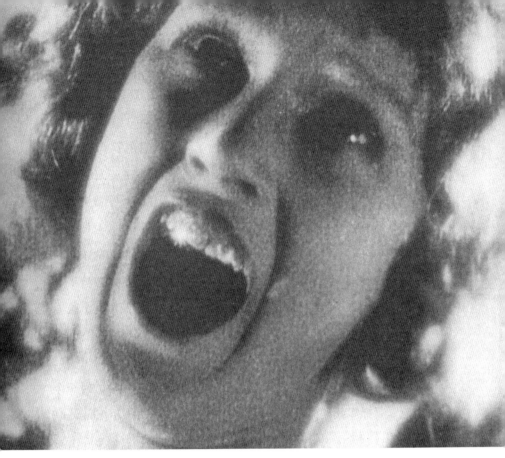

《房客》一开场就被害的无辜金发女郎。

　　细查希区柯克此后的职业生涯，其实他一直都在拿这种杀人夺命和文艺创作之间的关联性来开玩笑。于是乎，电影院、歌舞秀场、芭蕾和交响乐的演出现场，全都变成了他电影里谋杀案发的地点。而且他电影里的某些杀人犯，也会像他自己拍电影时那样，提前很久就在脑海里预先演练、仔细计划即将实施的暴力行为，并且对此准备过程不亦乐乎。另外，他电影里还有一类杀人犯，干脆就是表演者；角色扮演、伪装变形，这些全都是他们的犯罪手法。《年轻姑娘》（*Young and Innocent*，1937）在希区柯克历年作品中不算特别出名，不过光是冲着该片靠近结尾时那一段令人惊艳的长镜头画面，自诩迷影者的人，就绝不能错过这部电影了——十年后，希区柯克又把这镜头设计稍微改了一改，用在了《美人计》（*Notorious*，1946）中，而相比《年轻姑娘》，熟悉《美人计》里那段戏的观众，就要多很多了。在《年轻姑娘》里，整个镜头将观众由大厅后侧一路引导到了爵士鼓手的面部特写。那是脸上抹了黑色油彩的白人，观众此时已经发现，这正是我们寻找已久的杀人凶手，但剧中人却尚不知晓。凶手这会儿也注意到了追兵已步步逼近，情急焦虑之下，他彻底乱了方寸，无法克制地猛眨眼睛，脸上的油彩也被汗水侵蚀。他的伪装全都白弄了，最终只能束手就擒，而出卖他的，正是他自己的负罪感。

　　希区柯克这种将艺术家和杀人犯相提并论的玩笑做法，时至今日仍能紧紧抓牢我们的眼球。2020年时，歌手埃米纳姆（Eminem）发行专辑《谋杀音乐》（*Music to Be Murdered By*），大量参考了希区柯克当年那张超级可爱的情绪音乐专辑《阿尔弗雷德·希区柯克剧场谋杀音乐》（*Alfred Hitchcock Presents Music to Be Murdered By*）的整体概念和封面设计，并且还直接采样其中内容，也让这张旧唱片重获世人关注。当初希区柯克谈起自己1958年时发行的这张专辑时，曾表示说，他知道有成千上万的电视观众看了《希区柯克剧场》之后，感到了某种失望。为了弥补这种遗憾，他才专门制作了这一专辑。"这电视节目似乎给了他们不少启发，让他们也想动手杀人，可是我却没能为他们提供相适应的杀人氛围。"[41] 这张《阿尔弗雷德·希区柯克剧场谋杀音乐》专辑，发行于《惊魂记》上映之前，而埃米纳姆的致敬专辑，毫无疑问则属于"后《惊魂

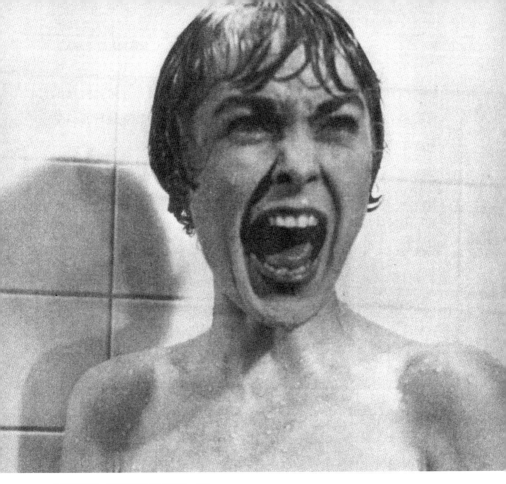

《惊魂记》浴室戏的珍妮特·李。

记》浴室戏时代"的产物，其中那些尖酸刻薄的歌词，也都是有意要刺激、冒犯他的听众。在歌词中，埃米纳姆称希区柯克为"我的大师，我的阿尔弗雷德大叔"[42]，这种乍听之下让人觉得有些吃惊的攀亲戚做法，细想之下，其实倒也有些道理。他们两人，都曾被人指责是粗鲁的厌女者，被批评是在毫无必要地宣扬暴力，很可能会让自制力差的观众受到不良影响。可是，他俩又都坚持认为，那些其实只不过是幽默、夸张和角色扮演罢了，只可惜那些脑子不会转弯的人，无法领会其中的奥妙法门。从德·昆西到希区柯克再到埃米纳姆，杀人的艺术一路启发着我们中间最为特立独行的那些不法之徒。

终其一生，希区柯克始终都笼罩在暴力的阴影之下，不管是他从小生活的那些社区的流行文化，还是他成长阶段遇上的那一场残酷战争，又或是他才跻身世界影坛伟大导演行列不久便不幸遇上的全球性浩劫，均是如此。

1934年至1938年期间发行的那五部希区柯克电影，都涉及正徐徐波及欧洲各地的暴力与威胁；此时的欧洲，显然已沦为汪洋之中的一叶孤舟。旧版《擒凶记》、《三十九级台阶》(*The 39 Steps*，1935)、《间谍》(*Secret Agent*，1936)、《阴谋破坏》和《贵妇失踪记》(*The Lady Vanishes*，1938)，这五部电影对希区柯克而言，也可说是一次突破。而这一类间谍冒险题材作品，在他去了好莱坞之后，又继续拍过不少，其中还有一些，足以流芳百世。女儿帕特丽夏曾表示说："我父母都对政治没什么兴趣。"[43]但是这五部电影却足以表明，哪怕希区柯克确实从未对意识形态或党派之争产生过多少兴趣，但权力本身以及人们利用权力来排斥异己的各种手段，便又是另一回事了。

在他那些以法西斯阴影笼罩下的欧洲中部作为故事背景的结合了浪漫爱情和间谍活动的杰作之中，就包括了这一部《贵妇失踪记》。该片上映之后没过多久，他曾解释说，自己近期的某些作品，看似都有那么一些天马行空，这主要是因为他很想展现一些只能经由这种增强版的虚构情节，才能有机会加以表现的"暴力的东西"。

《贵妇失踪记》上映于 1938 年，在此之前差不多有十年的时间，可谓是一个社会气氛狂热至极的时代，而希区柯克也受其感染，想要用镜头抓住这种社会氛围的"强大与暴力"。1926 年英国大罢工期间，坦克都开上了伦敦街头，希区柯克当时就想要将其拍成电影。他打算用镜头来再现"罢工者和大学生之间的互殴、工会纠察队以及所有的真实情节"，但好几位制片人都提醒他，像是这种单刀直入的拍法，绝对没法过审。后来在拍摄旧版《擒凶记》时，也发生了差不多同样的事。英国内政部获悉希区柯克计划拍摄一场街头围剿战的戏，以便用在该片高潮部分。很快他便被告知，绝不可以拍摄民兵部队在街头集结的画面，也不能拍摄普通民居"被机关枪包围的场景，我仅被允许呈现警察部队开始装备步枪并学习如何使用的那些画面"。[44]

1939 年 9 月，英国向纳粹德国宣战，但此时希区柯克已和家人在好莱坞开启了新生活。由战事初起之际，他便很想尽自己的一份力，做一些贡献。"参军的话，我既超重，又超龄。但我心里很清楚，如果我就这么袖手旁观，日后注定要后悔一辈子。"[45] 因此，之后这五年间，他低调但却认真地断断续续做了好几个电影项目，目的都是要呼吁美国赶紧介入，并给尚留在英国本土的所有家乡父老打气鼓劲。当时侨居好莱坞的英人团体，正在拍摄一部名为《一世和一天》（Forever and a Day）的政治宣传片（1940 年年初项目启动，但直到 1943 年才最终完成），而希区柯克也深度参与其中。此外，他还专为美国市场重新剪辑了两部剧情式纪录片（docudrama）：《灯塔船上的人》（Men of the Lightship，1940）说的是纳粹在北海轰炸英军设施的事；《今夜目标》（Target for Tonight，

1941）则讲述英国空军对德国展开的空袭。此前，美国片商曾拒绝按照原样发行这两部短片，理由是美国观众有可能会觉得它们的地域局限性太强，而且拍得太过沉闷无趣。但经由希区柯克的重新剪辑，这两部影片一下子就变得鲜明活泼起来，而且视野也不再仅限于英国本土；希区柯克善于捕捉大众趣味的天生禀赋，由此可见一斑。而且，据某位历史学家分析，二战爆发后头四年间所有那些由政府资助拍摄的战争类影片之中，《灯塔船上的人》和《今夜目标》的票房是最好的。[46] 随后，由 1943 年 12 月至 1944 年 2 月，希区柯克还编剧、制片、执导和剪辑了两部法语电影：《一路顺风》（*Bon Voyage*）和《马达加斯加历险记》（*Aventure Malgache*）。两部影片都是为歌颂法国地下抵抗运动而拍摄，《一路顺风》片长仅 26 分钟，预算也相当之少，相比那些《希区柯克剧场》短剧倒是颇有相似之处——包括四处穿插着的虚假记忆和被误解的身份，还有那些几乎填满了整个画面的人物面部特写，以及那种完全不见冗词赘句的洗练叙事手法。和后来的某些流行说法不同，《一路顺风》其实确曾在法国影院上映过，而且当时的反响似乎还相当不错。[47] 至于《马达加斯加历险记》，那就完全是另一回事了。"我们当时发现自由法国运动的内部，其实也是山头林立，矛盾重重，"希区柯克解释说。于是，他决定干脆就拿这些"内部冲突"来做文章。[48] 结果，无论是那些态度暧昧的人物，还是道德层面的灰色地带，总之《马达加斯加历险记》的整体故事氛围，就是特别的有希区柯克味道，但作为政治宣传片来说，这样的情况就只能用糟糕来形容了。因为按照当时的形势，需要的是那种情节简单易懂，正反面人物形象生动鲜明的作品——法国人民英勇无畏、纳粹敌人卑鄙无耻。既然《马达加斯加历险记》根本无法做到这一点，也就只能被封禁长达数十载了。

战争接近尾声之际，某位老友找上了希区柯克。制片人西德尼·伯恩斯坦（Sidney Bernstein）此时正为英国战时宣传部制作一部电影，希望希区柯克能帮忙梳理一下影片最后那一部分。相比之前他所参与的那些战争宣传片，这部纪录片可完全没有提供任何能拿来态度暧昧或是开开玩笑的空间，因为它拍的是纳粹集中营里发生的事。1945 年 6 月，希区柯克入住伦敦克拉里奇宾馆，打算和编剧理查德·克罗斯曼（Richard Crossman）、科林·威尔斯（Colin Wills）以及剪辑师彼得·坦纳（Peter Tanner）展开为期数周的讨论会。他们以来自纳粹达豪集中营和布痕瓦尔德集中营的大量原始影像素材为基础，精心完成了这部作品，令其成为当时最能证明纳粹暴行的严厉指证。尽管希区柯克在世的时候，外界就已知晓他曾参与该片，不过他本人却始终拒绝就此发表任何意见。

这部纪录片的制作初衷，是要教育公众了解第三帝国究竟是多么的作恶多端，但影片拍完之后，最终却又被束之高阁，甚至就连后期制作，其实也都不能算是全部完成。那是因为，它拍到的内容实在是太过恐怖，美英法三国政府一致认定，公众情绪有可能会被其彻底打乱，导致马歇尔计划的初始目标也连带受到影响。各国高层当时的想法便是，与其在旧德国的灰烬中流连纠结，还不如抓紧时间，再建一个新德国。在纽伦堡大审判时，该片部分影像素材曾被用作呈堂证供，但此后它便彻底由公众视野消失。直至 1985 年，距希区柯克去世五年之后，该片曾一度短暂重现，以未完成作品的形式，换成《集中营记忆》（*Memory of the Camps*）这个片名，作为美国公视新闻调查节目《前线》（*Frontline*）其中一集播出。[49] 至于整部作品的彻底制作完成和获得修复与正式放映，则已是 2014 年柏林电影节上的事情了。而且到了这时候，他们也恢复了该片最初也是最为恰当和合适的那个片名：《德国集中营事实调查》（*German Concentration Camps Factual Survey*）。[50]

按照希区柯克自己的说法，之所以要让自己故事里的主人公一个个都危在旦夕，那纯粹只是为了要让观众觉得刺激好玩。不过，在此过程中，他自己显然也都乐在其中。既然如此，像是《德国集中营事实调查》这么严肃的一部作品，这么一份足以证明纳粹德国种族灭绝邪恶行径的材料，竟然会想到要找希区柯克来牵头负责，确实有可能会让人感到些许奇怪。不过，早在 1925 年就已与他相识的西德尼·伯恩斯坦，却"十分相信他这个聪明人肯定会有办法把这些东西给串在一起的，而结果证明，他也确实做到了这一点"[51]。希区柯克当初第一次看到那些影像素材时，也因为集中营内那些画面之恐怖和附近乡间小镇生活之恬淡宁静的鲜明对比，而大受触动。他提议，干脆就用一组简单的地图，来展示那些家门口其实就在发生大屠杀的普通人，他们的日常生活究竟是如何继续如常的。剪辑师彼得·坦纳也曾表示，希区柯克确实是相当了解剪辑这门电影技巧所具有的情感冲击力，"我们剪辑这部纪录片的过程中，希区柯克尤其留心注意的，是那种怎么看你都不会觉得存在造假可能的素材画面"[52]。所以，那种无需剪辑便能展示的长镜头画面，在《德国集中营事实调查》里数量颇多。同样道理，需要用到剪辑的地方，希区柯克也会极力主张，一定要好好利用蒙太奇。在片中有一处段落，正是希区柯克帮忙定下的画面关系：它呈现了各种身体部位，以及各种分类堆放的个人物品，整个画面效果让人看了不寒而栗。看见那一堆堆衣服，想到那些生命已被剥夺的衣服主人，原本再普通不过的日常生活物件，瞬息之间便被转化成为某种代表了至邪、至恶的符号。正如法国影评人让-路易·高莫利（Jean-Louis Comolli）所注意到的："将我们熟悉的东西和我们害怕的东西并置在一起，这是希区柯克电影里的一个伟大的主题。"[53]

《德国集中营事实调查》里还有一个段落，也是希区柯克参与主导完成的。我们先是跟随镜头来到某间屋子的门口。入口上方的标志，写着"BRAUSEBAD"，德语里的"淋浴房"。虽然我们心底早已明知它的可怕功用，但乍一看，这地方又确实很像是普通浴室。跟随镜头入内，原本明晃晃的白色氛围，很快便被阴郁的暗影加以掩盖。已经在各种电影作品里见识过不少纳粹集中营毒气室画面的当代观众，立即就会意识到，希区柯克他们其实是要向我们揭露纳粹当初所策划的可怕骗局：那天花板上的孔洞，并非淋浴喷头，而是毒气风口；这可不是什么让人得到净化的地方，这是蓄意杀人的场所。

看到这样的一幕，哪怕再怎么觉得政治不正确，观众肯定还是会意识到，它在视觉上对应了《惊魂记》里的那一场浴室戏。在那一刻，镜头摇起，直视喷头，水流喷洒在玛丽安的脸上、胸口。有那么一瞬间，她神情忽然放松下来，已经想好了要把偷来的钱还回去，要重新做一个善良、诚实的人。可是，毫无预兆的，她忽然就被一股莫名的邪恶力量给彻底吞没了。不过数秒之后，她已变成一具尸体，而且注定会死无葬身之所。

1965 年，知道希区柯克参与了《德国集中营事实调查》制作的影评人罗宾·伍德（Robin Wood）提出了他心底的疑问（但他当时并未看过该片）：这段经历是否影响到了希区柯克的《惊魂记》？"关于纳粹集中营，只要是稍做深入思考，你就不仅会感到恐惧，而且肯定还会意识到这种恐惧存在于两个层面：其一，受害者根本就属清白无辜，但面对命运时却彻底无能为力；其二，折磨他们、屠宰他们的这些人，其实也是人类，而和他们一样同样身为人类的我们身上，其实也有各种潜在可能，最多也只是程度各有差异罢了……这两层恐惧心理，就像是一对孪生儿，而《惊魂记》恰恰就建立在这一基础之上。"[54] 所以，他制作《德国集中营事实调查》时研判良久的这些画面，究竟有没有影响到《惊魂记》呢？对此，希区柯克本人从未明确表态。也可能是，即便真有影响，他自己也都没有意识到。彼得·博格丹诺维奇（Peter Bogdanovich）曾说起过，20世纪60年代他采访过希区柯克，曾谈起以冷战为背景的惊悚片《冲破铁幕》里的那一场戏：保罗·纽曼和一位东德家庭主妇联手杀死了由沃尔夫冈·凯林（Wolfgang Kieling）饰演的斯塔西特工格罗梅克，而且整个杀人过程相当缓慢、冗长。两人与格罗梅克又是扭斗，又是刀刺，又是用铁铲打，但那人就像是传说中的不死妖僧拉斯普京，怎么都死不掉。最终，他们硬是把他脑袋塞进了煤气炉烤箱，这才给了格罗梅克致命一击。而博格丹诺维奇想要知道的便是，这场戏希区柯克之所以要这么拍，究竟是不是故意在影射纳粹大屠杀期间的毒气室。"听到我这么问，他显得非常惊讶，然后又摇了摇头，那副表情不像是装出来的。"博格丹诺维奇回忆道。可是几年之后，博格丹诺维奇却看到希区柯克出现在某档电视节目里，"语气相当严肃地解释了《冲破铁幕》这个杀人段落的象征意义，解释了这一场戏和德国人毒杀犹太人的恶行之间的关联；而且他还滔滔不绝地分析了挺长时间"。[55] 我特意找了一下博格丹诺维奇提到的这一档电视节目，确实如他所说，希区柯克谈到了杀死格罗梅克的那场戏，"这让我们又回到了奥斯维辛，让我们又想起了那些毒气炉。在今日世界之中，同样也充满了暴行"。[56]

怎么解释呢？有可能是希区柯克有意瞒着博格丹诺维奇，也可能是博格丹诺维奇的问话，反过来启发了希区柯克，让他觉察到了其中确实存在关联。本就善于洞幽烛微的他，向来也很乐于接受旁人的建议。珍·斯隆（Jane Sloan）在她那本希区柯克传记里，曾将他形容为一块"海绵，乐意采纳合理的观点；任何看似靠谱的想法，只要符合他的要求，他便始终保持开放接受的态度"[57]。总之，此事究竟如何解释，如今我们已不太可能清楚知晓，但《德国集中营事实调查》所记录的，毕竟都是人类有史以来所拍到过的最能反映人性之邪恶、最能叫人看了心慌意乱的真实影像素材。整理这些素材的过程中，希区柯克有意或无意地想起了自己电影里的杀人场面，产生新的念头，这也是完全有可能的。就这样，他原本追求的艺术、精巧的王尔德式抽象手法，也终于被来自现代世界的残虐所取代。不管怎么说，总之就是，《惊魂记》里的这场浴室戏，宣布了一个新时代的到来。该片上映不久，美国红十字会便找上了希区柯克，请他帮忙依样画葫芦，将《惊魂记》预告片改成一则公益广告，由他边走边介绍我们普通人家里的角角落落——尤其是浴室里——随时都会潜伏着的各种致命危险。就这样，《惊魂记》里超越常理的暴力行为，转瞬之间就变成了美国人生活之中的基本日常。在这样的现代社会里，暴力和裸露逐渐开始扮演崭新的角色，我们都再也回不到过去了；而这个我们里面，也包括了希区柯克自己。

　　1969 年圣诞佳节期间，英国广播公司（BBC）在黄金时段为广大观众献上了一档希区柯克特别节目。那是他在国家电影院（National Film Theatre）接受英国导演同行布莱恩·福布斯（Bryan Forbes）采访的现场录影。整整一小时里，他侃侃而谈各种心爱话题：悬疑、性、电影，还有谋杀。绝大部分时间，他都成功地让台底下坐着的现场观众笑得前仰后合，而且回答提问时也不时语带双关或是有意轻描淡写，语气既欢快又讥讽。现场放映《冲破铁幕》里格罗梅克被杀的那一场戏时，观众席里甚至响起了连串笑声，但也有一位观众提出了不同的观点。他觉得这并没有什么幽默，甚至质疑希区柯克故意拖慢格罗梅克死亡过程的这种拍摄方法，"叫人恶心……令人反胃……是毫无必要的媚俗"[58]。对此，希区柯克则回答说："我觉得这场戏想要说明的是，杀人确实很难。事实上，杀人本就是一桩很麻烦、很可怕的事情。"[59]

　　此后的岁月里，也有不少后辈导演照搬希区柯克，以此方式来为自己电影里的杀人场面做辩解。比如萨姆·佩金帕（Sam Peckinpah），他说自己拍摄《日落黄沙》（The Wild Bunch，1969）时想到的就是，要试着和好莱坞传统反着来，因为在绝大多数好莱坞电影里，"人死的时候，你看不出那是在遭罪，看不出暴力究竟造成了多大的痛苦"[60]。《冲破铁幕》是希区柯克倒数第二次在电影里如此逼真地呈现杀人场景。再往后，就只有《狂凶记》（Frenzy，1972）里的那场戏了：由巴里·福斯特（Barry Foster）

饰演的魅力十足的变态，奸杀了由芭芭拉·李–亨特（Barbara Leigh-Hunt）饰演的布兰达女士。《狂凶记》是《房客》的 70 年代翻版，也将希区柯克的电影杀人版图给一前一后地串联了起来。一头是"开膛手杰克"的奇幻传说，另一头则是"开膛手杰克"那些罪行令人恶心的逼真呈现。拍摄《狂凶记》的这场奸杀戏时，希区柯克共用了三天时间，而这对两位演员来说，也都是不小的挑战。"再撑个一天半，我们就能解脱了，"[61] 他们在这场戏拍到一半时，彼此鼓励，互相打气。拍到布兰达女士殊死搏斗的最后一组画面时，按照希区柯克事先计划，女演员要在死时把舌头尽可能地给探出来，而此番景象，就连饰演变态的演员福斯特本人，也被吓了一大跳。"整个画面本身就已经很可怕了，希区柯克竟然还尝试要用超近距离的特写镜头，一步步贴近她脸上的妆容，贴近她嘴边流出来的唾液和血液，直到最后定格在她嘴部。我觉得他这是要彻底探究恐怖的终极境界啊。"[62] 但是，对于那些把谋杀当作艺术来执行的人来说，卓绝的想象力就像是无底的深渊，地狱之下还有地狱，永远可供他们往下挖掘。

3

作者

　　《房客》令希区柯克一举成名，公众知晓度超越了当时任何一位英国导演。拍完同样由迈克尔·巴尔肯担任制片的《下坡路》和《水性杨花》（*Easy Virtue*，1927）之后，这位英国影坛青年才俊便跳槽去了英国国际电影公司（BIP）。吸引他的，是公司老板约翰·麦克斯韦尔（John Maxwell）所承诺的优质资源和优渥高薪。年薪 13000 英镑的希区柯克，就此成为了当时全英国收入最高的电影导演。

　　不过，他为新公司拍摄的头四部电影，都缺少《房客》那种特别夺人眼球的奇诡魅力。不过，这四部电影涉及的一些主题，倒是都被他充分吸纳消化，日后都成了他独有电影风格的组成部分。这包括了《拳击场》（*The Ring*，1927）里的现场演出的戏剧性、《农夫的妻子》（*The Farmer's Wife*，1928）里的英国乡村社会喜剧、《香槟》（*Champagne*，1928）里任性的孩子和爱说教的家长以及《孟克斯人》（*The Manxman*，1929）里关于内疚、羞耻和被社会抛弃的主题。此外，这四部电影也让希区柯克有机会去尝试各种充满奇思妙想和创新思路的镜头设计。别看这都是一些小细节、小花招，但导演的个人电影标记，往往就是靠这些小细节来构成。作为站在镜头背后的导演，虽然希区柯克大多时候并不在银幕上出现，但他的存在感，其实影片里俯拾皆是，完全不容我们视而不见。

　　1929 年，随着有声片《讹诈》的上映，希区柯克的默片生涯正式告终。该片讲述了因强奸未遂而引出的附带创伤，也成了他自《房客》之后最为出色也最重要的作品。《讹诈》在埃尔斯屈电影厂（Elstree Studios）拍摄期间，约克公爵和公爵夫人，即日后的英国国王夫妇，也曾大驾光临。摄影助手罗纳德·尼姆（Ronald Neame）清楚地记得，得知这一消息后，剧组上下颇为忐忑不安，只有希区柯克例外。在那之前，罗纳德·尼姆也曾在别家电影厂里跟过诺埃尔·考沃德（Noël Coward）导演的剧组。当时，也有王室成员来访，事先考沃德为让大家熟悉一下各种传统礼节和规矩，还专门搞了不少突击培训，"可是希区柯克却完全没把这当一回事"[1]，约克公爵夫妇来到《讹诈》拍摄现场后，都对才诞生不久的有声电影神技大感兴趣，希望能有所了解。对此请求，希区柯克倒也乐于帮忙，但也仅此而已。"我看到希区柯克把她（公爵夫人）拉了过来，他自己动手，摘下了她的帽子，然后再把耳机塞给她，最后还亲自把耳机给她戴在了头上。"[2] 不拘泥于繁文缛节，对着公爵夫人动手动脚，再怎么说，这都是不太成体统的事。显然，希区柯克要在这里传达一个明确的信息：管你什么天王老子，我的电影拍摄现场，就只能是属于我的王国。在希区柯克的电影里，只有他才是造物主。

　　关于阿尔弗雷德·希区柯克其实是一位伟大艺术家的说法，其实在 20 世纪 50 年代中期之前，不管是专业的影评人还是每个周六晚上在电影院里消磨时光的普通观众，应该都会觉得十分陌生。即便是希区柯克本人，尤其是在他扎根好莱坞之后，其实也很不希望外界将他的作品拔高到艺术的层次来做公开讨论。"我是真的很讨厌艺术这个词，"[3] 他在 1952 年时说过。他解释说，自己做的工作，其实就是要把某些原本互为矛盾的商业考量——包括好莱坞的明星制度、电影观众的期望、假正经的审查人员对于影片的吹毛求疵——小心翼翼地加以平衡，以求制作出一部足以让他感到自豪的卖座片来。"我的良心决定了，那种收了一百万美元，拍出来的电影却只能让他自己和影评人觉得开心的事情，我是绝对做不出来的。"他坚持说。[4]

　　世人对于他的看法，之所以会开始起变化，还得感谢来自法国《电影手册》杂志的那批年轻影评人——而且从某种程度上来说，希区柯克对于自身的看法，也因为他们而起了变化。是他们提出了我们如今所说的"作者论"。他们强调，导演的创作理念在整个电影制作中占据核心地位，而希区柯克正是他们心目中的"作者论"的实体表现。他们提出，希区柯克不光是在执导他的电影，他更是这些电影的作者。而且，他这种作者身份还是立体的、创新的和独一无二的。因此，他不仅是好莱坞的卖座片缔造者，也是真正意义上的电影艺术家。

　　不过，回溯希区柯克和法国影评人的第一次亲密接触，双方其实都感受到不少的意外与困惑。那是 1954 年，地点是法国尼斯某个美丽的鲜花市场，《电影手册》创始人安德烈·巴赞（Andre Bazin）获得允许，趁着《捉贼记》(*To Catch a Thief*, 1955) 拍摄间隙采访到他。巴赞抛出了一大堆问题，谈的都是他电影里的主题、象征和意义，没想到希区柯克却始终闪烁其词。之所以会这样，部分原因在于，他面对记者采访时，向来就不喜欢坦白吐露，而是能瞒就瞒、能躲就躲；另外还有一部分原因则在于，巴赞那些强调细节的电影分析观点，也确实让希区柯克感到有些不知所措。而在另一边，巴赞对于希区柯克作品的迷恋程度，本就没他那些年轻同事那么强烈。这一次，他亲眼目睹了希区柯克在《捉贼记》拍摄现场的温吞水状态——他就那么懒洋洋地瘫坐着，任由剧组成员绕着他忙前忙后，自己却始终保持一副"无聊透顶"[5] 的表情——着实是大吃一惊。那天，直到傍晚五点半差不多六点时，希区柯克才忽然振奋起来。巴赞看到他和加里·格兰特热烈交谈起来；是不是觉得男主角的表演还有哪些地方需要微调一下呢？或者是在为天色渐暗而着急？"没有啦，光线正好。"希区柯克告诉巴赞，"但加里·格兰特先生的合同写明了，我们必须六点收工；这会儿正好六点了，所以这段戏，我们就等明天再重拍一条吧。"[6] 这就是希区柯克，外人都以为他是电影王国里的拿破仑元帅，凭借一副铁腕掌控着手下的精兵强将，化想象为现实，但在巴赞眼里，希区柯克却更像是人生赢家而非电影导演，他就像是一位客人，到了别人的剧组来做一日游。

巴赞的保留意见，并未影响到他的那些年轻同事。1957年，侯麦（Eric Rohmer）和夏布洛尔（Claude Chabrol）出版了《希区柯克》一书，而那也是全世界范围内针对希区柯克电影作品做批评研究的第一本专著。结果，不少英美人士都觉得这些法国影评人的做法，似乎有些荒唐。在那些人的心目之中，希区柯克向来就仅仅只是一位手法超级娴熟的马戏团班主，哪能想到，竟会有人一下子将他给捧上了天，把他视作电影艺术的天才。假以时日，我们会发现这些法国人对于希区柯克的重新评价——其实不仅是他，他们对于诸如霍华德·霍克斯（Howard Hawks）等好莱坞导演也都有全新的看法——此时还仅仅只是刚开了个头。事实说明，那会成为一次关于大众文化的再评价，影响远远超出电影批评范畴，而原本横亘在艺术、娱乐之间的那道森严壁垒，也会因此而逐渐消弭。时至20世纪60年代末，对于希区柯克这批导演的重新认识，业已成为普遍共识。不过时至今日，却又有人提出，当年对于希区柯克的这番重新评价，是不是其实有些过分的一厢情愿了？美国影评人理查德·鲁德（Richard Roud）在英国《视与听》（Sight & Sound）杂志上发文，谈到法国影评界的这种过激倾向时，他举的第一个例子，便是他们敬献给希区柯克的那些溢美之词。鲁德提出："看了他们写的那些文章，读者第一反应很可能会是：这帮人一定是脑袋好蠢。" [7] 而且，按照鲁德的看法，希区柯克本人其实应该始终都很明白，类似这样的"希区柯克盲目崇拜" [8]，其实说穿了是十分可笑的。

只是回到当初，对于那些不信邪的盎格鲁-撒克逊人来说，侯麦和夏布洛尔的这本《希区柯克》，远还不止是最糟糕的结果。1962年，三十岁的前影评人、现电影导演弗朗索瓦·特吕弗大驾光临洛杉矶，对希区柯克做了一连串采访，而且时长都还不短。时至今日，大多数人在研究分析希区柯克其人和其作品时，依然会以这批专访为出发点。1963 年夏天，法国影评人让·杜谢（Jean Douchet）也为了写他那篇关于希区柯克的文章而专程跑了一次加州。忽然冒出来这么一批年轻的法国门徒，这究竟能为自己带来怎么样的宣传机会，希区柯克一定是早就有了敏锐察觉。那三天里，他专门为杜谢安排了一辆豪华轿车，负责每天接送他往返酒店。[9] 而且作为他那时候的东家，环球影业负责了杜谢在此期间的衣食住行全部费用——只有他在旧金山费尔蒙特酒店住的那晚除外，那天的宾馆费用是希区柯克自掏腰包支付的。[10]

他们提出的作者论，希区柯克对于其中某些地方，或许由始至终都没怎么弄明白过，但对其基本观点，他还是十分赞许的。这基本观点便是：在每部伟大电影的背后，都是一个伟大的人，他正坐在那张帆布导演椅上。早在 1927 年时，希区柯克就表达过类似的观点：每一部值得一看的电影，在它的底片上都有着导演本人的拇指指纹（个人标记）。"那是属于他们的孩子，就像是每本小说都脱胎于作者自己的想象一个道理。而这或许也进一步说明了，只有那种完全由个人独立创造出来的电影，才是真正具有艺术性的电影。"[11] 此所以，希区柯克由其导演生涯伊始，便为自己预设了这样的目标：一定要成为这么一个强大的、拥有创造力的先驱，想方设法在作品里留下属于他自己的个人印迹。在他第一部电影《欢乐园》里，希区柯克就在片头演职员表中，用上了自己的手写体签名，而此后他的绝大多数电影里，希区柯克的客串登场更是屡屡成为影史名场面。在他的第二部电影《山鹰》（*The Mountain Eagle*）*

---

* 该片未能有拷贝存世。

拍摄现场的一张工作照，也显示出了希区柯克在自己片场那种动力中枢的地位；这个遇事果断的年轻人，正熟练操控着当时最现代化的媒介方式。

不过，拍摄第三部作品《房客》时的遭遇，倒是让希区柯克的上述形象有所折损。饰演女主角黛西的琼·特里普（June Tripp）——她正式的艺名就是单单一个琼字，不过有时候也会被称作琼·希尔曼（June Hillman）——曾回忆说，希区柯克在拍摄现场掌握着绝对的控制权。"他刚由柏林回来，脑袋里灌输的都是那套理念，希望可以用不同寻常的机位和打光，来创造极富戏剧性的持续的故事悬念。于是，经常是实际放映出来不过三分钟长度的一场戏，他却要花上一整个上午来进行拍摄。"结果，演员自然是被搞得精疲力竭，不过大家也都承认"他那显而易见的卓绝才华"。[12] 当然，也有人会是例外。过去曾经带过希区柯克的格雷厄姆·柯茨导演，或许是嫉妒这位昔日助手的迅速成长——用制片迈克尔·巴尔肯的话来说——他开始"逢人便讲希区柯克的坏话，还说这部《房客》眼看就快要完蛋了。很不幸，负责发行该片的C·M·伍尔夫（C. M. Woolf）也相信了他的这番说辞"。[13] 在《房客》之前，这位发行商便以缺乏票房吸引力为由，推迟过希区柯克头两部电影的上映计划。而他这次看过《房客》之后也表示说，这绝对是他生平仅见的垃圾电影，一门心思就想要冒充艺术作品。最终，他又一次下令，让希区柯克的影片暂缓发行。

这时候，还是巴尔肯站了出来。他说服了希区柯克，让他同意和时年二十二岁的电影多面手艾沃·蒙塔古（Ivor Montagu）合作，目标是提升《房客》的票房吸引力。蒙塔古其实也不喜欢这种

好一位生龙活虎的年轻导演；而他背后双目炯炯有神的，正是其日后的
妻子阿尔玛·雷维尔，约 1926 年。

"他会觉得很丢脸，我也会觉得很尴尬"[14] 的处境，可是他做出的
那些改动，确实起到了扭转局面的作用。他将原本约 300 幅插卡
字幕，大刀阔斧削减至 80 幅，还大大缩短了某几场戏的长度，并

且给出了重拍几场戏的建议。此外，他还请来了美术家 E·麦克奈特·考弗（E. McKnight Kauffer）设计《房客》片头，而后者极富艺术韵味的笔触，确实也令这部电影原本就有的阴郁表现主义气息，又进一步获得了提升。随后，巴尔肯为记者安排了新版《房客》的试映活动，媒体的热烈反响终于让发行人伍尔夫放了心。

从这个角度来看，电影这一行业，本就纠缠交织着各种技术的、商业的、评论的和政治的力量，根本就不可能由导演独力控制一切。他们想要在作品里完整表现自己的创作初衷，本就是困难重重。之所以，日后希区柯克每当谈及巴尔肯时，永远都是满腔深情，是因为巴尔肯总能想方设法帮他消除部分障碍，好让希区柯克尽可能地放手实现自己的创作初衷。转战美国之后，由 20 世纪 40 年代开始，他总会在自己作品中身兼制片和导演双重职务，不过刚到好莱坞的头几年里，也总有强势制片人会对他横加干涉，令希区柯克怒不可遏。这些人里面，最爱插手干预他的，就要数大卫·O·塞尔兹尼克了。但凡是由他担任制片的电影，塞尔兹尼克总拿自己当创作核心。遇到这种情况，再想要认定究竟谁才是电影的唯一"作者"，即便并非完全没有可能，或许也确实会有一些难度。

好在蒙塔古倒是始终坚持，自己从未在希区柯克这部《房客》里加入过什么只属于他的东西。蒙塔古表示，自己对于这部影片的贡献，"性质上，就像是画廊总监针对某幅画作给出的建议，仅仅只是建议一下，该如何装裱，该挂在什么位置上，该用什么样的灯光来照明，仅此而已"。[15] 他说他十分喜欢希区柯克的原始版本，"《房客》本就有着很多突出的优点，所需要的，仅仅只是再剪辑一下，好让这些优点可以更好地表现出来罢了，而不是将这些优点给整个铲除掉"。[16]蒙塔古还尤其强调了希区柯克对于《房客》整体上的影响力,并且表示最终的影片虽然用到了某些由他设计的图案,"但是那些常见或是不太常见的细微之处,希区柯克全都能一下子察觉到","至于那些带着特殊含义的图画构图,他也能像专业美术家那样,一眼便认出来"。[17]总之,蒙塔古用的办法就是,找出希区柯克身上原本就有的精妙之处,再将其发扬光大,日后有不少希区柯克合作者,也都使用了类似的策略。

在所有这些以自身才情来铸就希区柯克传奇的人里面,对他最为忠心耿耿——或许也是对他而言最为重要的一位,还得数他妻子阿尔玛·雷维尔。乍一看,这两人似乎很不般配。雷维尔身材小巧玲珑,希区柯克却是出了名的大块头,外形对比异常鲜明。此外,她善于取悦、抚慰他人的那种本能,她不管见到谁都是一脸灿烂笑容的样子,也和喜欢自我中心、喜欢生闷气也喜欢炫耀耍宝的希区柯克,有着巨大差异。用女儿帕特丽夏的话来说,希区柯克是"天生的名人"[18],渴望获得一切——旁人的关注、大众的肯定、鹤立鸡群的感觉。而对于天性谦逊的阿尔玛来说,上述这些东西,似乎根本就不具备任何意义。

阿尔玛·雷维尔1899年8月14日出生在英国诺丁汉,正好比希区柯克晚一天。在她还是婴儿时,父亲马修在特威克纳姆电影厂找到了一份服装部门的工作,于是便带着妻子露西和家人搬到了伦敦。十几岁时,阿尔玛也曾做过演员梦,但父亲却觉得她最好还是先体验一下"电影世界的肮脏一面",所以帮她找了一份"剪片员"的工作。[19]事后看来,这也成了她的人生转折点。虽然阿尔玛后来确实也曾演过几个小角色，但真正能让她投入进去的，却还是写剧本和剪片子这两件事。希区柯克还在亨利电报工程公司的时候，阿尔玛的电影生涯就已慢慢上路。她在剧组做过各式各样的工作，但绝大多数情况下都还得兼任剪辑和"场记女孩"这两份工作——相比如今，在电影发展初期，剪辑工作并不讲究什么创造性，基本就是一个纯操作性的工种，而"场记女孩"则要专门负责记下每条镜头的拍摄细节，这样才能杜绝后期剪辑时会出现不连戏的情况。年轻时，阿尔玛某一次甚至还进过格里菲斯的剧组，参与了《世界之心》（*Hearts of the World*，1918）的拍摄工作；格里菲斯可谓默片时代的天王巨星，也是希区柯克欣然承认自己曾受其影响的少数几位导演之一。[20]

阿尔玛第一次见到希区柯克，虽谈不上是一见钟情，但也确实留下了难以忘怀的深刻印象。那是1921年，两人当时都才加入名角-拉斯基英国分公司没多久。希区柯克的傲慢无礼，彻底把阿尔玛给逗乐了，因为对比他当时的年轻资历以及那张娃娃脸，这份傲慢实在是显得很不相称。平时，两人每次在公司擦身而过时，希区柯克总对她视若无睹，仿佛她就是隐形人，而这也让阿尔玛百思不得其解。直至多年之后，希区柯克才告诉她说，自己年轻时只要遇到异性就会百般焦虑，所以才会显得如此无礼，再加上，阿尔玛要比他早入行整整四年，当时已当上了剪辑和第二副导演，而他却还在画插卡字幕，这就更让他的内心焦虑变本加厉了。事实上，阿尔玛自己也说过："想要让一位英国男性承认自己的工作还不如某位女性同事的工作重要，这根本就是一件不可能的事。所以要等到希区柯克的职位高过我之后，他才终于肯开口跟我说话。"[21] 好在，

这时刻不久之后便到来了。在拍摄《女人之间》(*Woman to Woman*,
1923)时，希区柯克终于当上了格雷厄姆·柯茨的助手。很快，他
毫无征兆地给阿尔玛打了电话，邀请她来担任剪辑。此后，他俩又
和柯茨合作了四部电影，而且出于某种共同信念——相信自己干这
份导演工作的话，可以干得比柯茨更好——关系越走越近。等到希
区柯克全面接手《欢乐园》后，他做出的首个重要决定，便是让阿
尔玛来当副导演。

　　这两人都对电影怀抱激情，事业上也都有雄心壮志，但个性又
都相当害羞而且独立，童年时期的社交生活，也都相当有限。阿尔
玛小时候得过风湿性舞蹈症，四肢会不由自主地抽搐和痉挛，肌
肉也因此缺少力量。她因病失学两年，按照女儿帕特丽夏的说法，
这层经历还导致阿尔玛"特别敏感和在意自己欠缺正规教育这件
事"[22]——这一点，其实希区柯克也有相似情况。甚至于，她也
有自己的童年情感创伤故事，而且其怪异程度也堪与希区柯克的童
年往事相匹敌。此事发生在 1910 年的伦敦，在围观爱德华七世葬
仪的人群中，阿尔玛由父亲肩上爬下来时，头发被路人的大衣纽扣
给缠住了。那人抬步向前走时，小阿尔玛整个人被拖倒在地，出尽
洋相，也让她终身都厌恶这种人多的场合。[23]

　　希区柯克很喜欢说他们的订婚故事，据他回忆，那是 1925 年
的圣诞夜，他们刚拍完《山鹰》，正由德国搭船返回英国。那夜，
他走进了阿尔玛的客舱，口袋里已装着事先准备好的订婚戒指，脑
袋里则还背诵着反复排练过的甜美说辞。结果，他发现阿尔玛正
俯卧在床铺上，因为晕船而脸色发青。即便如此，他还是不屈不
挠地向阿尔玛提出了求婚。作为回应，她"呻吟了几句，点了点

头，然后打起了嗝"。[24] 虽然这事看似有些太过魔幻，但其实倒也并非完全站不住脚。正如传记作家帕特里克·麦吉利根（Patrick McGilligan）所观察到的，希区柯克在坐火车和搭船旅行这两件事上，一直都有着许多极度异想天开的想法。[25] 所以，他很可能确实会认为，这正是成就自己浪漫爱情幻想的完美场合。而我们从他根本无法审时度势，根本就想不到要把求婚给推迟一下，找个更合适的时机这一点上，也能看出，他这个人在处事待人上，还真是很不够圆滑。反过来，为人更热情，也更懂得与人共情的阿尔玛，日后也确实能给自己这位人生和事业伙伴带来莫大的帮助。

和《欢乐园》一样，《山鹰》在拍摄时也遇到诸般耽误与阻碍，既有天气方面的原因，也出现了许多无法预知的意外状况。不难想象，对于像希区柯克这么一个本就喜欢杞人忧天的人来说，这绝对有如一场噩梦。日后他每每公开讲起这段经历时，总会带着一种玩笑的口吻，不过他那种具体的回忆方式，又总会让人觉得就像是在讲述某个他曾做过的梦，而且还是一个充满着焦虑不安情绪的特别奇怪的梦。每次遇到像是这样的突发情况，希区柯克总会在阿尔玛那里寻求安慰，而她"这个甜心，也总会给我勇气，总会郑重其事地告诉我说，我已经做得很出色、很了不起了"。[26] 此外，需要和剧组成员或演员面对面解决各种棘手难题时，如果希区柯克干不了，那就会交由阿尔玛代为出面。所以就连他自己也承认说："谁让咱是男人呢，我把所有脏活都留给雷维尔小姐了。"[27] 当初在德国拍戏时的那段往事，日后希区柯克曾不厌其烦地讲述多次，而他对于阿尔玛的描述，也都始终不变：性格阳光、乐观向上、永不言败、干劲十足，"穿丝袜身高一米五，如果再穿上高跟鞋的话，就能比一米五再高出那么一丁点了"。希区柯克还说过，阿尔玛总爱夸他是"人中龙凤"。[28] 总之，她既是他背后的蓄电池，也是他身前的保护伞，让他无需与陌生人打交道，无需因为这种社交生活中的不可预知性而畏手畏脚。阿尔玛凭着自己的外交手腕和高超情商，给希区柯克这台电影机器的上上下下，全都抹足了润滑油。两人相识之后的那几十年里，她在希区柯克剧组正式或非正式地承担着各种角色：策划制片、副导演、编剧、选角制片、场记、无所不能的剪辑顾问。有时候，干脆演职员表里就只写她负责"连戏"（continuity），对她而言，这样的岗位描述，还真是相当恰如其分。

有人觉得，希区柯克这种我的片场就该由我做主的强势导演理念，受到了魏玛德国电影文化的影响。[29] 实际却是，早在他去纽巴贝尔斯伯格电影厂工作多年之前，便已意识到了自己身上有着早熟于常人的敏锐电影嗅觉。早在他二十一岁那年，也就是他刚正式全职加入电影公司仅三个月之际，希区柯克就在《电影制片厂》（Motion Picture Studio）杂志上发表了一篇文章，主题谈的是如何制作优秀默片插卡字幕的秘诀。这个平时容易焦虑不安的社恐年轻人，只要一讲到电影，立即就会展现出与其性格不符的自信来。在文中，他批评"有那么一两位当前美国影坛的重要导演，习惯于给所有的字幕卡全都配上插画，但是对白字幕卡上全配插图的做法，只会让观众看得心生困惑"。所以，他郑重提醒自己的那些电影同行，一定要尽量避免这样的赘余做法，"哪哪儿都画个沙漏，哪哪儿都画个象征法律的天平，类似这样的做法，早就该成为过去式了"。[30] 自己明明还只是一个电影行业的新手，却已开始贬低起了某些有地位的前辈导演，批评他们的电影嗅觉，瞧不起他们对于陈旧套路的惯性依赖，这就是希区柯克。

由 20 世纪 20 年代末开始，他就经常会亲笔为媒体撰文，分享各种专业知识。此外，他还乐于在自己位于伦敦西区克伦威尔路的那间公寓招待来访的记者朋友，而且每次做采访时，总爱身穿绸质睡衣。甚至，他还为强化自己的公开形象，专门成立了一家希区柯克·贝克制作有限公司（Hitchcock Baker Productions Ltd.）。1936 年，他在英国畅销杂志《电影周刊》（*Film Weekly*）上分五期连载了题为《我的银幕记忆》的传记文章。光看这样的标题，我们几乎会误以为，作者早已在这个行业里摸爬滚打多年，是公认的前辈元老，而实际上，当时的他才不过三十六岁，还是仍处在人生上升期的壮年导演。但细看这些文字你便会发现，那留给读者的印象，无疑正是希区柯克特别想要强调的那些：年轻、活力十足、有使命感。在最后一篇的结尾，他更是宣称，如果这些文字给人留下了沉醉于过往的恋旧印象的话，那绝非是他本意，因为"我最有意思的电影，永远都是下一部。回忆往事固然令人欣慰，但放眼未来才会有更多的精彩"。[31]

随着不断有作品卖座，希区柯克的声名也与日俱增。1939 年 3 月，他应邀在哥伦比亚大学讲课，讲的正是他最专长的课题：阿尔弗雷德·希区柯克的电影特色。在台上，他用自己标志性的腔调说道，"我错把我妈寄来的一封信当成讲稿给带过来了。"[32] 观众席里迅即响起了连串笑声。随后，他为这些年轻人介绍了一部希区柯克作品由构想到上映的整个生命周期，整个过程让人想起了王尔德和狄更斯当初在美国人心目中塑造各自形象的类似历程，还有稍早之前格特鲁德·斯泰因（Gertrude Stein）的那一次全美巡回演讲。她在旅居欧洲多年之后重返故乡，谈及自己那些新颖奇特的作品时，遣词造句却显得十分朴实和个性，整体形象也介乎于大反传统的现代派风流人物和典型的美式大妈之间。受人景仰的王尔德、狄更斯和斯泰因，他们全都懂得如何利用自己独有的外在形象和行为举止来做文章，成功地将自己塑造成某种文化现象。如今，希区柯克也紧紧追随着他们的脚步，而且在电影导演的行列里，他是成功做到这一点的第一人。

20 世纪 40 年代，希区柯克在好莱坞取得成功，而他的经纪人——最初是迈隆·塞尔兹尼克（Myron Selznick），后来变成了大名鼎鼎的卢·瓦瑟曼（Lew Wasserman），他可是二战后电影界重要性数一数二的生意人*——也代表他谈下不少出租其冠名权的买卖，推出了各种以希区柯克来命名的支线项目和衍生作品，也让他的大名，本身就成了一面金字招牌，成了他全部作品的代名词。当时出现了多种以他冠名的悬疑小说集，宣传时都说是由他亲自编撰，但实际上他却根本就没怎么参与。1947 年，希区柯克又为美国广播公司（ABC）拟议的一套广播剧冠名；《阿尔弗雷德·希区柯克秀》（*The Alfred Hitchcock Show*），本打算改编弗朗西丝·艾尔斯（Frances Iles）的小说《杀意》（*Malice Aforethought*），但试播集未能获得通过**。不过，受其启发而诞生的《希区柯克剧场》，后

---

* 还有利兰·海伍德（Leland Hayward）与塔夫特·施莱伯（Taft Schreiber）也都短暂当过他的经纪人。

** 此前的 1945 年，还有一套美国广播公司广播剧《半夜十二点》（*Once Upon a Midnight*）的试播集，也用了希区柯克冠名，而且同样也是改编自这本《杀意》，结果也没能获得通过。倒是哥伦比亚广播公司推出的长青广播剧系列《悬疑》（*Suspense*），1940 年首播的第一集，就改编自他的电影《房客》，而且希区柯克也实际参与了广播剧的制作。

来倒是一经播出便迅即走红，而一本以希区柯克冠名的杂志，外加各种带有他名字的儿童和成人书籍——总之就是各种打着希区柯克招牌的项目——也都应运而生。

《希区柯克剧场》由诺曼·劳埃德和琼·哈里森（Joan Harrison）担任制片，前者曾出演过《海角擒凶》（*Saboteur*，1942）和《爱德华大夫》，后者则是希区柯克的亲炙弟子，由1933年至1941年一直都在他手底下干活，先后任过各种职务。希区柯克对这两人彻底信任，每一季《希区柯克剧场》那几十集内容，由找素材到具体开发再到制作完成，全都放手交给他们负责。当然，时不时的，他也会提提批评建议，但整体方针还是强调，无需等他具体指令，只需做到符合他的公开形象即可——因为在第一季《希区柯克剧场》于1955年开播之前，他的这一公开形象，早已获得了社会上的普遍认可。时至今日，外界普遍认为这些电视作品和他的电影关系不大，想要整体研究希区柯克作品的话，这些电视剧作品，本身也不具有多少参考价值。不过，我们倒是可以透过《希区柯克剧场》——还有在那之后的《希区柯克长篇故事集》（*The Alfred Hitchcock Hour*）——来了解他那些合作伙伴的工作态度，尤其是在20世纪40年代末之后。像是诺曼·劳埃德和琼·哈里森，他们都是希区柯克合作伙伴中个人事业最为成功的表率，对这些人而言，希区柯克不仅是一个人，更是一个独立存在的实体，那就像是某种图腾柱，就像是一盏指路明灯。虽然他并不怎么参与这些电视节目的制作，但那背后其实还是隐隐约约能看出一些属于他本人的品位、口味和个性来。甚至，琼·哈里森公开谈论这些剧集时，她说出来的话，也都很有希区柯克的味道，"我们不怎么展示暴力……我们的杀人犯是很讲礼貌的那一种杀人犯。我们喜欢的是，与其展示，不如去暗示"。[33] 此外，她在谈到这种冷眼旁观观众受尽折磨的乐趣时，还曾说过："就让他们受苦吧，让他们也成为故事的参与者，也跟着剧情的每一次峰回路转而辗转反侧吧。"[34]

希区柯克尽可能地坚持使用这同一班合作者，而这些人心里也都很清楚，要想在希区柯克手下获得成功，那就要甘心将自身才华拿出来为他所用，听他调遣，而且还要凭着直觉去感应他的那些想法。一度，索尔·巴斯（Saul Bass）这位美术设计师兼插画家，也曾为希区柯克做过这样的贡献。他为《迷魂记》《西北偏北》和《惊魂记》设计的片头，大大提升了影片的整体美感，和几十年前曾为《房客》助一臂之力的美术家 E·麦克奈特·考弗，是一个道理。按照索尔·巴斯的说法，是他设计了《惊魂记》浴室戏的分镜头画面，而且效果甚佳，以至于希区柯克干脆决定这场戏就让他来执导。只是，这场戏后来实在太过出名，于是希区柯克又抢走了他应得的名分。不过，不同程度参与过《惊魂记》的人，几乎全都矢口否认巴斯的这一说法。"拍摄那七十多个镜头的过程中，由头至尾，阿尔弗雷德·希区柯克都站在摄影机旁，"[35] 站在机器另一头的珍妮特·李曾回忆说。面对这样的质疑，巴斯回答说，希区柯克当初决定让他来执导这一场戏，那是"不由自主之间就发生了的事情，事先并未经过什么计划、讨论或是组织，所以当时根本就没有什么旁人注意到此事"。[36] 而且更重要的还在于，"希区柯克也一直都在拍摄现场，他就是有那种'存在感'，根本勿需多言，自然而然地就是片场的主宰，所以所有人都会觉得——这所有人里也包括我在内——也别管事实上究竟是谁喊的那一声'开机'或'停

机',感觉就应该是他在下命令"。[37] 想从希区柯克手中拿回属于
自己东西的索尔·巴斯,即便是到了他的故事版本里,占据着核心
地位的,也仍是希区柯克那难以描摹的巨大影响力。

埃文·亨特(Evan Hunter)是《群鸟》的编剧,在他忙着撰写
该片剧本的那几个月里,也曾兴奋地写信告诉朋友和家人,希区柯
克正打算要告诉全世界,这部电影是属于他们两人的联合创想。"埃
文,这是我们俩的电影,"希区柯克曾对他说过,"我希望到时候上
面写的是'阿尔弗雷德·希区柯克的《群鸟》,编剧埃文·亨特',
宣传的时候就准备这么写。"[38] 但事实上,外界只会将它和一个
人的名字联系在一起,而亨特也很快便恍然大悟。那天,他遇到儿
子的小伙伴,便自报家门说是写了电影《群鸟》的那个人,没想到
对方却回答说:"不对,不是你写的,是阿尔弗雷德·希区柯克写
的。"[39] 小男孩显然是要告诉他,自己可不是笨蛋,会相信如此的
弥天大谎。

希区柯克也好,英格玛·伯格曼、昆汀·塔伦蒂诺或是伍
迪·艾伦也罢,外界往往会以为这些所谓的电影作者,其剧本都
由自己亲力亲为。可事实上,在希区柯克那么多电影里,仅有一
部《拳击场》的演职员表里,编剧一栏由他独占。而且即便如此,
作为默片时代英国数一数二重要的电影编剧,艾里奥特·斯丹纳
(Eliot Stannard)其实也为《拳击场》的剧本出过力,只不过名字
未被写入演职员表罢了。所以,具体到希区柯克电影的作者究竟是
谁,这还真是一个需要我们小心界定的难题;因为每次被问到此类
问题时,他本人总爱强调说,哪怕并非每一场戏的对白都是他自己

费劲想出来的,但从务实的角度来说,影片全部创作功劳确实都归他所有。曾经担任《贵妇失踪记》和《牙买加旅店》(*Jamaica Inn*,1939)共同编剧的西德尼·加利亚(Sidney Gilliat),就因为看到《纽约客》杂志报道说所有的希区柯克电影都有"大约99.44%出自希区柯克"[40],而相当愤懑不平。希区柯克也曾赌咒发誓,说那篇文章所引用的这个数字,并非出自他的口授。不过,这一具体表述,其实还真挺符合他惯有说话方式的。因为多年之后,围绕《后窗》(*Rear Window*,1954)的版权问题,也曾闹出过一场官司,希区柯克提交给法庭的证词里就写着:在希区柯克电影剧本的编写过程中,"我口授的是画面",因此《后窗》剧本应被视作"有80%出自希区柯克"[41]——虽然按照正式说法,该片剧本是由约翰·迈克尔·海斯(John Michael Hayes)根据康奈尔·伍尔里奇(Cornell Woolrich)的短篇小说改编而成。

在写剧本这道电影工序上,希区柯克确实往往都要仰仗他人的专项才能。当然,绝大多数情况下,这其中的一项专才,就是要学会如何领会所谓的"希区柯克笔触",然后再将其具体表达出来。"如何教导那些编剧按我的思路来写东西,这是一件最让我头疼的事。"[42]希区柯克曾如此抱怨说。在这件事情上,或许还要数《迷魂记》和《谍魂》(*Topaz*,1969)的编剧塞缪尔·泰勒(Samuel Taylor)总结得最为到位:"我是真讲不出来究竟有哪些地方是出自他的,因为既然是在为希区柯克写剧本,那么由头至尾,你写的根本就是一部希区柯克的电影。"[43]

一部希区柯克电影的编剧工作,通常都由选定某部小说、短篇故事或是话剧剧本作为开始。但究竟什么样的原著适合被拿来拍成希区柯克电影，这标准其实很难界定。很多时候，主要还是要看手头正好有哪些东西，又或者是电影公司正好在催他拍哪些东西。但无论哪种情况下，他确实总会尽力将自己的想法放进去。到了20世纪60年代，希区柯克个人事业已达巅峰，为新片寻找原著素材的这个流程，也早已实现了产业化，由阿尔玛到他的那些秘书、经纪人，再到他自己制作公司的员工以及环球电影公司的各色人等，全都参与其中，同心同力为他寻找那种奇妙地结合了悬疑、戏剧性和幽默等诸多元素的原著素材。主动找上门来的剧本，自然也不在少数，作者既有早已成名成家的，也有初入此行的新人。此外，希区柯克手下人还会时刻关注市面上的潜力新人，整理出各种名单来，其中也不乏类似哈罗德·品特（Harold Pinter）、汤姆·斯托帕德（Tom Stoppard）和戈尔·维达尔（Gore Vidal）这样的名字。虽说名单上的这几位，最终都未能与希区柯克有过合作，但如今光是看着这么一串名字，也足以让我们这些后辈浮想联翩了。[44]

　　由此可见，想要找到适合拍成希区柯克电影的原著，这件事绝对是既花时间，又耗精力。但希区柯克平时谈起这些原著时，时不时地却总会显得很不屑一顾。"那些我想要拍成电影的小说，我向来都不会读到最后，"他在1937年时曾声称，"因为我是要把小说改编成真正的电影，而不仅仅是某本小说的电影复制品。这么做往往需要有不少取舍，如果不想在做取舍时左右犯难，关键就在于不能对这本书太过投入感情。"[45]购买这些小说的版权时，希区柯克的讨价还价手段，也可说是恶名昭彰；关键还在于，他购买版权时常会故意隐瞒自己的真实身份，也因此总能拿到地板价，一毛钱都不会多付。欧内斯特·莱曼（Ernest Lehman）是希区柯克最

后一部完成作品《大巧局》(*Family Plot*, 1976) 的编剧, 翻看他
们的会谈纪要便能发现, 希区柯克对该片原著小说《雷恩博德典
型》(*The Rainbird Pattern*) 评价极不友好, 还说作者维克多·坎宁
(Victor Canning) 是一个 "非常走运的人", 因为他的作品能够和
希区柯克扯上关系。提到类似坎宁这样的原著作者时, 希区柯克曾
跟人抱怨说: "这些家伙, 你知道他们都会怎么做吗? 他们会借着
我电影的上映, 把小说拿出来再版重印, 而且书名还都改成了我电
影的名字。" [46]

堂堂希区柯克, 竟然会对小说原著的作者如此不满, 这不禁让
人疑惑背后真正的原因。他是不是觉得那些人借他的电影获利了,
因此自己吃了亏? 话说回来, 为这种事生闷气, 对他来说也不是第
一次了——当然, 之前那次也确实是事出有因: 想当年, 一手将他
引入好莱坞的电影大亨塞尔兹尼克, 每次把希区柯克出借给其他公
司当导演时, 赚到的租借金, 常会数倍于与希区柯克本人拿到的导
演片酬。[47] 得知此事后, 希区柯克内心暗自怒火中烧, 而且多年
之后都未能彻底释怀。又或者, 他之所以不满这些原著小说作者,
其实是因为他在担心, 在他们这段供求关系中, 有求于人的那一
方, 其实也很有可能是他。

我之所以要探讨这些希区柯克电影故事的本源, 并非是要怀疑
他的导演才华。事实上, 这些不同来源的原著小说, 水准参差不
齐, 但经过希区柯克妙手回春, 竟能具有如此统一的电影风格, 让
演员、制片、观众和影评人各方各面都可以完全接受, 这本身就充
分说明了希区柯克究竟有多厉害。而且, 这里还存在着一个时间上
的问题: 由 1925 年到 1960 年, 他共拍摄了 47 部剧情长片, 由项

目开发到制作再到后期和宣传，根本就是一直在连轴转。而且，这还没算上他在广播剧、电视剧和出版物方面的工作。在这样的情况下，想要不靠编剧，单凭自己，那根本就是天方夜谭。想来，他之所以会对那些小说原著态度冷淡，其中至少有一部分原因便在于，他想要寻找的原始素材，其实从根子上来说，就并非是那种会让他倾心爱上的小说或话剧。他需要的其实仅仅只是一个点，一个可以推动他想象力起飞的点。所以，那都不一定非得是一个完整的故事，只要是一个人物、一种情境，甚至仅仅只是一帧特别夺人眼球的画面，那就已经足够了。

《西北偏北》就是这么开始的。因为之前写了《国王与我》（ *The King and I* ）而享誉业内的欧内斯特·莱曼，受到米高梅电影公司邀请，应允和希区柯克一道改编哈蒙德·英尼斯（Hammond Innes）的小说《怒海争雄》（ *The Wreck of the Mary Deare* ）。莱曼非常期待这次合作，但小说中有很多法庭戏，而且还是英国的法庭。要怎么做，才能把它改成适合好莱坞的娱乐片，这可把莱曼给难住了。"第一场戏确实很好：'海峡之中出现了一艘船，船上空无一人'"，莱曼回忆说，但是"那也是整部小说里唯一一场精彩好戏了"。[48] 好在，希区柯克坚信一切问题都是可以解决的。受其鼓舞，莱曼也将这些疑虑暂且搁置一旁。

与编剧合作时，希区柯克向来都没什么固定模式，一切都要视原著类型，视编剧人选，视时间许可而定。而具体的编剧工序，也都允许存在各种微调。不过，最先起步之时，他通常都会安排很关键的一道程序。他会连续数日与编剧一同反复推敲，研判这部电影究竟要讲什么故事，有哪些戏最为关键，要把这些元素都事先明确下来。之后，遇到剧本写不下去的时候，希区柯克相信最好的办法就是先别硬来。停一停，说不定还会有意外收获。所以，他常会拉着编剧走出办公室，去酒吧喝上一杯，去他家饮些鸡尾酒，或是去餐厅吃一顿，去泰晤士河畔远足，或是去加利福尼亚乡间开车散心。"有些编剧喜欢没日没夜地写……我不是那种人。我会说'先停一下吧，先玩上个把小时再说。'"[49]

改编小说《怒海争雄》的工作，就以这种曲曲折折的方式开始了。他和莱曼每天都会碰面，天南海北地漫谈各种话题，只有一件事绝口不提：究竟要怎么做，才能把这根本就不适合拍成电影的小说变成一部卖座电影。莱曼渐渐担心起来，担心自己最终不得不敷衍了事，为了勉强交差而拿出一个片长两小时但却完全不知所云的电影剧本来。获悉他的担忧，希区柯克劝他宽心。他说他会想办法先哄米高梅开心，既然这故事已经写不下去了，那不妨就换另一个故事来写。于是，两人重新出发。这一次，他们先抓准了一个点下手。希区柯克早已想好，不论这故事前半段说了些什么，反正临近结尾的高潮戏，一定得是发生在美国总统山（Mount Rushmore）上的一次亡命追逐。事实上，他很早之前就已开始构思这一场戏，只不过一直以来，那也就只是胡乱瞎想，想着玩而已。大约在那六年之前，记者劳伦斯·格林（Lawrence Greene）曾提到过，希区柯克有一个"尚未实现的野心计划，要在总统山上演一场正邪大战"[50]。那部电影的暂定片名是《在西北方向》（*In a Northwesterly Direction*）——有段时间还用过《林肯鼻子里的男人》（*The Man in Lincoln's Nose*）这个临时片名。就这样，希区柯克和莱曼重新拼凑出了一个冒险故事，讲述某人被误认为间谍，之后又

希区柯克在镜头前表演，1942 年。

被诬为杀人犯，于是只得踏上亡命之旅，由纽约来到南达科他的经历。在写剧本的过程中，希区柯克不断抛出各种点子，着实让莱曼眼花缭乱、应接不暇——而且它们大多和剧情主线并无任何直接关联，例如，他设想了这么一场戏：一个爱斯基摩人正在冰上猎鱼，忽然，一只手由冰下猛地伸出来；还有一场戏，工厂生产线上正在拼装一辆汽车，眼看就要成型，忽然由车上滚下来一具尸体。"那实在是太精彩了，"希区柯克的连珠妙思，给莱曼留下了深刻印象，"我全都给记了下来，结果却一个都没能用上。"[51]

莱曼要利用这些杂乱无章的内容写出一个完整的剧本来，只好

"也试着像希区柯克那样去思考问题"[52]。他还想要以此剧本来实现希区柯克电影的终极目标：集冒险、悬疑、诙谐于一体，"一部最希区柯克的希区柯克电影，有了它，过往任何希区柯克电影，都再也不值一提"。[53] 他还告诉媒体，此剧本可不是为加里·格兰特写的——那其实是为他心目中的另一位大明星而写："有别于传统意义上的电影明星的另一种明星，导演明星，也就是希区柯克先生。"[54]

即便如此，到后来莱曼也还是逐渐心生怨恨起来。自己明明参与了如此伟大的一部好莱坞电影，但个人所起到的作用，最终却还是全被希区柯克的个人传奇给一笔抹煞了。因为外界总是以为，像希区柯克这么一位天才，缔造经典，靠的永远都是他的一己之力。莱曼一直活到了 2005 年，他后来似乎养成了一种习惯，只要是觉得谁没能在这件事上给予他公正待遇的，他就要怒骂此人。1999 年，距离《西北偏北》上映已整整四十年，莱曼在接受采访时仍表示说，他手头正在"给彼得·博格丹诺维奇写一封信，要将这人狠狠批评一通，因为他之前写了一篇关于《西北偏北》的文章，大唱赞歌……该片相关人员一个不落地全都提到了，可就是没提到我"。[55]

《西北偏北》的剧本创作会议，未能留下详细记录，可资佐证的仅有两位当事人自己的回忆。不过，十七年后两人再次合作《大巧局》时，希区柯克倒是把和莱曼的对话，全程都做了录音。透过这份史料，我们有幸一窥 20 世纪中叶活跃于好莱坞的这两位传奇人物 * 究竟都是如何合作的。《大巧局》没有《西北偏北》那么

---

* 莱曼共六次获得奥斯卡奖提名，比希区柯克还要多一次，但两人都从未胜出过，都只拿过奥斯卡荣誉奖。

幸运，取得的成功也无法与之相提并论，但听一下两人间的对话录音，也可以大致了解一下他们的互动模式究竟如何。两人对谈时，始终是一场戏、一场戏地往下走，而莱曼永远都是把握剧本整体结构的那个人，至于思如泉涌的希区柯克，则是想到什么说什么，哪怕偶尔岔开话题，谈谈水门事件或是其他什么八卦新闻，也总是乐在其中。他脑海中似乎会不断闪现各种画面：狙击手的子弹射入一块墓碑；男扮女装者潜入旧金山夜总会；某人在逃跑时双手紧紧抓住行驶中的火车车顶。有一次，他甚至若有所思地提起，他们或许该读一读小说《骑劫地下铁》(*The Taking of Pelham One Two Three*)，看看那里面是不是有什么东西可以拿来借为己用的。"我的天，怎么可以这样啊？"莱曼抗议说。从同行那里偷东西，这种事他可无法想象，"《骑劫地下铁》都还没下畅销书排行榜呢"。[56] 希区柯克反倒觉得这很正常，在他看来，不管是谁的点子，只要往他镜头前一摆，最终基本上都会成为带有浓郁希区柯克色彩的东西。

至于如何将他信口道来的这些散乱情节统一起来，让它们看着像是一个完整故事，那就是莱曼他们这些编剧要做的工作了。这么说，可并非是要贬低他们的成就：用别人的语态和风格来写作，这本就是一种罕有且宝贵的技能。作为希区柯克早期作品研究领域的权威人士，查尔斯·巴尔（Charles Barr）曾深入钻研过艾里奥特·斯丹纳的编剧作品。在希区柯克头九部电影里有七部，他都作为编剧被写入演职员表。巴尔曾研究过斯丹纳的《剧本写作》(*Writing Screen Plays*)，那是他写的一本薄薄的指南书，书中指出，默片时期的英国电影剧本创作，其最大弊病就在于，"有太多的剧本里，除了那一连串激动人心的事件之外，再无别的东西；从头到尾都是各种高度戏剧性的、不太可信而且基本上还都不太可能会发生的情境，它们一个接一个地接踵而至，而且那种登场频度，还真是让人有些摸不着头脑，至于真正能被当作核心的人物动机和故事主题，却是怎么寻找都是白费工夫"。[57] 按照巴尔的说法，替希区柯克工作过的每一位编剧，很可能都有过类似于此的经验。1986年，也就是距离斯丹纳那本《剧本写作》出版六十六年之后，《迷魂记》和《谍魂》的编剧塞缪尔·泰勒也留下了这么一段话：希区柯克是"情境的大师，小插曲的大师，小瞬间的大师。怎么去安排这些东西，他心中始终都很有谱。但他要讲的这个故事，其全景该是什么样子，这方面他就没那么有数了……那就像是在镶拼马赛克地砖……所以，如果他缺了好编剧来帮忙，拼出来的东西就会有缺片"。[58]

继斯丹纳之后，查尔斯·贝内特（Charles Bennett）作为编剧，也对希区柯克作品产生了具有决定性的影响。希区柯克的第一部有声电影《讹诈》，便是根据贝内特的话剧改编。此外，由 1934 年版《擒凶记》到 1937 年的《年轻姑娘》，贝内特连续五次担任他的联合编剧，而希区柯克之所以会成为机智、冒险的间谍惊悚片的同义词，仰赖的也正是这五部电影的接连成功。由此可见，这两人的合作关系，可说是卓有成效。后来，贝内特还和琼·哈里森一起写了《海外特派员》（*Foreign Correspondent*，1940）的剧本，拿到了奥斯卡提名。不过，在贝内特看来，这些电影——即莱曼所说的那种"最希区柯克电影的希区柯克电影"——之所以会诞生，他可是起到了至关重要的作用，结果，他却始终未能从希区柯克那里获得什么嘉许，这也让贝内特渐渐暗自不满起来。

贝内特的回忆录直至 2014 年才最终出版。在书中，他指责这位前任事业伙伴写剧本的时候"完全就帮不上什么忙"，但也承认希区柯克"作为导演来说，十分优秀，非常优秀"。[59] 时隔多年，让他依旧耿耿于怀的在于，不知怎么的，希区柯克就有了这么一种想法，觉得自己才是整个创作的源头，觉得他那些电影完全就是靠他一个人构想出来的，根本就不需要再经过其他创作者帮忙去芜存菁。贝内特回忆录中的满腹牢骚，也再次提醒我们，希区柯克全盛时期那种好莱坞独一无二的"一人乐队"的招牌形象，其实也有一个逐步形成的过程。尤其是千万别忘记了，他年轻时也从那些前辈高手身上学到了很多东西——包括巴尔肯、斯丹纳和贝内特。"我们其实是属于编剧和导演的合作关系，"贝内特在回忆录中写道，"但是虚荣心让他没法承认我所做出的贡献。除他自己之外，他不承认任何人的贡献。"[60] 正如希区柯克的忠实手下赫伯特·科尔曼（Herbert Coleman）曾说过的："在希区柯克的词汇表里，不存在'谢谢'这两个字。"[61]

面对这些说法，希区柯克很可能会用酸葡萄理论来做反驳。说起做人方面，贝内特其实也可说是相当自我，而且说话喜欢不留情面。"不是我自吹自擂啊，事实就是我确实超棒。"[62] 他在回忆录里写道。但是问题在于，贝内特在书中流露出的这些情绪，其实还有许多希区柯克的合作者，也都曾不同程度地表达过。很多时候，一开始彼此合作得还和和气气的——能够跟希区柯克合作，这些编剧一个个都欣喜若狂，而他那种天马行空的闲扯本领，更是让他们一上来就被迷得神魂颠倒的。埃文·亨特为写《群鸟》而初来好莱坞时，原本对这地方印象平平，但却觉得"幸好，和希区柯克一起做事情，会让你感觉方方面面都特别的职业，很有纽约那种让人舒服爽快的做事情的感觉"[63]。说穿了，他的意思其实就是说，他们追求的可不是什么商业效益，而是为了作品本身在精益求精。但是，《群鸟》剧本稿一经完成，亨特便收到希区柯克的一封长信——信里解释说"另外还有一些人也已看过你的剧本了……可能总共不超过八九个人吧"[64]。立刻，埃文·亨特的心态便起了变化。这八九人中，有些确实是剧组的核心成员，事先看看剧本倒也正常，但另外也有几位，本身也是吃编剧这碗饭的——例如希区柯克的朋友休谟·克罗宁（Hume Cronyn），还有后来被希区柯克委以重任，帮手润色《群鸟》部分对白的 V·S·普利切特（V. S. Pritchett）。希区柯克之所以会找他们来看埃文·亨特的剧本，肯定也不是故意就想要让他下不来台。毫无疑问，他唯一的目的，就是希望剧本能够更臻完美。只不过，站在编剧的立场上，眼瞅着自己的作品像是一袋薯片那样被人传来传去，他们又会作何感想？对于这一点，希区柯克或是根本就无法理解，或是干脆就根本没去在意过。总之，亨特当时的感觉便是，拿到他剧本的那八九人，全都"像是来逛窑子的嫖客一样，在我作品里横插上了一脚"[65]。

约翰·迈克尔·海斯也有过类似的挫折感。他是被希区柯克找来写《后窗》剧本的，那故事改编自康奈尔·伍尔里奇的短篇小说《一定是杀人了》（*It Had to Be Murder*），约书亚·洛根（Joshua Logan）已事先写好了剧本大纲。希区柯克先是和海斯一起列出了该片的基本要件——被困公寓的断腿男人，监视邻居时想要证明其中一人犯了杀人罪——然后就让他独自负责塑造角色和设计对话了。这决定可把海斯给高兴坏了，"确实就是放手让我去干，让编剧自己去完成他的作业"。这和海斯过去遇到的那些导演都很不一样，"希区柯克不会你剧本还没写完就老是跑来打扰你，他不会才看了一部分剧本，就草率地给出否定意见"。[66] 一直要等到剧本稿全部完成，希区柯克这才开始详细审阅，而且是一个镜头、一个镜头地看过来。在海斯看来，这才像是真正的合作伙伴的关系：通力合作，互补长短，各展所能。《后窗》就此诞生，它可说是希区柯克所参与过的全部剧本里最优秀的一个：精炼但又富有层次；诙谐、聪明、本身有缺点但却又让人忍不住喜欢的主人公；扣人心弦的悬念也能做到由头至尾紧紧抓牢观众。紧接其后，海斯又为希区柯克连续写了三个剧本：《捉贼记》《怪尸案》和第二版的《擒凶记》。除《怪尸案》外，其余三部的票房都非常成功，而且都很能体现希区柯克电影那种搞怪好玩的个性。

按照海斯的说法，问题是从 1955 年 4 月开始出现的。当时，作为《后窗》编剧，他也有了自己应得的知名度，美国推理作家协会（Mystery Writers of America）颁给他一座爱伦坡奖。此前从没得过任何奖项的他，第二天就跟希区柯克炫耀了起来，但后者只冷冷地回了他一句："那材质和做马桶的材料是同一种。"[67]*

单纯这么一句俏皮话，似乎听起来其实也没什么。可能确实不怎么明智，但应该也并非算是出于恶意。但问题就在于，这也不是什么孤例，类似的事情在希区柯克身上还发生过许多次，他摆明了就是不愿称赞一起合作的事业伙伴，又或者是干脆就不具备这种能

---

* 爱伦坡奖诞生于 1946 年，奖品是约 24 厘米高的陶瓷质地爱伦坡半身塑像。——译者注

力。当我们将所有这些事情放在一起来看的时候，得到的就是一种明确无误的固有行为模式了。此外，海斯还说过一件事，《纽约时报》某次想找他写篇文章，谈谈和希区柯克的合作经历。他或许是觉得，像希区柯克这么乐于自我宣传的人，应该不会反对别人在《纽约时报》上吹捧一下他，于是便答应了下来。文章写完，出于礼貌，他在交稿前先拿来给希区柯克过目一下。不料，希区柯克却大发雷霆，一把撕碎了稿纸。他告诉海斯："年轻人，我请你来是替我，替派拉蒙写东西的，不是替《纽约时报》写。"[68] 海斯瞬间恍然大悟，这分明是要叫他摆正自己的位置——他只是一个"年轻人"——而且还在提醒他千万不要忘记了，没有哪位编剧可以将自己视作希区柯克的创作搭档；他不是什么合作伙伴，只是一位雇员罢了。

　　希区柯克的这种夸张反应，不禁让人怀疑他这一生最重大的焦虑，是不是就是要时时刻刻想着该怎么做，才能保住他头顶的那些光环。几十年间，他在英美等地，都以自己名义发表了不少文章——但有些并非由他亲自执笔——详细介绍平时的创作流程。但他始终都在强调自身的投入，关于同事和合作者的贡献，却一直尽可能不去怎么提及；只有阿尔玛是个例外，他似乎一直都很乐于突出她的功劳。所以，像海斯给《纽约时报》投稿这种事，肯定会透露出他们这些合作伙伴和剧组同仁是如何影响到他的作品的，肯定会让他们这些人就此走到台前，为公众所认识了解，看在希区柯克眼里，这伤害到的可不仅是他的自我意识，甚至还会损害他的声誉。明白了这一点，海斯心里也终于有了明确的判断："他希望世间所有人永远都要相信这一点：他能有这一切，全都是靠一己之力而完成。"[69]

　　拍摄第二版《擒凶记》时，海斯坚持认为编剧头衔该他一人独占，而希区柯克却决定要给安格斯·迈克菲尔（Angus MacPhail）一个共同编剧的名分。这让海斯大为不悦，与希区柯克的关系就此彻底破裂，不过反观海斯自己平时也总爱抱怨希区柯克不肯给他"应得名分"[70]的态度，这整件事说来还真是有些讽刺。多年之后，他在接受采访时回忆说，自己其实到了那个阶段，已太过偏离希区柯克原本为他设定的道路，所以已经不再合其心意了。"我有了自己的视角，有了我独特的工作方式……最终这却成了他眼中的败笔，因为那太容易被外界认出来了，于是才有了他对我的反感。"[71]但在另一方面，希区柯克固定班底之中也有不少人曾站出来斥责海斯这些说法并不属实，目的只是想要过分夸大他自己的重要性。按照这些人的说法，这两人的合作之所以会以破裂收场，要怪也只能怪海斯的自我膨胀，错不在希区柯克。总之，海斯被希区柯克彻底除了名。之后那些年里，在希区柯克需要有编剧来给剧本增色添彩之时，有很多次，他身边人都曾建议，要不还是去找已被打入冷宫的海斯吧。毕竟，他不论是能力还是品味，都和希区柯克特别互补，如果能重修旧好，那可真是天作之合。但希区柯克却再没给过海斯任何机会。

　　希区柯克有许多非常出名的电影，其原著倒是并不具有类似的知名度。20世纪30年代，他曾将肖恩·奥凯西（Seán O'Casey）好评如云的《朱诺和孔雀》（*Juno and the Paycock*）和1932年诺贝尔文学奖得主约翰·高尔斯华绥（John Galsworthy）的《面子游戏》(*The Skin Game*)这两部话剧，先后翻拍成了同名电影。不过，事后他又觉得，这两部作品名声实在太大，反而束缚住了手脚，翻拍时候没能怎么发挥。特吕弗采访时也曾问过他，想没想过要翻拍小说《罪与罚》。他回答说：完全没这可能。他给出的理由就是，这小说早就是公认的经典了。[72] 言下之意便是，他宁可去改编那种不甚出名或是水准平平的文学作品，因为这样才能有更多的提升空间，也便于他的自我发挥。

对文学名著敬而远之的他，相反倒是很愿意招募成名作家来合作改写电影剧本。这方面，最成功的案例要数写《辣手摧花》时请来的桑顿·怀尔德（Thornton Wilder）了。这是一个关于纯真不再的令人不安的故事，但怀尔德原本对当电影编剧并无多大兴趣，只不过因为当时他即将被征召入伍，想到要为家人多留一些家用，这才接下了这份工作。好在，双方最终都很满意这次合作。开始写这剧本没多久，怀尔德就写信给姐姐，谈起自己如何乐在其中。"我和希区柯克细细谋划着如何将这些信息——可怕的信息——慢慢透露给观众，同时也透露给剧中人物；我们一聊就是数个小时，聊得双眼放光，笑声不断。"他最后的信末结语，要是希区柯克能看到的话，一定也会非常满意，因为怀尔德写的是："再也没有比让你的雇主满意更让人满足的事情了。"[73]

希区柯克有生之年，始终都对怀尔德以及这次合作赞不绝口。他曾说过，虽说确实也有许多作家瞧不上他的电影——其中就包括格雷厄姆·格林，他曾公开批评希区柯克的电影，也拒绝了与他合作的机会——但怀尔德却从没有这么想过。希区柯克说过："他不摆什么架子……他允许由我来指挥他，这一点令我非常感激。"[74]

作为回报，他也愿意和怀尔德平起平坐。"与他打交道时，我始终满怀敬意，最重要的一点还在于，我从来就没把他当作是自己花钱雇来的那种编剧，完全没有这么想过。他得到了他应得的礼遇。"[75] 希区柯克这么说，等于是在不经意间承认了，其他编剧可不一定能获得像这样的待遇。

让我们看看怀尔德当初参与合作《辣手摧花》的方式，他从一开始就没什么自我意识，也没有什么先入为主的期待；想要在希区柯克手下快快乐乐当个编剧，这可是最好的办法，很可能也是唯一的办法。不过，希区柯克虽对怀尔德相当满意，但一等他顺利交稿，希区柯克还是又找来了一位编剧，请他给剧本再添一点活力。这其实也是希区柯克常用的办法；他雇佣编剧，就像是我们在装修时也会聘请各种门类的专业工人一个道理。有些编剧，专门找来负责搭结构，有些则负责对白，还有一些则要帮忙"擦亮"剧本终稿。而且就和装修一样，他也会尽可能让他们分头行事。这样，从头至尾始终挑着大梁的，就只剩下他自己了。所以，在怀尔德看来，《辣手摧花》从来就不是什么真正意义上的编导合作；他所做的，只不过是将自己的能量投入到了某个属于希区柯克的项目之中罢了。怀尔德将自己融入在了希区柯克作品之中，而不是像海斯或亨特那样，一心只想着要在希区柯克这面金字招牌上刻下属于他们自己的印记。

随后，希区柯克又和另一位美国大文豪有了合作，但这次的情况却起了变化。美国宣布参加二战仅仅数月之后，他就请来约翰·斯坦贝克（John Steinbeck）写一个详细的剧本提纲。*故事灵

---

* 希区柯克的第一人选是海明威，但他没接受这一邀约。

感出自希区柯克本人：整部电影完全以一艘救生艇作为背景，艇上的人，之前遭遇了德军鱼雷袭击。原本，希区柯克应该也很期待斯坦贝克能像怀尔德一样听话，最终却发现这次的误判相当严重。斯坦贝克在剧本中大搞意识形态，个个人物都成了美国社会不同阶层的代表。那几位工人阶级人物，全都善良、诚实且英勇，而政客与富商则成了浅薄、欺骗和不负责任的代表。他还在故事里安排了一个名叫乔的黑人角色，这种挑战种族歧视刻板印象的用意，确实也值得赞赏，但问题在于，该人物由头至尾都表现得既善良又可敬，完全给写成了一个不食人间烟火的高大全形象，意识形态作用已盖过了人物本身的叙事作用。除此之外，整个剧本提纲里倒是也有不少具有鲜明斯坦贝克风格的小点缀，例如一位母亲痛苦地将死去的孩子紧抱在自己裸露的胸口，希望孩子可以死而复生的情节。

希区柯克对政治攻讦完全没有兴趣，所以斯坦贝克笔下那些人物以及他们彼此之间的关系，稍后就被希区柯克以及编剧乔·斯维林（Jo Swerling）大量删改替换。国会女议员的角色——斯坦贝克以她来代表玩世不恭的野心家——被改成了女作家，即由塔露拉·班克海德（Tallulah Bankhead）饰演的那个角色。告别政坛，回归文化——因为这才是希区柯克素来更有把握的领域——这些删改让斯坦贝克怒不可遏，但最让他愤懑不平的，还在于希区柯克对那个黑人角色的改动。经过删改，取而代之的那个人物，虽说确实没斯坦贝克原本的设定那么形象突出，但看在观众眼中，却绝对要可信了许多。而且，更主要的问题还在于，斯坦贝克的剧本提纲，虽然想要传达的信息很多，但真正表达出来的东西却又很少。拿着这么一个剧本，希区柯克可发挥的空间相对较小。而且，在斯坦贝

桑顿·怀尔德让他的雇主非常满意，1942 年。

克笔下，那些想法大多都只出现在人物脑海之中，或是单纯依靠对
白来传达，能用镜头表现的东西相当很少。话说回来，我也很纳闷
希区柯克最初究竟是怎么想的。斯坦贝克本就不是什么电影编剧，
而且从来就不是顺从听话的那类人，至于他以往的作品，也完全看
不出能有什么地方和希区柯克风格沾边的。总之，站在斯坦贝克的
角度，他愤慨地认为希区柯克是在小瞧他的文字，还批评希区柯
克是那种典型的"打心底里瞧不上劳动人民的英国中产阶级势利小
人"[76]。看来，斯坦贝克可能并不怎么清楚希区柯克再平凡不过
的出身背景。

又过了几年，希区柯克开始着手翻拍帕特丽夏·海史密斯
（Patricia Highsmith）的小说《列车上的陌生人》。这说的是无辜者
被精神变态扯进一个疯狂的交换杀人计划的故事，他请来负责剧
本改编的是雷蒙德·钱德勒（Raymond Chandler）。结果，他也对
希区柯克有了类似斯坦贝克的那种强烈憎恶情绪。但翻看某本钱德
勒传记，你会发现他对希区柯克的描述，确实是用到了诸如"很难
合作"[77]这样的字眼，可只要细看一下相关文字便会发现，钱德
勒自己身上的问题，其实相比之下只有更糟。一方面，他拒绝去电
影厂为他准备好的办公室写剧本；另一方面，希区柯克只好去他家
找他，结果每次钱德勒又都表现得极其反感，觉得这是在侵犯他的
私人领地——既是实质意义上的踩过线，同时又是象征意义上的过
了界。每次会面，希区柯克总喜欢先天马行空地一通闲聊，但钱德
勒却觉得这只能让他心烦意乱，而且也从来都不对这种内心反感加
以掩饰。按照那本传记的说法，钱德勒越来越"说话尖刻、态度冷
漠"，对希区柯克抛来的点子爱理不理的。甚至某次会面之前，他

看到希区柯克由车上下来，全然不顾对方就在近前，很可能会听到
自己说的话，照样还是语带讥讽地称其为"胖杂种"。[78]钱德勒最
终还是完成了《火车怪客》的剧本，但在他看来，按着希区柯克的
典型风格来写这么一个剧本——即希区柯克所说的"让梦境看上去
就像是真实发生的事"[79]——根本就是在白白浪费时间，而且还
给他的心智带来了不小伤害。

很快，希区柯克便找来珍芝·奥蒙德（Czenzi Ormonde）彻底
重写这个剧本。据奥蒙德回忆，他们第一次会面时，希区柯克还特
意做了一个夸张的动作：一手捏着鼻子，一手将钱德勒那个剧本扔
进了垃圾桶。[80]《火车怪客》上映之后，钱德勒发现自己写的那些
东西基本全没能剩下，自然感到特别失望，甚至还有一些受伤。在
他看来，如今这版《火车怪客》尽是"一些松散堆砌的陈词滥调，
人物也都缺乏个性"[81]，甚至连对白也写得不够标准。钱德勒还不
忘挖苦说，希区柯克太过相信"单纯靠着镜头机位、演员演出和那
些有意思的小插曲，便足以弥补故事本身的漏洞百出"[82]。像这样
抱怨希区柯克不够关心人物、叙事前后一致性的编剧，钱德勒既不
是第一位，也不是最后一位。但即便如此，他的说法也实在是太过
分了。让他很瞧不上的这些画面巧思，体现的不正是希区柯克这位
视觉艺术家的看家本领吗？他一直以来所追求的目标，不正是要通
过镜头的凝视来表现各种气氛、情感吗？钱德勒的这种批评，打个
比方，就像是指责普罗科菲耶夫的舞剧版《罗密欧与朱丽叶》，因
为以音符取代了文字而摧毁了莎士比亚原著的诗意一样荒谬。

最终，钱德勒得出结论：对任何一位编剧而言，与希区柯克合
作，其实都毫无意义，因为"在希区柯克的电影里，所有东西其实

都有可能是他自己写的"[83]。可是，希区柯克的电影其实是不可能 100% 希区柯克的；缺了合作者，尤其是缺了编剧的话，他那些电影根本就拍不成。只不过，由 20 世纪 40 年代中期至 60 年代初，也就是他的所谓巅峰期，希区柯克确实就是他那些电影里的红太阳，是所有能量的来源，是万物生长都离不开的万丈光芒，这一点无可辩驳。而他自己在这个问题上，也是态度相当明确，所以才能做到毫无内疚地将他人的贡献归于自己名下。想当年，他和特吕弗谈到《迷魂记》时曾经表示，他希望能在男主角洞悉真相之前——即由金·诺瓦克（Kim Novak）饰演的玛德琳和朱迪，其实是同一人，提前就先向观众揭示这一处充满戏剧性的情节转折。为此，他不得不向几位监制反复争取。他的这种说法似乎很有道理；毕竟，让观众能够比剧中人领先一步，这向来就是希区柯克对于电影悬念的定义。但事实上，《迷魂记》后期制作时，希区柯克曾经态度相当强烈地反对这种提前揭示情节转折的做法，最终，反倒是在协同制片人以及派拉蒙影业那几位监制的反复劝说下，他才最终答应了下来。[84] 由《迷魂记》后期剪辑到接受特吕弗的采访，当中相隔只有五年，但希区柯克的记忆有可能是出现了一些模糊，又或者是他觉得自己有权将这一重大决定揽在自己名下。甚至，我们还可以说，他不揽下都不行，因为只有这样才符合他身上的那些光环，因为只有他才能是自己电影的唯一核心；不这么做，就会让围绕着他的某颗卫星，遮蔽了他这红太阳的光芒。

整个 20 世纪六七十年代，外界对于希区柯克的再认识，特别受到作者论的影响。而他这种电影艺术家的形象，也愈来愈深入人心。1963 年，纽约现代艺术博物馆为他举办作品回顾展；不久之后，研究他作品的首批英文专著也相继出版。这是对他电影的一次重新评价，而他自己之后的电影创作发展，似乎也反过来因此受到了影响。1964 年 11 月，他主动找上了弗拉基米尔·纳博科夫（Vladimir Nabokov）。正如希区柯克因其精妙的电影技巧而被推上神坛一个道理，此时的纳博科夫，也凭借其特有的文字风格，被世人奉作文坛神祇。希区柯克给了纳博科夫两个故事雏形作为建议。一个说的是一位冷战时期的叛逃者的妻子的故事，和他后来拍摄的《冲破铁幕》情节走向颇为类似。他还为纳博科夫解释说："我寻找的故事类型，都是那种情感和心理层面上的故事。人物的情感和心理变化，通过电影里的动作和运动来表现，而且我惯用的那种希区柯克悬念，也必须得有机会用上。"[85] 另一个故事雏形，其实他已酝酿许久，之前也找过一些别的编剧试着写过。那故事说的是一个年轻姑娘忽然发现自己家人经营的旅馆其实只是一个幌子，背地里，他们其实从事有组织犯罪活动。"就像我之前在电话里给你说过的，类似这样的故事概念，并不适合直接找编剧来写，因为他们没法忠实地将它拓展成有用的故事素材。绝大多数电影编剧所擅长的，仅仅只是改编别人的原著。所以，我才想到了要绕过他们，直接找你——因为你是一个会讲故事的人。"[86] 果然，这第二个故事构思，让纳博科夫产生了兴趣。他回复希区柯克说自己有把握把它给写成剧本——不过，故事的结局走向，必须完全照他意思来办。这可绝对是一个危险信号；最终，两人因时间上实在凑不拢而未能实现这次合作。但我们不妨设想，倘若合作成真，最终希区柯克是不是也会和纳博科夫闹得恶语相向，就像是他和斯坦贝克或者钱德勒那样呢？

在《群鸟》编剧埃文·亨特看来，这部电影成了希区柯克的转折点。由此开始，他放下了架子，接纳了那些始终高高在上的影评人，也尝试着拍起了"艺术"电影。希区柯克曾对记者解释说，片中的这些鸟，"象征着人生之中某些相对更严肃的东西"。读到这样的报道，埃文·亨特顿时满腹狐疑。"这不纯粹就是胡说八道吗？他可真是会演，把那些人耍得团团转的……当初写剧本的时候，我们完全就没说到过什么象征不象征的。"[87] 而目前可以找到的《群鸟》制作相关档案文件，也都支持亨特的这一说法。在给他的一封信里，希区柯克曾预言说："'那些鸟究竟为什么要这么做？'到时候，肯定会有人反反复复问我们这个问题；尤其是那些白痴。"[88] 亨特的这种态度，让人想到了《西北偏北》编剧欧内斯特·莱曼，因为他也因为被记者问到《西北偏北》是不是有意识地将《哈姆雷特》移植到了原子时代而恼羞成怒过。"这都要怪那些该死的法国影评人，那什么作者什么的。他们就喜欢搞这种毫无现实依据自以为是的垃圾玩意儿。"[89]

很多时候，艺术创作凭的是直觉，而非理智的精心谋划；与其说希区柯克这是在公然扯谎，说不定，他也是在《群鸟》拍完之后才终于恍然大悟，才终于琢磨透了这些鸟儿所具有的内涵。但话说回来，如果他真是因为想要参透这背后的隐秘寓意，于是才接纳了作者论，即便果真如此，他改变想法的这个时间点，显然并没有领先于广大的普通电影观众。在《群鸟》上映之后的好几年里，希区柯克不断收到观众来信，问他这部电影究竟想要表达什么意思，尤其是这些鸟儿，究竟为何会出现在小镇上。到了 1969 年，也就在马丁·路德·金遇刺一周年纪念日临近之际，某位观众实在是按捺不住急迫的心情，在给希区柯克的来信中，号称自己已经参透了《群鸟》的真实意图。此人在信中写到，这些鸟儿，或许就可以被看作是始终受到压迫的美国黑人的象征，它们一直以来就逃不过"被枪打、被囚禁、被吃掉、被完全不当一回事的命运……直到这一刻，它们决定再也不能继续忍受此般屈辱了"！[90] 面对如此的来信，有时候希区柯克会像亨特所说的那样"胡说八道"，还有一些时候则会宣称故事灵感来自真实事件：在新墨西哥州，确实发生过染有狂犬病病毒的蝙蝠袭击人类的事情。不过，更多的情况下，他会干脆利落地告诉来信者，他压根就不知道鸟儿为何要攻击人类。"为什么我就非得知道呢？我又不是全能的。"[91] 严格说来，他在这地方本该用"我又不是全知的"才更确切。因为在这个希区柯克电影世界之中，他当然是全能的，他当然手握主宰一切生命的权力。但是他又确实并非全知，因为有好多东西连他自己也是一头雾水，就和我们一样。

4

渣男

　　1931 年，希区柯克遇上了事业瓶颈，依照某位英国影评人的说法，他"把天才都浪费在了那些小地方"。[1]确实，继大获成功的《讹诈》之后，希区柯克又在好几个不同方向上做了尝试：他改编了两部严肃舞台剧（《面子游戏》《朱诺和孔雀》），拍摄了犯罪惊悚片《十七号》（*Number Seventeen*）和讲述一对夫妻百无聊赖寻找刺激的喜剧片《奇怪的富翁》（*Rich and Strange*），再加上将同一个侦探故事同时套拍而成的英语版《谋杀》和德语版的《玛丽》。总之，这些电影各有所长，但都不能算是一等一的希区柯克电影。此外，他还在 1934 年拍摄了《维也纳的华尔兹》（*Waltzes from Vienna*）。这部制作精美的剧情片由音乐剧改编而来，讲述了《蓝色多瑙河》的创作过程，但也很可能是他整个职业生涯的最低谷。

　　之所以能重新站稳脚跟，希区柯克靠的是为高蒙英国电影公司拍摄的《擒凶记》，靠的是能找来编剧查尔斯·贝内特合作，靠的是他和巴尔肯、蒙塔古这两位旧相识的再次聚首。由《擒凶记》开始，他连续拍摄了不少间谍惊悚片，不仅声誉获得重振，还引来了多家美国电影公司的关注。转眼就到了1939年，希区柯克自认在英国已无多少提升空间，便收拾好行李，转身投向好莱坞。在那里，才刚制作完成《乱世佳人》的大卫·O·塞尔兹尼克，已为他准备好一纸为期七年的合约。

希区柯克和塞尔兹尼克最初的计划是要拍一部讲泰坦尼克号沉船的电影，该项目中途搁浅后，塞尔兹尼克又给了他改编《蝴蝶梦》(*Rebecca*，1940)的任务，那是英国作家达芙妮·杜穆里埃(Daphne du Maurier)针对经典小说《简·爱》的一次现代式演绎。不得不说，塞尔兹尼克选了这题材来让他来拍，真可谓相当明智。希区柯克英国时期作品里的那些闪亮点——威胁、秘密、漂亮姑娘在银幕上受折磨——都能在小说《蝴蝶梦》里找到。但是，影片拍摄期间，希区柯克和塞尔兹尼克围绕影片创作究竟听谁说了算，起了不少冲突，而这也成了日后他们合作关系的某种基调。尽管如此，《蝴蝶梦》还是成功地将希区柯克的悬疑气氛和塞尔兹尼克的强大魅力结合一体，取得巨大成功，还得到了奥斯卡奖认可，不光拿下了最佳电影奖（它归在了塞尔兹尼克名下），也让希区柯克首度获得最佳导演提名。

《蝴蝶梦》的女主角无名无姓，饰演者琼·芳登(Joan Fontaine)也拿到了奥斯卡提名。不过，当初究竟要选谁来演这角色，其过程还真一波三折。希区柯克和塞尔兹尼克都想要按自己想法来掌控整部影片的走向，所以面对多位受邀试镜者时，常会意见相左，而且双方都相当固执己见。"太壮实了，而且太甜美，"希区柯克评价某位女演员说；"看着太像俄国人了，"他又否决了另外一位。[2]

轮到第三位时，他拒绝的理由干脆就只剩下一句"模样奇形怪状的"[3]。最终，还是塞尔兹尼克一直以来都很青睐的琼·芳登拿下了这角色。不过，真正开拍之后，她和导演相处得却并不怎么轻松自如。"我们彼此都喜欢对方，"她表示说，"而且我也知道，他其实是支持我的"，只不过，他"支持我的那种方式，时而有些奇怪"。[4] 按照希区柯克的想法，她要把剧本里写到的那种一惊一乍、泪腺发达、神经脆弱的形象给演活。为确保能获得这种效果，他也确实煞费苦心；例如，他会告诉芳登说，剧组里其他演员都不喜欢她，男主角劳伦斯·奥利弗（Laurence Olivier）甚至觉得这角色还是该由他妻子费雯丽来演才对。拍到某一场戏时，芳登想哭却又哭不出来，于是希区柯克问她，需要自己怎么做才能助她一臂之力。芳登壮着胆子回答，或许可以给她一记耳光，说不定就能哭出来了。"我照办了，"希区柯克回忆说，她"顿时就号啕大哭起来"。[5]

《蝴蝶梦》让美国人心服口服，希区柯克不仅是擅长拍"女性电影"的导演，而且也善于指导女演员演戏，另外还具有某种稀有的才能，既可以凭空制造新星，也能让过气女明星重获新生。1940年 12 月，某本杂志发文表示，琼·芳登其实并非什么"了不起的天才演员"，她只是"按着希区柯克的要求在行走和说话的一具木偶！阿尔弗雷德·希区柯克便是她身后的斯文加利[*]。"[6]

20 世纪的艺术家之中，或许没有谁能像希区柯克这样，投入

---

[*] Svengali，作家乔治·杜穆里埃畅销小说《特丽尔比》中操控着女主角特丽尔比的邪恶音乐家；而乔治·杜穆里埃也正是《蝴蝶梦》作者达芙妮·杜穆里埃的爷爷。——译者注

如此多的时间和精力，在自己作品里探讨女性的日常生活与身份。不过，在他留下的全部遗产中，这一层面也成了后人争论最为激烈的焦点所在。关于女性，关于他自己和女性的关系，希区柯克有着复杂且相互矛盾的想法，他既钦佩她们又怨恨她们，既认同她们也疏远她们，既出于本能地崇拜她们，也不乏想要全面控制她们的强烈欲望。他喜欢被女性包围，也冀望能获得她们的友谊。一方面，在他生活的那个时代，像他这种身份和地位的男性，很少再有人能像希区柯克这样，慷慨给予女性各种职责和机遇，一旦看到她们有了成绩，更会志得意满地继续鼎力支持。但另一方面，他也利用了女性；他在自己电影里表现那些最黑暗、最让人难堪的内容时，利用的是女性，他在电影里具体呈现作为导演、作为男人的他所处的文化环境时，利用的也是女性。

希区柯克这一生，正巧也赶上了女性日常生活显著发生变化的那段时期。他生在维多利亚时代，成长阶段恰逢英国妇女参政运动蓬勃兴起之际。当年的畅销刊物上，除了他最爱看的那一类离奇谋杀案之外，同被高度关注的就还有 20 世纪 10 年代的"妇女参政运动暴行"。针对那些运动积极分子以暴力抗争方式打破性别规范的做法，媒体做了全方位的专门报道。在此期间，伦敦有多处重要景点都变成了混乱失序与恐怖主义的发生现场，而这也很容易让人联想到希区柯克喜欢把各种紧张危险的高潮戏都安排在全球各地著名地标之中的做法。那段时间里，玛丽·理查森（Mary Richardson）用刀割开了伦敦国家美术馆珍藏的委拉斯开兹油画《洛克比的维纳斯》（Rokeby Venus），还有一些女性在圣保罗大教堂和都城会幕教堂里安了炸弹，另一些则砸毁了大英博物馆里装着埃及木乃伊的珍贵棺木。说到大英博物馆，希区柯克电影生涯的头一场大型追逐戏，便在这里上演——那是电影《讹诈》的结尾，而类似《讹诈》这种讲述女性沦为男性猎物后尝尽苦难的电影，他后来也拍了好几部。另一边，政府对于妇女参政运动的野蛮报复——为惩罚违法者，为羞辱那些违反社会规范的不够淑女的女性，对她们实施了监禁、殴打，还逼着绝食者进食——也让人联想起希区柯克电影里出现过的类似做法。[7]

有别于那些历史更为悠久的传统艺术行业，电影在其萌芽阶段，曾为女性留下了不少生存空间。卓别林以"流浪汉"形象初登银幕的那一部 1914 年短片，任导演的，正是该片女主角梅宝·诺曼德（Mabel Normand）。而卓别林之所以能在这一行里脱颖而出，也确实离不开她的鼎力相助。美国发行商霍顿·米夫林（Houghton Mifflin）曾在 1920 年出版《女性事业》(Careers for Women)一书，其中专门有个章节，讲的就是女性可以将电影导演当作理想职业。[8] 当然，这行业也从来都不是什么坚持两性平等的世外桃源，即便是在这萌芽阶段，也普遍存有剥削女性和边缘化女性的做法。尽管如此，女性还是变成了电影界的一道重要风景——不管是作为创作者的女性，还是作为观众的女性。对于那些可自由支配身体和收入的年轻女性来说，影院也是她们获得享受和培养信心的好地方。她们既可以在银幕上看到自己熟悉的各种生活场景，也会发现她们内心各种恐惧和幻想被投射在了电影之中。此外，她们还会专门冲着像玛丽·碧克馥（Mary Pickford）这样的大明星去看电影。那时候的她，业已成为风靡全球的现象级人物，正是电影让她变得如此有钱又有势。

甚至于，玛丽·碧克馥还是推动美国名角-拉斯基电影公司蓬勃发展的重要动力。希区柯克电影生涯之开启，便是在名角-拉斯基的伦敦分公司，而当时的他有许多同事和领导，都是女性。甚至，掌管该公司剧本策划部门的，也清一色都是女性编剧。希区柯克第一次尝试拍电影时，给《十三号》（又名《皮博迪夫人》）写剧本的，正是她们当中的某一位——有些资料里说她叫安妮塔·罗斯（Anita Ross），但希区柯克说她名叫埃尔西·科德（Elsie Codd）。[9]可惜，该片在1922年制作中途半路夭折。此外，在希区柯克还没当上导演时，他所参与的那几部电影，焦点也都放在了各种女性角色的身上。由美国女演员贝蒂·康普森（Betty Compson）领衔主演的《白影》（*The White Shadow*，1924）便是其中之一。该片长久以来都被认为早已失传，但2011年时有人在新西兰找到了全片六本胶片中的三本。想要准确厘清希区柯克对这部电影究竟做了多少贡献，这其实相当困难。那三本胶片重现人间之后，相关宣传材料声称希区柯克担任了《白影》的副导演、编剧、美术指导和剪辑，但按照英国电影学会的说法，剪辑师应该是阿尔玛·雷维尔才对，而且剧本也早就由迈克尔·莫顿（Michael Morton）写好；至于希区柯克，他仅仅只是给剧本文字做了一些微调和打磨而已。[10]无论怎样，当时才只有二十四岁的希区柯克，确实还是深度参与了《白影》的制作。当然，它远远谈不上是什么影史经典——连巴尔肯自己都承认，《白影》制作团队"并未做好充分准备"[11]，纯粹只是因为同样由贝蒂·康普森主演的《女人之间》票房大卖，他们想趁热打铁再来一部罢了。即便如此，现存的这三本胶片依然能让我们看得饶有兴致，这主要是因为，那里面有不少主题元素，都是日后那些希区柯克作品里经常会出现的：替身、身份遭到误解、那些永远都不会被驯服的年轻女性带给她们仰慕者的危险。《白影》说的是一对双胞胎姐妹的故事：乔治娜纯洁、顺从，南希却抽烟、喝酒、赌博、与男人调情样样都来，根本就是一个"没有灵魂"[12]的留着短卷发的叛逆者。南希离家出走，过上了波西米亚式的夸张生活，而品德高尚的乔治娜却不希望南希名誉受损，于是假扮成了她样子。遗憾的是，现存这三本胶片，只讲到了众人去南希常去的巴黎夜总会找她的那一场戏，之后的剧情发展具体如何，我们不得而知，只知道最终南希在道德上获得了救赎：乔治娜意外死去，南希被其灵魂附体，就此改邪归正。

　　随着希区柯克的电影剧本越来越精巧——剧本趋向精巧的部分原因便在于，他请到了比自己更为优秀的编剧来专门负责写剧本这件事——类似《白影》里这种好女孩、坏女孩的鲜明对立，也日益变得模糊起来。取而代之的，是更为立体、复杂的希区柯克女性角色，而默片《孟克斯人》里由安妮·翁德拉（Anny Ondra）饰演的凯特，便是其早期案例之一。凯特既要承担家庭责任，又想获得社会尊重并实现个人价值，结果却因此被夹在了中间，生活得相当挣扎。当然，最能代表这类女性角色的，还是由本·海克特担任编剧的《美人计》中由英格丽·褒曼饰演的艾丽莎·胡伯曼。生活放荡的艾丽莎是叛徒的女儿，被加里·格兰特饰演的美国特工德弗林说服，潜入活跃于里约热内卢的某个纳粹组织。作为任务的一部分，她成功引诱了由克劳德·雷恩斯（Claude Rains）饰演的亚历山大·塞巴斯蒂安和她结婚，而关于德国核武器的重要机密，便掌握在后者手中。招募艾丽莎的那些美国情报人员，其实根本就看不起她，视她为"那种女人"。但德弗林却无可救药地爱上了她，也渐渐看清了她的勇气和道德观。故事高潮阶段，德弗林由纳粹手中成功救下艾丽莎，而他自己也意识到，其实艾丽莎反过来也救了他。是这个放荡女人的善良美德，教会了这个"长着榆木脑袋，满脸苦大仇深的家伙"究竟该如何去爱。

希区柯克的成功，离不开艾丽莎这样的人物。希区柯克平时和女性之间的关系，也在很大程度上定义了他的导演身份。他始终坚信，在看他电影的观众里，绝对是女性占有巨大优势。他在1931年时就曾说过，他对女主角的选择，"首先要考虑女性观众看了喜不喜欢，而非男性观众，因为一般而言，电影观众里面女性要占四分之三"。[13] 终其一生，他始终坚持这一论点，因为到了1964年时他也说过："电影院里有80%观众是女性，哪怕现场观众真是五五开，一半男人，一半女人，恐怕也有相当一部分男人，事先也问过和他们一起来的女士：'亲爱的，你想看哪部电影啊？'道理就是这个道理，在选择看哪部电影的问题上，男人基本不起任何作用。"[14]

所以，在希区柯克电影制作团队的核心成员中，女性始终有着很大存在感，其中部分原因便在于，他想要创造的，本就是那种能让女性观众趋之若鹜的电影。日后担任《希区柯克剧场》制片的牛津大学毕业生琼·哈里森，最初是在1933年她二十六岁时被希区柯克聘为秘书的。和许多像她一样获得希区柯克喜欢、信任的合作者一样，她在这团队中扮演的角色，也迅速变得重要起来。先是负责审查、评估各种原著作品，没多久又成了他编剧团队的一分子，还跟着希区柯克夫妇一起去了美国发展。而佩姬·罗伯森20世纪40年代末刚加入他团队时，还只是做场记，日后却成了希区柯克的私人助理，手握大权；她平时做的工作，已类似于别人剧组里的制片人或是制片主任。除了这些核心人员之外，希区柯克手下还聚有一批女性编剧，其中既有写过《海角擒凶》的多萝西·帕克（Dorothy Parker）这样的老手，也有原本只是本·海克特助手的新人珍芝·奥蒙德——她被希区柯克委以重任，重写雷蒙德·钱德勒的《火车怪客》电影剧本。

　　当然，最重要的还是阿尔玛。她一人身兼多职，既是副导、编剧、不挂名的联合制片，也是随叫随到的私人顾问。对于她的意见，希区柯克总是深信不疑。而且，他的私人生活也都围绕阿尔玛而展开。不管是在英国还是在美国，夫妇俩都喜欢寓工作于玩乐，所以常会为他近期将要合作的那些同仁举办各式鸡尾酒会和家庭晚宴——由料理好手阿尔玛亲自负责掌勺。在他最风光的那些年里，希区柯克也是好莱坞那几家时髦餐厅的常客，频繁出入于查森、佩里诺和罗曼诺夫等饭店，不过基本上始终都是和妻子同来同往。希区柯克曾不止一次地公开表示，他更喜欢与女性为伴，而非男性，而且他尤其不喜欢夹在一大群男人的中间。话虽如此，但是在阿尔玛出现之前，希区柯克身边似乎除了母亲之外，并没有什么特别亲近的女性。确实，他一直就不乐意被视为"男孩中的一员"，打从童年开始，只要遇上这种非要争个你高我低的男性间的比拼，希区柯克便会感到紧张、无力。于是，潜移默化之下，他便形成了这种自己和女性更加投缘的想法——不知道那些女性是不是也和他一样想，但至少，他确实就是这么认为的。在传记作家唐纳德·斯伯特笔下，希区柯克是一个始终独来独往的人，"天生和友情无缘"[15]。但是，他和阿尔玛之间的，其实恰恰就是一种真诚且深厚的友情。他觉得阿尔玛既能懂他的幽默感，又理解他的艺术抱负和商业雄心，既知道他害怕什么、担心什么，又善于给他打气鼓劲，而且还能欣赏他犯错后敢于说出真实想法的那股勇气。在他们晚年，某位记者曾在采访完他们夫妇之后深有感触地表示，给他留下最深印象的，是"发生在他们两人之间的那些卓有成效的小摩擦，因为希区柯克会一个人滔滔不绝地长篇大论，但有时又会被阿尔玛给无情打断，因为她也要插入自己的辛辣点评"。[16]

希区柯克当上导演后，成功的滋味来得早且又来得持久，这也让他可以放开手脚，完全按着自己想法来决定手下团队的人员构成。于是，不管是他的事业版图还是私人生活，女性都有着明显的存在感。假设他当初选择一直留在广告行业的话——或是转行做了别的什么和电影无关的工作——上述这种情况可能就不会那么明显了。按照希区柯克自己的想法，身为女性，最令她们陶醉的希望，便是幻想能遇上浪漫、冒险的爱情，而女性最深邃的恐惧，则是害怕被强奸、被谋杀。所以，他在自己电影里反复强调这两方面。当然，他也曾经向阿尔玛以及身边其他女性征求过意见和建议，但看过他那些电影的人其实都能感觉到，那里头其实尽是他这个大男人的主观臆测，而他还以为自己表现在电影里的，是女性身上无穷无尽的奥秘——尤其是她们身上那些和性爱相关的奥秘。杰伊·普雷斯顿·艾伦（Jay Presson Allen）也是他曾用过的女性编剧，她就说过："虽然我觉得希区柯克的镜头确实对女性抱着同情的心理，但我并不认为他真就一定能理解她们。"[17]

阿尔玛和希区柯克搭乘玛丽号邮轮前往美国，1938 年 6 月。

希区柯克和女性的关系，有时就像是 J·阿尔弗雷德·普鲁弗洛克（J. Alfred Prufrock，英国诗人艾略特笔下的人物）与班尼·希尔（Benny Hill，英国喜剧明星）的某种奇妙混合体：一边是英国人的压抑克制，一边是英国人的低级猥亵。当然，这也很可能本就是一块硬币的两个面。生活中，明明是自己很想要结交的女性，但却囿于自身外在条件，因为内心羞怯和局促不安，而让希区柯克根本就无法与她们发展出浪漫爱情或是亲密关系。他曾多次提起，自己在性这方面非常欠缺经验，人生大部分时间里，其实过得都是性无能的禁欲生活。自他和阿尔玛在一起之后，他们两人都由这段关系中获益良多，但性欲的满足却显然不在其列。不止有一人曾听希区柯克说过，他这一辈子其实只做过一次爱，而且他还开玩笑说，阿尔玛受孕的那晚，他借助了一支钢笔。[18] 偶尔，他也会在拍片现场毫无预兆地对女演员做出"无法无天的事"——例如拍《蝴蝶梦》时掌掴琼·芳登，或是拍《间谍》时故意朝玛德琳·卡罗尔（Madeleine Carroll）袒露自己的身体。据说，他之所以要这么做，纯粹只是为了获取她们的情绪反应，为了帮她们更好地表演。但我们还是不禁要问，除此之外，这些做法是不是也有别的目的？是不是和他平时爱讲荤段子，爱做性暗示，其实就是一个道理？既然身体上没办法做更多的亲密接触，那就干脆以这些来当替代品？

据他自己陈述，当初刚接手电影《欢乐园》时，虽然他也已二十五岁，但一直以来都是妈妈的好宝宝，连和女人约会都没约过，哪怕是和阿尔玛都没。拍摄那一场溺水戏时，女演员拒绝下水，这让他十分困惑不解。最后还是摄影师"跟我介绍了有关月经的全部知识。在那之前，我长那么大根本就没听说过这东西"！[19] 类似这样的说法，或许会让我们觉得有些难以置信；这哪像是一位生活在所谓咆哮的 20 年代的电影导演会说出来的话？有人便对此满腹狐疑地表示："哪怕是再往前倒退一百年，哪怕是一个天性迟钝，一直活在农村的十来岁的少年，也不应该会这样啊。"[20] 但我却觉得，希区柯克在这方面的无知，也并非完全无法想象。毕竟，看看 E·M·福斯特（E. M. Forster）的日记就会知

道，他要到三十岁时——也就是距离《看得见风景的房间》付梓出
版一年之后——才知道"男性和女性结合时的确切方式"[21]。论观
察能力之强，福斯特不说比希区柯克厉害，至少也在伯仲之间，而
且他绝对也算得上是博闻强识。所以，既然福斯特都能在二十多岁
时还在这方面那么不开窍，那么同样道理，和他一样害羞且不善社
交的希区柯克，为什么就不能不知道月经是怎么回事呢？

　　总之，此事且不论真实与否，希区柯克能把它公开讲出来，本
身就说明了于他而言，女性就像是某种超出他经验的外来物种。
哪怕是和阿尔玛在一起时，他似乎也会觉得，妻子身上有某些地
方——她的性自我（sexual self）——已经超出了他的理解范围，让
他觉得分外沮丧。最终，因女性而生的这些困惑、迷恋、渴望的复
杂矛盾情绪，全都被他转移到了自己的作品之中，而传说中的希区
柯克"金发女郎"，便是这方面的最好体现。他对于金发女郎的兴
趣，早在《欢乐园》里便初见端倪，之后又在《房客》里获得进一
步证实——"复仇者"的所有受害者都有着浅金色的头发——再到
主演《三十九级台阶》和《间谍》的玛德琳·卡罗尔，那更是希区
柯克自己都认可的第一位真正意义上的希区柯克"金发女郎"。不
过，这种按发色分类的做法，其实也只触及了表面。最能定义这些
女性的特征其实并非发色，而是她们身上那种难以描摹的神秘感。
希区柯克曾反复说起，他如何如何讨厌那种"像是圣诞树一样，把
性挂在了身上，浑身上下全都挂满的女人"。[22] 相反，他更青睐那
种"犹抱琵琶半遮面的女人——她们身上的吸引力，是那种深藏不
露的……而且还要保持一丝略微神秘的气息"。[23] "和这样的女人
同坐一辆出租车，什么样的事情都有可能发生哦。"[24] 类似这样的

画面，他曾多次提起：出租车后座上原本含蓄矜持的女人，忽然就变成了欲壑难填的欲女。说不定，那根本就源自一次真实的经历，而且他也确实和朋友、同事说起过，20世纪20还是30年代某次圣诞聚会之后，他遇到过类似的事情。[25]同样道理，也存在这样一种可能性：这根本就是他和同事之间平时爱听、爱说的那类蜚短流长。又或者，这干脆是他的一个白日梦。这个情场失意、不谙世故的男人，内心世界却异常的丰富。关于不同地方的女性，希区柯克曾反复宣扬过他自创的一套理论——但却从未解释过，这些道理他究竟都是怎么琢磨出来的——拉丁裔女性虽以所谓的激情如炽而闻名，其实却对性并无多少兴趣；而"典型的美国女性"则多为"性冷感"，但又"喜欢挑逗人，打扮虽很性感，可是关键时刻又不会让你如愿以偿——男人才刚把手放她身上，她就尖叫着跑去找妈妈了"。[26]所以，在他看来，所有女性中最性感的其实还是生活在欧洲西北部的女性，包括德国人和斯堪的纳维亚人，而最厉害的，则要数看似一本正经的英国人了：表面冷漠、端庄、不识激情，其实却是内心隐藏着强烈激情，强到足以让她们禁不住浑身颤抖起来——这些描述，其实放在希区柯克自己身上，可能也很吻合吧。

此类女性的最典型化身，便是主演了《电话谋杀案》《后窗》和《捉贼记》的格蕾丝·凯利。希区柯克平时和女演员接触时的行为举止究竟如何，他选中她们来演自己电影的具体动机又是什么，关于这两点，向来外界有着各种解读，但有一点却是无可争议的，那便是他对格蕾丝·凯利的一片痴心；那就像是他之前十年里对英格丽·褒曼一样。而这种欣赏其实也是互相的：凯利和褒曼都说自己也被希区柯克深深吸引，为他的文质彬彬、幽默感和满腹才

华所倾倒。在格蕾丝·凯利和希区柯克合作的这三部电影里，她集
中体现了后者心目中最欣赏的那一种女性气质：内心深藏火山一般
强烈性欲的冰山美人。甚至，《捉贼记》中还出现了属于她的"出
租车后座"时刻——她饰演的文静淑女弗朗西丝·史蒂文斯，突然
给加里·格兰特饰演的约翰·罗比深情一吻，让后者大感意外，但
她随后又关上了房门，把他拦在了外边。当希区柯克得知被他称为
"雪公主"的凯利，在现实生活里其实很可能也相当符合他的这种
幻想时，他整个人都兴奋了起来。"她跟谁都上床，连编剧小弗雷
迪都有份"，[27] 据说，这是他在《电话谋杀案》拍摄现场公开讲过
的话。这句话，说的是格蕾丝·凯利和该片编剧弗雷德里克·诺特
（Frederick Knott）的暧昧关系，但正如研究电影史的史蒂文·德罗
萨（Steven DeRosa）所指出的，从中我们或许既能看出希区柯克
对电影编剧的普遍看法，又能看出他眼中的性活跃女性，究竟有着
何种形象。[28]

　　在格蕾丝·凯利主演的这三部希区柯克电影里，三个女性人物
身上都有着某种共同的特质：像是来自异星球的生物。[29] 先说《后
窗》，她的出场方式，是由一片彻底漆黑之中，不知从什么地方忽
然就冒了出来，感觉就像是由别的次元空间被传送而来。她用一个
轻柔、缓慢的吻，将由詹姆斯·斯图尔特饰演的坏脾气男友杰夫从
睡梦中唤醒。然后，她打开三盏台灯，同时还以念咒语的方式，依
次说出自己姓名中的三个词——"丽莎、卡洛尔、弗里蒙特"。此
时，灯光才最终照亮她的全身：分明就是一幅天使造访人间的画
面，只不过，这位天使身着晚礼服，脚踩高跟鞋。很快，她又创造
了一个珍馐美馔的奇迹，那些新鲜食物都来自希区柯克本人最钟情

的某家曼哈顿餐厅，一下子便将气味霉臭的单身汉公寓变成了豪奢的城中绿洲。

在希区柯克的电影里，男人和女人之间的区别，不仅是生物学意义上的，还在于他们各自不同的主观经验。男性——精神错乱的那些除外——生活的那个世界，由事实和理性所支配；至于女性，则恰如电影学者理查德·艾伦（Richard Allen）所主张的，希区柯克电影里的女性，都拥有本能和直觉这两种神秘资源。[30] 褒曼在《爱德华大夫》和《美人计》里的那两个角色，在这方面都很突出，而希区柯克第三部电影《房客》里的黛西以及第 53 部电影《大巧局》里的布兰奇，也都是如此。还有《后窗》里的丽莎，由头至尾，她都在创造各种小型的奇迹。甚至是由塞尔玛·里特（Thelma Ritter）饰演的那位负责照料杰夫骨折康复的护士史黛拉，也为我们展示了女性洞察力的强大和神秘。史黛拉告诉杰夫说，自己曾为通用汽车公司的董事当过护士，结果成功预测到了华尔街股市的崩盘。"如果通用汽车公司先生一天要上十次厕所的话，那说明整个国家肯定也快要完蛋了。"听到这里，杰夫回答她说："史黛拉，经济学里可没说过肾病和股市有任何关系。""但它还是崩盘了，不是吗？我现在站在这屋子里就能闻出来，你快要有麻烦了……我本不该在保险公司做护士的，应该去做吉卜赛算命师才对。"她让人想起了芭芭拉·贝尔·格迪斯（Barbara Bel Geddes）在《迷魂记》中饰演的米吉，还有简·怀曼（Jane Wyman）在《欲海惊魂》（*Stage Fright*, 1950）中饰演的伊芙。史黛拉这个角色，部分代表了希区柯克视野中的"平凡"女性气质。我们甚至可以认为，这些女性身上反映出的，其实就是希区柯克生活中最了解的那些女人，尤其是阿尔玛。一方面，他要仰赖这些女人，另一方面，他心目中的女性性爱典型，是没法在这些女人身上找到的。但话说回来，即便是这些"平凡"女人的身上，也照样有着他无法理解的地方。

类似希区柯克这样的 20 世纪男性艺术家还有许多，他们都疑惑女性究竟是怎么样的，她们究竟想要什么，而且这些艺术家从来都不会将这些疑惑静静埋在自己心底，而是一定非得大声讲出来给所有人听。不过相比之下，希区柯克的情况又有些与众不同：不知为何，外界总把他视作女性问题的权威。在他事业最巅峰的时期，即由《美人计》到《群鸟》的那些年里，不管是男性采访者还是女性采访者，总喜欢就女性生活的方方面面征求他的意见。她们该怎么穿？该怎么说？女性是否具备成为优秀电影导演的必要素质？女性害怕的东西和男人害怕的东西有区别吗？曾经有一次，在被要求说出女性气质的要点究竟为何时，他终于也不得不承认说，鉴于自己并非女人，所以可能并不是回答这个问题的最佳人选。但更多的场合，他都会相当乐意地给出所谓的个人浅见。某一次，他听上去语气相当认真地表示："众所周知，女人在裸体状态下遇到意外情况的话，首先会遮盖住乳房。为什么不先挡住两腿之间的部位呢？反正就是不会。永远都是先遮乳房。"[31] 另有一次，他就女性应该如何穿衣打扮才能猎获如意郎君的问题，也给出了他的建议。"女人想要征服男人，最好是先征服自己，"然后，他就列出了具体办法，"千万别在衣服的颜色问题上犹犹豫豫的，主要还是看衬不衬自己肤色，需要通盘考虑……淡紫色固然非常美丽，但也要看是不是适合你。"[32]

悬念大师在这方面的知识，究竟出自何方？对于这一点，采访

拍摄《美人计》期间，希区柯克和英格丽·褒曼在一起。

者几乎从来都不关心。绝大多数时候，大家都有某种先入之见：既
然他作品里拍了那么多女性，那他肯定就是妇女之友，肯定很懂女
人的性格脾气。于是，他写的文章或是关于他的文章，大量出现在
各种女性杂志之上。各种与女性相关的公共事务，也常会邀请他来
添光增彩。20 世纪六七十年代，诸如世界小姐、加州小姐和星座
小姐等选美活动的组织者，曾多次恳求希区柯克来帮忙主持评审工
作。[33] 而美国女子职业篮球联赛在 1978 年初创时，希区柯克也
被问到过，是否有意买下其中某支参赛队的所有权。[34] 对于这些

《后窗》拍摄现场的希区柯克、格蕾丝·凯利和场记艾琳·艾夫斯（Irene Ives）。

邀请，希区柯克一概拒绝，但外界还是认准他就是妇女之友，而在关于希区柯克的各种坊间传说中，这部分内容也占据了关键位置。"对他来说，要让一个女人点头说好，那真是易如反掌的事，"记者琼·墨菲德（June Morfield）在1962年采访希区柯克后如此写道，"对于女人，他就是有办法……随便哪个女人，只要碰上了希区柯克，基本上就很难再是过去的那个她了。"[35]

就这样，希区柯克成了女性问题专家。伴随而来的，还有他善于创造女性、控制女性的声名在外。1958 年 5 月 10 日，《电视指南》（*TV Guide*）杂志登载了题为《希区柯克放权女性同胞》的文章 [36]，提到了当周播出的《希区柯克剧场》最新一集。精心制作的文章配图里，参与剧集演出的七位女性都变成了提线木偶，而线的那一头，自然就是木偶师希区柯克。文章发表前一天，希区柯克才刚出席了他最新影片《迷魂记》的首映式。在这部涉及男性对于女性的迷恋和女性被男性物化的电影里，由詹姆斯·斯图尔特饰演的退休警官约翰·"斯科蒂"·弗格森，试图将爱人朱迪重塑成玛德琳——他已经去世的欲望对象——的复制品。一直要等到影片最后那几分钟，斯科蒂才终于醒悟，朱迪和玛德琳竟是同一个女人（都由金·诺瓦克扮演），而他也已在不经意间被卷入了一场杀人阴谋。从《窈窕淑女》（*My Fair Lady*，1964）到《摩登保姆》（*Weird Science*，1985）、《风月俏佳人》（*Pretty Woman*，1990）再到《机械姬》（*Ex Machina*，2014），过去百年间的每一代人，都有过属于他们时代的"皮格马利翁"电影：男人试图创造出自己心目中的完美女人。上述这些电影和《迷魂记》的区别就在于，相比那几位导演，希区柯克始终都将改造女性当作一项伟大成就。在这件事情上，他是不以为耻，反以为荣的。因此，他没有将自己比作《皮格马利翁》里的亨利·希金斯教授，而是以玩笑口吻将自己比作了斯文加利，即乔治·杜穆里埃（George du Maurier）小说《特丽尔比》（*Trilby*）里的那个邪恶角色。表面上，斯文加利和亨利·希金斯一样，也将一名年轻女性变成了大明星，但在此过程中，斯文加利实施了剥削和虐待，他占有和控制特丽尔比的方式，彻底夺走了她曾经的自我。

《迷魂记》上映之初，口碑和票房都不理想。如今，普遍却都将它视作希区柯克数一数二的电影成就，同时又是最能反映他对于女性兴趣的作品。男主角斯科蒂爱说俏皮话，喜欢讽刺挖苦，一个人也能自得其乐。日常生活里，他怕这怕那，时常焦虑，但这次却执意要将这个邻家女孩变成类似幽魂的神秘女郎、冰山美人。所以，有人觉得斯科蒂这个人物根本就是希区柯克的替身。拍摄《迷魂记》之前那几年里，他一直在苦寻新一任的金发女郎。此前，他已连续两度黯然神伤，先是英格丽-褒曼随导演罗伯托·罗西里尼（Roberto Rossellini）去了意大利，然后是 1956 年格蕾丝·凯利为嫁给摩纳哥雷尼尔王子而放弃了演员事业。到了 1957 年，希区柯克终于和已演过《伸冤记》(*The Wrong Man*，1956) 和《希区柯克剧场》第一集《报仇》(*Revenge*) 的女演员维拉·迈尔斯（Vera Miles）签下五年合约。按照合同约定，维拉·迈尔斯接广告项目时，不可穿泳装、内衣或是任何被希区柯克视为有损淑女形象的服装。原本，《迷魂记》也已安排要由她来演，但希区柯克那阵子身体抱恙，导致拍摄计划推迟数月。待到项目重回正轨，迈尔斯却又身怀六甲，无法参演。就这样，最终他才选了金·诺瓦克来演女一号，而后者的精彩演出，也确实是构成《迷魂记》奇特魅力的重要元素。不过，希区柯克却抱怨说——不光是拍摄期间这么抱怨，影片上映多年之后还在继续抱怨——"想要从她那里获得我想要的结果，那真是非常困难的一件事，因为她那颗小脑袋瓜子里装满了她自己的想法。"[37]

于是，希区柯克又将注意力转向了因出演《码头风云》(*On the Waterfront*) 已问鼎奥斯卡的伊娃·玛丽·森特。不过，对比那种端庄娴静的希区柯克金发女郎形象，当时的伊娃·玛丽·森特恰恰是南辕北辙。但是这也为希区柯克提供了按自己想法来重新塑造她形象的机会，因此他倒也乐在其中，还开玩笑说自己像是变成了"金屋藏娇的大富翁：她穿什么，怎么选衣服，全都由我加以监督"。[38]最终，他在这事情上也确实获得了成功，但那成功的背后，又免不了带着一丝忧伤。"我在伊娃·玛丽·森特身上花了很多心思，"他向记者海妲·霍普透露说，"精心打扮她，让她变得光鲜亮丽起来，可是一转头，她就跑去演了《出埃及记》（Exodus），整个人看上去放浪形骸的。"[39]此处，他指的是伊娃·玛丽·森特在奥托·普雷明格（Otto Preminger）那部讲述以色列建国的史诗片中的演出，而在此之后，她又在约翰·弗兰肯海默（John Frankenheimer）的《情场浪子》（All Fall Down）里扮演了生活失意的奥布莱恩一角，同样也没什么淑女味道。伊娃·玛丽·森特竟然会跑去演此类角色，这似乎让希区柯克打心底里感到苦恼。他在接受特吕弗采访时曾解释过，想要把女演员——哪怕是已拿过奥斯卡奖的卓有成就的女演员——变成希区柯克金发女郎，这要付出巨大心血。不过，这段话不知为何并未出现在特吕弗编写的那册访谈录里。"你得在这些姑娘身上下功夫，教会她们怎么用自己的脸来表达思想，表达性，表达一切。"可是，他的这些辛苦造物，却常会被其他导演给玷污；他制造出的这些塞壬女妖，最终全都成了心机枉费。"我付出了那么多心血，倾注了那么多情感，最后却是竹篮打水一场空……我的努力彻底白费了。"[40]

这就是希区柯克的占有欲，而且也充分说明了他在改造女性这件事情上是多么有信心；他相信自己可以创造出女性的完美。有人会觉得这番话，听着像是什么下流污糟的老头，一心只想要满足自己的性幻想，但事实上这听着更像是某些男性时装设计师会说出来的话。他们在模特儿——她们和橱窗里的塑料人体模型其实也没什么区别，只不过是有血有肉的活人罢了——身上投射了自己的美学思想，但布料下的模特儿和他们的这些思想之间，其实仅有一层表面关联，其实是这些设计师误将她们当作了自己的缪斯女神。2017年的《魅影缝匠》（*Phantom Thread*）所探讨的，正是此一类型的男女关系。在保罗·托马斯·安德森（Paul Thomas Anderson）的这部作品中，服装设计师雷诺兹·伍德柯克除了姓和名都与阿尔弗雷德·希区柯克有些相仿之外，惊人的相似处还包括有他们都是大胃口，都有一位名叫阿尔玛的忠实伙伴，而且伍德柯克喜欢在衣服里缝入隐藏信息，以此来代表他在作品中的存在感，这也让人想起希区柯克在自己电影里的那些客串登场。伍德柯克心目中的女性之美，其实可说是相当狭隘，但为了实现这一目标，他仰赖的也是一个既有才能又很勤勉的团队，而且其中大多也都是女性。看着她们在螺旋楼梯上忙着爬上爬下，让人想到了希区柯克第一部电影《欢乐园》的开场镜头里那些下楼梯的歌舞女郎——保罗·托马斯·安德森这么做，有可能是故意为之，也可能是无心插柳。

在《魅影缝匠》里，伍德柯克塑造新女性的这门职业，也正受到社会文化风气变化的日益威胁；关于女性，关于女性美的观念，早已今时不同往日。而在希区柯克向特吕弗吐露心声的那阵子，他其实也正面对类似情形。希区柯克与格蕾丝·凯利合作期间，玛丽莲·梦露也正凭借《飞瀑怒潮》（*Niagara*）、《绅士爱美人》（*Gentlemen Prefer Blondes*）和《七年之痒》（*The Seven Year*

Itch）等片迅速崛起。学者露易丝·班纳（Lois Banner）在《美国丽人》（*American Beauty*）一书中指出，20世纪50年代，曾经有过两种占据压倒性优势的女性气质，而在梦露身上，这两种截然不同的气质，兼而有之，而且均处在巅峰状态。[41] 这两种女性气质，一种是丰满性感气质，能让人联想到这位女性的性生活领域，一定是有着某种程度的开放性；另一种则是天真幼稚气质，就像是小女孩那样，说话喋喋不休。梦露一人兼具的这两种特质，恰恰都和希区柯克心目中的完美女性形象完全格格不入。在《怪尸案》的某一稿剧本中，倒是出现过这么一位胸大无脑的金发尤物女性，编剧海斯还为她安排了不少情节，但到了终稿剧本里已被完全删除。[42] 这个角色和玛丽莲·梦露留给我们的刻板印象倒是十分相像，正是露易丝·班纳所定义的超级性感与纯真无邪的结合体。梦露死后那些年里，希区柯克曾不止一次地说起："可怜的玛丽莲，整张脸上都写满了一个性字。"[43] 而希区柯克之所以宁可让毫无知名度的蒂比·海德伦来主演《群鸟》，都不愿放弃他电影里优雅、冷酷的金发女郎模版，部分原因恐怕就在于，他要对抗当时正在崛起的那种以梦露为代表的俗艳的性取向。希区柯克紧紧抓住自己心目中的理想女性形象不放，面对整个电影行业和社会风气，表明了他的立场。

按照希区柯克的说法，最早提醒他注意到蒂比·海德伦的，其实还是阿尔玛——她在电视广告里看到过海德伦。单论外表，她确实是希区柯克女主角的标准翻版：身材苗条，肤色苍白，有着会让人想到帕拉迪奥式建筑的清晰骨架；当然，她还有着一头闪亮的金发。同样重要的还在于，她也拥有"以诸如艾琳·邓恩（Irene

Dunne）、格蕾丝·凯利和克劳黛·考尔白（Claudette Colbert）那些过往的女演员为代表的那种时髦优雅的淑女气质银幕形象"[44]。海德伦那年三十一岁，之前从未演过电影。对绝大多数导演来说，这肯定是一件让人头疼的事，但在希区柯克看来，缺乏经验也有缺乏经验的好处；她肯定会更听话，也没什么以前拍电影时跟别的导演学来的坏习惯，不需要他去费功夫纠正。就这样，希区柯克都还没跟她当面见过，仅仅只是看了看她拍的那些广告，便为其提供了一份为期五年的合同。五百美元的周薪，按照当时的标准，可说是相对低廉的片酬，但海德伦却一口答应了下来。她以为希区柯克是要找自己来演他那些电视剧，但几周之后却被导演叫去试镜。那次试镜采用了实拍方式，耗资不菲。她得穿上全套戏服，演出《蝴蝶梦》《美人计》和《捉贼记》三部电影里的某些指定段落。随后，希区柯克邀她去自己最喜欢的查森餐厅吃饭，一起的还有阿尔玛以及希区柯克的经纪人卢·瓦瑟曼。希区柯克告诉蒂比·海德伦，她就快要当上电影明星了。"饮料上来后没过多久，希区柯克转向我，一言不发地递给我一个小小的礼盒，"海德伦多年后回忆说，"打开之后，我发现那是一枚做工精致考究的胸针——黄金和小粒珍珠，构成了三只飞翔小鸟的图案。"通过这种方式，希区柯克其实是要告诉她：《群鸟》的女一号就是你。"我惊呆了。我敢肯定，我那时候已经喘不上气来了。"[45]希区柯克的女儿帕特丽夏当时虽不在现场，但事后却反复多次听他们讲起过当时的情形。"蒂比哭了起来。阿尔玛也哭了。甚至于希区柯克和卢·瓦瑟曼，也都眼中噙着泪水。"[46]海德伦的回忆也印证了这一说法，但却又有一处不同：在她的记忆里，只有希区柯克的"眼睛是干的。他就那么盯着我看了一会儿——眼神相当满意，是对他自己满意"。[47]

　　出于各种原因，不管是对"斯文加利"希区柯克而言，还是对他的"特丽尔比"海德伦来说，《群鸟》的拍摄都进行得相当艰难。和前一部电影《惊魂记》一样，《群鸟》也由希区柯克自己名下的电影制作公司负责拍摄，但这一次的压力，让身经百战的他本人都感到了一丝担忧。和《惊魂记》不同，《群鸟》对于后勤供给的要求极其苛刻，甚至可说是他整个电影生涯中拍得最难的一次。再加上，他偏又找了一位新人来当主演，那就更是难上加难了。而对海德伦来说，在希区柯克的具体引导下，她总算是一步一小心地完成了全部拍摄。在这部以浪漫喜剧开始，由恐怖惊叫结尾的电影中，海德伦始终表演得十分稳当，对于才第一次演电影的新人而言，实在已是相当了不起的成就。只是，女主角梅兰妮·丹尼尔斯在阁楼上遭遇群鸟疯狂袭击的那一场戏，着实给她留下不小的内心创伤，也给希区柯克又添了一笔恶名。这场戏开拍之前，原本她已获得保证，拍摄时绝不会用到活鸟；她要对付的可怕东西，顶了天，也就只是几只机械乌鸦而已。但随着拍摄日期临近，希区柯克和手下明显感觉到，不用上真家伙的话，根本就不可能获得他们所追求的那种逼真感和画面强度。按照海德伦的回忆，直到开拍那天早上，她才知道原计划已有更改。"只能用野蛮、丑陋和残酷无情来形容了。"[48]她说。那场戏足足拍了五天，她就只能那么站着，任由工作人员将活鸟向她头上扔去。多年以来，每每谈及此事，《群鸟》剧组成员都作证说，包括希区柯克在内，其实所有人都不愿看到这样的事情发生。海德伦在1980年时也曾说过："希区柯克心里其实也很难受，他一直都是等到正式开拍前最后一刻，才会从办公室里出来，就是因为那样的景象他其实也不忍心多看哪怕一秒"。[49] 不过，现如今她接受采访再谈起此事时却又表示，希区柯克的这种做法，恰恰说明了他想要彻底操控她的终极意图。

《群鸟》宣传期间，希区柯克刻意强调是他一手创造出了"蒂比"。他还提醒说，从今往后，媒体写到她这个名字时，一定都要用双引号，但却并未解释这么要求的具体缘由。介绍海德伦给媒体记者认识时，附带提供的演员简历写得相当简短扼要，反倒是希区柯克如何悉心栽培她的种种细节，描写得相当具体，包括光是为了试镜就在她身上花了 2.5 万美元等等。甚至于，就连《十七岁》杂志采访海德伦，请她为美国各地的年轻女性读者说几句的时候，希区柯克也都一起出席，还特意向采访者埃德温·米勒（Edwin Miller）解释说，自己不光是塑造剧中人物严肃认真，这一次，就连扮演剧中人的这位演员本身，也都是由他亲手塑造的。[50]

不管是指导她表演，还是帮助她塑造自己的公开形象，希区柯克都显得十分上心，而海德伦倒也对此没什么怨言，"他不仅是我的导演，也是我的演技老师，这可帮了大忙"。[51] 但问题在于，这个"蒂比"项目很快就超越了电影拍摄现场的有限范围。希区柯克直接插手她的个人生活，而且那种干预方式，让她实在无法接受。他会在她门外留下他希望她吃掉的食物，会专门在情人节给她留言，还会频繁约她一起吃晚饭，吃午餐，喝两杯。两人独处时，他会讲黄段子和低俗笑话。同样的话，很可能他之前也跟格蕾丝·凯利、英格丽·褒曼都说过，而且那两位女演员至少表现出来的样子，似乎也是非常乐在其中。但对海德伦来说，她却完全不觉得这有什么好笑的。最糟糕的还在于，按照海德伦的说法，拍摄《群鸟》期间，某日下午在他们所住的宾馆外面，希区柯克在一辆豪华轿车的后排座位上，"忽然整个人扑上来，强行要吻我"。"一想到此事，就会让我非常非常不舒服，我一直希望能将它彻底由我记忆中抹去。"[52]海德伦说道。而之后的拍摄过程中，两人都未提及过此事。

拍摄下一部作品《艳贼》时，情况进一步恶化。该片原计划让格蕾丝·凯莉担纲主演，但这角色最终还是落在了海德伦头上。明明不受对方欢迎，希区柯克却只管他继续向其狂献殷勤。当然，也有一些剧组演员和工作人员会觉得，那纯粹只是这个老男人一厢情愿地把纯真少女当成了梦中情人，事情做得不太好看，但也仅此而已。在此之后，两人的矛盾达到顶峰。海德伦想去纽约，约翰尼·卡森（Johnny Carson）的《今夜秀》节目找了她，要当场给她颁个奖，但希区柯克却坚决不愿让她成行。此事彻底点燃了海德伦的怒火，在她看来，他早有预谋，想要全面控制她、占有她，此事不过是其冰山一角而已。两人终于彻底撕破脸皮，业务合作和个人私交均戛然而止。关于这次正面冲突，关于两人之间究竟发生了什么，希区柯克几乎从未公开谈起，少数几次略有述及，也总是蜻蜓点水，欲言又止。海德伦过线了，"提到了我的体重"[53]——除此之外，他就再没透露过一星半点。

而在海德伦的故事版本里，那一次，希区柯克对她实施了性侵。外界最初隐约知晓此事，是在20世纪80年代初，经由唐纳德·斯伯特的希区柯克传记。但最忠实于希区柯克的那一批合作者，长期以来都嘲笑这本书纯属臆想，而且写得充满恶意。2009

年，斯伯特再次出书，续谈此事——电影《金发缪斯》(*The Girl*, 2012)便建立在该书基础之上——也让希区柯克的虐待狂厌女者形象，变得更加鲜活立体。书中提到他有意对海德伦百般羞辱，以满足他自己的淫欲，缓解内心的自卑心理。到了 2016 年，海德伦终于决定现身说法。关于那一天究竟在希区柯克办公室里发生了什么事，她在回忆录中写道："具体的细节，过去我从未说起，今后也都不会。我只想说，他突然抓住了我，把双手放在我的身上。整件事可以用三个词来形容：性、变态、丑陋。我这辈子都没再遇到过比这更可怕、更恶心的事情了。"[54]

海德伦的回忆录遭到某些人的猛烈抨击，他们坚持认为希区柯克向来敬重女性，在她们面前也都表现得很有绅士风度，而且这一直以来都是他相当引以为傲的事。他们就此提出各种怀疑、假设——近年来的各种争议事件中，类似这样的反问早已层出不穷——海德伦的说法为什么和当年不一致？希区柯克倘若真做了什么，她为什么当时不报警？当初她不是对这男人赞不绝口吗，怎么现在又指控他虐待自己？他们还尤其强调了海德伦回忆录里某些事实性的错误，她在书中声称，希区柯克有意毁掉她的事业，以惩罚她拒绝自己，她回忆说，原本弗朗索瓦·特吕弗想让她出演《华氏451》(*Fahrenheit 451*)，结果却被希区柯克劝退，但特吕弗的女儿劳拉却表示此说并无证据。[55] 作为获得希区柯克授权的传记作者，约翰·拉塞尔·泰勒也指责海德伦不惜一切代价，纯粹只是为求关注。对此，泰勒提出的诘问也很具有代表性："请问，除了把自己和希区柯克之间这些故事越说越耸人听闻之外，她还有别的什么办法，能让自己继续出现在公众视野之中吗？"[56]

海德伦的回忆录出版一年之后，针对哈维·韦恩斯坦（Harvey Weinstein）和多位媒体行业权力人物的指控，犹如山洪暴发，#MeToo 运动就此诞生。伴随出现的，是大家看待这一问题时相比过去更为清晰的视野，于是乎，就连之前那些并不采信海德伦说法的人，也不得不开始注意希区柯克在电影圈的那些年里，在他面对女性时——不说所有的女性，至少是部分的女性吧——他某些广为人知的行为方式。在《捉贼记》中扮演丹妮尔的布丽吉特·奥贝尔（Brigitte Auber），向来视希区柯克为慈祥导师，也很珍惜两人的友谊。某晚在巴黎时，两人相约共进晚餐，此后又一道坐车回她和男友的公寓。在车上，希区柯克忽然扑向她，亲吻她的嘴唇。和海德伦拍摄《群鸟》时遇到的情况一样，奥贝尔也立即后撤身体，整个人彻底呆住。希区柯克立即便表达了尴尬和悔意，之后几年里也一直想方设法要恢复两人的友谊，只是奥贝尔却再也无法以过往的眼光来看他了。"真是太让人失望了，"她告诉传记作家帕特里克·麦吉利根，"这样的事若不是真发生过，我再怎么想象都想象不出来啊。我们的关系再也无法恢复如前了。"[57] 在书里，麦吉利根并未下结论说希区柯克就一定有着人性之中更黑暗的那一面，但他也承认，这种"有问题的做法"，这位大导演也"确实能做得出来"，而且在 20 世纪 50 年代中期，他"至少有两段和女演员之间的友情"，都因类似情况而恶化变质，只不过另一个人不像奥贝尔这样，已做好了将其公之于众的准备。此外，麦吉利根还在书里写到了希区柯克喜欢对女性上下其手，也喜欢"将舌头塞进［女人的］嘴里"。[58]

那些热忱为希区柯克辩护的人，相继提出过各种反对意见。尽

希区柯克在《艳贼》现场指导蒂比·海德伦表演。

管如此，我们实在是很难解释，海德伦究竟有什么必要去编造那么一个故事，而且还要在历经半个多世纪之后依然费尽心力去坚持这一说法。曾经，希区柯克几十年如一日地公开表示，能够拥有这些年轻漂亮的女性，对她们加以塑造，这是他十分享受的事；这些女性之中，确实也有好多位都对希区柯克赞不绝口，其中有几位，甚至时至今日只要一谈起他，仍是满腔柔情溢于言表，但是这并不代表另一些人所说的，曾被他折磨和捕食的经历，那就都是子虚乌有。诚然，他这种猎捕女性的行为，责任该由他一人承担，但他当时的生活、工作大环境，其实也为这种错误行为提供了种种便利。对此，我们也是最近才开始全面重视起来。希区柯克不善社交，他喜欢自我陶醉，在性的方面又无法获得满足，之所以会勾引和侵犯年轻女性，既是因为他没能控制好自己的冲动，也因为他当时所处的那种大环境，让他这样有地位的男人可以光明正大地为所欲为。就希区柯克而言，大环境的宽容，让他可以自欺欺人地以为这些行为并未让人嫌弃，也不怎么荒唐，还让他放胆将自己幻想成了天生风流倜傥令女性纷纷倾倒的性生活大赢家和真汉子。人生暮年，他在环球影业的那段时间，身边人都已见识过他的日益昏聩，也清楚他至少有一位年轻女秘书，被安排了某些不同寻常的任务。她不止一次地进入老板的办公室，然后消失于众人视线良久，好不容易才重新现身。曾有一位希区柯克传记作者声称，那些具体情况不明的"丑陋、私密的要求"[59]，令该女士大感震惊，痛苦地辞去了这份工作，但也有人提供了不同说法。曾与希区柯克合作的编剧大卫·弗里曼（David Freeman）说他曾问过那位女士，两人关上门后究竟都做了些什么；"我在为希区柯克先生做色情表演，"她回答说。[60] 具体究竟发生了什么，她又受到了何种程度的胁迫，时隔那么多年，现在可能已再也无法查考。这里头甚至还可能涉及金钱，而之所以要给她钱，既可能是情感的表达，又或许是要劝她保持缄默。总之，等到那位女士再来上班的时候，已经开上了炫目的新车。她哪里来的那么多钱，同事也各有各的结论，其中至少有一人表示说，根本就看不出她有任何的惊惶失色，说不定，想到了自己得到的回报，她还觉得那一切都挺值得的。

也许吧。但这种相对来说更加你情我愿一些的说法，即便属实，也只能说明在某段时间里，这已成为希区柯克办公室里的寻常事，而且所有人都对他这种行为极度宽容。在20世纪六七十年代的环球电影公司，身为第三大股东的希区柯克，早已是所有人眼中的"电影之神"[61]，凌驾于任何内部制度之上。老人家在他装潢考究的办公室里，私底下犯点小错，放纵一下自己，大家也都觉得理所当然。"那时代和现在有所不同，"说出这句话的大卫·弗里曼，在1979年写了希区柯克生平最后的一个电影剧本，本身就要比希区柯克年轻许多，"所有人都三缄其口，他自己的雇员就更是如此了。他那公司是由佩姬·罗伯森管理着的，究竟发生了什么，她完全心知肚明，而且她也知道，这事情如果讲出去的话，对谁都不是什么好事情。"[62]

对于希区柯克本人和希区柯克这面金字招牌，佩姬·罗伯森始终忠心耿耿，完全听不得任何指责他没能善待女性的说法。但在电影这个行业中，有权有势的男人究竟可以为所欲为到何种程度，佩姬·罗伯森其实也是深有体会。回到几十年前，也就是她刚入行的时候，她也曾经在某个剧组里遇到过超级尴尬的事。每次在餐厅吃饭时，导演加布里埃尔·帕斯卡（Gabriel Pascal）都非要她坐在身旁，而且还要亲自给她喂食。剧组人员见状，"总爱边笑着边庆幸没轮到他们自己被他喂食"，可佩姬却根本笑不出来，"但问题在于，我也只能逆来顺受，对吧？我算什么呀？我是那里地位最低的人，比在拍摄现场负责打板的人还要地位低"。[63]

多年好友玛塞拉·拉布温（Marcella Rabwin）口中的希区柯克，"超有魅力，为人相当可爱，十分善良，从来不会犯错"。[64]但是她也知道，正因为大家都觉得希区柯克优秀，所以各种事情上总会纵容他，"他说话尖刻，做事残忍，很多地方其实确实都有一些问题，但我们却视而不见。"[65]类似这种做事优秀、做人嚣张的男性，除了希区柯克之外，玛塞拉·拉布温还认识不少。曾经，她是塞尔兹尼克的助理，而善于推销"女人电影"的他，正是希区柯克来好莱坞后遇到的第一位事业推手。甚至，塞尔兹尼克本人的成功，也离不开对于女演员的各种操控和改造。"父亲的每一段男女关系都是皮格马利翁式的，"塞尔兹尼克的儿子丹尼尔曾如是说。最能体现这一点的，便是他与日后成为他妻子的女演员珍妮弗·琼斯（Jennifer Jones）的关系了。在丹尼尔看来，"父亲对珍妮弗有着各种幻想，而他在这方面的巅峰之作，便是拍摄《阳光下的决斗》（Duel in the Sun）时发生的事。某天，他带她去了图森（Tucson）郊外某处，让她拍了一场在尖锐的鹅卵石地面上爬行的戏。结果，珍妮弗·琼斯的膝盖被弄得鲜血淋漓，而且那还是43摄氏度的高温天。可她就是这样，完全对其言听计从"。[66]过去几年里曝光出来的各种业内丑闻和报应不爽，都让我们了解到，类似这样的人际关系，不仅在好莱坞过去曾有，现在也还是一样。

近些年来，《艳贼》电影本身以及发生在其拍摄过程中的某些事，让外界越来越有兴趣。但回到 1964 年该片上映之初，影评人其实并不怎么喜欢这部作品。《尚流》（*Tatler*）杂志影评人觉得，这两位主人公都很有问题，肖恩·康纳利饰演的马克·拉特兰是"男人虚荣心"的化身，而海德伦饰演的"彻底冷淡的玛妮，也只能让我对她彻底地冷淡"。[67] 对于《纽约时报》影评人来说，令人失望的除了《艳贼》的选角和人物塑造之外，还有那"明显虚假的纸绘背景"和"外行到难以解释的剧本编撰"。[68] 可是，在随后的半世纪中，外界对于该片的评价却起了惊人变化。时至今日，认定《艳贼》才是希区柯克最纯粹艺术作品的影评人，真可谓是大有人在。在他们看来，这绝对是一部层次丰富、韵味绵长的作品，拍得既有技术又有主题，而且不向商业妥协。作为希区柯克研究领域的老前辈，影评人罗宾·伍德就说过："如果你不喜欢《艳贼》，那你就不是真的喜欢希区柯克……如果你不爱《艳贼》，你就不是真的爱电影。"[69]

《艳贼》改编自温斯顿·格雷厄姆（Winston Graham）的同名小说，主人公玛妮外表光鲜亮丽，但内心早已千疮百孔。她在全国各地行窃，从受骗上当的雇主手中掠走大笔金钱，得手之后再换个全新身份，去下一个地方继续寻找新的目标。在费城时，她遇上了风度翩翩但又为人傲慢的新老板马克·拉特兰，很快两人便情投意合，但玛妮不知道的是，马克对于她的犯罪史早有所知。在她再次下手后不久，马克追踪而至，威胁她和自己结了婚。两人搭乘邮轮度蜜月时，关系有所进展，但不知为何，玛妮始终对性事特别排斥，也终于让马克火冒三丈——但说实话，面对一个威逼自己成婚的男人，又有多少女人会一上来就心甘情愿投怀送抱呢？某夜在船舱内，马克终于敌不过心底的欲望和挫败感，一把扯下玛妮的睡衣。但他似乎随即便为这一行为感到羞愧，不仅立即表达歉意，还用自己的睡衣将她重新裹起。和希区柯克电影里许多遭受过心灵创伤的女性一样，此时的玛妮整个人僵住了，紧张且不知所措。马克开始亲吻她，继而强奸了她。第二天早上，试图在泳池自杀的她，临危之际却被马克救起。由此开始，态度时好时坏的马克，决心无论如何都要将玛妮的偷窃癖和性恐惧彻底治愈。单看影片充满戏剧性的最后一场戏，他似乎是实现了这一目标：玛妮终于回忆起了究竟是什么样的童年心理创伤，才会让她的心智如此错乱。

《艳贼》的意义暧昧和媒体评论之两极分化，即便是和希区柯克自己的其他电影来作横向比较，也都称得上是鹤立鸡群。创作初稿剧本时，编剧埃文·亨特曾针对这一场强奸戏提出质疑。他认为，单从剧情来讲，强奸戏毫无存在必要，而且不论观众在此之前对于男主角抱有多少的同情心，一旦发生了这一幕，这种同情也会彻底荡然无存。但希区柯克显然是早已拿定主意："埃文，他探身过去的时候，我希望镜头能给她一个面部特写！"[70] 结果，亨特交上去的剧本中，还是省略了强奸情节，而他也随即便遭解雇。取而代之的是杰伊·普雷斯顿·艾伦，事后她曾告知亨特，在她看来，希区柯克"之所以要拍这部电影，其根本动因"[71] 就是为了要拍这场强奸戏。这件事和十多年之后发生的另一件事，几乎如出一辙，只是被撤换的编剧由埃文·亨特变成了欧内斯特·莱曼。那是希区柯克的最后一部电影，最终未能完成的《短暂的一夜》(*The*

Short Night)。希区柯克原本希望剧本以一场强奸戏作为开场，但却遭到莱曼拒绝。于是，莱曼被年轻的大卫·弗里曼取而代之，后者对于此类戏码完全不存在任何顾虑。和大卫·弗里曼一样，取代埃文·亨特的杰伊·普雷斯顿·艾伦，也完全不担心女性观众会对《艳贼》的强奸戏有什么不良反应。"我很欣赏埃文，"她在1999年时曾说过，"但还是觉得，他这人心理上有些太天真幼稚了，他不知道，其实就是存在大把的女性观众，对于强奸戏充满种种幻想。"[72] 而在另一场合，她还告诉一位采访者说，写这场强奸戏，其实"对我来说毫无困扰……我也觉得玛妮这人有些讨人厌，所以这种事发生在她身上，我不会怪男主角的"。[73] 既然编剧都这么说了，那么导演又是什么想法呢？希区柯克没说，但记者比迪莎·玛玛塔（Bidisha Mamata）2010年在刊载于英国《卫报》上的某篇文章中指出，马克对待玛妮的那些做法，很好地证明了希区柯克其实"极度厌女，喜欢对女性无端指责，一心一意想着要维护施虐的一方"。[74]

不过，也有影评人认为，《艳贼》其实是有意识地在对父权制发难。他们觉得，希区柯克对这些饱受摧残的女性，向来都抱有同情、敬意，《艳贼》便是其最有力例证——因为摧残她们的，正是那种传统意义上的男子气概，而希区柯克却始终认为，他本人与这种男性身份格格不入。研究希区柯克多年的威廉·罗斯曼（William Rothman）曾提出，《艳贼》男主角马克·拉特兰这个人物，"面对女性时，他内心会出现某种奇特的纽带……他虽对女性充满渴望，但不亚于此的，还有他对女性的认同，而这也是他和希区柯克的共通之处"。[75] 进而，罗斯曼质疑在这"所谓的强奸"[76]

过程中，"如果说真是有人在强人所难，那这个人究竟是他还是
她"？[77] 在他看来，当马克·拉特兰扯下玛妮的睡衣后，她所表现
出的那种纹丝不动、彻底失去任何情绪反应的模样，"让马克有理
由相信，经过他这一番真诚道歉，她已彻底信任自己，同时也让我
们这些观众有理由和他一样相信，接下来发生的这一幕，其实是做
爱，而非强奸"。[78] 只是，但凡是熟悉《艳贼》的人，但凡对什么
叫作强奸稍有认识的人，恐怕都很难赞同这种观点。当那一刻的玛
妮，用罗斯曼的话来说，已是"灵魂出窍、浑然忘我"[79]，所以
她整个人被马克抱住时，彻底没了反应；尽管她没在尖叫，尽管她
没有把他的眼珠子给挖出来，但这并不代表后面发生的事，就可以
被称为是心甘情愿。

在《讹诈》中，克鲁试图侵犯艾丽丝却反被她用刀刺死，那场
戏也曾引发过类似的争论——只是争论的热度没《艳贼》那么高，
力度也没那么激烈。按理说，这场戏似乎已拍摄得相当明确，克鲁
就是强奸未遂，但即便如此，仍有部分影评人提出了质疑。明明是
在大银幕上直接呈现于我们眼前的简单事实，结果仍会引发这样或
那样的争论，希区柯克的电影之所以会导出这种现象，原因恐怕还
是在于，他本身就很相信，世事模棱两可；他本身就很痛恶，那种
非黑即白的简单答案。此外，这种现象也反映了我们这个时代相比
希区柯克最为活跃的那个时代来说，在很多事情上，民意已有了天
差地别的改变。20 世纪 80 年代，罗宾·伍德曾经指出，对于当时
的观众来说，想要完全理解希区柯克在 30 年代拍摄的那些经典作
品，可能已经会有一些难度，因为对于两性和性爱的各种想法，早
已是今时不同往日。[80] 同样道理，希区柯克在 20 世纪 60 年代拍

摄的那些电影，看在如今的观众眼里，或许也是类似情况。这一
点，我们只需再读一遍特吕弗的那本访谈录，就能知道过去六十年
来，整个批评界的大环境究竟有了多大变化。在书中，特吕弗在分
析希区柯克用过的那些女明星时，不止一次由性和性爱的角度切
入，如今看来相当惹眼。例如，谈到《辣手摧花》中特蕾莎·赖
特（Teresa Wright）的演出时，特吕弗说她"对于这个年轻美国姑
娘形象的塑造，相当突出……她有着可爱的脸蛋，曼妙的身形，尤
其是她走路时的步态，特别的优美雅致"。[81] 而在谈到《迷魂记》
的金·诺瓦克时，特吕弗甚至拿出了更大的热情，大大赞扬了她
的"身体条件"和"像动物一般的性感魅力"，"我感觉，就她平时
都不穿内衣这一点而言，她的这种自身条件也由此获得了进一步地
凸显"。[82]

　　当然，上述这些并不意味着，围绕希区柯克这些对待女性方式
的争论——既有银幕上的，也有银幕下他在工作和生活中面对女
性时的那些做法——纯粹只是 21 世纪政治正确的产物。《狂凶记》
在 1972 年上映时，面对如潮好评，《纽约时报》就曾以题为《〈狂
凶记〉有否贬损女性？》的文章，作出过回应。再往前，早在 1935
年，《电影周刊》（Film Weekly）就曾发文，由芭芭拉·J·布坎南
（Barbara J. Buchanan）向希区柯克提出了这个问题："你为什么讨
厌女人？"记者之所以会有此问，原因在于当时正上映的《三十九
级台阶》中，出现了男主角罗伯特·多纳特（Robert Donat）为洗
清自己罪名并揭发邪恶间谍组织而亡命天涯，而玛德琳·卡罗尔饰
演的女主角则被人用手铐和他铐在了一起的情节。结果，玛德琳只
能被他一路拖拽着，奔走于苏格兰村野乡间。布坎南表示，这样的

设定夺走了玛德琳的"尊严和魅力"[83]——讽刺的是，要是按照今时今日的标准来评判，单凭这样就觉得会让女性失去尊严和魅力，恐怕这观点本身就会招致批评，被指摘说是在对女性做不恰当的说教和劝谕。结果，希区柯克矢口否认自己讨厌女性——但他确实又用开玩笑的口吻，当着布坎南的面，称呼女性为"麻烦事儿"——还说之所以要让玛德琳吃苦受难，目的就是要剥除表象，以显露出她的真实底色。"能够把假装淑女的歌舞女郎给彻底打回原形，再没什么能比这更让我开心的了！"[84] 这一次，也有人传言说——有些传言，其实还是希区柯克自己先传出来的——类似于拍《蝴蝶梦》时他对芳登的做法，或是拍《群鸟》时他对海德伦所做的，拍《三十九级台阶》时他也故意要惹玛德琳·卡罗尔不开心，竟然假装弄丢了那副手铐的钥匙，让她在这场戏已拍完的情况下，仍不得不和多纳特被铐在一起许久。对此，希区柯克向广大观众保证说，一切尽在掌握，那都是为让她演得更加出色而采取的策略，而且玛德琳"确实也对整件事抱着极大热忱……不过我记得她有一位来探班的友人，倒是直接找上了我，责备我待她太过粗鲁"！[85]

在银幕上折磨女人，这显然就是希区柯克乐此不疲的事，而到了银幕底下，他也将这一点融入了自己的公众形象之中。他引用剧作家维克托里安·萨尔杜（Victorien Sardou）的话，宣称一场好戏的关键，就是要"折磨女人！"[86] 当然，他也清楚这话很容易引发争议，只是他也确实相信，这句话所言非虚。由《宝莲历险记》（*The Perils of Pauline*）开始，经过一个多世纪之后，我们的电影银幕上依然充斥着各种男性对女性施暴的露骨画面，目的仅仅只是为了要娱乐大众。希区柯克当然不是这种文化胃口的始作俑者，但最懂得怎么利用这种胃口的，还真是非他莫属——而且他总还会在满足完我们的这种胃口后，还不忘针对我们无比享受这么一口的变态心理，再来上一通冷嘲热讽。

话说回来，他电影中的女性虽总是受尽磨难，但最终却又总能逢凶化吉。希区柯克电影里的男性主人公，通常都有着性格固执和感情迟钝的毛病，只不过，他们的个人魅力与风趣幽默，或多或少掩盖了这些明显的不足。相比之下，那些女性主人公也有她们自己的缺陷，但是面对穷凶极恶的男性施加于她们的最为恶劣的打击，她们通常总能靠着勇气和毅力，化险为夷。影评人罗杰·伊伯特（Roger Ebert）写过："希区柯克电影里的每个女人，或早或晚，都逃不过被羞辱的命运。"[87] 我觉得他这句话只说对了一半。格蕾丝·凯利在《电话谋杀案》里扮演的玛格，确实是遭到了入侵者的可怕袭击，但在《后窗》里，同样由她扮演的丽莎，却凭着身体和道德上的勇气，以实际行动让杰夫感到惭愧，既证明了索瓦尔德的罪行，也让我们见证了她的坚韧毅力。确实，褒曼在《风流夜合花》和在《美人计》里，都被人下了药，又都在家里遭到了囚禁，但她们都幸存了下来，靠着自身的品格，哪怕原本有着自以为是、自命不凡的欠缺，最终也都能凤凰涅槃、华丽转型。这些女性就像是站在了充满男性敌意的巨大风洞里，她们迎风而立时所展现的力量、韧劲与策略，理应让我们这些观众大加赞美才对。反倒是他电影里那些过分迷恋女性的男人，往往都是一些性格相当软弱、可悲的人物。所以，看到《迷魂记》里的斯科蒂、《凄艳断肠花》（The Paradine Case，1947）里由格利高里·派克（Gregory Peck）饰演的安东尼·基恩以及《欲海惊魂》中由理查德·托德（Richard Todd）

饰演的乔纳森·库珀，我们本就不该欣赏，而应同情怜悯才对。在《艳贼》中，当那匹马严重受伤时，是海德伦扮演的角色承担起了那份可怕的责任，咬牙将其射死，以免它继续痛苦。这一举动所体现的，是她的勇气，她无私的爱；至此，只知道占有、控制的男主角马克，终于彻底给比了下去。威廉·罗斯曼质疑《艳贼》里那场戏究竟算不算是强奸，这种想法或许确实有些太过不着边际，但他判断马克自认是一位完美的绅士，这一点就肯定没错了；像马克这么一个自恋的蠢货，根本就不会理解他究竟带给那个女人何等的痛苦——他竟然还号称自己很爱这个女人。

　　希区柯克与女性之间的关系，就是有着这么一种奇怪且矛盾的特质——也颇让人想起过去的这个世纪中，整个好莱坞对于女性的这种一分为二的做法。一方面，他的工作就是要思考如何才能让女性观众既陶醉在自己的电影里，又不时地会感到心绪不宁；他电影里女主角，得让女性观众既想成为她们一样，同时又害怕真会变成她们那样。另一方面，希区柯克也利用拍摄这些电影的机会，实现了自己如何操控他人、如何与众不同的各种幻想。剥削女性，这不仅成了他作品的主题，还成了他拍摄作品时采用的手法，甚至有时候干脆就成了作品本身。"关于希区柯克究竟如何是对待女性的，评论界有批评的，也有维护的。"研究希区柯克极有心得的学者塔妮娅·莫德莱斯基（Tania Modleski）写道，"而在阅读这些评论文章的过程中，我们也会不断经历一种'没错，可是话又说回来……'的情绪"；[88] 或许，面对女性时，希区柯克自己也是这种感觉。

5

胖子

　　"我不知道你平时都雇的什么人来给剧本估算时长的。总之，不管那个人是谁，他正把你往沟里领呢。想想都觉得可怕啊，甚至可以说是很不像话。"[1]写下这一句话的1943年8月，希区柯克正忙着应付一位好莱坞制片人对于他的横加干涉，而这么跟人打交道，恰恰也是他生平顶讨厌做的事情之一。把时间拉回到几个月之前，塞尔兹尼克把这位明星导演出借给了20世纪福克斯电影公司。希区柯克当时有一个大胆的想法，想在战争期间抢拍一部战争片，而且完全就以一艘救生艇作为背景。对此构思，20世纪福克斯公司很感兴趣。不过，由约翰·斯坦贝克参与的《救生艇》（*Lifeboat*，1944）剧本工作，开展得却并不顺利，而待到影片开拍之后，制片人达里尔·F·扎努克（Darryl F. Zanuck）又坚持认为，这部电影的时长将会超出原计划50%。眼看影片都快要拍完了，竟有人如此横插一杠，让希区柯克实在是怒不可遏。尤其是，他很清楚扎努克的说法其实根本不对，因为自己每拍一部新片，由筹备开始就都十分仔细，关于拍摄计划和影片时长，他都极有把握。最终，扎努克看了才匆匆粗剪完成的第一本胶片后，态度也有了一百八十度转弯，"看上去节奏明快，情节也有意思，而且还让人觉得很有真实感"。[2]

《救生艇》让希区柯克第二次拿到了奥斯卡提名，但票房却不怎么理想，甚至还有人批评他把那几个美国人的角色，拍得既懒惰又失序，和由沃尔特·斯莱扎克（Walter Slezak）饰演的德国潜艇指挥官的意志坚定、足智多谋，形成了鲜明对比。能有机会和希区柯克合作，斯莱扎克满心欢喜："希区柯克比我认识的任何一个人都更懂得表演的构造机理和肢体技巧。"[3] 至于与他搭戏的塔露拉·班克海德（Tallulah Bankhead），斯莱扎克的评价就没那么高了——他觉得她是自恋的傻瓜，而她则以纳粹来称呼他。此外，《救生艇》拍摄过程，全体演员几乎就没怎么有过士气高涨的时候。那三个月里，他们大部分时间都被限制在一艘小艇之上，而小艇又放在了一只巨大的水箱之中，哪怕是不晕船的时候，他们也还得承受水浸、挨冻和感冒的折磨。对此，希区柯克流露出的同情心，实在是相当之有限。正如他之前拍摄另一部电影时曾告诉某位演员说的："又没哪条法律规定了演员拍戏时就非得过得舒舒服服的。"[4]

希区柯克习惯在他电影里客串出场，但遇上《救生艇》这样的剧情设置，他又将如何出现，乍一看答案似乎并不明显。结果，他想到的这一方案，还真是最典型的希区柯克风格：睿智、幽默，而且也利于他打造自己这面金字招牌。影片第 24 分钟，格斯大声读起了报纸，而面向镜头的那一页，则出现了一款虚构的减肥产品大幅广告："肥胖杀手雷肚克"。那上头并排有两张希区柯克的照片，一张是大家熟悉的体重 300 磅[*]的那个他，另一张则是瘦了许多之后的他。就这样，他让自己的生活，介入到了艺术之中。希区柯克从 1943 年 1 月起严格执行节食计划，这一次，他选择在《救生艇》里广而告之。原本，世人皆知希区柯克是个"胖子"，他也经常故意扮演此类角色，多年以来常在各种宣传文案中，以肥胖作为噱头来自我调侃。在他们这一行里，身材苗条、体格健美的人，可谓比比皆是。希区柯克的外型，反倒让他变得更脱颖而出，更让人过目不忘。此外，肥胖对他来说，或许还有一种类似于化学遮蔽剂的作用，能让人看不清、摸不透这副皮囊底下的真实底色。当然，不管是基于哪种目的，其实这都是既有好处，又有弊端，而且说到底，终究都无法满足他心底的那个真正夙愿：自己的身体自己掌控，将自己头脑中幻想的那个阿尔弗雷德·希区柯克，变成真实的存在。

观看希区柯克电影宇宙里那些虚拟现实的时候，我们凭自己的感官，搜集而得各种证据，但如果照单全收，全盘接受，那我只能叫你一声勇士或是蠢汉了。在他的电影里，表面能够看到的真相，其实有可能是要误导；看似可靠的常识，皆有反转可能。这种突破常理的做法，甚至还延伸到了食物和饮料上。《美人计》里的英格丽·褒曼，险些被一杯咖啡毒死。《奇怪的富翁》(*Rich and Strange*，1931)和《擒凶记》中那些恋家的人，来到异国他乡后也因为吃了自己不熟悉的食物而感到不适。在 20 世纪中叶的美国，没有什么东西能比一杯牛奶更健康、更有营养的了——除非那是贝

---

* 约合 136 千克。——译者注

茨旅店里某位被蒙在鼓里的客人拿到的人生最后一餐的牛奶。按照希区柯克原本对于《深闺疑云》的设计，加里·格兰特递给琼·芳登的那杯牛奶，那杯像是《超人》里的氪星石那样释放出纯白色光芒的牛奶，也不是有助恢复元气的补品，而是掺了毒药的杀人凶器。在《希区柯克剧场》里有那么一集——那是他自己最喜欢的一集，也亲自负责导演，甚至很可能是整个《希区柯克剧场》最出色的一集——讲述一位女士用冻羊腿杀死丈夫之后，又将羊腿解冻、烹饪，拿来款待那些来调查此案的警察。就这样，杀人凶器被负责查案的警察当成了一顿美味的家常菜，他们浑然不知地成就了一次完美犯罪。*

　　人生这八十年，食物带给希区柯克的不安感觉，几乎就没怎么变过。于他而言，食物亦友亦敌，既是快乐源泉，也会带给他厌恶和羞耻。吃吃喝喝给他心理和身体造成的双重困扰，每天都让他思量再三，而这些思考也会以各种形式渗透在他的作品之中，变成具体的故事情节、有力的主题象征或是人物身上的重要特征。希区柯克尤其憎恶这些饮食带给他的身体变化；谁都可以乖乖听他发号施令，怎么那一大团肥肉，就这么不听话呢？他也不是没努力过，费尽功夫想让身材、体型都符合自己长期以来的内心渴望。但正如他自己所说："只是一不小心吞了一小颗腰果，马上就又胖出来三十磅噢。"[5] 拍电影的时候，只要他一声令下，眼前那些轻盈柔软的肢体，全都会跟着行动起来，不管是蒂比·海德伦的眉头轻轻耸动，还是伊娃·玛丽·森特的满头秀发稍稍一拂，全都必须要按

---

* 改编自罗尔德·达尔的短篇小说《羊腿与谋杀》(*Lamb to the Slaughter*)。

着他的心意来执行。哪怕是像蒙哥马利·克里夫特（Montgomery Clift）这么执拗的方法派演员，也都按着他的要求，倾斜脑袋。可是，说到控制他自己的身形体态，希区柯克纵然再怎么自我牺牲，再怎么一厢情愿，都始终无法取得类似效果。打从他成年之后，便不断有人提醒他时刻记得，自己是一个"胖子"。而"胖子"这个词的意义，也早已超越了简单的身体特征，成了我们在这世界上的某种存在方式。体重带给希区柯克的苦楚——确切地说，不是体重，而是控制体重时的那种无能为力的感觉，带给他的苦楚——再怎么强调都不为过。"这一身肥肉让我很不舒服。"[6] 他在 1964 年某次接受采访时承认说。身边的朋友和同事全都知道，他由童年开始就一直对自己的外表极其不满。平时，希区柯克还会用类似卡夫卡作品的方式来谈论他和自己这具躯体之间的关系：他就像是一个人质，被这个长着奇丑外壳的绑架者给俘虏了。"我太了解这种感觉了，就像是被困在了一具用肥肉做成的盔甲里面。"[7] 怨气满腹的他，总觉得自己就是因为这体重，所以看在别人眼里，肯定就低人一等了。

到底是希区柯克，明明是不开心的事，他也能想到从中获利的办法。那就是，将他的外型也变成其个人光环的一部分，使之成为某种畅销商品。而且，和不少同样对外型缺乏自信的人一样，希区柯克每次谈到这个话题，也常故意插科打诨，总是抢在别人前面，就先自嘲一通。整个 20 世纪六七十年代，针对不同采访者几十年如一日反复问起的那个问题——"究竟谁才是真正的阿尔弗雷德·希区柯克？"——他曾在不同场合都给出过同样的答案。首先，他会告诉大家，"真正的希区柯克"并不是你们平时自以为见到的

1960 年 9 月，慕尼黑啤酒节上的希区柯克。

那个人；那个胖子，其实只是冒牌货。随后，希区柯克会以他标志
性的冷幽默方式娓娓道来：整件事情，其实要追溯到他第一次在自
己电影里客串的时候，他提出要找一位替身演员来代替自己登场，
没想到就此酿成了永久性的误会。"没想到选角部门竟会那么缺乏
眼力劲，竟然雇了这个胖子来演我！之后的事情，大家都知道啦。
希区柯克的公开形象，就变成了这个胖子。"按照他的说法，这个
误会持续多年。最终，他重新"针对真实的那个我，做了一次精确
且详细的描述"。[8] 这一次，选角部门重新按照这些描述，请来加
里·格兰特做他的替身，但没用，外界早已认定了，那个表情阴郁
冷淡的矮胖身材秃头男人，就是希区柯克。

　　希区柯克虽对自己的外表相当敏感，但内心深处却又时刻渴望
能被更多的人看到；在宣传他这张脸和他这具身体时，希区柯克花
了不少心思，也清晰地意识到，他那颇具特色的外表，其实只要稍
加经营，便能为其带来更多的好处。1927 年的圣诞节（那也是他
当上知名公众人物的头一年），他当作圣诞礼物送出去的侧面剪影
拼图玩具，一方面固然可以被理解为是某种自嘲，但同时也是一
次十分明显的自我推销。希区柯克只用了寥寥九笔，就让他的形
象——即他每次照镜子时都会看到，每次看到都会让他心生厌恶的
那个虎背熊腰的形象——有了被当作一件艺术品来大批量复制的价
值。由那一刻起，他的身体就算是被他自己给强行征用了，而征用
的目的，则是为了要更好地去营造他的公众形象，更好地去创造一
张属于他的全新的、半虚构的人格面具——那是一个比他电影里绝
大多数人物都要更复杂、层次更多的人物形象。在希区柯克声名鼎
盛的那段时间里，他每次面对专爱收集名人签名的粉丝时，都会用

匆匆数笔画出这么一幅侧面剪影来送给对方。甚至，1974 年 4 月当他和安迪·沃霍尔共进午餐时，后者也让他在一叠宝丽来照片上画下了这幅侧影。和希区柯克一样，沃霍尔也是广告人出身，所以希区柯克的精明之道——他将剪影大量复制，充分开发，不仅用在他的好莱坞电影的宣传品上，而且在每一集《希区柯克剧场》的开头也都会出现——沃霍尔应该也会很懂得欣赏吧。

其实，让希区柯克感到痛苦的，不仅是体重，还有体形。按他说法，这梨形身材，继承自他母亲。不妨看看他哥哥威廉小时候骑在马上，在他家店门外和父亲一起拍摄的那幅相片；那不就是让希区柯克心酸不已的同款体形吗？矮壮的身材、大大的脑袋、圆润的躯干、四肢也短的略有一些不成比例。那照片里的威廉，可能是八九岁吧，而希区柯克自己八九岁的时候，只要一经过家附近的那家面包店，马上就会被那股香味勾出馋虫来。每次，店里的人都会给他一些免费的饼干，而那也成了希区柯克晚年仍时常忆起的温馨往事。同样也是在八九岁时，他被同学当面说是"样子长得很好笑"[9]。不确定说者是不是真的无心，总之，作为听者的希区柯克，绝对是在意了。由小到大，他从来都不是一个内心强大的人，很容易把负面评价牢记心中。不管是媒体的冷淡评价，还是别人对他的拒绝或是和他打交道时用到的那些花招——有些是确有其事，另有一些则纯粹只是他自己的想象——全都会钻进希区柯克的内心深处，并且在那里滋生壮大，而且这一点，即便是到了他事业最巅峰时，也都未有丝毫改变。那次被同学说过之后，小阿尔弗雷德一回家就盯着镜子看了起来。他把脑袋转向一侧，用余光打量起了自己的脸型轮廓。母亲见状走了过来，于是他问母亲，自己是不是真的看起来模样怪怪的。"等你长大就会没事的,"[10] 母亲的回答,简单明了却又大有杀伤力。

日后,他之所以会觉得自己像是住进了别人的身体里面,还有他对自己侧影的那种执着心态,很可能便都源自母亲的这句话。他反复绘制自己的侧面剪影,既是想要制服这个跑来搅局的冒名顶替者,也是有意在颠覆那种拍照时要挑"更上镜的那一侧"来拍的好莱坞陈腐做法。别看希区柯克宣传起他这个"样子很好笑"的侧影时,总是显得如此卖力,反之,如果周围人也像他这样执着于自己的外表,那就很可能会招来他的一通冷嘲热讽了。在他最乐于与记者分享的各种片场轶事中,有一件说的就是,某位公认天生丽质的年轻女演员,曾虚心向他询问,自己哪一侧更上镜一些。"你用来坐凳子的那一侧。"[11] 希区柯克回答说。

有时候,他也会尝试着说服美国人相信——可能也是要说服他自己相信——他那身材之所以会显得不太寻常,其实纯粹只是因为好莱坞的美丽标准,实在是定得太高不可攀了。他也承认,自己这辈子从来就和苗条二字不沾边,但问题在于,如果是"在英国的话,其实人人都是我这个样子,根本就没人会拿这当回事"[12],他在 1979 年时如此表示。这就是他常用的夸张手法了,明明结论是错误的,但确实也有一星半点的靠谱论据摆在那里,于是听起来似乎还很像是一回事。希区柯克小时候那阵子,英国人确实喜欢将身材丰满视作身体健康之典范。说某个人"胖嘟嘟",那是恭维。在 1899 年的伦敦东区,瘦削的脸型和如今的模特身材,通常都和贫穷以及结核病脱不了干系。维多利亚女王和她儿子爱德华七世,都以体重大和胃口大而出名。和"从不浪费食物"[13] 的希区柯克

一样，维多利亚女王吃起饭来也是风卷残云、狼吞虎咽，而且她和
爱德华七世每顿饭都要轮番上好多道菜。此外，那也正是英式餐饮
历经变革的时代，而这一点，在伦敦体现得尤其明显，引领这股风
潮，正是诸如奥古斯特·埃斯科菲耶（Auguste Escoffier）那样的
名厨——如今被视作经典的那些法式烹饪、俄式上菜法、现代餐厅
模式，他都是始作俑者。小时候，希区柯克家可没多少珍馐美味，
平日里吃的都是土豆、烤肉，外加他们家在鲑鱼巷那家商行里售卖
的炸鱼薯条。但在希区柯克心中，一战之前那段时光，始终是他美
食人生的一个高点，这并非是因为他当时吃的有多好，而是因为在
他看来，那将简单而又精巧之道，发挥到了极致，而这恰恰就是他
最看重的理想生活状态。正如他某位同事所说的，"他的乐趣在于
艺术上的效率" [14]。希区柯克日后曾收集过不少那个时代的菜单，
光是看看，就已经很能满足了。不过考虑到他每隔一段时间都会节
食数日，如果这段时间里还要看这些菜单，那还真是一种颇为文雅
的自我折磨。某次，他为琼·哈里森和她的小说家丈夫埃里克·安
布勒（Eric Ambler）举办家宴，就按着他最喜欢的某份旧菜单——
具体时间是1892年——复刻了全部菜品。[15]

事实上，希区柯克的身材和体型，即便摆在英国人里面，同样
也是鹤立鸡群。单薄瘦弱的阿尔玛，一直都很担心丈夫的体重，所
以会定期跟着他一块儿节食，而她在希区柯克生活和事业方面面
面所投入的爱和奉献，也由此可见一斑。"他超重太多了，"她在
1972年时说过，"时不时地，他也想要节食，但对他来说这实在太
难，他可是真爱吃冰淇淋啊。"[16]1917年时，希区柯克之所以能豁
免兵役，很可能就是因为肥胖和超重。在当时的大环境下，民族主

义高涨，社会呼吁每个年轻男人都站出来，证明自己的男性价值，豁免兵役这件事，肯定会让希区柯克在略感宽慰的同时，也相当之尴尬吧。到了 20 世纪 20 年代，类似这样的疏离感应该会变得更加明显，因为到了这个时候，不管是男人还是女人，对苗条身材的理想要求，都已被抬到了前所未有的高度上。希区柯克的导演生涯始于魏玛德国的艺术界，在那里，纤瘦的线条感被推崇备至。甚至，就连当时德国影片里的怪物形象，也都是既高且瘦。那墙壁上投射的，是诺斯费拉图（Nosferatu）的可怕身影，这个向上而非向着侧方延伸的形象，日后曾被希区柯克多次移植到他自己的作品之中；而诺斯费拉图的四肢有多长多细，希区柯克的四肢就有多短多粗。如果他真觉得自己其实是瘦子，只不过是因故被困在了一个胖子的躯壳之内的话，或许他还会觉得，他这么一个生活在 20 世纪的人，其实也被困在了一副 19 世纪的躯壳之中。

平日生活中，这副身躯对他而言，也不像是什么能推动他前进的现代化机器，反而更像是拖累他的一粒大秤砣。伦敦《每日先驱报》曾在 1938 年刊发过一篇短文，说的是希区柯克参加的一场板球比赛。他代表的，应该是香姆雷格林（Shamley Green）队——他们夫妇在英国萨里郡的香姆雷格林小村庄里，拥有一栋乡间别墅。显然，记者是被希区柯克在球场上的霸气给震住了，特意提到他竟以一种意兴阑珊的方式，发出一个低手球，而且"双脚紧踩地面，再也没有挪过位置。球也是别人专门再送回到他手里的"。[17]希区柯克身穿白色法兰绒运动衫，往球场中间那么一站，这样的画面虽然乍看显得有些突兀，但你其实还是一眼就能认出，那正是在好莱坞鼎鼎大名的阿尔弗雷德·希区柯克本尊。任凭周围每一个人再怎么忙忙碌碌，他自岿然不动。而且，碰上其他那些也需要一定程度体力消耗的场合，大家对他的描述也都与此大同小异。他和阿尔玛常去瑞士圣莫里茨（St. Moritz）过圣诞节，但他只是看着别人在雪地里玩耍，便已相当心满意足。"他非要穿上滑雪裤，"阿尔玛解释说，"每次都要花差不多一小时，穿好以后，他也就是坐在门廊抽烟，从头到底都只是在抽烟！"[18] 编剧惠特菲尔德·库克（Whitfield Cook）还记得，某次和希区柯克夫妇以及格蕾丝·凯利一起去了洛杉矶某家夜总会。"我跟格蕾丝还有阿尔玛都跳了舞……希区柯克就只是坐在一旁看着。"[19] 还有不少人都记得，他每次到了某个派对，总爱先找个地方站定，然后就等着别人主动凑上前来。总而言之，希区柯克由自身体重情况出发，在出席这类场合时，渐渐形成了一种独特的社交风格，那是一种冷眼旁观、一切尽在掌握的社交风格，相对于周围那些熙来攘往的凡夫俗子，他只管自己站着——或坐着，就像是一粒平心静气而又茕茕孤立的分子颗粒。

　　刚当上导演的那几年，那时候其实他还不能算是特别肥胖，平时喜欢展现在人前的样子，也还算是挺有活力的。他总爱在摄影棚里忙忙碌碌、吵吵嚷嚷的，也敢于去异国他乡出出外景。可是由20世纪30年代开始，随着他体重一路飙升到了300磅，平日里的行事风格，也就此起了变化。周围人都注意到，希区柯克平时看上去总是一副意兴阑珊的样子，即便是拍电影时也完全提不起什么兴趣来，甚至还会在拍摄间隙昏睡过去，而且这种习惯，日后甚至延伸到了他的晚餐时间。"他既不会吆喝着下达拍摄指令，也不会由片场这头火急火燎地跑去另一头，"某位获准进入《三十九级台阶》拍摄现场

的记者在报道中写道，"很难说清楚，他究竟是不是正在恼火……对
于绝大多数人而言，他始终都是一个谜。"[20] 又过了十年，《好管
家》(Good Housekeeping) 杂志的记者，见到了相比过往要苗条许多
的希区柯克，但记者却还是拿他和一同出席《美人计》剧本讨论会
的编剧本·海克特做了一番比较，特意在文中提到了希区柯克的身
材、体型和机动性。相对于不是在来回踱步就是"富有艺术美感地
四仰八叉地躺在地上"的海克特，记者笔下的希区柯克却是"一尊
192 磅的大佛（由 295 磅减下来的），正儿八经地安坐在靠背椅上，
双手抱着肚子，一双铜铃眼里闪烁着微弱的光芒"。[21]

　　维多利亚时代的这种以肥为美，在美国遇到的阻力，甚至要
比在西欧更为激烈。19 世纪 90 年代末，美国艺术家查尔斯·达
纳·吉布森（Charles Dana Gibson）绘制的那些"吉布森女郎"插
图，紧紧抓住了女性的纤柔之美，成了女性完美形象的代表，影响
力波及此后一百年甚至是更长时间的西方社会。[22] 而同一时段，
男性的身体也在经历重塑；这种重塑，既发生在抽象层面，同时又
是实打实的重新塑造。来自美国的重量级世界拳王詹姆斯·科比特
（James Corbett）以及美国健美运动之父伯纳·麦克法登（Bernarr
Macfadden），便是最好的例子。[23] 及至 1920 年，消灭肥胖早已
成为大有利润可图的新兴产业，而且还占据了道德上的制高点。由
1909 年至 1913 年期间曾担任美国总统一职的威廉·霍华德·塔夫
脱（William Howard Taft），他平生最出名的事，或许就要数他那
300 磅的身体曾经一丝不挂地被卡在了白宫的浴缸里出不来的那个
段子了。我们几乎可以肯定，这充满羞辱性的笑话，其实纯属虚

构，但这丝毫不妨碍它被广为散播，原因便在于大家都喜欢嘲笑别人的体重。[24] 而在娱乐界，因为肥胖而受人指摘，更是司空见惯的事情。1909 年，过往凭借其丰腴性感而名满天下的美国女演员莉莲·拉塞尔（Lillian Russell）在面对记者时，忽然介绍起了自己对抗赘肉的心得，尤其是她早锻炼时燃烧卡路里的各种细节。[25] 还有德国女高音歌唱家奥丽芙·弗莱姆斯塔德（Olive Fremstad），她在纽约盛大首演时，评论家虽盛情赞扬她的歌声，但同时也不忘取笑她的身材和体型。[26] 几年之后，另一位女高音歌唱家，来自意大利的路易莎·特泰拉齐尼（Luisa Tetrazzini），也公开谈到了美国记者对于歌剧演员体重和外表的那种关注程度，实在让她深感惊讶。[27]

希区柯克在 1937 年初次踏足美国时，同样也感受到了这一种挑剔目光的巨大威慑力。当时，他尚未与哪家美国电影公司签约，之所以访问美国，一半的目的，就是想四处看看，走访调研一下，另外一半目的，则是要公开宣传一下自己，让知名度得到提升。他延续了之前在伦敦时就有的老习惯，将不少采访都安排在了饭桌上，希望能一边吃饭，一边就把和记者、演员、编剧以及电影公司高管之间的那些重要事给谈妥。而且，餐桌往往也是外人最容易接近他的场合。有那么几年的时间里，彼得·博格丹诺维奇就是靠着午饭时间一次又一次的闲聊，终于和希区柯克成了熟人；同样如此的，还有被他钦定为传记作者的约翰·拉塞尔·泰勒。"和希区柯克合作，就意味着要和他一起吃饭，"[28]《怪尸案》主演雪莉·麦克莱恩（Shirley MacLaine）解释说，"我可不是什么一头金发、骨感飘逸的天仙美人，所以他从没有过要扑倒我的想法。"[29] 所以，希区柯克慷慨给予她的，是毫无节制的食物和饮料。"早餐是薄饼、煎蛋、水果、吐司和果酱。午餐就更麻烦了，因为那些甜品真是呱呱叫。至于晚饭，晚饭我只能跟着他学习该怎么吃：肉、土豆、开胃菜、七道菜的大餐还有甜酒舒芙蕾。"[30] 对于希区柯克而言，餐桌这样的环境，也让他打心底感到舒服安心和充满了力量。在这不用动来动去的固定环境中，大家更容易变得熟络起来，所有人共同分享、宴饮交际，同时却又仍有着桌椅作为屏障，彼此关系不会变得过于亲密。总之，这就是一个安全的空间、表演的场所。

那一次，他来到了位于曼哈顿中城的 21 号俱乐部，接受全纽约数一数二的名人专访记者 H·艾伦·史密斯（H. Allen Smith）的采访。原本，希区柯克肯定觉得，这一定会是他施展个人魅力的大好机会，所以希望能表现出地道英国人的那种爱享受、懂生活的样子，好让记者觉得，相比他那些气质不凡的电影作品，他整个人的气质也相当之匹配。结果事与愿违，他留给这个美国人的印象，反而成了一个不懂节制的贪吃鬼。在史密斯笔下，那一顿午饭，希区柯克一个人就吃了三块牛排外加三客冰激凌芭菲，这还没算上整整三大壶茶以及饭后的白兰地酒。[31] 或许，一直以来希区柯克都拿这种狼吞虎咽当作是某种表演。他喜欢在晚宴上搞各种精心设计的恶作剧，喜欢看到那些宾客一头雾水、满脸嫌弃的样子。所以，要说发生在 21 号俱乐部的午餐，其实也是这么一回事，恐怕也大有可能。但即便确实如此，显然对方并未能领会他的那种幽默感。总之，关于他的第一次美国之行，媒体最关注的全是他的惊人食量，而非他拍电影的出色本领。[32] 据说，希区柯克本人对此相当不满。就在史密斯那篇文章见报八天之后，《纽约时报》也在文章里将希区柯克比作了莎士比亚笔下的法斯塔夫，着重笔墨描写了他在餐桌上呼朋引伴的那种自来熟的特点。当然，在希区柯克性格里，确实是有着类似于拉伯雷的那一面，而且他也一直都会有意将之表现在外。只是，除此之外，《纽约时报》还针对他的身材又做了一番揶揄嘲笑。"他那无拘无束、自由自在的腰围，代表着以肥为美者的凯旋归来……他笑起来的时候，整副下巴也都跟着他笑了起来，一个下巴，连着一个下巴。"[33] 这样的文字，为此后四十三年里关于希区柯克的美国新闻报道定下了基调。希区柯克的身材，被这些记者当成了创意写作班的课后作业题，他们一个个都索尽枯肠，用一些毫无必要的文字来描摹他的身形和体态。希区柯克被他们比喻成了迪士尼人物、天上的云朵、四条腿的动物，外加各种无生命的物品。某人宣称，"阿尔弗雷德·希区柯克从后面看上去，很像是他的电影人物逃命时候经常会搭乘的那种伦敦公交巴士"[34]，另有一位则拿航海名词大打比方，说他侧影就像是"装了大三角帆的帆船的前部。他的脊柱，即帆船的桅杆，需要稍稍向后倾斜，这样才能平衡他那顺风飞起的腹部的巨大重量，让他可以用一种独一无二的方式，摇摇晃晃地向前移动……他的那张红脸，就像是船顶飘扬着的一面旗帜，而且下面还叠着三层厚下巴"。[35]

在1943年的《周六晚邮》(Saturday Evening Post) 杂志上，记者艾瓦·约翰斯顿（Alva Johnston）在题为《300磅的先知来到了好莱坞》(300-Pound Prophet Comes to Hollywood) 的文章里，除了描写希区柯克出神入化的电影制作技巧外，也以同样篇幅记录下了他那特有的身形，以及等着欢迎他的那些民众由此而感受到的内心震撼。"环形的躯干、夕阳般的肤色、铜铃般的圆眼睛，再加上那鼓鼓的腮帮子——感觉就像是正在吹奏一把隐形的军号——这位新客人还真是让人大开眼界。也难怪大家的反应，就像是小朋友看到梅西百货大游行队伍里的巨型气球一样……他驾驶的是一辆小巧的奥斯汀汽车，但感觉不像是他坐在了车里，更像是他把小汽车当游泳衣给直接穿在了身上脱都脱不下来。"[36] 此后，又过了将近二十年之后，就在希区柯克个人声誉和票房吸引力都已达到巅峰之际，又有一位来自《周六晚邮》的记者，在文章里说他"在影视行业以两件事而出名，一是他特异的外形，二是他放肆的嗓音"。[37] 显然，《惊魂记》《西北偏北》《迷魂记》《美人计》《辣手摧花》外加他在之前几十年里那么多的杰出成就，在这位记者看来，其重要性还及不上希区柯克的声音和外貌。总之，在这些记者笔下，希区柯克仿佛已经不再是一个全然真实的人类，而是变成了介于令人生畏的神奇动物和儿童卡通形象之间的某种东西。

甚至于，就连他的雇主也都加入了进来。影评人凯西·麦基特里克（Casey McKittrick）研究发现，在希区柯克初来乍到的那几年里，老板塞尔兹尼克及其手下，曾经积极鼓励公司宣传部门要刻意强调希区柯克的身材。麦基特里克仔细爬梳塞尔兹尼克留下的官方史料后得出结论——主要都是一些塞尔兹尼克写的啰哩啰嗦的备忘录，希区柯克常被它们惹得火冒三丈——他手下的高管，还利用希区柯克在体重这件事情上的敏感心态，强逼着他去"顺从他们的意愿，而且还会在出现合同纠纷时，利用这些来对他打击羞辱，以便消除他的敌对情绪"。[38]

面对所有这些，希区柯克采用的策略，既不是视若无睹，也不是奋而反击，而是他自己的身体要由他自己来做主。而且，他还有意识地引导全美国人民来关注这样的变化。因此，由1943年起，他启动了一项长期且非常公开的减肥疗程。之所以会想到这么做的具体诱因，他曾在不同场合给出过完全不同的解释。其中之一，按他说法是在1942年拍摄《辣手摧花》期间，他由加州圣罗莎的某家商店门前经过，在橱窗里看到了自己的影子。有那么一会儿功夫，他竟没认出那就是自己，还一个劲儿地纳闷，怎么橱窗里这家伙就能在身材管理的问题上，如此毫无节制呢？随后他才反应过来，这可是他自己啊。在表达对自己身体这种厌恶感的时候，他用了一种非常希区柯克的方式：他说自己尤其注意到的，是他脚踝上的肉都已由袜子口溢了出来。细节虽小，但给人留下的印象，却着实很有画面感。[39] 不过，身材问题带来的影响，其实可远不止是审美上的考量。此时的希区柯克，已长期背疼了许久，而且还因为体重超标很难买到保单。他腹部也有了疝气（一直拖着，直到1956年才进行了医治），但最令人担忧的还是他的心脏肥大超标至少16%的问题。[40] 此外，假设他真像自己所说的那样，存在性无能的情况，那肯定也和这种整体健康状况脱不了干系。总之，瘦身越来越成为希区柯克的当务之急。1942年底，他的母亲去世了。之后，新年还没过几天，他又收到哥哥威廉亡故的噩耗，虽然死亡原因最终确定是自杀，但一开始希区柯克得到的消息，却说哥哥是死于心脏病突发。虽说这兄弟俩向来就不怎么特别亲密，但连续失去两位至亲，这种心理冲击肯定还是加剧了他的死亡意识。毕竟，此时的希区柯克也已四十三岁，早就不能算是什么"少年导演"了。

后来，1943年被证明是希区柯克人生的一个重要转折点，不论生活还是事业皆是如此。哥哥威廉去世一周之后，《辣手摧花》

正式公映，这一次希区柯克要承担的角色，已经不光是导演，还是制片人。同年拍摄的《救生艇》，在很多层面上都可谓是他从影以来最有雄心壮志的作品。而且这一年里，他还减掉了不少体重，即便之后虽有反弹，但至少再也没有恢复到原先那种超重的程度。就这样，希区柯克身上某些旧东西彻底褪去，又有一种崭新身份，也随之孕育而生：节食者。

希区柯克曾经说过，观众当初看到《救生艇》里虚构出来的"肥胖杀手雷肚克"广告后，询问来信纷至沓来，都想知道从哪儿可以搞到这神奇减肥药。但事实上，雷肚克和《救生艇》一样，都是在现实基础上编造出来的玩意儿。希区柯克的减肥，靠的可不是什么神奇药方，而是严格自律的饮食方案。他不光减少了每日餐食数量，而且即便是再看到那些往日曾带给他无数欢乐的美食佳肴，也都能做到咬牙狠心戒绝。他用到的，是所谓的速效节食法。早饭完全不吃，仅以一杯黑咖啡替代。午餐也是一样，或者至多就只吃一小份牛排（就吃一份）外加一客蔬菜沙拉，而晚餐也类似如此。他每天的日程安排，实在是没办法挤出时间来做任何形式的运动了，但那些在他看来导致他膀大腰圆的罪魁祸首，确实都已被他拒于门外——尤其是土豆和他最爱的冰淇淋了。和父亲以及哥哥一样，酒精一直都是他的"阿基里斯之踵"。《海外特派员》主演乔尔·麦克雷亚（Joel McCrea）说过，1940 年时他曾亲眼目睹，光就是午休那一点功夫，希区柯克就能喝掉一品脱（约合半升）的香槟酒。[41] 差不多也是那一时期，和希区柯克一起撰写《深闺疑云》剧本的萨姆森·拉斐尔森（Samson Raphaelson）也被他每天消耗的橘子琴酒的总量给吓懵了。[42] 决定减肥之后，希区柯克的酒确实是喝得少了，但他也承认，减肥大业所需面临的最大障碍，还就是自己对于酒精的喜好。妻子也很清楚这一点，所以许多客人都见到过他在自以为阿尔玛不注意时偷偷喝上几杯的问样。

在他余生很长的一段时间里，希区柯克白天基本都只靠喝咖啡和吃牛排来维持——至于晚饭，那就完全是另一回事了——而那些受邀跟他共进午餐的人，也都会觉得自己有义务同样如此。《狂凶记》编剧安东尼·谢弗（Anthony Shaffer）就在连续几天午饭都吃了牛排后，整个人变得迟钝起来。他向希区柯克提议，是不是第二天能试试别的午餐选择。结果到了第二天中午，他们直接给他安排了一顿满汉全席。显然，希区柯克是在跟他闹着玩，但也有可能是，谢弗的提议在他看来，感觉像是在对他的饮食习惯求全责备，于是才用这恶作剧予以小小反击。总之，谢弗之后每天中午又重新开始吃起了牛排，而且再也没提过任何意见。[43]

好莱坞明星里刻意改变自己体型的，希区柯克不是第一个，也不是最后一个，但像他这样公开加以宣传的方式，着实前无古人后无来者。他不仅成功地在一部讲述战争年代海上灾难的电影里（那些海难中侥幸活下来的主人公，接下来也有可能因干渴和饥饿而丧命）强行塞入了关于自己减肥的话题，而且还通过发表在《生活》杂志上的一篇整版文章，让全美千家万户都知晓了此事。除了文字，《生活》同时还刊发了他的一组照片，展现了他在八周内由 295 磅减至 238 磅的前中后全过程。[44] 而且，正如文章所提到的，这故事尚未就此终结：等杂志正式出版时，希区柯克已减到了200 磅左右，而他的最终目标则是 168 磅。这组相片，拍摄得也很有希区柯克风格，他每次都摆出了其标志性的面无表情的样子——

那表情既可以让人觉得严厉阴沉，又会显得自信炫耀——身边则摆
放着一盆植物。在不同的照片里，只见那盆植物越长越茂密，而边
上的希区柯克却越来越缩水。这么一组照片，真是设计得极其智慧
和风趣，而且还透着一种很了不起的当代性，看着就像是由某本
新近出版的八卦杂志上撕下来的页面，又像是社交媒体网红发布在
Instagram 上的贴文。显然，这篇文章早在影片发行数月之前就已
谋划妥当，而这也意味着，打从他决定要减肥开始，其实早就已经
反复掂量好了该怎么用好这样的宣传机会，用他自己的身体，来拉
拢美国观众。

　　由那时开始，希区柯克便主动将减肥大业和自己的公众声誉
给捆绑在了一起。差不多五年之后，在他写的一篇关于新作《夺
魂索》的介绍文章里，希区柯克宣布，他这次的客串登场，"面容
将会出现在一栋背景建筑侧立面上的雷肚克霓虹灯广告标志牌上
方" [45]，字里行间，似乎表明他很确信自己的那些读者，一下子
便能领会其中的意思。此后的岁月里，希区柯克的体重时高时低；
每次发胖之后，紧随其后的便会是一段时间的自我牺牲。媒体总能
注意到发生在他身上的这种波动，而他也总是乐于就此做些评论。

　　正如扬·奥尔森（Jan Olsson）* 所指出的，希区柯克的身体是
"整个 20 世纪被书写得最多的身体之一" [46]。大家研究他身体时
的那种专注程度，丝毫不亚于希区柯克所迷恋的那些女演员平时所
受到的公众关注。他为保持健康的体重，为了能平心静气地接受

---

* 著有《希区柯克菜单》(Hitchcock à la carte) 一书的瑞典电影学者。——译
　者注

自己的外表而付出的种种努力，竟然会成为老百姓茶余饭后的闲聊话题，而且，这种努力也成了他公众形象的组成部分——甚至是在他还活着的时候，情况便已如此。类似上述情况，恐怕在他那代人里面，在像他这么出名且有社会地位的男性中间，真可以说是极其罕有——甚至很可能是绝无仅有。他的那些电影客串和充满自娱精神的相关新闻报道，有时候会让人觉得希区柯克早就已经皮厚的如同犀牛。肥胖问题于他而言，已成了一个乐子。但事实显然并非如此。他当然可以坦然接受这样的取乐，但那前提是，带头取乐的，必须是他自己。在编剧惠特菲尔德·库克的日记里，记录了希区柯克某次表演"胸部芭蕾"[47]的场景。那是他在家宴上的保留节目，（大瓶红酒下肚之后的）希区柯克会脱掉上衣，甩动他胸部的肥肉，以求博君一粲。还有"吹口哨的水手"，那也是他演过的余兴节目。表演这种口技时，他会在赤裸的肚子上画一张脸，嘴巴就画在差不多肚脐位置；然后——用一位目击者的话来说——他会"边吹口哨，边摇晃肚子。于是，希区柯克早已喝得通红的圆脸下面，又出现了一张粉色大脸，边用嘴（肚脐眼）吹着口哨，边变换各种表情"。[48]看过他这些演出的人，都觉得这实在是好笑极了；至于我们这些无缘一见的人，只要想到希区柯克的表演天赋，大致也能猜得出来，他这些演出肯定很有意思。只不过，再想到他平时对自己的外表有多么敏感，我们很难会不觉得，希区柯克拿他这身肥肉来开玩笑，这其实多少还是挺可悲的。

　　希区柯克一直喜欢拿别人身上的肥胖问题来嘲弄和幽默。《冲破铁幕》里有一场戏，说的是主人公险些因为巴士车中某人的怪异举动而暴露身份。影片开拍之前，这场戏就让希区柯克苦苦琢磨了一阵，按编剧布莱恩·摩尔（Brian Moore）原本的设定，引发混乱的是一个小个子女人，骨瘦嶙峋，衣衫不整。但希区柯克却觉得这场戏还缺少一些喜剧性，于是便将瘦女人改成了胖女人。[49] 言下之意自然就是，相比瘦人，胖子天生就有一种喜剧感。确实，生活早已一次又一次地教会他，体重超标者想要赢得尊重，那就必须要付出比常人更多的努力。曾经，在被问到为什么他始终没能拿到奥斯卡奖时，希区柯克大声说出了埋在心底许久的肺腑之言："因为我看上去就不像是艺术家，不像是在阁楼里挨过饿的人。"[50]

在杜鲁门和艾森豪威尔的那个时代，美国消费主义经历蓬勃发展。讽刺的是，减肥产业的飞速兴盛也随之而来。在此期间，希区柯克也由二战前的老饕客，完成华丽转身，成了时髦的节食者，也让他在数以百万计的美国人那里（尤其是广大妇女群众）得到了共鸣。回到1940年时，他告诉记者的还是，自己吃得"简单，但量却很大"[51]。才过了十年而已，他在继续标榜自己是美食家的同时，已会反复提醒记者注意，多年以来他早已养成了计算卡路里摄入量的好习惯。他说自己会仔细规划每一餐具体吃些什么，以确保睡觉之前还能稍有余量，可以喝上一杯马丁尼酒。[52] 就这样，审慎、克制、无与伦比的自律性，很快就都成了他公众形象的关键构成元素。例如1955年的某一期《洛杉矶时报》上，便刊载了希区柯克关于如何消除"火鸡肚和蛋奶酒肚"[53] 的小心得。他还为该报旗下的《西部》（West）杂志提供了一份自己最心爱的洛杉矶餐馆名单，并且强调它们之所以能够上榜，考虑的纯粹是其烹饪工艺的精巧程度。[54] 在流行女性杂志《麦考尔》（McCall's）上，他大

希区柯克展示减肥成果，1943 年 1 月。

谈特谈名厨奥古斯特·埃斯科菲耶如何优秀，并且一往情深地回忆起他小时候那些爱德华时代的用餐习惯，最后还不忘在照相机前故作夸张地摆了个姿势。正如扬·奥尔森所指出的，这种坐在小份食物面前闷闷不乐的摆拍相片，是希区柯克在 20 世纪 50 年代相当常见的一种公开形象。[55] 对他而言，早餐时就吃上了冰激凌、午餐就已经是六道菜的那个时代，已彻底成为如烟往事。事实上，他甚至会暗示，自己当初说过的最爱吃法式牛排的话，其实只是调侃而已，是那些或是存心恶搞或是无意之间遭到误导的美国新闻记者，不知怎么就把这些当成事实给报道了出来。也就是说，他那些夸张的饮食习惯，其实都是媒体记者自己瞎鼓捣出来的。[56] 有时候，他也会自我批评，将减肥没法持之以恒归咎于个人意志力的欠缺。另有一些时候，他也会给出一些相对并没那么自责的解释。"神经质的人才容易瘦，我平时不怎么容易紧张，所以就超重了，"他曾如此表示，"有些人干活的时候总是容易担心，于是不知不觉就把肥肉给减掉了，这办法对我而言却行不通。"[57] 但熟悉希区柯克的人都知道，这说法显然站不住脚。

当然，希区柯克因迷恋美酒佳肴而受尽折磨的这种美食家人格假面，也不单纯只是为搞电影宣传而凭空制造出来的。在法国南部拍摄《捉贼记》时，周围人都记得他在节欲和饕餮之间是如何地来回摇摆、反复纠结。格蕾丝·凯利回忆说："他周一至周五会坚持节食，期盼的就是能在周六晚上大吃一顿。光是这念想，就够他惦记一整个礼拜的。"[58] 她彼时的男友，时装设计师奥列格·卡西尼（Oleg Cassini）也常出席这些周六晚间的饭局，希区柯克在饭桌上的惊人活力，把卡西尼彻底给惊呆了，因为如此精力十足的希区柯克，换作别的场合，实在是很难见到。"吃哪家餐厅，吃什么东西，全都是他早就选好了的，我们只管人去就行了，但他选的至少都是三星级餐厅起步。即便如此，他还是会提前再审核一遍全部内容：酒、汤、鱼、肉、上菜间歇的冰糕、甜点、水果，还有奶酪，一切都要听他指挥，他就像是皇帝，每一口都细细地品味着。吃饭能吃得这么享受的人，在我印象里绝无仅有。"[59]

不难看出，对希区柯克而言，呼朋唤友去高级餐厅共进晚餐，这完全就是一种沉浸式的创作体验，感觉和拍电影十分相似。虽然他也总爱强调，自己更偏好的是那种精心制作完成的简单食物，但是，像舞台监督掌控全局那样地招待朋友们饱餐一顿，也确实给了他一种契机，让他可以好好表现一下自己个性中喜好铺张、夸大的那一面。曾担任过塞尔兹尼克秘书的玛塞拉·拉布温，便经由希区柯克专门在洛杉矶某家餐厅为她举办庆生派对的全部过程，明确意识到了这一点。她生日宴的全套菜单，都由希区柯克亲自设计，新鲜食材由世界各地陆续空运而至——放在当时，这绝对是超级奢侈的做法——苏格兰丘鹬、日本牛肉、肯塔基奶油生菜，还有肯定不会缺少的顶级香槟酒。"时间上必须安排得刚刚好。"[60] 在拉布温的记忆里，光是为了这些进口食材，餐厅工作人员就跑了好几次机场，耗资相当惊人。希区柯克在吃喝这件事情上的日常支出堪称巨额。到美国后的第一年，他光是下馆子，就花掉 2459.30 美元，换算到现在的话，约合四万美元不止。此外，他平时购买食材和酒类，也都要花掉几千美元。[61]

格蕾丝·凯利很了解希区柯克，知道他一遇到这种晚宴，整个人都会变得神采奕奕起来。于是，《捉贼计》杀青之后，她专门也为他办了一场晚宴，还专门从法国进口了他最中意的食材。在荣誉等身的电影服装设计师伊迪丝·海德（Edith Head）看来，这足以说明格蕾丝·凯利和希区柯克，其实说到底就是非常相似的同一类人。指引他们人生方向的，是对于感官刺激的不懈追求。"格蕾丝从来就不是什么演员；没错，她喜欢表演，而且演得也很好，但对她来说，那不过是又一种人生体验罢了；她这个姑娘，热爱生活，爱美，爱漂亮，而且丝毫不担心你会看出她这一点。"[62] 另外，食物也成了连接希区柯克和英格丽·褒曼的纽带。"我喜欢拜访他们夫妇，"褒曼说过，"阿尔玛是全世界数一数二的大厨。我每道菜都会再多要一份，尤其是甜点。"[63]

希区柯克美食宇宙的中心，其实还是他自己的家里。在那里，他和阿尔玛充分团队合作，让优雅地进餐成了他们日常生活中雷打不动的一部分。20 世纪 50 年代，阿尔玛退居二线，不再怎么参与希区柯克的电影工作。她转而将大把时间和无限的创意和活力，都投入自己始终非常热爱而且也确实相当擅长的烹饪之中。她会试验各种新菜谱，悉心为客人准备饭菜——当然，更多时候，还是为他们自己一家准备晚餐，等着丈夫由摄影棚回来后一起分享。女儿帕特丽夏清楚地记得，午餐才吃完不久，父亲就会频频往家里打来电话，和阿尔玛商量今晚可以期待吃到一些什么。也正是在晚餐桌上，希区柯克在妻子的帮助下，解决了一个又一个的剧本难题和拍摄障碍。[64] 每晚的菜肴各有不同，不变的是始终精心布置的餐桌和配合食物的餐酒。"他们不赶时间，"帕特丽夏回忆说，"晚餐结束后，再喝一杯咖啡，然后父亲会站起来，系上围裙，在水槽里放满水，抹上肥皂，开始洗碗。"[65]

20 世纪 60 年代初，为了让阿尔玛获得更大的创作空间，希区柯克夫妇将洛杉矶贝莱尔家里的那间厨房重新装修了一次。据说装修费高达 65000 美元，高过了当初买下整套房子的总价。[66] 这一次，厨房里的硬件、器皿和配件，全都换成了最新、最好的。另外还添置了一台巨大的步入式冰箱冰柜一体机，以及足以容纳 1600 瓶红酒的大酒窖，尤其配得上不久之前才刚被授予勃艮第品酒骑士团大军官勋章的希区柯克。在《希区柯克菜单》一书中，扬·奥尔森分析了食物在希区柯克各种公众形象中所具有的不断变化的意义，写得相当精彩。他在书中记录了一些媒体记者受邀去希区柯克家中采访时的细节——通常都会瞅准他新片即将上映的时机。在这些配有大量照片的文章里，希区柯克他们家简直就变成了高级料理的神殿，而发表在 1963 年 8 月刊《展望》（Look）杂志上的那一篇，便是其始作俑者。[67] 往前二十年，回到 20 世纪 40 年代，此类文章很可能一上来就是一大段针对希区柯克吨位、腰围或是红润脸颊的点评文字。但这一次，文章第一句话便直接引用了希区柯克关于烹饪和拍电影相似之处的看法。"和纯粹的电影一样，所谓食物，就是将各种元素摆在一起，就此创造出一种情感来……单个的时候，它们毫无意义，一旦结合之后，便意有所指了。"[68] 在这篇刊登在《展望》上的文章里，希区柯克变成了餐厅外场高傲但又幽默的服务生领班；至于负责餐厅内场作业的，则是创意无限却又朴实无华的阿尔玛。她还特意和读者分享了两种拿手菜的菜谱，其中就有被她称为"希区柯克法式肉冻"的那道前菜。按照奥尔森的说法，希区柯克夫妇选择在此时重塑形象，凸显自己身在美国但却热爱法式精致生活的那一面，时机上可谓把握得相当之好。一方面，这正好配合他新近获得的那些赞誉：法国人将他视为好莱坞独一无二的电影艺术家。另一方面，就在两年之前的 1961 年，朱莉娅·查尔德（Julia Child）出版了《掌握法国菜的烹饪艺术》（*Mastering the Art of French Cooking*）一书，而她主创的电视节目《法国大厨》（*The French Chef*）第一季，也在 1963 年 2 月至 7 月间开播了。之后的 8 月，《展望》上那篇写希区柯克的文章就正式发表了。朱莉娅·查尔德的影响力，打破了法国美食以往留给人们的那种"特级、昂贵"的旧印象，让舒芙蕾和法式清汤走入了寻常美国家庭的厨房。[69]回顾希区柯克夫妇婚姻生活的最后二十年，外界报道他们夫妇的美食兴致时，着重强调的恰恰也正是这一点。2003 年，帕特丽夏·希区柯克出版了一本回忆母亲的小册子，其中有多达五十一页都被用来介绍阿尔玛的菜谱和菜单，它们读起来和朱莉娅·查尔德写的那些东西感觉十分相像，只不过除了经典法国菜之外，中间还点缀了一些来自英国的美食——约克夏布丁、面包酱佐英式野鸡、薄荷酱佐烤羊肉——而且全都是希区柯克的心头好。

由 20 世纪 60 年代中期开始，美国媒体版面上提及希区柯克体重的频次，急剧减少。或者说，哪怕是提到了，至少角度上也不再单纯由体重出发，而是升华到了另一个层面，将希区柯克当作美食鉴赏家来严肃对待，而他自己，也始终小心翼翼地维护着这种全新形象。[70]1966 年，伦敦某位媒体专员收到了希区柯克发来的电报，他在电文中忿忿不平地抱怨说，新诞生的时尚杂志《伦敦生活》（*London Life*）上，有一篇文章出了问题，把他吃饭时点的牛肉腰子派，给错写成了牛肉腰子布丁，让他非常恼火。他担心这会让读者以为自己根本分不清楚这两者的区别，所以要求下期杂志上必须要有更正声明。[71]

等到 20 世纪 70 年代的时候，美国已进入"肥胖症大流行"的那十年。[72] 相比希区柯克初到美国的那年，也就是大萧条刚结束的 1939 年，他的身材此时看在美国人眼里，也不再像当初那么有鹤立鸡群的感觉了。而且，他不断增长的年龄和声誉，肯定也起到了作用，让这一类八卦新闻、含沙射影和讥讽嘲笑都渐渐远离了他。但是，和肥胖超重的长期斗争，也让希区柯克付出了惨重代价。人生最后十年，他其实过得颇为辛苦。可能是因为长期超重的关系，再加上他始终执意反对任何形式的运动健身，最终因为关节炎的缘故，各种肢体疼痛不时来袭。由 1942 年开始，每周一次的医生专门体检，原本早就成了他日常生活的一部分。但进入 1965 年后，体检频次又由每周一次增加到了两次，有时甚至会是三次。[73] 1974 年，希区柯克安了心脏起搏器，每次要向医院发送最新心脏读数时，他倒也相当乐于向旁人展示自己身上必须要连接的那套设备。既然身体已是这种状况，喝酒肯定是不建议了，但他的健康越是恶化，工作效率越是下降，反而越是想要借助酒精来抑制焦虑情绪。当然，在这方面，他也会尽量做得更隐蔽一些。比如，他会吩咐秘书再为饮料多拿一些冰块来，其实那是暗号，是要让秘书把预先准备好的伏特加做成的冰块给拿来。[74] 另外，家里的女佣也都知道，当他说要拿橙汁来时，实际指的是某些劲道更强的东西。[75] 本该下午才能喝的酒，他会想方设法提前在早晨时分就解决了，而且他还在浴室里藏了一瓶白兰地，以备不时之需。[76] 到了这一阶段，他的身体状况已不再适合拍摄电影，再加上阿尔玛也在 20 世纪 70 年代饱受健康问题困扰，无法再下厨房，这对夫妇原本视若珍宝的两大生活支柱——电影和美食——就此都被彻底抽走。他在 20 世纪 70 年代末写给朋友和家人的那些信件，实在是让人不忍卒读，而希区柯克在表述自己情绪障碍时，选择的切入点也是夫妻俩在饮食方面受到的巨大冲击。

> 午餐通常就是一个薄薄的三明治，我们最喜欢在里面夹烤牛肉，然后火腿片是肯定要放的。她早餐会吃吐司，下午茶是巧克力饼干，然后就是晚餐。女儿不买菜回来的时候，我就自己出去买，靠着日间护士的帮助，通常会准备一些菲力牛排或是买半只鸡回来，做起来比较方便……这真是一封很悲伤的信，但我也只能告诉你这些了。她基本就是足不出户了，但我还是会尽量每星期带她出去一次，去我们最喜欢的餐厅吃一顿晚餐，可是，想要移动她还真挺麻烦的，所以她也只能每星期出去一次。[77]

无论如何，希区柯克最终还是牢牢控制住了自己的身体，而且确保了即便在他百年之后，这身体也依然永垂不朽。无论何时，只要看到他那些电视节目，整个西方世界的观众，都能像辨认出米老鼠的耳朵、梦露的凹凸身材或是“猫王”的翘嘴唇一样，立即认出他的侧面剪影。[78] 就在《希区柯克剧场》开播一年之后的 1956 年，早已与他结束合作关系的塞尔兹尼克又找上了他，提出想要重新院线发行一些希区柯克旧电影，希望他能允许在宣传物料中用到他的那个剪影。[79] 希区柯克一口拒绝了。[80] 再后来，又有公关

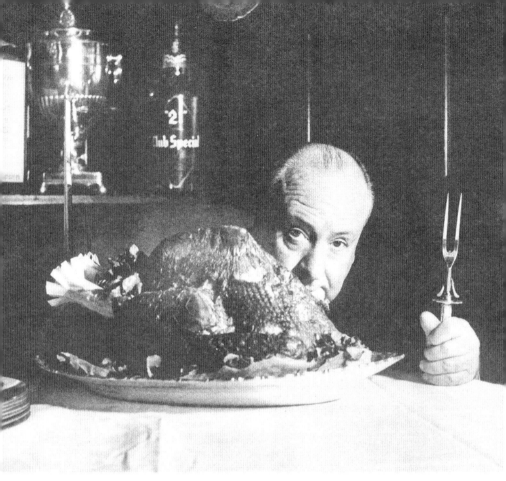

美食家和美食，希区柯克在曼哈顿 21 号俱乐部，1956 年。

公司的人提议，是不是可以让他们设计一款崭新的剪影，好让这个希区柯克形象焕发新生。[81] 对此，希区柯克同样予以拒绝。[82]

1972 年 6 月那期《迪克·卡维特秀》（The Dick Cavett Show）节目里，主持人迪克·卡维特走上舞台时，模仿着希区柯克剪影的样子，让观众席里瞬间响起一片掌声。他站定之后，又过了几秒，希区柯克也由舞台另一边迎面走来，出场方式和他那档《希区柯克剧场》开头完全一样。录影棚内响起了如潮般的欢呼声和口哨声。

看着对面这位身材匀称、风度翩翩而且只有他一半年龄的主持人，希区柯克心里很清楚，观众的掌声是献给他这具身体的。这身体有可能曾背叛过他，欺骗过他，也有可能并不怎么可靠，但归根到底，它不可能属于其他任何人。

6

公子哥儿[*]

    希区柯克和塞尔兹尼克签了七年的合约，此间共拍摄十部电影，但由塞尔兹尼克这位带领他进入好莱坞的电影大亨担任制片人的，仅有其中三部，即《蝴蝶梦》《爱德华大夫》和《凄艳断肠花》。《凄艳断肠花》由格利高里·派克、安·托德（Ann Todd）以及被塞尔兹尼克寄予厚望的意大利演员阿丽达·瓦利（Alida Valli）联袂主演。故事说的是温文尔雅的英国大律师在替谋杀案被告辩护时爱上了对方，结果却害得自己的婚姻、心智乃至客户性命，全都岌岌可危。乍一看，这样的剧情似乎相当具有希氏风格，理应大有可为才对，但事实上，不愿放手让希区柯克按他自己想法来捏合故事的塞尔兹尼克，屡次三番地在重要关头横插一脚，既更改了詹姆

---

* 本章的撰写，要特别鸣谢托马斯·埃尔塞瑟（Thomas Elsaesser）的《希区柯克的公子哥儿》(The Dandy in Hitchcock) 一文，他为回应雷蒙德·杜尔纳特（Raymond Durgnat）关于希区柯克的唯美主义及公子哥儿风格的那些想法而写了该文。

斯·布里迪（James Bridie）的原始剧本，又否决了希区柯克拍摄那几场法庭关键戏的本来想法，还删除了原始版本近一小时的内容。就这样，《凄艳断肠花》成了希区柯克从影以来最大压力，拍起来最束手束脚的一段经历。

好在，拍完这部电影，他和塞尔兹尼克的合约也已执行到头。很快，希区柯克便抱着无比轻松和兴奋的心情，开始了下个项目的筹备。《夺魂索》由新成立不久的跨大西洋电影公司（Transatlantic Pictures）负责制作，公司老板正是希区柯克本人，外加他在伦敦时候的老友西德尼·伯恩斯坦。为强调一切尽在自己掌握的崭新局面，这一次，他彻底放弃了过往所熟悉的各种拍摄和剪辑技巧，转而采用一系列不间断长镜头，再经巧妙剪切，让全片有着一镜到底的流畅效果。《夺魂索》的拍摄计划，野心着实很大，当时可供利用的电影技术都已被用到了极致，但这么做究竟值不值得，也曾经引发过激烈争论。有人觉得《夺魂索》可真是电影技术上的神迹，但也有人认为希区柯克这么做，等于是背叛了他自己的艺术准则。"这种拍法，本质上就不具有电影的特性，"他的同行大卫·芬奇（David Fincher）态度十分坚决地表示，"《夺魂索》根本就不是电影。"[1]

希区柯克在《夺魂索》中做出的另一重大决定，便是他头一回尝试用彩色胶片进行拍摄，而这种视觉效果上的飞跃，也确实和《夺魂索》的具体内容有着完美契合。该片围绕菲利普和布兰登两人展开，这对公子哥儿正计划实施一桩完美谋杀案，而杀人的目的，只是为了要获得某种美学意义上的快感。这便是希区柯克电影里那种拿杀人当艺术的凶犯了，对他们而言，生活中的所有东西——包括死亡的过程——都是实现完美艺术创作的一次机遇。"我一直都希望自己能更多一些艺术天分，"布兰登说道，"好在，谋杀也可算是一门艺术。杀人带来的满足感，足可与艺术创作相媲美。"

《夺魂索》的所有行动，都在他们布置精美的曼哈顿公寓内展开。而这个地方，也只有用彩色胶片来拍，才能体现它全部的意义。原因在于，那里有着精心裁剪的服装和新鲜的切花；有着古董家具和水晶玻璃器皿；有着珍本书籍、钢琴独奏和晚宴派对；甚至是由他们客厅窗户看出去的那片绝美景致，那一道日暮时分的纽约天际线，那些摩天大楼和霓虹灯光，也都只有用彩色胶片来拍，才能拥有如此的力量。而他们公寓中的这个物质世界，其实也是希区柯克相当熟悉的一种存在，和属于他自己的那个世界恰好一一对应。他们公寓墙上挂着的那些艺术品，如何挑选，由他决定；菲利普和布兰登的西装该是什么颜色，也完全由他来拿主意。虽然希区柯克外表看着像是那种老古板的英国银行经理，其实他却很懂得不同的外表各自有着何种深层意义。他本人穿衣打扮，从不花里胡哨，但这并不代表他就不关注自身外表。事实上，希区柯克向来就有着很高的自我要求，必须看着仪表堂堂、一丝不苟，才能见人。因为在他看来，这也是掌控好自己，掌控好身边这个小世界的重要手段之一。下文将会介绍构成 19 世纪那种公子哥儿形象的两股主要力量，而在希区柯克的作品和他的日常生活之中，我们常常都能看到他善于调和这两股力量的本领，而在这种调和的过程中，他也是在提醒我们注意，时移势易，于这现代世界之中身为一个男人，那究竟意味着什么。

　　将希区柯克称作公子哥儿，乍一听这似乎显得毫无道理，但追溯其背后的缘由，或许还是因为大众关于公子哥儿的认识，今时已不同当初。在搜索引擎里键入"公子哥儿"一词，得到的定义是："过分关注自己打扮是否时髦风雅的男子"，而附带的例句则是，"软质手帕和一对古董袖扣，让他看着像是一位公子哥儿"。[2]如此描述让人想起的，是以奥斯卡·王尔德为代表的那种世纪末公子哥儿风格的承继者，是那些着装打扮色彩搭配大胆，全然没有拘束的年轻男人。对这些唯美主义者而言，再怎么花哨的男装，也不为过。他们的帽子、斗篷和围巾，全都色彩鲜艳、面料精美，而且还会辅之以宝石、小饰品和羽毛装饰。王尔德就是 19 世纪 90 年代那种公子哥儿风格最突出的表率人物。当初，他在美国名满天下，一开始靠的可不是锦绣文章，而是他在男性着装上大开风气之先的巨大勇气。他敦促自己的男性同胞们，大胆抛开那些气质阴郁的正装，改用热情和想象力来装扮自己。[3]

　　就这样，以翩翩公子王尔德为嚆矢，整个 20 世纪至 21 世纪，诞生了多位惹人注目的外向性格公子哥儿，其中又尤以英国人最为突出——昆汀·克里斯普（Quentin Crisp）、布莱恩·琼斯（Brian Jones）和拉塞尔·布兰德（Russell Brand）皆在此列。但事实上，仔细考察王尔德的形象便会发现，那其实也是在初代公子哥儿博·布鲁梅尔（Beau Brummell）的基础之上，打破因循守旧传统之后的再发挥。而讽刺的便是，同为公子哥儿，善攀高枝的乔治时代英国名人博·布鲁梅尔帮助确立的那一类阳刚味十足的男士制服，恰巧也是王尔德日后竭力想要颠覆的对象。

　　按照布鲁梅尔的理念，朴实无华才是关键；一切花哨饰物和俗艳色彩，都与公子哥儿全不沾边。所以，他当时提出的口号便是，公子哥儿穿衣打扮，要的是制作精良，而非奢侈无度。于他而言，自己这具身体，可不是什么供想象力驰骋的游乐场，而应是裁缝铺里的一具人体模型。布鲁梅尔要用它来实现至臻至极的男性典范，而他用到的办法，便是在各种微小细节上力求精益求精。所以，布鲁梅尔才会在镜子前面一站就是数个小时，才会为丝巾该怎么打结、帽子该倾斜几许而伤透脑筋。也因此，他每一次出来的造型，总在大家预料之中，但却也确实能做到滴水不漏。

不过，有一点他倒是和王尔德一样。布鲁梅尔心目中的完美男性，其参照对象同样也是古希腊人，也以他们艺术作品中普遍存在着的那一类四肢颀长、肌肉明显的形象作为具体表征。17、18世纪的英国乡村服饰，一度有过突出腹部，弱化肩膀和遮盖腿部的变化，对于有着那种所谓"约翰牛"（John Bull）骨架的男性来说——希区柯克正属此类——恰巧是个利好消息。结果，正是布鲁梅尔大胆背弃了传统，重新设计出的绅士服装，反过来又强调了胸部、肩膀和双腿这几处男性特征。在他影响之下，现代男装的模板就此诞生，而在此基础上也扩展延伸出了关于现代男性的某种定义：男人，就该像是一台延续文明的机器。[4]

显然，布鲁梅尔和王尔德分别代表着两种有着天壤之别的公子哥儿风格；如果用大卫·鲍伊的舞台形象来比喻的话，王尔德就像是齐格·星尘（Ziggy Stardust），而布鲁梅尔则像是瘦白公爵（Thin White Duke）。不过，着装风格虽有差异，他们两人却也被一种共同的信念给连接在了一起。那就是，他们都相信透过完美的外在形象，可以反映出个体的内在精神是否优秀。此外，他们还都相信，生活在现代城市这种只要一不小心便会踩进阴沟的危险环境之中，一个人如果想要过得高尚、卫生，那礼仪和风格都至关重要。在希区柯克身上，在他的外表打扮之中——不光是他穿的那些衣服，还包括他穿这些衣服的方式——我们都可以同时找到布鲁梅尔和王尔德这两种公子哥儿传统的延续。不知是有心还是无意，总之，希区柯克的日常生活习惯，恰好和布鲁梅尔所提议的男性幸福人生之典范相当合拍。

签约塞尔兹尼克之前，他完成的最后一部电影是《牙买加旅店》，那里面就有着我们这两种公子哥儿风格的同时登场。《牙买加旅店》正好被夹在了希区柯克的两部经典作品《贵妇失踪记》和《蝴蝶梦》中间，一直以来都不怎么受评论界关注，即便偶尔被提起，通常也只是在片中饰演疯狂大反派汉弗莱·彭加兰爵士的查尔斯·劳顿（Charles Laughton）的演技，获得了影评人的重视。一方面，1939年时的《纽约时报》影评里就写着："电影作品中能够让我们如此全心热爱的怪物，这恐怕还是第一个吧。"[5]另一方面，包括研究希区柯克英国时期作品极具心得的彼得·阿克罗伊德（Peter Ackroyd）在内，有不少人都坚信，劳顿那种拉长了脸的造作表演，"简直让人完全看不下去"。[6]阿克罗伊德判断说，《牙买加旅店》其实是"劳顿的电影，而非希区柯克的电影"。[7]这么说，可能也有一定道理，但即便如此，该片所体现的某些电影风格和阳刚气质，明显还是来自导演希区柯克。

《牙买加旅店》中有个小配角名叫丹迪（Dandy，意即公子哥儿），是彭加兰犯罪团伙的一员。他第一次亮相时，就是在自豪地炫耀他新置的花边袖口。丹迪很容易被看成是穿衣风格大胆的那一类王尔德式人物的典型，但埃德温·格林伍德（Edwin Greenwood）在饰演这个人物时，却并未显露出任何能让人联想起同志情谊的薰衣草风味。[8] 相比之下，彭加兰则更像是布鲁梅尔那一类公子哥儿，而且人生经历也和布鲁梅尔颇为相似：彭加兰是乔治时代的浪荡公子，如今早已年华老去，对于自己过去的朋友，新近登基为王的乔治四世，彭加兰讥讽说他是"一个酒囊饭袋"。看似正派的彭加兰，内心其实完全排斥各种关于法律、秩序的主流观念。相反，他信奉的正是公子哥儿那种自觉高人一等的优越感。抱着这样的人生态度，他还真像是《夺魂索》中布兰登和菲利普的一位老前辈。在片中，他一边审视着由最近一次沉船事故中获得的赃物，一边为自己愚笨的亲信，简略扼要地介绍了他的世界观：

> 来看看这精美绝伦的东西。价值就是一百个醉鬼水手的悲惨性命。它有着世间独一无二的完美。默林，这才是最重要的，世间独一无二的完美。为了让一个漂亮女人免受头痛折磨，我宁可将布里斯托尔所有的贱民都送去植物学湾，也都在所不惜。有些事你不懂，而且永远都不会懂，因为你既不是哲学家，也不是绅士。

他这种精英主义的想法，希区柯克应该是不会赞同的。但这种视"世间独一无二的完美"为人生精粹的想法，倒是极好地概括了希区柯克在关于做人、做事风格问题上的那些想法。

甫一成年，希区柯克便抱定决心，要用服装把他体内等待已久，但长期以来都被"脂肪盔甲"和"梨形身材"所掩盖的那一部分，给穿出来。早在他十几二十岁时，还只是在做各种初级工作的阶段，希区柯克就已经很喜欢买时髦衣服了——当然，前提是自己的经济条件能够负担得起。他还蓄了一小片胡须，平时出门总爱戴上一顶设计精美的软呢帽。虽然他中午大多吃的都是自制三明治，但只要条件允许，就会去河岸街，找上一间高档餐厅，吃上一顿真正的午餐。[9] 在他的朋友、合作伙伴塞缪尔·泰勒看来，这充分证明了希区柯克早就想好了，"他未来将会成为一个什么样的人物"[10]。那时候的他已十分注重生活里的仪式感。不管是工作场合，还是出席话剧首演或看拳击比赛，但凡是必须要盛装出席的场合，他都乐此不疲。两次世界大战之间那些年里，他在伦敦皇家阿尔伯特音乐厅看过不少拳击赛。到了 1962 年，他回忆年轻时那段经历时，最记忆犹新的还是拳击台上和台下的那种美学意义上的鲜明对比：擂台上，各种体液横飞四溅，无比残暴；台底下，观众身着晚礼服，系着黑领带，何其精致。在他看来，这与当下的"好莱坞人士"有着明显反差：好莱坞的男士们，晚上出门穿的是"衬衫……不打领带……外加浅色西装，女士却穿着晚礼服——真是一个糟糕的组合"。[11] 到了 20 世纪 20 年代后半段，希区柯克个人收入大增，也开始光顾布鲁梅尔一个世纪之前常会去的萨维尔街和杰明街，而他标志性的"外观"——深色商务西装配上白衬衫，深色领带，外加擦得锃亮的黑皮鞋——也正是在此时逐步成型，并一直延续了下去。

真正的公子哥儿都相信，好品味是永恒的；布鲁梅尔和王尔德就都很看不上所谓的时尚，王尔德甚至还说过，时尚就是一种"让人绝对无法忍受的丑陋，以至于每隔六个月就必须要变动一次"[12]。除了上电视节目和偶尔做宣传时穿过一些愚蠢的奇装异服之外，其余时候，希区柯克抛头露面时候穿着的，永远都是这些定制的西服。其实，即便是和他最亲近的那些人，假设某天看到了穿戴随便的希区柯克，肯定也会大呼意外。20 世纪 70 年代某次在夏威夷合家度假时，希区柯克穿着一件新衣服，由宾馆房间走了出来，看在家人眼里，那简直就像是他整个人换了一张新皮肤，因为那是一件薄荷绿色的衬衫。希区柯克看到女儿和几个外孙女呆若木鸡的反应，解释说这衣服是阿尔玛买给他的。到了人生这个阶段，再涉足这样的未知领域，对他而言似乎已很难再带来什么兴奋感，而帕特丽夏也很想知道，母亲之所以会这么做，是不是打算要拿父亲来恶作剧。某位希区柯克传记作者曾指出过，希区柯克死抱着西装不放，哪怕是烈日当空或摄影棚内灯光炙烤也都不为所动，于是，他的西服成为了某种"伪装"，就像是角色扮演时的化装一样，相比塞西尔·B·德米尔（Cecil B. DeMille）、约瑟夫·冯·斯登堡（Josef von Sternberg）那些存在感极强的导演平时爱穿的奇装异服，其实倒是殊途同归的道理。[13] 但我想说，确实，深色西装早已成为希区柯克的个人标志，正如其他一些现代艺术家也都有他们的标志性打扮一样——毕加索的海魂衫、达利的打蜡胡须。但是，希区柯克的西服，其目的恰恰不是要"伪装"，而是要如实表现他对待生活和拍电影这件事的态度：精确、严谨、高效、尽可能低调的优雅。正如专为过去百年间诸位经典公子哥儿著书立传的作家菲利普·曼（Philip Mann）所言："公子哥儿穿的衣服，不是什么角色扮演时的化装……而是他们生活里穿着的制服。"[14]

学者托马斯·埃尔塞瑟相信，希区柯克这种公子哥儿风格的本

正在工作的公子哥儿希区柯克，约 1926 年。

质，并不在于他那些西装的设计，因为那些衣服根本就很普通，甚至可以用单调乏味来形容。相反，他的公子哥儿风格体现在，希区柯克"总是穿着那些西装，不管什么天气，不管是在办公室，在片场，在加利福尼亚的夏天，在瑞士阿尔卑斯山还是在非洲马拉喀什，都是一样"。[15]确实，希区柯克着装风格有一项重要特点：他始终更看重端庄得体，而非服装的实际效用。不过，之所以说他是公子哥儿，其实关键还在于，他始终都关注着那些除他之外旁人都不会注意到的细节之处。20 世纪 70 年代，某位友人抓准机会偷瞥了一下希区柯克的私人衣橱，发现里面挂着一整排看似一模一样的西服。但再细看一下就会发现，这些西装其实还是有着各种细微的差别；有的是黑色，有的则是深蓝色，但因为那蓝色特别深，以至于几乎就和黑色没有多少区别。此外，这些西服的尺寸和剪裁，其实也都有细小差异，因为只有这样才能满足他那时增时减的体重。[16] 希区柯克曾经说过，他做梦都想着哪天能直接去店里买现成西装来穿，怎奈自己的身材比例实在是有别常人，所以只能望而兴叹。[17] 不过，我倒是觉得他这番话很可能只是说说而已；变成买现成衣服的普通人，那肯定是希区柯克最不希望会发生的事吧。正如罗兰·巴特所说，在真正的公子哥儿眼里，西装“本质上是制服，但上面的各种细节可以因人而异”[18]，因为只有这样才能让他的形象虽外表看着像是千年不变，但实际上却又能在人群之中脱颖而出。希区柯克的许多电影作品，还有他本人的着装风格，其实这句话都很适用。

他的几位秘书由 20 世纪 50 年代中期开始保存希区柯克的工作记事本，也让我们得以一窥他平时的日常惯例。除了开会、观影和讨论剧本之外，由这些记事本中还可看出，他会定期且频繁地安排专人来办公室为他理发和擦皮鞋。此外，请裁缝来量体裁衣和送衣试穿，也有不少。[19] 有段时间，他请的裁缝正是曾为加里·格兰特做过衣服的弗兰克·阿库纳（Frank Acuna）。不过，到了希区柯克请他做衣服那阵子，阿库纳已经主要是在为钢琴家利贝拉切（Liberace）设计演出服了。虽然利贝拉切声称自己在穿衣风格上的精神教父，是布鲁梅尔——1970 年他接受《纽约时报》采访时表示：“每当我需要一些新点子时，就会请弗兰克·阿库纳过来看一下由斯图尔特·格兰杰（Stewart Granger）领衔主演的电影《布鲁梅尔传》（*Beau Brummell*）……看到喜欢的东西，我就会告诉他：'照那个样子做！'"[20]——但阿库纳为他和为希区柯克制作的服装，显然是处在了公子哥儿风格光谱上正好相对的两极之上。

布鲁梅尔倘还在世，欣赏希区柯克那种克制的穿衣风格，肯定会远超过他认可利贝拉切那种孔雀开屏式的炫耀打扮。希区柯克的穿衣方式，其实倒是正符合布鲁梅尔的本意：以理性和高效来抹除污垢和混乱。以现代战胜落后，以可知战胜未知。

20 世纪 30 年代，彩色电影开始出现，但希区柯克却一再表示，虽然自己也很渴望能拍彩色电影，但前提是，那只能是为"戏剧和情绪上的效果"，只能将色彩作为"动作和思想的符号"。[21] 围绕着《惊魂记》，曾诞生过许多真真假假、真假参半的说法，其始作俑者正是希区柯克本人。其中一种说法，说的正是《惊魂记》之所以决定要用黑白拍摄，是因为他认定了玛丽安·克雷恩的鲜血顺着浴室地漏汩汩流去的画面，假如用彩色胶片来拍的话，一定会让观众相当反感。事实上，那更多的恐怕还是出于拍摄经费的实际考量，而且鲜艳的血红色一旦出现在大银幕上会产生何等的力量，这个问题其实希区柯克早已思忖多年。早在 1937 年，也就是他拍摄自己首部彩色电影的十年之前，他就想象过"红色的鲜血滴落在白色的雏菊上——光是这样一幅画面，便能更为强烈地表现出杀人的恐怖之处来"。[22] 又或者是，让女孩拿着一支口红"反复涂抹她的嘴唇，你能看到她整张脸也人为地跟着容光焕发起来了"。[23] 在黑白片《爱德华大夫》中，默奇森院长将枪口对准自己，自杀身亡的那一瞬间，希区柯克特意给两帧画面染上了红色。同样道理，《艳贼》里也出现了红色，勾起女主角关于过往杀人行为的记忆，感觉就像是马塞尔·普鲁斯特笔下那种记忆忽然被唤醒的瞬间。

剧本创作的前期，希区柯克就会开始为演员服装讨论整体色彩方案，希望能借此传达出不同人物的内心和情感真相，为整个叙事添砖加瓦。由《后窗》开始，传奇电影服装设计大师伊迪丝·海德共与希区柯克合作了 11 部作品。她曾说过："希区柯克很懂色彩；每次他给我剧本的时候，每一套服装具体要怎么样，都已有了文字说明……他的画面感觉非常之清晰明确，也相当理解色彩的重要性。"[24] 他将自己在服装方面那种公子哥儿的直觉，直接用到了电影之中；按照海德的说法，"在关于如何做到克制的问题上"，希区柯克也给她"上了一课"。[25] 当他选定维拉·迈尔斯来接班格蕾丝·凯利之后，也通过为她选定服装色彩，试图将她变成符合自己想象的电影明星。他曾告诉海德，维拉·迈尔斯"是了不起的好演员"，只可惜"打扮时用的色彩太多，已经整个人被色彩给淹没了"。[26] 按照他的指示，海德为迈尔斯准备的从头到脚整套服饰，只用了黑白灰三色。在为女明星安排服装时，他用到的正是决定他本人穿衣风格的那套基本准则：花里胡哨的东西，一概不准。相比最新的流行时尚，他更偏好那些"经典"款式，至于女演员原本的穿衣品位，如果恰好与他背道而驰，那他肯定也会坚决出手，加以阻止。因为希区柯克只关心一件事：什么样的服装才能最好地向观众传达那些不言而喻的信息。在这方面，最著名的例子来自《迷魂记》。对于金·诺瓦克扮演的双重角色中的玛德琳那一部分，他坚持要她穿上灰色西装。但诺瓦克却不想这么穿，而且还告诉海德说，随便什么颜色她都乐意，灰色除外。海德向她解释说，"希区柯克拍电影就像是在绘画，所以他对色彩的重视，绝不亚于任何一位画家。"但这并未能说服诺瓦克。"伊迪丝，这事情你来解决，"希区柯克毫无商量余地地回复说，"我不在乎她穿什么，但一定得是灰色西装。"[27] 最终，诺瓦克还是答应了——这事情她其实原本就没什么可商量的——而且也逐渐意识到了，玛德琳的穿衣风格必须要和同样由她扮演的朱迪大相径庭，这才是正确的做法。灰色西装成了横亘在这同一个演员饰演的两个不同人物之间的屏障，而且一旦穿上灰色西装，"我就必须要站得更笔直，更挺拔……更有一种扮演玛德琳时浑身上下都不自在的感觉"[28]；不妨再看看她在《迷魂记》中的表演，上述感觉确实相当明显。

给自己电影里的女明星穿上各式各样的衣服，这件事带给了希区柯克无上的享受。和《迷魂记》中由詹姆斯·斯图尔特饰演的男主角一样，让她们穿上衣服，由此获得的感官愉悦，不亚于让她们脱去衣服。伊娃·玛丽·森特预先就知道希区柯克对于女性服装的狂热兴趣，所以第一次碰头讨论《西北偏北》里这个角色时，便有意识地选了一套风格稳重端庄的行头——米色连衣裙搭配白色手套——因为她听说过，这样的衣服很能博得希区柯克的欢心。结果试镜时，希区柯克并未让她试着去表演什么东西，反而是花了好长时间看她试穿各种服装，还让她换了不同发型与妆容来看搭配效果，让伊娃有了一次前所未有的人生经历。"我想希区柯克应该是唯一一个提出过这种要求的人，不管是发型、妆容还是整体外型，所有方方面面的每一处细节，全都必须要在镜头前面试过。"[29] 结果，他对伊娃的造型还是不太满意——该片服装设计并非伊迪

丝·海德，而是换成了海伦·罗斯（Helen Rose）——于是带着她
专程飞了一次纽约，在曼哈顿的波道夫·古德曼百货公司，把她所
需的服饰从头到脚给挑了一身。希区柯克对于细节的关注，让伊娃
大受触动。"他给我设计了整体造型，准确地说，是给我扮演的伊
芙·肯德尔这个角色，设计了整体造型。"她在半世纪后回忆说，
"而且不仅仅是衣服，还有各种配饰以及发型、化妆，包括我脖子
上戴的珠饰，诸如此类的细节。当然，还有各种鞋子。所有这些我
都很喜欢，还有他的这种关切。作为演员，这也有助于我去想象一
下，他心目中的伊芙·肯德尔究竟该是什么样子。"[30] 当然，关于
这角色的着装，伊娃·玛丽·森特自己也有一些想法，对此希区柯
克倒也尽可能地从善如流。例如，在这部漂亮衣服层出不穷的《西
北偏北》里，给人留下数一数二深刻印象的那一条满是红玫瑰图案
的黑色连衣裙，那就是由女演员亲自挑选的。

　　希区柯克对电影之中女性服装的关注，无疑远多于他对男性角
色服装的投入。即便如此，他也十分清楚服装在塑造男性身份时所
具有的那股力量——鉴于他和利贝拉切共用着同一位裁缝，这应该
也不会让人觉得意外吧。在《西北偏北》中与伊娃·玛丽·森特搭
戏的演员里面，就有初登银幕的新人马丁·兰道（Martin Landau）。
由他饰演的伦纳德，是詹姆斯·梅森（James Mason）饰演的反派
菲利普·范达姆的贴身帮手，本身就颇有一些公子哥儿的风格作
派。在片中，伦纳德的穿衣风格与加里·格兰特饰演的罗杰的穿
衣风格，几乎做到了完全一致，而这恰恰也是希区柯克有意为之。
他相当重视这一点，特意安排了专为格兰特制衣的奎地诺裁缝店
（Quintino）来裁制马丁·兰道的全套戏服。在芝加哥的时候，希区

柯克把兰道叫去了拉塞尔街车站，当时他们正在那儿拍摄加里·格兰特的戏。"马丁，从服装组发给你的那些西装里先找一件穿上——我想看看配合上周围环境后会是什么效果。" [31] 明明还没轮到他的戏份，就先让他穿着戏服来出外景，这既说明了希区柯克在服装这件事上的专注，同时也表现出他爱戏弄人的幽默感。他一早就猜到了，格兰特看到和自己同组的配角演员——而且还是之前从未演过电影的新人——竟也穿着由他专用裁缝给特制的西服，而且裁剪式样也都和他的西装一模一样，心里肯定会觉得不痛快。果然，兰道抵达后没过多久，就有人跑来问他："兰道先生，不好意思，但格兰特先生想要知道，您这身西服是哪儿来的啊？"兰道回答说，是环球影业服装部发给他的。结果那人又告诉他说："格兰特先生说了，那是不可能的。" [32] 显然，格兰特一眼就能认出兰道那套西服究竟是谁给做的；他心里还真有些挺不是滋味的。

格兰特其实大可不必担心。他在《西北偏北》中几乎由头穿到尾的这套西服，如今早已成为有关公子哥儿着装风格的永久经典。2006 年，《GQ》杂志评选好莱坞史上最佳男装，排名第一的正是这套西装。"《西北偏北》说的可不是加里·格兰特的遭遇，"托德·麦克尤恩（Todd McEwen）在文中写道，"而是他这身西装的遭遇。" [33] 这身衣服，陪着片中的格兰特摸爬滚打了数千公里，虽也饱经风霜，但任何时候都只需轻轻擦拭一番，便又重新恢复了清爽、优雅的最佳状态。麦克尤恩不禁要问，希区柯克在电影里实施过各种各样的暴行，但唯独只有把加里·格兰特弄得邋里邋遢这件事，对他来说却是唯一的禁区，是不是这样？"如果把他这身行头糟蹋得面目全非，那一定会给大家留下难以承受的心理创伤，哪怕是希区柯克那么热爱施虐的人，也做不出这样的事。"[34]《西北偏北》上映十年之际，格兰特接受《GQ》杂志专访，虽明显摆出一副故作谦虚的姿态，坚称他根本就谈不上什么会穿衣服，而且在这方面几乎就没任何兴趣，但仍禁不住介绍了一些穿搭心得。他强调说，自己从未"专门花心思去买那种一眼就能看得出很时尚或很新潮的衣服……对我来说，好品味的精髓，一直就都只是简单二字"。[35] 这可真是 100% 的希式观点啊。就连伊迪丝·海德也注意到了，格兰特和希区柯克在色彩上竟也有着相似的直觉。《捉贼记》前期筹备时，格兰特就已经按着海德和希区柯克为格蕾丝·凯利定好的各色服装，自行搭配好了他该穿哪些颜色的衣服来做对应。"海滩那一场戏，她穿淡蓝色泳衣？好，那我就穿格子短裤。她穿灰色连衫裙的时候呢？我就穿深色外套搭配灰色休闲裤吧。"[36] 希区柯克也乐于让格兰特按他自己想法来穿衣打扮；也有人觉得，在这位男主角身上，希区柯克看到了他一直以来对于自己的某种幻想。他曾形容说，格兰特是"我唯一爱过的演员"[37]，而格兰特也觉得，他和这位导演之间确实存在某些特别的东西，"关系融洽而且许多事无需开口就有默契"[38]，两人共通的品味、习惯和鉴赏力便是证明。

　　或许我们可以认为，加里·格兰特就是希区柯克无法表露在外的那个内心世界的化身。他的体型，也正符合公子哥儿的理想标准——身材苗条、四肢修长、宽肩阔胸——而且平时展露出的那种对于外表的自信，恰恰也是希区柯克完全就不具备的。五十多岁时，格兰特在《捉贼记》和《西北偏北》里，都还很乐于拍摄各种程度的裸体戏。《捉贼记》里的那几场沙滩戏，格兰特均大胆袒露了自己已被晒成古铜色的身体，堪称希区柯克全部作品中暴露肌肤

最多的一位明星。*从影几十年，希区柯克始终很不愿意拍摄由中
年男性明星领衔主演的作品；他之所以从没想过要把克瑞朋大夫的
故事搬上银幕，据说就是因为这一点，而他在《迷魂记》之后就再
没用过詹姆斯·斯图尔特，可能也有这方面的原因。但是，这条规
则却不适用于加里·格兰特。在希区柯克眼中，格兰特似乎就是独
一无二的。他不会变老，已经超越了时间的法则。只是，再怎么让
人艳羡的英俊和青春，若是对比《西北偏北》主人公三十来岁的年
龄设定，其实还是明显老出了许多。而且第一次观看该片时，很
可能会有观众觉得莫名，格兰特怎么会管洁希·罗伊丝·兰蒂斯
（Jessie Royce Landis）叫"母亲"啊——明明看着他们更像是姐弟
俩。不过，希区柯克倒是始终对格兰特战胜衰老的本领大有信心，
总希望日后还能继续用他来当主角。迟至 1979 年，即格兰特退休
息影多年之后，希区柯克都还不忘写信给他，问他是否"未来某天
能再赏脸让我拍摄一下，因为你也知道的，你肯定行的"。[39]

　　只要是希区柯克制作的项目，即便是在镜头拍不到的地方，如
何正确穿衣打扮，也都十分重要。男性剧组人员要是穿了短袖衬
衫或者没系领带——那可真是犯了大忌——就来了拍摄现场，结果
肯定会因为不修边幅而被专门提醒，不过负责提醒他们的，基本
上永远都不会是希区柯克本人——类似这样的正面冲突，他可不太
善于应付。编剧埃文·亨特记得他到《群鸟》剧组的第一天，下班
时忽然发现希区柯克的助手佩姬·罗伯森已在停车场等着他。"希

---

* 《惊魂记》里的珍妮特·李和《狂凶记》里的芭芭拉·李-亨特都用过替身
　演员。

"世间独一无二的完美。"希区柯克和加里·格兰特在《西北偏北》拍摄现场。

区柯克觉得，要是你今天来上班时穿得没那么随便，那或许就更好了。"[40] 不确定是不是在亨特离开希区柯克办公室的那一瞬间，就有人召开了一次紧急会谈，还是擅长揣摩老板心意的佩姬·罗伯森纯粹是在凭直觉自行其是，总之，第二天一大早，希区柯克便愉快地见到了已将运动夹克留在家中的埃文·亨特，穿上了衬衫，领口还系好了领带。对希区柯克而言，领带真是非常重要；不打领带的男人，看起来就近似裸体。某次，一位新人导演请他给些建议。结果，希区柯克把这年轻人上下打量了一番，郑重其事地告诉他说："真正的导演，都系领带。"[41]

他将自己的服饰品味和标准强加于人，也由此让周围人更强烈地感受到了他的存在感，让他们都可以更好地为了实现同一个希式目标而付出努力。"像希区柯克那样地去观察，像希区柯克那样地去思考"，透过这表面上的目标，我们可以看出他喜欢摆布他人的那种本性。他就是那么热衷于将周围人都按着他自己的个性来筛查一遍，从而达到重新塑造他们的最终目的。他这种对周围人穿衣打扮的高期待，佩姬·罗伯森便深有体会，而且她也承认，不说全部吧，她至少有一部分的着装取舍，确实都是基于她自己猜度出来的希区柯克喜好而决定的，这和伊娃·玛丽·森特第一次会见希区柯克时的那种做法，十分相似。希区柯克去世多年之后，佩姬·罗伯森曾回忆说，某一次她买了一条素净的海军蓝色连衫裙，本以为会让他相当满意，结果也确实等到了希区柯克的几句赞美，只不过那口吻听在她的耳中，明显感觉其实是在批评，于是令她倍感沮丧。另有一次，她买了一双并不怎么惹眼的棕色皮鞋，第一次穿去上班时，意外发现希区柯克似乎是真的很欣赏这种款式。"这让我高兴坏了，"她回忆说，"于是周末又去买了三双还是几双同款的鞋子，哪怕价格还真是贵到可怕，但只要能获得他的些许认可，就够我不胜欣喜的了。"结果，这后几双鞋子再也没能得到希区柯克的任何评价。显然，他很清楚哪些人是在主动寻求他的赞美。一旦遇到这种情况，马上就会变得惜字如金。"直到他去世，都再未跟我说过一字半句有关我鞋子的话，一个字都没有。他很清楚我在想些什么，一眼就能看得出来。"[42] 这就是希区柯克，他为自己精心编织了这么一种品味和才华均无与伦比的神秘形象，让手下这些左膀右臂，光是为了追求他的认可，就可以不遗余力——尤其是，他们越是意识到这样的认可，其实几乎是不可能实现的目标，反而越会拼了命地卖力。

通过专注于细枝末节来让生活至臻完美，这样的公子哥儿生活态度，早已渗透在了希区柯克人生的方方面面。他们夫妇名下的那些加州住家，装潢和家具都没采用典型的好莱坞夸张风格，低调的同时，却也无比注重各种特定细节。20 世纪 50 年代，希区柯克曾让人翻修自己住家的某间浴室。他给装修工人下达了精确到不能再精确的详细指令，就连用的大理石，也都是他专门由佛蒙特州采购而来的某种绿白相间的特殊款式。他家各处墙面上星罗棋布着的那些艺术品，每一件都是专门选定的，力求能够反映希区柯克夫妇的公开形象与私人品味，也糅合了前现代的英国传统和最摩登的时尚。在那里，现实风格的具象作品与色彩艳丽的抽象作品各有千秋，作者包括了郁特里罗（Maurice Utrillo）、爱泼斯坦（Jacob Epstein）和克利（Paul Klee），外加一件后来因为被发现其实是赝品而让希区柯克大动肝火的毕加索油画。此外，在他们家的厨房抽屉和瓷器橱柜里，除了最上乘的谢菲尔德餐具、爱尔兰沃特福德水晶和代尔夫特蓝瓷等各式精美器具之外，还摆着一些不管什么样的餐饮需求，尽可一一满足的古董银器。其中包括有夹芦笋专用的钳子、吃葡萄专用的剪子、银质的奶油勺和黄油抹刀；各种茶匙和意式浓缩咖啡汤匙；专门用来舀糖、舀浆果、舀冰淇淋、舀餐后咖啡和舀盐的勺子；各种坚果开果器、水果刀、黄油刀和剖鱼刀；专门用来吃沙拉、吃水果、吃午餐和吃晚餐的叉子；各种馅饼刀、奶酪刨和蛋糕切片器；各种牛肉切片刀，以及专用于野味和家禽的单独用刀。而上述这些，还仅仅只是 1962 年为他们夫妇两处住家其中一栋所编制的那整整十一页银器清单中的少数几个条目而已。[43]

　　不管做什么事，正确的途径只有一种，而错误的办法却有千千万，在希区柯克看来，这似乎理应是人人皆懂的公理。拍摄《西北偏北》时，某天他发现伊娃·玛丽·森特正往一次性塑料杯里倒咖啡，顿时觉得在情感上受到了很大侮辱。他非常严肃地向其指出，这行为和她的明星身份实在是格格不入。"应该让人用瓷杯和碟子把咖啡给你送过来才对。"[44] 但是，这还不是最让他受不了的不成体统之事。20 世纪 60 年代初，某天晚上保罗·纽曼应邀来他家吃饭。上桌之前，纽曼脱下了夹克衫，直接就往椅背上一挂。不仅如此，他还拒绝了希区柯克提前为其准备好的与食物相佐的葡萄酒，转而要了一杯啤酒——而且都没用杯子，直接拿着罐头就喝了起来。这可绝不是男一号该有的做派啊；换作是加里·格兰特，打死他都不会直接抓起啤酒罐就一个劲猛灌的。[45] 在此之后，希区柯克对于保罗·纽曼的看法，就再也没彻底恢复过。

保持仪式感，这一点对于他的公众形象而言，也有着至关重要的意义。但是对他而言，仪式感的保持，又必须秉着轻松、低调的风格才对。每天几点开拍，几点收工，他都会尽量做到维持在一个正常的时段之内。尤其是在和塞尔兹尼克分道扬镳之后，希区柯克更是力争每次拍摄都必须做到这一点，但这也就和我们文化里的那种主流观念——即不管在哪个领域想要获得成功，就必须任由那些"内心驱动力""激情""灵感"来驱遣我们，哪怕这往往意味着我们要付出大把时间——完全背道而驰了。事实上，他这种守时的做法，就是在展示他那种轻轻松松、一切尽在掌握的公子哥儿风格；是他在决定怎么拍电影，而不是倒过来让拍电影这件事成了他的主宰。渐渐的，"这只是一部电影"成了他的口头禅，目的就是为了要让我们相信，别看他表面如何如何，在他内心深处，其实永远都是平静似水、一片淡然。在解释自己为什么能做到什么事都不怎么放在心上的时候，他曾表示："我开始相信这么一件事：隐藏着的未来，那是上帝送给我们的最仁慈、最令人兴奋的礼物之一，我们可以一直就这么绝望下去，或者，也可以选择对未来充满信心，哪怕这未来暂时被隐藏了起来，暂时无法被我们看到。"[46] 当然，对比一下之前那五十年里他不断公开讲述的那些说法，对比那些关于他是神经质，什么人都害怕，什么事情都担心的自述，上面这段话，显然是自相矛盾的。而且，谁都能看得出来，其实他在工作上非常上心，即便是下了班，也都会把工作带回家，利用晚上的时间反复咀嚼，而这也和上面那段话完全就是南辕北辙。他在介绍自己拍摄期间的日常作息时，透露说他每天都会早起，将接下来这一天里所要面对的困难全都预想一遍。只有家里人知道，他所谓的早

起，其实指的是半夜三点就起；再怎么说，这都和心静如水四个字
沾不上边。

　　事实上，公子哥儿本就是由英国有闲阶层中间诞生而来的一种
身份，基本都是一些四体不勤的花花公子。博·布鲁梅尔的家庭，
虽散发着"新贵暴发户"的铜臭味，但却缺少贵族基因。为了弥补
这一点，他才会极度沉溺于这种慵懒安逸的状态之中。但进入民主
时代，对于那些靠满腔热情和勤勉努力才获得如此身份的公子哥儿
来说，处境就不免有些尴尬了。希区柯克解决这种窘境的办法，便
是为他勤奋工作的人生图景，刻意增加了一层无所事事的人造假象。
他就那么往导演椅上一坐，摆出一副百无聊赖的姿态，用玩世不恭
的回答，开玩笑地回应着采访者的各种严肃提问。面对编剧的时候，
他传递出的也是一种"玩起来吧"[47]的态度，哪怕实际上，他始
终都要求每一位合作者，要拿出不遗余力的职业态度和奉献精神来。
赫伯特·科尔曼曾在20世纪50年代做过他的副导演和助理制片，
他在回忆录中多次提到，正是因为希区柯克对他的种种期望——希
区柯克将自己当作了一个"项目"，需要手下人全情投入项目——
让他的婚姻都一度陷入危机。而且有一件事更是让科尔曼满腹委
屈——希区柯克告诉一位同事说，科尔曼"是我认识的人里面最懂
制片的……可惜他有一个缺点，心思更多地放在了家人身上，而不
是上班干活"。[48]在欧内斯特·莱曼看来，希区柯克这种效法公子
哥儿的懒散做派，其实根本就是一种策略，他是在自欺欺人，目的
就是要转移自己的注意力，以免为了拍电影而连轴转地忙个不停。
所以莱曼认为，希区柯克坚持要拍电影的原因，"是为了保住他的
声誉、财富和现有生活方式。但他最大的享受，他真正的存在理

由，很可能其实只是想要活得舒心，只是坐着编些故事，琢磨一些
好点子，自由自在地吃吃喝喝，过着无忧无虑的生活——但实际上
呢，拍电影本就是一件苦差，而这给他带来了相当不少的焦虑"。[49]

　　希区柯克电影里的男主角，往往都对工作抱着轻松态度，或是
干脆因故只能无所事事。看看加里·格兰特参与的那四部电影，他
扮演的分别是从有钱妻子那里蹭钱的骗子；大把时间都用来吃喝玩
乐和骑马的特工；靠不义之财活得无比滋润的退休珠宝大盗；声名
不佳的广告公司高管。这最后一个角色，广告公司高管罗杰·桑希
尔，倒还算是工作勤奋，但那也只是在影片才刚开始时略有交待，
而且我们还看到他抢了别人的出租车，把大堆业务都交给了秘书去
处理。总而言之，这四个角色都体现了某种不用流一滴汗便可坐享
其成的理想生活状态，把希区柯克的这种内心向往直接呈现在了大
银幕上。在描述这四个人物时，我们还可以引用托马斯·埃尔塞瑟
文章里的一句话：希区柯克这一生过得就像是某种"对于现实的抗
议，他假借着要让生活反过来模仿艺术而非艺术来自生活的名义，
让人为因素战胜了意外因素，不给意外任何机会"。[50]

　　希区柯克这种公子哥儿做派，除了喜欢在工作时故意装得举重
若轻之外，生活中也会注意绝不能轻易便情感外露。用波德莱尔的
话来说，那是一种"绝不允许自己受到感动的坚定决心"[51]。完
美状态下的公子哥儿，既不会被悲伤压垮，也不会受制于愤怒或快
乐的情绪；他在任何时候都能保持冷静、冷漠。这本就是出自英国
的公子哥儿对于男子气概最具有本国特色的理解，而希区柯克平时
公开亮相时那种面无表情的形象，也正是其具体表现。在 1999 年
播出的一部英国广播公司纪录片里，出现了 20 世纪 30 年代在希

区柯克家里拍摄的一段家庭录影带。他不光是在镜头前瞎胡闹、做鬼脸和表演哑剧，甚至还在婴儿围栏里装出童稚的样子，整只手塞进了嘴里。第一次看到这样一幅画面，我们肯定会有一种奇怪的感觉。因为希区柯克这一生，出镜频次极高，但他那种面无表情紧盯镜头的形象，早已深入人心。类似这样的巨大反差，也出现在了《希区柯克剧场》某一集的结尾。《佩勒姆先生的案件》（The Case of Mr. Pelham）讲述的是某人痛苦地发现世上竟然还有一个和他长相极其酷似的分身存在的故事，剧情拍到最后，镜头一转，切回到摄影棚内的希区柯克，他正试图挣脱两名医务人员的控制，而且这两人还长得一模一样。"我是阿尔弗雷德·希区柯克！就是我啊，我可以证明……我真的是啊！"他喊叫着，整张脸都因恐惧、愤怒而变形扭曲。这可真是叫人浑身起鸡皮疙瘩的一幕，世上最沉着冷静的那个男人，竟突然变得茫然不知所措起来。很快，陷入歇斯底里状态的这个希区柯克，被人带了下去，而另一个希区柯克，则马上以我们熟悉的方式走入镜头之中，依然还是我们熟悉的那种面无表情的样子，这才让观众都放下心来。这个希区柯克为前者毫不得体的情绪爆发表达了歉意，并且解释说，刚才被赶走的那一位，明显就是一个冒牌货。此时，远处传来一声枪响，但这一个希区柯克依然不动声色地说："可怜的家伙。如果你们不介意的话，我也需要一点时间来舒缓一下情绪。"

希区柯克从影几十载，几乎一直都很推崇他所谓的那种"消极表演，也就是什么都不用做，就能把台词给说出来的本领"[52]。自然，这和他所偏好的那种电影拍摄技巧大有关系。早在1937年时他就说过，相比话剧演员，"电影演员必须更有塑料感，因为绝大多数时候，电影演员只需要表现得安安静静、自自然然的就可以了……最好的电影演员，正是那种什么事都没办法做得极其优秀的人"。[53] 也因此，希区柯克才会认为自己作为导演的最重要职责之一，便是要将演员脸上的所有东西全都清走，仅只留下最必不可少的那些情绪表现。他曾告诉过彼得·博格丹诺维奇，当初和金·诺瓦克的合作之所以颇具挑战，正是因为她的面部表情太过丰富，有好多不相干的情绪也会一齐传递出来。"你脸上的表情可真不少啊，"他直截了当地告诉诺瓦克，"但我一种都不想要……你的脸就像是一张尽是乱涂乱画的纸片。"[54] 在他和蒂比·海德伦关系破裂之前不久，曾谈起过《群鸟》的一大关键成就，便在于成功控制住了她脸上的每一丝表情。确实，《群鸟》开始不久之后那好几场戏，海德伦的面部特写都凸显了她的空洞表情，成功传递出了这个人物的神秘莫测，也足以证明希区柯克所言不虚。因此，也有评论者指出，抛开性别不谈，《群鸟》女主角梅兰妮·丹尼尔斯和《艳贼》女主角玛妮·埃德加，堪称是希区柯克作品中塑造得最成功的两位公子哥儿——时髦、神秘、拒人千里之外。

　　这两个角色都由海德伦饰演，情感都宛若遭到了冰封，虽然影片行将结尾之际，这两人显然都获得了某种救赎，但那两次冰消解冻的过程，其方式却都来得相当粗暴，让人看了内心不安。她们都是情感上的绝缘体，如何能让这种人也通上电，这是希区柯克电影里经常会出现的一道难题，尤其是由加里·格兰特和詹姆斯·斯图尔特领衔主演的那几部。这两位男演员，分别代表着希区柯克关于男性身份的两种不同想法，甚至可以说是希区柯克自身的某种代表。格兰特演的那几个人物，其代表的是男性的幻想，幻想自己充满了魅力，而且在性的问题上满怀自信；至于斯图尔特演的那几个人物，他们所表现则是正为恐惧、执迷和内疚而纠结痛苦的普通男子。这两者之间的共通点，是他们身上都有着冷傲的单身汉气质——《擒凶记》里斯图尔特演的已婚角色不包括在内；他们都是将一腔柔情隐埋在内心深处的公子哥儿人格面具。但是，这些电影行将结束之际，这几个男性人物的脆弱外在，无一例外地都有了缺口；有些是好的缺口，有些是坏的缺口。这成了希区柯克在表现公子哥儿风格时的一个关键点：自我批评。和同一时期由汉弗莱·鲍嘉、约翰·韦恩等人所饰演的那种阳刚味十足的男性人物不同，希区柯克作品里的这些公子哥儿，让我们看的时候完全就吃不准到底该不该代入。一方面，他也希望我们能关注这些公子哥儿，但另一方面，他却又敦促我们去自问一句：所有这些刻意雕琢出来的外表，这些努力得来的风雅，究竟是否真的值得？

这也是希区柯克的扪心自问。如果能放下他的公子哥儿架子，更多地向别人敞开心扉，哪怕这有可能会让他的自尊心受些打击，但是今后的日子是不是会过得更为舒心？私底下，他时而也会抱怨，哀叹自己在电影拍摄现场的感觉，就像是骑着一匹骆驼穿越沙漠，完全看不到尽头，而且始终都是孤单一人。一方面他也在自问，周围人时时刻刻都尊敬地称呼他为希区柯克先生，这是不是很可笑？但一转头，他又坚持所有人都必须要严格按着各种标准来做。晚年的他曾经表示："对于你不得不与之共事的那些人，千万不可过分亲昵，绝不能冒险暴露出你其实只是凡人的那一面。"[55]约翰·兰迪斯（John Landis）在 20 世纪 70 年代初识希区柯克之际，才刚入行不久。在他的记忆里，当时的希区柯克早已名满天下，再加上他那份独特的气质，让兰迪斯觉得自己就像是遇见了某种传说中的神兽。[56] 同样，编剧大卫·弗里曼也说他第一次见到希区柯克时，感觉就像是生平头一回去游览埃菲尔铁塔。"明明是久仰大名、慕名已久，但终于可以亲眼一睹的时候，想到的都是各种明信片上的铁塔，很难有那种初次相见的感觉。"[57] 偶尔，也会有一些勇敢的年轻人，坚持要把希区柯克也当普通人来对待。布鲁斯·邓恩（Bruce Dern）说他在《大巧局》开拍第一天，就一屁股坐到了希区柯克身旁："我可不在乎你乐不乐意，总之这十个星期，我跟你坐一起是坐定了。"[58] 邓恩这种不知分寸的做法，显然收到了好效果，而他也认定了，虽说希区柯克确实是在自己周围树起了一道拒人千里之外的隐形巨墙，但如果真没人敢在拍摄现场接近他，其实也会让他内心相当受伤。[59] 总之，他既想维护自己的特殊地位，同时也渴望能和大家打成一片，如此纠结的后果便是，希区柯克由始至终都没能把握好其中的分寸。"不少人都觉得我是怪物，"他曾说过，"有些女人告诉我说，'哦，你和我想象的完全不一样啊。'我问她们：'你本来是怎么想的？'她们会说：'原本以为你会很不友好，原本以为这个啊那个啊'……那完全就是误会……我和她们想的正相反。我反而要比她们更害怕会面。"[60] 被人误解，这可是职业公子哥儿躲都躲不开的工作危害，而且不管他内心再怎么剧烈翻腾，外表却还得保持着处变不惊的样子。

看得见的和看不见的之间的对话，表面和隐秘之间的对话，这是《夺魂索》的核心所在。镜头前两位主人公大胆尝试完美犯罪的情节，也对应了镜头后希区柯克的肆无忌惮：他想要在当时的条件下，革命性地一镜到底拍摄这部电影。不管是拍摄计划还是杀人计划，都是无比精巧的行动，都要仰赖暗地里的各种努力才能实现。拍摄者煞费苦心，杀人者残虐成性。

贯穿《夺魂索》全片的，是似乎依稀可见但其实却又不曾出现（或者更确切地说，是没有明说）的同性恋潜台词。影片核心人物菲利普和布兰登，灵感来自现实生活中的一对杀人犯利奥波德（Nathan Leopold）和娄布（Richard Loeb）。菲利普和布兰登合伙犯下一桩不可告人的罪行，而这显然也是对他们同志关系的某种暗示。在当时的审查机构看来，相比彻底毁掉一条无辜生命，同性恋这种联合犯罪行为对于社会风气的危害性，甚至还要更大。泄露《夺魂索》这一天机的，是那两位演员的人选安排。希区柯克抱着喜悦的心情，明知故犯地找来了两位同志演员担任主演：约翰·达尔（John Dall）饰演善于控制别人的布兰登，法利·格兰杰（Farley Granger）饰演容易被人牵着鼻子走的菲利普。负责该片编剧的是阿瑟·劳伦茨，他当时才刚满三十岁，在 20 世纪 40 年代末那样的大环境下，已是尽可能在保证自身安全的前提下，以开放姿态来对待自己的同志身份了。[61] 两次世界大战当中那几十年里，社会上对于同志相对宽容，但进入 40 年代末期，针对他们的各种骚扰和入罪做法，已变得相当积极主动。[62] 按照演员格兰杰和编剧劳伦茨各自回忆录里的说法，《夺魂索》拍摄期间，他俩正在拍拖。希区柯克对此也是心知肚明，但却始终保持沉默。事实上，格兰杰、劳伦茨和达尔三人都很确信，对于希区柯克而言，《夺魂索》故事里的同志主题，一定是有着极强的吸引力。虽然他从未与他们三人中任何一个挑明过此事，但是"他在呈现这段故事时，确实融入了不少和性相关的暧昧与不确定性"。[63]

这种不加掩饰的暗示，最明显的体现，便在于这对年轻的唯美主义者的生活风格了。包括布兰登对于烛台摆放位置的特别关注，还有他们行为举止的极度精致以及这种同性社交生活的投入程度，甚至是他们杀人行径的具体实施方式。所有这些，看在现代观众眼里，可以说是相当的明显，但对于1948年时的观众来说，显然却非如此。我们跟随镜头进入他们的公寓，一上来就是受害者大卫窒息致死那一瞬间的面部特写，填满了整块大银幕，也很容易让人想到《房客》的开场画面。不过，《夺魂索》这开场一幕所蕴含的言外之意，明显涉及了性爱：受害者的表情，还有凶手那种气喘吁吁的状态，都很容易让人联想到某种激烈的肢体运动行为，尤其是布兰登还在事成之后，迫不及待地抽起了烟。影片剩余时间，大卫的尸体就被他们扔在了柜子里，始终躺在里面——就像是爱伦坡的《泄密的心》（The Tell-Tale Heart）里一直在地板下跳动着的那颗心脏——成了悬而未决的一个提醒，提醒我们记得在他们家的某一处私人空间里，正有一个天大的秘密暗中潜伏着。《夺魂索》由帕特里克·汉密尔顿（Patrick Hamilton）的同名话剧改编而来，话剧里没法看到——只能听到——的杀人行凶的那一瞬间，希区柯克坚持要在电影中明确无误地拍出来，而菲利普、布兰登身上那种优雅和残忍之间的明显脱节，也由此得到了确切无误的呈现——而说到这种脱节，不妨看看希区柯克电影里的这些杀人者，所谓的文明，其实竟是如此不堪一击。

鲁伯特·卡戴尔这个角色，原本希区柯克和劳伦茨写剧本时，就想好了要让加里·格兰特来演。这个人物是菲利普、布兰登曾经的导师，为人风趣诙谐，但说话又有些尖酸刻薄。他发现了两人的罪行，意识到自己旨在嘲讽传统道德观的那些求全责备，竟被这些年轻学生当了真，让他们受到了激励，最终犯下了这可怕的罪行。鲁伯特不禁踟蹰惶恐。可惜，如果加里·格兰特真能演出这个角色的话，《夺魂索》原本可以成为希区柯克电影里最具有公子哥儿风格与同志气质的作品。结果，不光是格兰特，还有原本有可能会出演布兰登的蒙哥马利·克里夫特，全都拒绝了希区柯克的邀约。编剧劳伦茨在回忆录中写道："按照希区柯克的说法，那两位演员都觉得，他们身上有着某种和性相关的特质，一旦接演这部电影，很可能会成为易受攻击的对象。"[64] 尤其是格兰特的拒绝，让劳伦茨非常失望，因为他觉得格兰特的表演"始终都是和性有关的"[65]，本可以在几个人物之间添加一些额外的活力。不过，劳伦茨的判断可能也并不完全准确。"银幕上的加里·格兰特从来就和性无关，"影评人大卫·汤姆森表示，"相反，他很清楚看电影这个行为，本身就是色情的，银幕上的影像都是具有暗示性的，但又不会真发生什么。"[66] 拿这句话来形容希区柯克电影，简直堪称完美。最终，鲁伯特改由詹姆斯·斯图尔特来演，而格兰特原本肯定能带给这个人物的闪光点与暧昧性——他演技发挥最出色的那些作品中，总少不了这些优点——斯图尔特一概欠奉。格兰特的本领就在于，他可以同一时间里既让观众受到诱惑，又让他们感到困惑。希区柯克非常了解这一点，也知道对于这部关乎男性禁忌欲望的电影而言，这种双面性，本该是再合适不过的元素了。正如某位格兰特传记作者所指出的，在他声名鹊起的 20 世纪 30 年代和 40 年代，对于这个非同凡响的绝妙人物，公众其实也常常都在自问：他究竟"是男人里的一个新品种，还是其实压根就不是一个'男人'"？[67]

　　好几部希区柯克电影里，其实都有类似这样悬而未决的疑问存在。《谋杀》中名为汉德尔·费恩的那个人物，平时常男扮女装；《捉贼记》中模仿飞贼约翰·罗比作案的，其实是一位少女。演员艾弗·诺维罗（Ivor Novello）的男性身份始终有一种暧昧模糊的感觉，当初拍摄《房客》和《下坡路》的时候，希区柯克也乐在其中地拿此大做文章。诺维罗是当时的英国大众偶像，号称是威尔士的鲁道夫·瓦伦蒂诺。不过，在电影圈里，他的同志身份人尽皆知。在《房客》中，诺维罗那个角色的情敌，有着这么一句台词："他对姑娘不感兴趣，这让我很高兴。"表面看来，这说的自然是诺维罗扮演的那个专杀女性、厌恶女性的复仇者角色，但言外之意，显然也指向了演员本身的暧昧性取向。《下坡路》也有一场戏，背景中的花盆，似乎被叠加在了诺维罗头顶。希区柯克在谈到这个直白得不能再直白的笑点时，曾表示说："没办法，这实在是太让人跃跃欲试了，但话说回来，就艾弗那种形象，偶尔头上顶个花盆，他应该也没什么理由会介意吧。"[68]此外，《火车怪客》里的同性恋潜台词，其实也相当明显。由罗伯特·沃克饰演的布鲁诺，穿衣风格大胆，如影随形地跟踪由法利·格兰杰饰演的盖尔。他就像是《夺魂索》那两位男主角的一位远房表弟，与他们一脉相承，只是脑袋瓜没他们那么好用。再有，按照《西北偏北》的剧本设定，马丁·兰道饰演的那位始终仪表堂堂的伦纳德，也明白无误地就是同志一名。那剧本里写着，他长着"一张柔和的娃娃脸，一对大大的眼睛，头发散落在前额，举手投足完全就是一副娘娘腔"。[69]负责电影审查的人读到这里，顿时起了疑心。在希区柯克收到的某一封

信里，他们警告他说："如果在你最终完成的影片中出现任何有关
伦纳德是同性恋的蛛丝马迹，我们都会基于《电影制作守则》*相关
规定，不予该片过审。"[70] 可实际拍摄时，马丁·兰道还是有意识
地演出了这样的效果：伦纳德仿佛就像是爱上了范达姆，而且还因
为后者迷恋伊芙·肯德尔而心生嫉妒。[71] 当然，按照希区柯克的
要求，兰道使用的也是所谓的"消极表演"，靠的只是眼神、手势
和语气。过往只演过话剧的他，此前其实也演过猛男类型的舞台角
色，但希区柯克对他很有信心，相信兰道一定有能力演好这么一个
不用明说大家也能明白的复杂、另类的角色。当然，除了他本身的
演技之外，希区柯克所坚持的"消极表演"原则，还有为他精心挑
选的全套服饰，也都起到了辅助作用。"马丁，你是内心戏非常复
杂的人，既然演话剧时你能演出这种效果，那么这次的角色，你肯
定也没问题的。"希区柯克宽慰兰道说。[72]

　　观察希区柯克电影里这些同性恋的公子哥儿，我们依稀可以看
出他关于同志生活的这些认识，其实是相当狭窄、刻板和黯淡无光
的。这些人物的身上，几乎都有心理变态、精神疾病、孤独或痛苦
等特征。当然，我们也不能排除另一种可能性：希区柯克想要通过
这些人物来认知、探索一下他自己在身份认同方面的暧昧性。虽
然他的公子哥儿风格是布鲁梅尔式的——包括了洒脱淡然、情感内
敛、拘泥细节等特质——但对比更为浮夸的王尔德式公子哥儿风

---

* 又称"海斯法典"，以旧时任美国电影制片人与发行人协会主席威尔·海斯而
　得名，旨在规范美国电影的拍摄尺度，由 1934 年执行至 1968 年，后被美国
　电影分级制度所代替。——译者注

格，其实也就是一线之隔罢了。而王尔德式的公子哥儿，同性恋恰恰就是其重要特征之一。总之就是，这两种公子哥儿风格，本就没有什么云泥之差，而关于希区柯克性取向究竟为何的问题，外界其实历来也有过诸般揣测。《深闺疑云》编剧萨姆森·拉斐尔森就曾充满好感地总结说，希区柯克就是一个"稀奇古怪而且稍有一些些娘娘腔的男人"[73]*。此外，也有人注意到希区柯克举手投足之间明显有些女里女气，他走路脚步之轻盈，完全就不符合他那身材和他爱静不爱动的名声。早年作品《十七号》的编剧罗德尼·阿克兰德（Rodney Ackland），本身就是同志，他说希区柯克曾告诉过他，要不是在20世纪20年代初遇到了阿尔玛，他本可能会"变成一个基佬"[74]。这番说辞还真颇耐人寻味，希区柯克似乎是将同性恋当成了某种谁都可以自由取舍的风格，而且一定还觉得这还跟他自身风格挺接近的。事实上，对女性明显抱有很大兴趣的希区柯克，是不是同样也对男性抱有很大兴趣，这方面并无任何证据可以支持。他对于同性恋的兴趣，很可能是为了彰显自己的阳刚之气，也可能是因为当时那些关于男人应该要怎么做、做什么的主流观念，已逐渐让他心生隔膜。确实，不管是男性还是女性，他都非常乐意看到他们能摆脱自己通常意义上要扮演的那种性角色和性别角色。《群鸟》中安妮和梅兰妮之间的刺激火花，在《欢乐园》中的帕希和吉尔之间也曾出现过——用传记作家帕特里克·麦吉利根的话来说，

---

* 在彼得·阿克罗伊德2015年出版的《阿尔弗雷德·希区柯克》一书中，讲出这句话的人，是萨姆森·拉斐尔森的妻子，希区柯克夫妇的多年密友多萝西·韦格曼（Dorothy Wegman）。——译者注

这是一种女同志之间的"弦外之音"[75]——而按照希区柯克自己的说法，其灵感来自 1924 年时的一段往事。当时，他还只是一个涉世未深的童男子，在柏林时遇到了一对女同性恋。"我们在宾馆房间里，面对她们数度提出的求欢要求，我始终冷冷地用德语回答，'不行。不行。'然后我们一起喝了几杯白兰地，最后那两个德国姑娘自己上了床。与我们一起的还有一位年轻姑娘，她还是学生，为确保自己不会错过任何细节，她默默地戴上了一副眼镜。"[76]《贵妇失踪记》里有个一口气抖了好几个包袱的笑料，很可能就受到了这件事的影响——考迪科特和查特斯这对形影不离的老校友，发现有年轻姑娘闯入了他们住的狭小房间，而且还当着他们面爽快地脱起了衣服，让他们错愕不已。

长久以来，英国流行文化就很看重男扮女装。20 世纪 20 年代，希区柯克为给朋友助兴时，也会穿上紧身吊带裙，踩起高跟鞋，再戴上一长串项链，扮成摩登女郎，在屋里昂首阔步地走来走去。他甚至还给这一形象起了"梅宝"的名字。差不多也是在那时候，阿尔玛也让希区柯克的裁缝为自己制作了好几套女式西服套装。某日，她穿成这样，走进了一家豪华宾馆的大堂，引得路人纷纷侧目，似乎颇多不满。"他们都在谈论你的裤子啊"[77]，希区柯克特意扯着嗓门说道——妻子敢于冲破禁忌的做法，让他难掩心头喜悦。而《精神病患者》中诺曼·贝茨的变装，也侧面反映出了希区柯克生活里这种爱着女装的做法——很多时候，他还会特意摆出造型，来让人拍照。他曾经扮过维多利亚女王，还有庄园女主人——那是 1957 年他在《本周》杂志刊载的一则戏仿杀人悬疑故事里扮演的数个角色中的一个。[78]

生活并非全都发生在阳光底下，对于仅存于阴影之中的这些东西，希区柯克有他自己的认识，甚至可以说是精通。对比他平时呈现在世人面前的另外一种形象——除电影以外什么事情都不懂的老古板、胆小怕事、热衷迷信——其实并不一致。或许，他电影里层出不穷的各种替身、冒牌货、长相相似的人的主题，背后反映的其实就是他自己身上的这种双重性。他也知道，自己身上其实存在着两种彼此较劲的矛盾身份，而且这对让人尴尬的孪生儿，一直都在互相言语交锋，嘈杂之声从没断过。希区柯克是艺术家，但同时也受大众欢迎；他是战战兢兢的处男，同时又是所有女人都无法抗拒的男人——他还是身形肥胖的不合群的人，但同时又是气质优雅、做事严谨的公子哥儿。对于这样的希区柯克而言，真要说他有什么人生哲学的话，那就是：要尽力达成这"世间独一无二的完美"。

（左图）希区柯克饰演温德布隆伯爵的妻子，阿加莎夫人，1957 年 *。

---

* 在 1957 年 8 月 4 日出版的美国《盐湖城论坛报》副刊《本周》(This Week) 杂志上，希区柯克以答读者问作为借口，发表了自己创作的一则短篇小故事，讲述虚构的温德布隆伯爵（Count Windblown）在其城堡内被害身亡的悬疑故事。小说共九个人物，希区柯克一人便分饰了其中八人。他穿了八套不同服装，甚至不惜男扮女装，拍摄了相应的人物照片，供杂志作为配图一同发表。但上图其实并非来自那一期《本周》杂志，而是转引自美国电影学者罗伯特·E·卡普西斯（Robert E. Kapsis）1992 年出版的《希区柯克：制造名声》(Hitchcock: The Making of a Reputation) 一书，当时卡普西斯便已将这张照片错误地标注为：希区柯克饰演温德布隆伯爵的妻子，阿加莎夫人，但对照《本周》杂志原文可知，图中这一扮相，对应的其实是这则推理短篇中的另一个角色：女佣威泽斯（Withers）——Withers 意指"枯萎、凋谢"，与照片中希区柯克手持的花束颇有对应，而公爵的名字 Windblown，也有着"风吹过后"的意思，显然都是希区柯克在玩他最拿手的文字游戏——本书作者在沿用这张具体拍摄者和出处目前均不明确的照片时，并未能意识到卡普西斯的错误。——译者注

7

居家男人

1951年的春天，天才的希区柯克一家三口，开始了他们的穿越欧洲之旅。他们每到一地，都会租车自驾——都是那种灵活敏捷的欧洲车型，而非希区柯克在洛杉矶时赖以出行的那种粗笨臃肿的豪华房车。负责轮流驾驶的，是阿尔玛和如今已22岁的帕特丽夏。至于不喜欢开车的希区柯克，则全身心沉浸在了他对地图的热情之中，扮演起了领航员的角色。

欧洲于这一家人而言，始终都有着千丝万缕的联系。希区柯克当初和塞尔兹尼克分道扬镳，转而与西德尼·伯恩斯坦联手组成跨大西洋电影公司，但拍摄的《夺魂索》和《风流夜合花》的商业成绩，相对来说都不能算是成功，很快这家电影公司也宣告关门大吉。此后，希区柯克稍事休整，便又和华纳兄弟电影公司签下一纸新约，重新回到了自己熟悉的导演领域，拍摄了由玛琳·黛德丽（Marlene Dietrich）主演的《欲海惊魂》以及之后的《火车怪客》。在这两部电影里，女儿帕特丽夏都演了小配角，而阿尔玛也参与了《欲海惊魂》的剧本工作。甚至，该片部分故事灵感，原本就取自于帕特丽夏在伦敦皇家戏剧艺术学院的那段经历。借着 1951 年的这次假期，她终于也踏上了欧洲这片更为广阔的大陆，得以走访父母亲二十多年前学到电影制作技巧和夫妻相处之道的那几座大城市。至于阿尔弗雷德和阿尔玛，这次旅行也让他们获得难得的长假机会，终于可以好好放松一下。不过，这一路上的和煦阳光和往昔回忆，固然让他们两人内心时常充满温暖，但第二次世界大战所留下的痕迹，也像一阵阵愁云惨雾，时不时飘上他们心头。阿尔玛在写给希区柯克秘书卡罗尔·舒尔茨（Carol Shourds）的信里表示，虽然轰炸造成了巨大破坏，但"佛罗伦萨让我们非常的喜欢"，可是慕尼黑就"真的让人非常难过了。因为正如你所知，我们曾在那里住过一段时间；它可真是被破坏得相当厉害"。[1]

希区柯克写给秘书舒尔茨的信件中，倒是较少提及这次欧洲之行的种种细节。他信里更多谈到的，还是事关工作的实质性问题，也就是他最近收到的一批可用以电影翻拍的文学素材。这一路上，来自热心作者以及他们业务代表的各种话剧剧本、长篇小说、短篇故事，希区柯克陆陆续续收到一大堆。在他寄去洛杉矶的一份题为《希区柯克先生探访文学经纪人与讲故事者丛林之冒险日志》的报告中，他详细说明了自己的各种具体回复。其中就包括某件曾获得旁人大力保荐的作品，而他之所以会将其驳回，仅仅只是因为阿尔玛读过之后给出了"看得一头雾水"的评价。[2]没错，妻子的评价，正是决定这些作品会不会通往希区柯克脚下废纸篓的最快捷径。

类似这种生活与工作相结合的做法，正是希区柯克他们家里的标准操作。而且他还不仅只是将工作带回家，事实上，他们的家庭生活就是他那些工作的情感基础和创作基础。一直都有人将希区柯克的工作方式与莎士比亚、狄更斯相提并论，不过那两位文豪其实都过着文学创作和居家男人的双重生活，都把职业当作了一种手段，用以和家人拉开一定距离。希区柯克则恰恰相反，对他而言，家庭生活和电影创作之间的那一道墙，不仅可以轻松穿越，而且本身即是隐形。他曾说过，谋杀这件事，本就应该发生在家庭生活之中才对，所以他有一个抱负，要在自己的电影里，让杀人案重新回归家庭这个环境。对于他们一家三口来说，谋杀这件事始终都是大家的兴趣所在。不管从哪个角度来说，经营好"希区柯克"这面金字招牌，都可以说是他们全家人的事业。

希区柯克在被问到最喜欢自己哪部作品时，最常给出《辣手摧花》这个答案。确实，这是他针对一个平凡普通的体面家庭大肆破坏的终极尝试。《辣手摧花》讲述了一个哥特风格的故事，由约瑟夫·科顿饰演的查尔斯·奥克利，三十来岁，表面气质儒雅，其实却是连环杀手。沿着美国东海岸，他一路欺骗并杀害富有的寡妇，也就此攒下了一笔不小的财富。为躲避闻讯而动的警方，查尔斯回到了自己出生长大的圣罗莎。在这个日子过得平淡如水的加利福尼亚小镇上，他住进了姐姐艾玛家里。原本，艾玛和家人的小日子过得有声有色，简直就像是诺曼·洛克威尔（Norman Rockwell）的那些画作的真人版本。由特蕾莎·赖特饰演的外甥女夏洛特，才十八岁。巧的是，男性名字查尔斯和女性名字夏洛特，昵称都是查理。而她对这位查理舅舅，可说是相当崇拜。在小查理看来，舅舅一定是被冥冥之中的某股神秘力量给派来的，让他们平淡无聊的家庭生活就此有了生机，也让她和舅舅的关系越变越亲。不久，两名卧底警探来到小镇，这才让她发现了舅舅的秘密。查理舅舅意识到自己身份暴露，决定要取外甥女的小命，先是计划让她摔下楼梯，之后又想把她闷死在车库里。最终，在舅舅离开小镇的那天，本想将小查理推下火车的查理舅舅，反葬送了自己性命。

　　查理舅舅很可能是希区柯克作品所有人物中最邪恶的，因为他把邪恶直接带回到了自家屋檐之下。科顿演得相当出色，时而让人觉得不寒而栗，时而又凭借其独特的黑暗魅力，让我们不由喜欢上了这个视人命若草芥的精神变态厌世者。他用来引诱单纯朴实、毫无戒心的姐姐、姐夫和孩子们的那种方式，与他之前引诱那些被害女子时用的办法，其实并无什么不同。他慷慨地为家人购买礼物，但那其实也是他放浪生活的某种象征，只会让他们原本的纯洁受到玷污。在艾玛一家原本简朴的餐桌上，多了他带来的酒；在姐夫工作的小银行里，多了他送去的大额存款——但那每分每厘，其实都是他由死人那里偷来的。不过相比之下，他和小查理这个与他同名的无辜女孩之间的互动，才是《辣手摧花》对于美好家庭生活的最放肆攻击。小查理第一次登场时，躺在自己床上，而那也是稍后她欣然出让给查理舅舅睡的同一张床。此后，他们两人在厨房独处期间，舅舅眼神坚定地望着外甥女的双眸，一边往她手上戴上戒指，还说那是专为她购买的礼物，尽管实际上戒指明明是从被他杀死的某个女人手上硬拔下来的所谓战利品。此处情节，是否存在某种乱伦暗示？影片本身对此始终不曾挑明——相比直接挑战禁忌，希区柯克向来都更喜欢这种擦边球做法——但两人之间的张力，已足以让这一老一小两位查理成为希区柯克所有电影里最叫人感到不安的镜像式人物了。

《辣手摧花》常被认为是希区柯克在美国经历四年的生活和工作之后，由电影角度初次触及这片国度的代表性作品。这是他第一部真正意义上关乎美国，且定位于美国社会的电影。就该片整体情节而言，假设将片名换成《大街上的梦魇》(A Nightmare on Main Street)，恐怕也不会有什么不合适。该片在风格上所沿袭的，正是辛克莱尔·刘易斯 (Sinclair Lewis) 和西奥多·德莱塞 (Theodore Dreiser) 的作品，再加上编剧又是此前不久才刚凭实验性话剧《我们的小镇》(Our Town) 拿下普利策奖的桑顿·怀尔德，所以《辣手摧花》根本就是在这一路美国现代艺术传统基础上诞生的希区柯克变奏。而且这一次，他与合作伙伴一道对整个故事的发生背景做了不懈研究，任何细枝末节都没放过。最终，他们决定一改当时绝大多数好莱坞电影都在棚内拍摄的惯例，将整个剧组拉到了加州圣罗莎小镇上，实景拍摄影片主体内容。怀尔德1942年6月完成剧本之后，就去了军队服役，而希区柯克则又请来编剧莎莉·本顿 (Sally Benton) 负责剧本润色，主要是想为故事中的这座小镇，再增添一些现代感。按照某则坊间频传的标准希区柯克式轶闻的说法，他曾告诉怀尔德，说他其实很喜欢这个剧本，但是他笔下的圣罗莎小镇很像是"一个连霓虹灯招牌都尚且还不存在的小镇"[3]。显然，希区柯克是想要牢牢抓住美国小镇生活最真实的那一面，因为只有这样，才能为他有关黑暗家庭生活的这一则童话故事，打造出一片最完美无瑕的背景舞台。

　　《辣手摧花》既是一部里程碑作品，标志着希区柯克真正在好莱坞闯出了名堂，同时也是他职业生涯前后两个半截的重要连接点。关于他作品里反复出现的各种主题，除了希区柯克本人时常提及的那些之外——害怕警察；杀人或伤害身体带给我们的集体梦魇；桌底嘀嗒作响的定时炸弹——其实还有一个最持续出现的主题：表面看似幸福的家庭，忽然就被无情地撕个粉碎。所以，《辣手摧花》就像是某种结缔组织，把《房客》和《群鸟》、《孟克斯人》和《忏情记》、《年轻姑娘》和《凄艳断肠花》以及前后两版《擒凶记》给连接在了一起。同时，《辣手摧花》也是由亨利·方达和维拉·迈尔斯主演的那部《伸冤记》的实质所在。《伸冤记》取材于希区柯克在《生活》杂志上读到的真人真事。人称曼尼的克里斯托弗·伊曼纽尔·巴莱斯特罗不幸遭人误认，为了他根本就没做过的劫案而银铛入狱。虽然真凶落网之后，他也确实终获自由，但巨大的精神压力还是给他的家庭带来了恶果。妻子罗丝精神崩溃，两人的婚姻关系也出现裂痕。希区柯克对于此案相当着迷，决定用带有戏剧加工的纪录片方式来拍摄这部电影。故事完全参照事实，对白也以当事人的访谈作为依据。早在搜集资料和写作剧本时，他就格外强调，全片最难写但也最必须写好的地方，便是妻子罗丝心智衰退的那一过程。[4] 饰演曼尼的亨利·方达所表现出的焦虑不安和进退失据，固然是百分百令人信服，但《伸冤记》的情绪核心所在，其实还是演他妻子的维拉·迈尔斯的表演。正是以此作为切入点，我们亲眼见证了那是如何叫人不寒而栗的一种可怕感觉：原本看着好好的一个家庭，就因为某种突然降临的武断攻击，转瞬之间便告分崩离析，而类似这样的攻击，恰恰又是我们所处的这个残酷

同一屋檐下的杀人犯。《辣手摧花》里的约瑟夫·科顿和特蕾莎·赖特。

宇宙中常有的事情。

　　让平凡家庭横遭恐怖境遇的这种做法，或许来源于希区柯克自己的经历。1914年年底，他忽遭丧父之痛，家庭环境瞬间发生改变，也让他提早迈入成人世界，日后的电影作品或许也受到此事影响。纵览他英国时期的那些电影，忽告恶化的家庭生活，真是时常出现的主题。喜剧片《农夫的妻子》说的是鳏夫在女儿出嫁后为自己寻找爱情，《香槟》则讲述了一位百万富翁父亲和他爱寻欢作乐的女儿是如何应对家道中落的困境的。更严重的危机，出现在了

《阴谋破坏》和《面子游戏》之中，令人震惊的家庭秘密都直接导致了有人不幸死亡：前者是小男孩史迪威的被杀，后者则是由菲丽丝·康斯坦（Phyllis Konstam）饰演的克洛伊的自杀。

接近 1942 年年尾，也就是在《辣手摧花》拍摄期间，希区柯克也遽遭母丧。他母亲名叫艾玛，和《辣手摧花》中由帕特丽夏·科林杰（Patricia Collinge）饰演的勤劳女主人同样名字。在此之后，单亲家长的这种形象，便成了希区柯克电影里明显且重要的固有元素之一——有时候，这些单亲家长身心都遭遇了巨大创伤，有时候，他们则对家人专横且毫不讲理；至于《美人计》里的单亲妈妈安娜·塞巴斯蒂安，那就更是明显的坏心眼了。希区柯克的这种做法，且不论究竟是出自有心还是无意，至少，我们或许可以将其视作某种证据，证明了他一直试图通过电影来探查自己对于双亲的依恋之情，也证明了父亲当初骤然离世带给他的人生突变。相比之下，他自己成家之后，虽然有时候也会因家庭生活而心生怨恨、沮丧等复杂情绪，但更多时候，家庭既是他的快乐避风港，也是他迈向艺术成功的重要跳板。

家庭在希区柯克生活、工作之中所扮演的重要角色，再怎么强调都不为过。而在这个家庭中承担要职的，正是他的妻子阿尔玛。于希区柯克而言，阿尔玛不仅是创作伙伴，也是稳定他情绪起伏的定心丸，可以让他的神经质得到舒缓，让他膨胀但又脆弱的自尊心得到保护。外人在评价他们这段婚姻时，似乎觉得阿尔玛也广泛参与了丈夫名下的那些电影，让她自己的事业雄心也获得了满足。事实上，阿尔玛也有过她自己的各种梦想，而且这大多有迹可循。其中包括了她未能开花结果的演员事业——她甚至在一部关于大

卫·劳合乔治（David Lloyd George）的传记片里演过这位英国前
首相的千金——以及与之齐头并进的剪辑和场记工作，而她在这些
领域所投入的热忱，也绝不亚于希区柯克初入行时所展现出的那股
冲劲。前文说过，希区柯克二十一岁时就在《电影制片厂》杂志上
发表文章，大谈如何制作优秀的默片插卡字幕。与他这种早熟相呼
应的是，阿尔玛也在二十三岁时就为《电影新闻》（*Motion Picture
News*）周报撰文介绍了"剪辑和场记"的诸般奥秘，并且强调这
是一门"真正的艺术，需要大写的艺术"。[5] 待到 1925 年，也就
是她接受希区柯克求婚并首次任其助理导演的那一年，阿尔玛也早
已名声在外，以至于某家伦敦杂志专门为她写了一篇题为"阿尔玛
奇境历险记：女人不一定要居家"（Alma in Wonderland: A woman's
place is not always in the home）的人物特写，透露了她所谓的"两
大致命秘密"：她有许多的"牛角质地框架眼镜"和"她一直就没
工夫结婚！"[6]

　　这后一点，没过多久便有了变化，阿尔玛和阿尔弗雷德在
1926 年 12 月 2 日结了婚。单纯去看希区柯克电影里常表现的那种
婚姻生活，有时候真可说是相当的灰暗。在电影《间谍》中，玛德
琳·卡罗尔和假冒她丈夫的约翰·吉尔古德（John Gielgud）争吵
起来，给了他一耳光，而他也立即回敬了她一巴掌。"婚姻生活这
就开始了，"她说道。这样的场面会让如今的观众感到有些吃惊，
但放在当年的电影中，其实却是司空见惯的老套搞笑手法，要表达
的就是婚姻生活有多么的痛苦和不幸，而这样的主题，即便是放在
现如今的各种情景喜剧和脱口秀节目里，也都是相当常见。与阿尔
玛的结合，让希区柯克获益良多，但他给予妻子的回报，有时候却

无法与之等同。他自己也承认，1928 年 7 月阿尔玛正值分娩紧要
关头，他却因为压力实在太大而跑了出去。几小时之后，他散步归
来，发现孩子已平安降生。

　　成为妻子和母亲，这并没让阿尔玛的事业发展有所停滞。1928
年，她参与编剧的《不变的女神》(*The Constant Nymph*) 是全英
国票房数一数二的作品。之后的几年里，她又有多个剧本被拍成
电影，而且那些作品都和希区柯克不存在任何关系——例如以女装
店作为背景，演员清一色全为女性的《九点到六点》(*Nine till Six*,
1932)。此时的阿尔玛，甚至已形成某种个人风格，即她选择参与
的那些电影，都很强调平凡英国女性的各种经历。而这也让某些希
区柯克研究者不吝揣测，他的电影里，尤其是他职业生涯前半段的
那些电影里，之所以会出现为数不少的形象立体、饱满的女性角
色，之所以经常会以家庭作为故事背景设定，这或许都是因为阿尔
玛的关系。[7] 阿尔玛在被问到有什么建议可以留给同样希望能在
幕后发光发热的年轻女性时，她答得简明扼要："首先要感兴趣"，
而且要时刻准备着，将工作摆在其他任何事之前。如此的冲劲和决
心，也带给了她之前几代英国女性都无法奢求的丰厚回报。"欧洲
我几乎都走遍了，"她自己都觉得不可思议——而对于英国本土的
了解，她"也远远超过了绝大多数姑娘"。[8]

　　随着丈夫的名气越来越大，阿尔玛投身外部电影世界的程度却
也逐渐减弱。她似乎是做出了一个决定，决定将注意力都集中在希
区柯克一人身上，因为她觉得不管是身为妻子还是电影同行，都理
所当然应该如此。事实上，她也可能是已经有了清醒却又让人悲哀
的认识，知道自己还想继续事业上升的话，难度要远高于与她能

力相当的男性。确实，她此前已取得一定的事业成功，而对于有能力的女性而言，电影行业也确实能带来某些机遇，但是，它同样也存在着玻璃天花板的问题。就连希区柯克也曾在20世纪20年代末某次接受采访时表示，虽说阿尔玛"在写故事甚至是某些实际运作上，都做出了极大的贡献，但涉及某些更难应付的电影制作环节时，她还是会遇到掌控上的困难"。希区柯克觉得由此便可证明，天生就该是男性更适合当导演，哪怕绝大多数的电影观众，都是女性。他甚至还反问记者："你觉得一所女校能完全靠女人建造起来吗？"[9]* 相形之下，如果女性能将自身的技术、能力全都倾注在某个才华横溢的男人身上，再为他身上同样多到快要溢出来的某些天生缺陷做些弥缝补短的工作，由此实现自身抱负——包括艺术上的抱负和事业上的抱负——的概率，显然会更大些。

类似这样的夫妻组合，历史上屡见不鲜。才高八斗但却意志薄弱的丈夫，因为精明且强韧的妻子而如虎添翼，这样的情况在我们生活中比比皆是，以至于早就被文艺作品拿来大量表现，已成了不再新鲜的陈词滥调。而希区柯克与阿尔玛这段关系的重点便在于，他始终不遗余力地公开宣扬夫妻关系在他事业版图中所具的核心意义，有意识地在自身公开形象中融入了各种私生活细节，给人留下的印象就是，他除了当导演之外，同时也是一家之长，而且这还是一个独一无二的小资之家。这么做，既拉近了他们夫妇和周围人的

---

* 这篇采访由罗杰·伯福德（Roger Burford）完成，可爱的插图则出自他妻子斯黛拉之手，这也是才华和能力兼备的年轻夫妻团队，有他们特别的合作方式。

距离，但同时又强调了他们的与众不同。1930 年 8 月，他在宣传新片《谋杀》时，专为某家大众刊物撰写了数百字的文章，说这是"希区柯克联盟——希区柯克先生和希区柯克太太——的产物"，还说阿尔玛"在写剧本方面懂的东西，我这辈子都赶不上了"。[10] 通过这篇文章，读者了解到的不仅是希区柯克的各种工作方法，还有他的诸多家庭细节，包括可爱的小帕特丽夏——"她今年两岁，我在她眼里就是个专门搞笑的"——以及女佣、秘书、"隐藏在五英亩杂树林里的小别墅"[11]、位于伦敦克伦威尔路的时髦公寓，甚至是他们那辆绰号"讹诈"的小汽车。

说是"小别墅"，其实却是一栋占地面积相当之广的都铎式寓所，配有豪华风格的现代卫生间和厨房，地址则是在英国萨里郡的香姆雷格林村。表面看来，这像是希区柯克夫妇远离伦敦，远离电影，远离工作压力的避难所。实际上，和他们位于伦敦克伦威尔路的公寓一样，这里也是希区柯克用来招呼媒体的又一处"表演场地"。曾有记者专为这处乡间别墅写过一篇文章，说它"充满了中世纪氛围，但又不缺少如今这个摩登时代所能提供的各种舒适"[12]。这样的描述，用在希区柯克夫妇身上，其实也很合适：身处 20 世纪都市文化最前沿的一个朝气蓬勃的传统式英国家庭。另一位记者则在这里受到了——"性格活泼且魅力十足的女主人"——阿尔玛的微笑欢迎，而小帕特丽夏则为记者引荐了她的小马和古牧犬。与此同时，希区柯克穿着睡衣、睡袍和拖鞋，"在花园里大摇大摆地巡视着"，虽然看着有些奇怪，但却着实是一位温馨之家的男主人。[13]

在当时那个年代，这种高度赞美家庭生活的态度——尤其是他

希区柯克夫妇婚礼当日，1926 年 12 月 2 日。

大肆吹捧阿尔玛各种才华的做法——会让外人觉得希区柯克可真是布尔乔亚阶层里的怪胎；但几十年后的今天，看在现代人眼里，希区柯克可真是远见卓识，那时候就已经能站出来，公开批评大男子主义的旧传统了。活跃于两次世界大战当中那几十年里的男性艺术家里面，像他这样毫不避讳地热情拥抱家居生活的，只能说是迥别于人的异类。与他同时代的文学评论家西里尔·康诺利（Cyril Connolly）就曾留下过这样一句千古名言："摆在走廊里的婴儿车，是最让艺术家心灰沮丧的敌人。"[14] 听到这样的抱怨，那些仍忙于寻找一间属于自己的房间的女性艺术家，很可能会奉劝康诺利千万别得了便宜还卖乖。毕竟是为人父母，他还只是走廊被婴儿车占据了而已，那简直可以说是已经非常走运了。不过，康诺利的俏皮话不难让我们看出，那个年头的现代派男性艺术家，恐怕普遍都有类似想法。诗人温达姆·刘易斯（Wyndham Lewis）早在 1930 年就娶了格蕾迪丝·安妮·霍斯金斯（Gladys Anne Hoskins）为妻，但却一直秘而不宣，甚至对关系亲密的朋友也都严守秘密，只因为他无比确信，家里一旦有了女性，艺术创作上就会遭遇灭顶之灾。"我在楼下还有个妻子，"相识两年却从未听他提过此事的友人，终于在某次拜访他家时，第一次听他谈起了妻子，"普通的女人，但做菜很好吃。"[15] 相比之下，希区柯克那种公然谈论家庭生活时的情深义重，更像是作品销量奇佳的英国通俗文学小说家阿诺德·贝涅特（Arnold Bennett），而他当年恰恰又是康诺利、刘易斯他们那批英国高雅知识分子中坚力量的眼中钉。[16] 不过，希区柯克毕竟从事的是电影这种现代媒介，再加上他对前卫艺术的兴趣，还有他在自己作品里引入前卫艺术元素的决心，所以他对家庭生活的态度，看在同时代人眼中觉得特立独行，也属正常。同样显得相当特别的，还有他实际生活和艺术作品中的明显矛盾、脱节：一方面，他公然展示自己的家庭生活如何安逸无忧，另一方面，他电影里出现的却尽是一些混乱失序、不健全的家庭，或是处境艰难的家庭。显然，对希区柯克而言，"走廊里的婴儿车"可不是什么障碍，反而是一道门户。过了这道门户，就到了某些人所说的那个希区柯克电影的"混乱世界"[17]，就到了他那些电影人物被迫泥足深陷的那一片噩梦之境了。

终其一生，希区柯克始终公开表示，幸福婚姻是他事业成功的支柱。但他的婚姻生活中，究竟有多少东西被拿来直接放在了银幕上，我们并不确定。他的电影里，究竟有哪些东西与他本人息息相关，这方面希区柯克向来含糊其辞，不愿明说，而阿尔玛在这方面，更是几乎从未有过任何公开表态。正如希区柯克传记作者唐纳德·斯伯特所说，他拍了那么多电影，最接近他们夫妻本人的银幕形象，或许要数《奇怪的富翁》的主角艾米莉·希尔和弗雷德·希尔。[18] 该片改编自戴尔·柯林斯（Dale Collins）的同名小说，那两位既被嘲笑揶揄同时又获得了由衷赞美的年轻主人公，显然和希区柯克夫妇来自同一时代。受到了电影、杂志和广告的鼓动，这两位剧中人都相信只要大把花钱，便能获得幸福。日复一日的单调家庭生活，让希尔夫妇无聊透顶，于是决定将继承得来的财产，全都用于海外历险。行走于异国他乡的这一路上，他们面对各种诱惑、危险，自己的婚姻险些触礁，性命也几乎彻底断送。最终，两人意识到这样的刺激和诱惑并不适合他们，于是颇感宽慰地重又回归了平常生活。

《奇怪的富翁》虽然拍得相当忠于原著，但弗雷德和艾米莉这对外表摩登、内心保守的年轻人，其实更像是希区柯克夫妇自身的某种翻版。片中有这么一场戏，希尔夫妇来到巴黎女神游乐厅，被眼前各种旋转扭动的肉体给彻底惊呆了。创作剧本时，希区柯克夫妇也专门去了一次女神游乐厅，片中的这一场戏，显然参考了他们的实际体验。当时，希区柯克好奇地向其他观众询问说，有没有什么地方能让他们见识一下肚皮舞的。结果，两人被带去了一家妓院，实在是相当出其不意。"当着我妻子的面，老鸨问我是否有哪位心仪的年轻女士？怎么说呢，我和那种女人可从来就扯不上任何关系……所以我们两人当时的反应，还真就和书中那对夫妇一模一样——就是两个老外，什么都不懂！"[19] 日后，他与彼得·博格丹诺维奇谈起《奇怪的富翁》，也曾如此描述影片的结尾："故事落幕，我和他俩（希尔夫妇）在客厅里见了一面。那是我所有客串登场中最给力的一次。他俩向我讲述了自己的遭遇，然后我回答说：'不好意思，我不觉得这能拍成电影。'"[20]《奇怪的富翁》由希区柯克夫妇和瓦尔·瓦伦丁（Val Valentine）共同编剧，正如电影史专家查尔斯·巴尔所指出的，[21] 在其原始剧本里面，确实存在那么一场戏，提到了某位不知其名的导演会客串登场。但目前我们看到的这一版《奇怪的富翁》中，却根本不存在这么一场戏。也许是他太想给博格丹诺维奇讲一个精彩的段子了，结果任由自己活跃的想象力，将事实和虚构混淆在了一起。又或者是，他根本就是记错了，因为片中这对夫妇实在是很像他和阿尔玛的某种翻版。另有一种可能，原本他们是想过要让希区柯克来客串这么一场戏的，以逗趣的方式来表现银幕上的这对夫妻，相比缔造了他们的希区柯克夫妇，其实十分相近。结果，这样的结尾方式因为太难处理或者太不合常规，最终还是不得不放弃。总之，希尔夫妇由头至尾都有着清醒的头脑，虽然心底暗藏各种激情、幻想和渴望，但最终还是认识到了生活安定才是真正的快乐。与其去追逐那些遥不可及的欲望对象，他们还是决定要转身拥抱家庭的稳定。家的舒适、夫妻的忠诚和互相依赖，胜过了他们心中想要获得释放的各种激情渴望。而对于阿尔弗雷德和阿尔玛来说，这也是他们自己最珍视的人生箴言，是他们人生伴侣关系的基石所在——当然，这也成了他们婚姻生活中那些暗流涌动的挫折感的根本来源。

1939 年 3 月，他们由英国奔赴纽约，夫妻俩共同面对着专程赶来拍照的摄影记者，十岁的女儿帕特丽夏也在一旁开怀大笑。三人摆出一副合家欢乐的模样，幸福溢于言表。同样的形象，在之后的四十年里，还会反复无数次地呈现在外人眼中。抵达美国之后，阿尔玛和阿尔弗雷德就像是背负着某种使命感一样，立志要让英格兰南部的风光也能在南加州得到重现，哪怕只是一小片这样的风光也好。接受《生活》杂志采访时，希区柯克公布了他的理想追求："我想要的是一个家……房子不用很大，温馨舒适就好，但厨房得好一些，泳池更是绝不能少。目前还在物色之中。"[22] 在他看来，加州的房子普遍缺少那种家的感觉。而这篇文章的配图，也是他怅然若失地呆望着一座小壁炉的照片，那和他习惯的那种英国大型壁炉，可真是完全没得比。最终，他们在圣克鲁斯山脚下名为斯科特谷的小镇上，买了一处牧场，占地 85 英亩，周围是成片的红杉林和橘园，怎么看都不适合用"房子不用很大，温馨舒适就好"来形容。屋前的大花园，经过擅长园艺的阿尔玛亲手照料，给人留下了深刻印象。曾有一位朋友表示，她去英国诺丁汉游玩时，看到市中心装点着的各色悬吊花篮，马上就想到了阿尔玛花园里的那些花——没错，诺丁汉正是阿尔玛的故乡。[23]

不过，"牧场"只是他们的乡间度假之所。由周一到周五，起初希区柯克一家都临时租住在演员卡罗尔·隆巴德（Carole Lombard）的一处房子里，过得倒也舒适安逸。隆巴德正是希区柯克执导的神经喜剧《史密斯夫妇》（*Mr. and Mrs. Smith*，1941）的主演，该片讲述了一对夫妻爱恨交织、跌宕起伏的情爱关系。1942

年 1 月，隆巴德遭遇飞机失事身亡，希区柯克夫妇只得重找一处长久性的居所。终于，位于洛杉矶贝莱尔的贝拉吉奥路 10957 号的那栋新屋，让他们得偿所愿。在旁人的描述中，这地方的面积，按照好莱坞的标准来看不能算是很大，但在帕特丽夏的记忆中，却是他们三人宁静、舒适而且始终一尘不染的温馨之家。

　　和他们之前住过的伦敦公寓或是萨里郡别墅一样，这些宁静的住所也是希区柯克事业的震央所在。许多重要工作都在家里完成：剧本创作、策划会议、思考、辩论、计划——以及他为图方便而在家里进行的试镜工作。能够受邀去牧场的人，也都知道这是一种特殊的权限。能看到"野生环境"下的希区柯克，可说是他们的荣幸。弗雷德里克·诺特在将他自己的话剧《电话谋杀案》改编成电影剧本时，就应邀和主演格蕾丝·凯利一起住进了这里。他趁此机会抓拍了不少相片，虽然拍得有些模糊不清，但却胜在与我们平时见惯了的那些照片很不一样，包括瞪大了眼睛正在胡吃海塞大汉堡包的格蕾丝·凯利，以及相比之下显得更是珍稀罕见的阿尔弗雷德·希区柯克身穿白色马球衫、休闲裤，正在花园里照料玫瑰的画面。[24]"如果希区柯克喜欢你……你就会成为他大家庭的一部分，"阿瑟·劳伦茨回忆说。[25]他比希区柯克年轻十八岁，与他共事期间，感觉自己就像是被他家收养了的孩子。[26]劳伦茨也很喜欢他们家——"看到他们彼此相爱的样子，旁人也会受到感染"[27]——但希区柯克这种说一不二的人格魅力，有时候也会给人压力，让人感觉"天呐，怎么爸爸又要叫我去他们家了啊"[28]。而且，这种所谓的父爱，可并非是完全不讲回报的，劳伦茨对此也有切身体会。筹措《风流夜合花》时，劳伦茨提出不再参与，结果却发现他拒绝的，可不仅是一个工作机会，而是自动被踢出了希区柯克的核心圈子。一直以来，被希区柯克的工作团队吸纳，成为他电影创作的亲密合作伙伴，往往也意味着被他的私人生活所接受。所以，如果拒绝前者，希区柯克往往就会觉得，你也是在有意冷落后者。"这儿可不像是那些好莱坞大公司，"佩姬·罗伯森回忆说，"这儿更像是一个大家庭。"如果哪位家庭成员决心要走，就像是赫伯特·科尔曼为了自己要当导演而决定离开那样，一家之主会觉得很受伤。毕竟，科尔曼离开的 1955 年，他早已是希区柯克数一数二信赖的身边人，就连装修房子时，希区柯克也会在自己不方便时委托科尔曼来负责回答装修队的一切疑问。佩姬·罗伯森曾经表示，希区柯克谈到科尔曼的离开时，"感到非常伤心，觉得自己被他抛弃了。但也没办法，只能让他去做自己想做的事"。[29] 对希区柯克而言，接纳别人，这并不是一件容易的事；被接纳的人再想要来去自如，那就更难获得恩准了。

　　希区柯克家的各种社交活动，有时候会玩得非常厉害；吃的喝的永远都是豪华丰盛，客人的名单有时还会星光熠熠。为祝贺帕特丽夏高中毕业，他们在贝拉吉奥路家里办了派对，嘉宾包括有加里·格兰特和英格丽·褒曼。虽然厨房已有阿尔玛全权掌控，但整个家的导演，还是希区柯克。他就像是在导演电影一样导演着这里的生活，就连女儿帕特丽夏的全身服饰，也都要听他安排，就像是他电影里的女主角那样。眼看帕特丽夏迈入了青春期，大多数父亲此时都会开始放手不管这类事情，但希区柯克却还是亲自带着她去买衣服，而且通常都还不带阿尔玛一起。"什么样的东西适合我的个性，"帕特丽夏说道，"他全都有非常明确的主意。"[30]

也就是在这期间，帕特丽夏第一次参与了希区柯克的电影，在《辣手摧花》中专门负责帮助饰演牛顿家小女儿的埃德娜·梅·沃纳科特（Edna May Wonacott）对台词。同年，即1942年，帕特丽夏出演百老汇话剧《隐士》(Solitaire)。两年之后，她又在惠特菲尔德·库克写的话剧《紫罗兰》(Violet)中担任主角，但这出喜剧没能获得媒体好评，观众也不怎么热情踊跃。经纪人在写给库克的信里表示，正是这位叫人失望的年轻演员，拖累了情节精彩纷呈的《紫罗兰》。[31] 但也有剧评人的观点恰恰与之相反，他们觉得全靠十五岁的帕特丽夏，支撑起了文字苍白脆弱的该剧，实在叫人不由钦佩。"帕特丽夏年纪轻轻已像是资深演员，她气势十足的表演，即便是她老爸也挑不出什么毛病来。"某位剧评人如此写道。[32]

这种女承父业的情况，自然也引来了媒体大力关注。1944年10月，希区柯克前往英国，计划拍摄那几部战争宣传片，之后还在当地经历了伦敦大轰炸的可怕尾声阶段，但就在他动身之前，还是先陪同阿尔玛去了波士顿，看了女儿的话剧演出。翻检那一阶段的媒体报道，记者仍是千篇一律地针对希区柯克夫妇的奇特外形大做评论——阿尔玛身高要比丈夫矮了许多，体重也只有他一半都不到。谈到帕特丽夏的演员抱负时，希区柯克显然是以开玩笑的口吻回答说，虽然他并不赞成，但"她母亲却百分百地支持……估计我总有一天要被迫指导我的亲生女儿拍戏，但能推就尽可能地往后推吧"。[33] 显然，他很清楚这不过是一个时间问题。

1949年，机会来了。在同样由惠特菲尔德·库克担任编剧的电影《欲海惊魂》中，帕特丽夏扮演了洽碧·巴尼斯特（Chubby Bannister，意思是"胖乎乎的楼梯扶手栏杆"）一角。这个人名起得相当无稽，但确实也是希区柯克一直都很喜欢搞的那种小玩笑。
《欲海惊魂》改编自塞尔温·杰普森（Selwyn Jepson）的小说《奔
跑的人》(*Man Running*)，是阿尔玛建议将主人公改成了皇家戏剧
艺术学院的学生——女儿帕特丽夏入读的，正是这所鼎鼎大名的伦
敦表演学校。为创作大纲和剧本，希区柯克找来了惠特菲尔德·库
克，与他们夫妇一同合作。自话剧《紫罗兰》之后，库克就和希区
柯克一家走得越来越近。由1945年起，他频繁受邀去他们家，或
是共进晚餐，或是参加鸡尾酒会，而且还经常和他们三人中的某一
位或是某几位，相约在餐厅、剧院见面，共度良宵。甚至于，1948
年的圣诞节，库克和他母亲也是在希区柯克家里度过的。而作为回
报，一周后他也邀请希区柯克全家来自己家里跨年。[34] 显然，他
们之间已形成某种强烈纽带，而希区柯克也将库克看成了真正意义
上的作家，而不仅仅只是电影编剧；就在拍摄《欲海惊魂》之前，
他们还讨论过想要找秀兰·邓波儿专门合作一次的计划，[35] 要改
编的正是库克自己的短篇小说《快乐结局》(Happy Ending)。书中
有这么一个场景，涉及某个"有着那种维多利亚晚期专属幽默感"
的男人和他的妻子、女儿。其人物原型虽不是希区柯克一家，但对
比不少友人对他们三人的描述，还真是有惊人的相似：

> 每晚他都会带着一些笑话、故事或是问题回家，然后和甜
> 点一起拿上来。有些时候，他讲的故事相当粗俗。普兰太太管
> 这个叫作，有伤风化。"珀西，"她会对丈夫说，"不要有伤风
> 化啊。朵拉还在呢。"这时候，丈夫会露出怕难为情的样子，
> 低下头来，下巴几乎都快塞进他那并不合身的高衣领里了。他

一家三口出门遛狗，小狗的名字分别是爱德华九世、詹金斯先生。比弗利山庄，1939 年。

会说："好吧，其实朵拉也已经略知一二了；她是个大姑娘了。"而朵拉也只能对此报以苦笑。[36]

这一幕，很像是阿瑟·劳伦茨在回忆录里详细记录的某个情景：希区柯克递给他一杯鸡尾酒，说那是"掺了女人经血的杜松子酒"。阿尔玛回应说："天哪，老公！"帕特丽夏也惊呼道："天哪，老爸！""然后她们放肆地傻笑起来，而他则一副喜上眉梢的样子。"[37] 不过，希区柯克那些小男生笑话，他那毫无节制的好酒贪杯和自我炫耀——尤其是在有只有他一半年龄的女性也在场时——有时候也会让阿尔玛觉得尴尬，甚至失去定力。她会对丈夫报以鄙夷的目光和尖利的言辞，有好几位熟人都曾亲眼见证过这样的情景。

对于他们家来说，库克后来可能已经不仅仅只是朋友那么简单了。1948 年秋，阿尔玛由英国回到洛杉矶，希区柯克则仍留在那边拍摄《风流夜合花》。在此期间，阿尔玛似乎与库克展开了一段婚外恋情，持续时间有可能就是希区柯克不在她身边的那几星期，但也可能前后维持了数月。传记作家帕特里克·麦吉利根在 2003 年首次提出存在这种可能性，但先他一步写过希区柯克传记的那几位作者，皆对此表示无法理解。在他们看来，阿尔玛平时向媒体展示的那种形象——陪伴在伟大天才身边矢志不渝的伴侣——和现实生活中真实的那个她，并无多少区别。但麦吉利根之所以会认为她和库克已超越好友关系，也是因为在后者的日记里找到了某些佐证。

此时的库克还是单身，从日记来看，似乎有着相当活跃的私生活和性关系。他在记录与阿尔玛见面的情况时，用的是那种稍稍有一些密电码感觉的略写方式，而他日记中记录和其他一些爱侣外出幽会的经历时，那种略写方式与之十分相似。"出乎意料的一夜！"[38]；"后来去了我家"。[39]* 但其中也有一则日记似乎写得相

---

* 原文用的是法语 chez moi。——译者注

当明确："在准备室与 A 共进晚餐。之后的性爱因一通海外来电而
变复杂。"[40]——按照麦吉利根的想法，或许来电者，就是希区柯
克。麦吉利根还注意到，当年 9 月他们单独见面的那些晚上，库克
和阿尔玛特意避开了他们过往常去的那些洛杉矶夜生活热门地点，
甚至会专门驱车远赴圣巴巴拉共进晚餐，显然意味着他们极不希望
自己被熟人撞见。[41]

不过，即便这真是什么外遇，感觉也不像是因为彼此有着强烈
的爱慕之情，而更像是因为阿尔玛此时正经历的某种情感上的不
满足而导致——但真正原因到底是什么，恐怕只能是谜了。库克在
1948 年 10 月的某一则日记中，敷衍了事地写下了与阿尔玛一同度
过的某个夜晚，结尾更是只有一句简单的"后来流泪了"。[42] 有
可能是因为，希区柯克此时正迷恋一起拍摄《风流夜合花》的英
格丽·褒曼，这让阿尔玛越来越觉得失望透顶。希区柯克确实和
少数几个人说起过——主要是他电影里的编剧——褒曼曾试图勾引
他。这乍一听怎么都不太可能的事情，却因为他说得就是如此斩钉
截铁，以至于外人很难确定究竟是真是假。但不管怎么说，每当希
区柯克又迷恋上哪位年轻女演员时，阿尔玛心头那种遭到排斥，甚
至是遭到羞辱的情绪，其实我们是不难想象的。蒂比·海德伦声称
阿尔玛曾亲自向她道歉，希望她能谅解希区柯克那种让人窒息的占
有欲，但对于海德伦后来所指的希区柯克侵犯行为，阿尔玛究竟
又知道多少，答案却并不容易找到。编剧查尔斯·贝内特在回忆录
里表示，希区柯克夫妇的"婚姻生活幸福美满——直到第二个女人
插足其中"。[43] 可是，一方面贝内特并没在书里指名道姓讲个清
楚，另一方面，我们在其他地方似乎也找不出有什么证据能支持他

258 希区柯克的12种人生

的这种说法。类似的说法过往倒也不是没有，比如说希区柯克曾与琼·哈里森有染，但是同样也没具体证据。到了第二年的夏天，也就是 1949 年，希区柯克再次离家公干，库克又收到了阿尔玛的来信，说她感觉“这一整个星期都很寂寞，但也重新找回了内心的平静——直到邮差送来了当天的信件”。[44] 看来，或许是希区柯克的远方来信，又让她失去了方向。几周之后，《风流夜合花》遭遇媒体差评，阿尔玛又写信给库克寻求情感上的支持。以美国报界为代表的各路媒体，争相攻击该片，攻得相当猛烈，矛头主要就对准了剧本本身。虽然阿尔玛这一次并未挂名编剧，但她总觉得自己也有部分责任。《华盛顿邮报》批评《风流夜合花》的对白是“明明不该笑的地方都能让人听了捧腹大笑”。[45]

倘若阿尔玛真与库克有染的话，原因可能也是出于情感上的某种矛盾冲突。除了生活中作为丈夫而存在的那个希区柯克之外，她也需要面对作为非生命体而存在着的那个“希区柯克”。为了打造好他这块金字招牌，阿尔玛也已兢兢业业付出多年。又或者是，她忽然发现自己内心有了某种渴望，想要获得相比她的婚内经历更为强烈的某种人与人之间的联结。库克比她年轻十岁，他形容阿尔玛是因为“她的智慧和热情”而变得“超级有吸引力”。[46] 而在另一边，阿尔玛心情不好时，为什么会有可能找上这个阳光活泼的年轻后辈，我们也都可以理解。可惜，这些事始终缺少直接证据，不过库克写过一部名为《她的第一座岛》（Her First Island）的短篇小说，或许能为我们提供一丝线索。故事主角克拉拉·亨德森原本是一位“非常正统的女人”，但丈夫诺曼赴海外出差的两周时间里，她与名叫泰德的男人有了婚外情。她很敬重丈夫——“这是人人都羡慕的美满婚姻，她和诺曼之间的关系有如温暖阳光"——但却还是被泰德吸引，因为泰德代表着刺激和放纵，和他在一起的时候，她可以放下自己平时所需要扮演的那些角色，可以暂时忘记日复一日的平淡生活。而且，后来丈夫诺曼终于也和情人泰德见了面，两人竟也相处甚欢，虽然这两个男人有着天差地别的很大不同。最终，克拉拉还是欣然结束了这段露水恋情，因为"诺曼代表着稳定、根基和靠山，代表着普通人理想生活里应该要拥有的所有坚实特质。诺曼就是安逸；诺曼就是保护"。[47] 这个短篇小说，库克究竟是什么时候写的，目前我们并不清楚；写的时候，他想到的是不是自己和阿尔玛的关系，我们更无从了解。但即便如此，这个重在表现三角关系的故事，读起来确实颇有趣味。我们大可以放胆畅想，即将迎来五十岁生日的阿尔玛，在那一阶段对她自己婚姻关系的看法，说不定其实就是如此。而且，我们也不禁自问，由这段婚姻关系里，她又究竟得到了什么。1979 年，希区柯克获颁美国电影学会终身成就奖，他在致辞中提到阿尔玛一直都像是呵护婴儿那样地给予他各种"挚爱、欣赏、鼓励和长久不断的协力"。[48] 反过来，希区柯克也让阿尔玛的无尽才华有了用武之地，而且还给了她一个稳定踏实、宠爱有加的舒适生活环境。两人暂时分开时，阿尔玛总会给希区柯克——以及他的那些秘书——写信，关心他有没有照顾好自己，有没有吃好睡好，定期体检有没有做。反过来，希区柯克也习惯做出各种礼轻情意重的浪漫举动，还会提前给阿尔玛下榻的宾馆打电话，确保她一到房间就能收到她最喜爱的新鲜切花。总的说来，这对夫妇的伙伴关系非常牢固，但阿尔玛也难免时不时地会觉得，身边的希区柯克以及那个非生命体的"希区柯克"，对她有所忽视。

还有一种可能就是，希区柯克觉得库克是一位同志。库克的日记确实显示他的交往对象有男有女，而且就在他和阿尔玛过从甚密的数月之前，库克似乎还和道格拉斯·迪克（Douglas Dick）走到了一起——迪克也是《夺魂索》的演员之一，希区柯克在《夺魂索》里暗中植入同志主题的想法，这或许又是一个佐证。此外，也可能希区柯克对阿尔玛和库克的事其实早已知晓，甚至，阿尔玛可能也知道希区柯克已经知情，只不过大家故意都不说穿罢了。非要打破砂锅问到底的彻底自我审视，这可从来都不是希区柯克他们家的家训。每每谈起自己的情感世界，希区柯克都是打太极的高手，而阿尔玛更是极不愿意谈论自己和自己的过去。女儿帕特丽夏曾经说过："在我们这个小家庭里，我们出于本能地，从来都是不谈过去，只看未来。"[49] 正是这样的人生态度，才让希区柯克在经历各种失败、失望后迅速重新站起，取得了惊人的成功——但也是这样的人生态度，让内心幽怨有机会留下伤口，而且还会痈疽化脓，令造成的伤害始终无法得到弥补。

希区柯克夫妇和库克的友情维持多年。阿尔玛1950年正式入籍美国的仪式，库克也是见证人。几年后库克结婚，他们一家也大驾光临。库克愉快地参与了《欲海惊魂》以及之后那部《火车怪客》的剧本工作，而且这两部电影帕特丽夏也都参与了演出——她在《火车怪客》里扮演的角色，戏份相对更重一些，也让她的喜剧才华有了用武之地。不久之后，库克又为《后窗》做了微小但却重要的贡献。1952年，帕特丽夏嫁为人妇，演艺事业逐步退位。又过了一年，她顺利产下一女，日后更是成为了三个孩子的母亲。她后来又在《希区柯克剧场》中演过几集，但电影方面，就只在《惊魂记》中演过说话尖酸逗笑的卡罗琳一角了。希区柯克曾说过，帕特丽夏重家庭、轻事业的决定，让他们夫妇如释重负。[50] 不过，帕特丽夏其实一直都存在于更广泛意义上的希区柯克事业版图之中，而且还在《希区柯克悬疑杂志》任职数年，虽然岗位是副总编，但实际承担的职责则近乎于无。

《欲海惊魂》之后，阿尔玛再未在任何一部希区柯克作品中挂名。她依然是他背后的坚定拥护者，也继续施加着自己的影响力，但到了这一阶段，或许她已觉得不该再将生活和事业混在一起。20世纪五六十年代，随着希区柯克在全球范围内知名度与日俱增，阿尔玛反倒是距离聚光灯渐行渐远。不过，她提出的各种建议，希区柯克却依然重视如故，不见任何改变。即便是到了20世纪60年代，他仍然会在如何将原始素材改编成电影的问题上，一如既往地征求阿尔玛的意见。曾经，他们考虑过要将约翰·巴肯的小说《三个人质》(The Three Hostages)搬上银幕，阿尔玛还设想了不少电影场景内容，都很有希区柯克的电影风味，包括她设想了一个有人被摁在恒河里活活淹死的情节，这既像是在预示希区柯克之后拍摄的《冲破铁幕》里格罗梅克缓缓窒息致死的那场戏，也让人想到希区柯克从影之后所拍摄的第一桩杀人案：《欢乐园》里的类似杀人场面。阿尔玛甚至还专门给了丈夫一份文档，封面标题说是要罗列一下《三个人质》里应该直接移植翻拍的精彩场面基本都有哪些，但内页其实却是一片空白[51]——妻子可爱的举动足以证明，这对夫妇此时虽已不再年轻，但共同的幽默感却丝毫未变。而且不管是身边的这个希区柯克，还是那个非生命体的"希区柯克"，他究竟会对哪些东西有感觉，做妻子的也始终都有着近乎于本能的了解。

对希区柯克而言，阿尔玛说过的话，既可以被加以引用，表达赞美——希区柯克对于一部作品所能给出的最高肯定，就是转述阿尔玛对其所给予的认可了——也可以被加以引用，以示批评。1964年，为了要退出由名作家理查德·康顿（Richard Condon）负责牵头的某个电视剧项目，希区柯克给出的借口，便是阿尔玛的意见。"我让希区柯克夫人也看了一下剧本，"他说道，言下之意似乎阿尔玛就是剧本创作领域的绝对权威，而且谁都承认这一点，也包括康顿，"夫人给出的唯一评价便是，她之前刚读过《镜花水月》(*An Infinity of Mirrors*，康顿的小说新作)，觉得真是精彩，所以她问我，为什么这个剧本就不能也有同样的品质呢？"[52] 有时候，阿尔玛的批评也会针对希区柯克本人的作品，那就会让他相当崩溃了。《迷魂记》初剪完成后，阿尔玛看完只提了一条意见："金·诺瓦克跑步的那个镜头。她的腿太肥了，看起来很糟糕。"[53] 这就足够让希区柯克感到绝望了。他告诉周围人说："阿尔玛讨厌这部电影。"[54] 随后，他重新开始剪辑，还删掉了那些引起阿尔玛不适的画面。距离《迷魂记》正式上映还剩三周，阿尔玛被诊断出患有宫颈癌。好在手术及时，她得以完全康复，但一度希区柯克却因为担心自己永远失去阿尔玛，而被彻底吓懵了。赶去医院的时候，他"一边抽泣一边颤抖，浑身都在抽搐"[55]，但陪坐在她身旁时，希区柯克又强压住了内心恐惧，装出没事人的样子。等离开病房时，他终于再也绷不住了，在同事面前情绪崩溃，大声自问：万一阿尔玛有个好歹，他即便拥有再多东西，又有什么意义？

　　不管是对身边的希区柯克还是那个非生命体的"希区柯克"而言，阿尔玛都扮演着至关重要的角色。但是关于她本人，我们却始终留有很多疑问。她是不是也和《擒凶记》里多丽丝·黛扮演的那个角色一样，为更好地支持自我中心主义的丈夫而牺牲了自己的事业，结果只能被那些未曾实现的抱负搞得技痒难耐？她是不是也和《凄艳断肠花》里男主人公的妻子、《迷魂记》中男主人公的前任未婚妻一样，虽然身为家庭伴侣尽职尽责，但却敌不过爱人心里所幻想的魅惑对象，只要一想到这件事，她便会惴惴不安，但也只能努力克服这样的念头？阿尔玛的身上，这两种情况应该都有可能存在，但由始至终，她始终坚持甘居幕后，功劳全都归于希区柯克这面金字招牌。1966 年，英国政府下属某部门来信询问，是否能请阿尔玛谈谈 20 世纪 20 年代在电影行业工作的经历，结果却遭她拒绝。[56]之后，有人为写《拍电影的女人》（ Women Who Made the Movies ）一书，想要对她进行采访——之前没多久，希区柯克才刚参与过与此类似的《拍电影的男人》（ Men Who Made the Movies ）一书以及同名电视纪录片项目的创作。这一次，是希区柯克代她作了回应："希区柯克夫人和我认真考虑了您的来信"，但阿尔玛不会加入这个项目，因为她一直以来都只是"技术层面的剧本写手，完全和艺术创作不沾边……她只负责纯技术意义上的剧本组装工作"。[57]这当然并非实情，但他写这封信，似乎也得到了阿尔玛授意。可能是她当时身体状况确实不佳，无法接受采访，又或者这就是她赋予自己的使命，凡事都要尽力为希区柯克创造条件，始终要让他来当主角。正如希区柯克曾说过的，娶一个如此低调的老婆，唯一的缺点就是他有可能反而"永远都成不了大众的谈资"，于是他也只好

"出于自负心理而自己写写自己。我确实也更喜欢这样。至于阿尔玛，我估计她也很清楚这一点"。[58]

他们在1925年时是这样，到了1979年时也依然如此。当时希区柯克正在家中创作《短暂的一夜》剧本，一切进展顺利，很快就到了能不能过阿尔玛这一关的压力测试步骤。合作编剧的大卫·弗里曼惊讶地发现，面前这个老人，竟忽然变得生龙活虎起来。他打着各种手势，变换各种嗓音，扮演起了故事里的各个角色。弗里曼原本熟知的那个终日愁眉不展、一动不动的希区柯克，忽然一下就消失了。而一直因为年事已高和顽疾缠身而终日病病恹恹的阿尔玛，也瞬间变得全情投入起来。"那种感觉，就像是正在第一次约会的两个年轻人，而且这约会还进展得相当顺利，但事实上，他们这时候已经结婚五十年了。"[59] 弗里曼回忆说，"他一定是希望还能在她面前表现出自己有多聪明、多智慧，更重要的是，他要让她觉得前面还有希望，还有未来。他迫切地希望能获得她的认可。"[60] 希区柯克的老样子——不对，确切地说，应该是年轻时候的那个希区柯克——又回来了，而阿尔玛自然也是再高兴不过了。

8

窥视者

1953 年的希区柯克，正在原地踏步。继《欲海惊魂》《火车怪客》之后，他又为华纳影业拍了一部黑白片：由蒙哥马利·克里夫特主演的《忏情记》。影片主题说的是责任感和良心的考验，那种严肃态度是过往希区柯克作品中少见的。然后就是大受欢迎的《电话谋杀案》了，但正如希区柯克自己都承认的，该片的拍摄工作，他并未怎么费劲。这只是他的第三部彩色电影，但拍得相当顺利，仅耗时 36 天——其中有 5 天都用在了身穿睡袍的格蕾丝·凯利遭到暴力袭击的那场戏的拍摄上，她也因此被弄得周身疼痛，布满瘀青。整个拍摄期间，恐怕只有两件事能让希区柯克情绪饱满起来：一是他对于格蕾丝·凯利的一腔热情，这是他们第一次合作；二是他已经在期待《电话谋杀案》后面的那部电影了，希区柯克对其所寄予的厚望，堪称前所未有。

合作方将会换成派拉蒙影业，不久之前希区柯克刚和他们签下一纸酬劳相当丰厚的合约。按计划，他要为派拉蒙拍摄九部电影，其中有五部的版权，将会在影片上映满八年后归他本人所有。《后窗》，便是他们合作的开始。为拍好这部电影，他专门让人搭建了令人叹为观止的全套布景：由 31 套公寓组成的一整个街区，其中有 8 间公寓还配上了全套家具，除了没通自来水之外，其余一切应有尽有。之所以要这么做，当然不是因为观众真能跟随镜头进到这些房间内部——对于房门背后正在上演的各种善恶故事，他们顶多只能透过窗户，由外边粗粗窥视数眼。

《后窗》的情节虽纯属虚构，但不妨将它看作是一部感官意义上的希区柯克回忆录。整部电影说的就是电影的本质，堪称是一个用眼观看、用心投射的盛大节日。想要知道希区柯克究竟怎么看这个世界，《后窗》就是最佳途径。看这个行为，本身就有着道德上的灰色地带，希区柯克对此当然心知肚明，但这从来都不会妨碍他由此获得享受。人生八十载，他始终无法将视线移开，哪怕是闭着眼睛，也不会让自己的视野被遮蔽。

由诞生起，电影便和注视女性身体这种行为密不可分。1915年，奥黛丽·蒙森（Audrey Munson）成为美国主流电影中第一位全裸出镜的女性 [*]。该片名为《灵感》（*Inspiration*），蒙森饰演的纽约女孩，原本过着穷困潦倒的生活，终日辛苦劳作。是一位雕塑艺

---

[*] 美国历史学教授凯伦·沃德·马哈（Karen Ward Mahar）在 2008 年出版的《早期好莱坞女性电影人》（*Women Filmmakers in Early Hollywood*）一书中，提出 1915 年 1 月上映的派拉蒙电影《伪君子》（*Hypocrites*）中，也出现了女演员玛格丽特·爱德华兹（Margaret Edwards）的全裸镜头，时间上要比奥黛丽·蒙森更早。——译者注

术家将她从这处境中解救出来，并将她视作缪斯女神。稍后，她的离去也让艺术家情绪低落，他在城中四处徘徊，由各种街头雕塑中寻觅着她的影子，而这样的情节线索，也让人想到四十多年后的《迷魂记》里，斯科蒂对于玛德琳的苦苦追寻。[1]《灵感》虽有裸体画面，但审查机构考虑到影片的艺术主题，并未对其发难；而且在银幕底下，当时的曼哈顿地区早已有数十座公共雕像，均以奥黛丽·蒙森作为创作模板，其中还有不少至今都依然高高矗立着。在此之后，她又演过三部电影，但公众很快便失去了继续看她的兴趣。工作机会渐渐枯竭，欠债越积越多，严重的精神问题接踵而至。四十岁生日那天，她被强制送入精神病院，在那里一待就是六十五年，乏人问津，直至去世。

对于被观看的女性在电影史上占据的核心地位，希区柯克有着敏锐的意识。他第一部电影《欢乐园》的第一个镜头，拍的就是正由螺旋楼梯上疾步而下的歌舞女郎的赤裸双腿，这让人想到了具有开创性意义的杜尚名画《下楼的裸女》，而这幅画作本身又沿袭了埃德沃德·迈布里奇（Eadweard Muybridge）于 1885 年发表的那一组裸女走下楼梯的延时摄影作品。[2] 当然，上述这三组画面背后的悠久艺术传统，其实还可以再往前追溯数个世纪，而希区柯克对于这些历史，自然也是非常精通。注意一下《惊魂记》中诺曼·贝茨的"管家都看到"（what the butler saw）时刻*，在他偷窥房内的

---

* 妙透镜（Mutoscope）是 20 世纪初流行于英国的一种活动影像装置，投币后即可摇动手柄看到连续影像，因此也被视作现代电影的雏形之一。《管家都看到》是当时相当热门的一部妙透镜作品，表现男管家透过钥匙孔偷窥女主人脱衣的情景。——译者注

玛丽安脱衣服时，那个窥视孔，是藏在一幅油画复制品后面的。那是威廉·范·米耶里斯（Willem van Mieris）画的《苏珊娜和长老》(*Susannah and the Elders*)，主题说的是两个男人试图侵犯正在洗澡的裸女。这幅油画的突出意义，在《惊魂记》预告片里就已经提前强调过：希区柯克特意在画前停下脚步，说它具有"重大意义"，然后欲言又止地转移了话题。之所以说它意义重大，仅仅是因为画的内容对应了诺曼对玛丽安的所作所为吗？还是因为画上那两个恶心老男人，其实也暗指在摄影机背后站着的那个人？又或者说，正在享受这一观看过程的我们——无论观看对象是电影《惊魂记》，还是一件文艺复兴时期的艺术杰作——其实也和所有艺术家一样，都犯有偷窥的罪行？

作为艺术家，安迪·沃霍尔同样也曾利用大量时间，静静注视各种私密状态下的人类躯体。某次和安迪·沃霍尔谈话期间，希区柯克声称他这辈子就只粗粗瞥过一眼色情电影，而且还是在六十岁之后，完全就是出于偶然。那是在为宣传电影而远赴东京期间，晚宴吃完牛排大餐之后，漫不经心的他被人带着，进入了"位于楼上的那间房间，银幕上正在放映这些糟糕的电影"[3]，不过究竟糟糕在哪里，他就没和沃霍尔细说了。不过，希区柯克倒是幻想过要在自己的电影里植入一些性偷窥的情节。他常说，他最感兴趣的真实犯罪案件，就是阿德莱德·巴雷特和埃德温·巴雷特的那个案子。如果要将这个案子拍成电影的话，那就势必会涉及埃德温默许他妻子和名叫乔治·戴森（George Dyson）的年轻神职人员通奸的情节。1953 年，希区柯克在为某家杂志撰文时谈及此案，提出巴雷特夫妇的婚姻关系"完全就是柏拉图式的。两人纯粹就像是朋友一样共同生活，当中仅有一次例外，但最终也以提前流产而告终……巴雷特一直鼓励妻子和乔治·戴森发展友情，也一直为促进两人的恋情而努力。其实，就是他亲手将妻子'送给了'戴森先生的"。[4] 按照学者西德尼·戈特利布（Sidney Gottlieb）的理解，希区柯克对此案之所以有那么强烈的兴趣，会不会是因为对照他、阿尔玛以及惠特菲尔德·库克之间的三人关系，他看出了这里面的相似性。当然，像这样斗胆推测虽然也很能让人浮想联翩，但很可能终究只是纯粹巧合罢了。后来希区柯克还真想过要将此案搬上银幕，甚至还提前设计好了一场戏，让戴森"与年轻女士激情做爱，而她丈夫则安坐在摇摇椅上，抽着烟斗，静静看着"。[5] 而在《怪尸案》的初稿剧本里，雪莉·麦克莱恩饰演的遗孀珍妮弗也承认说，丈夫生前曾经坚持要在婚床上方挂一张他兄弟的相片，那种感觉就像是他们夫妇在做爱时，他兄弟也在一旁看着。[6] 实际拍摄时，这处有伤风化的情节终究还是被删掉了，但到了快八十岁的时候，希区柯克还是在他的最后一个剧本里，设想了一个奇怪的窥视情节，而且那还是好莱坞电影里从未出现过的劲爆内容：某男和某女面对面脱光了衣服，他开始为她梳理阴毛。[7]

　　对于看这个行为，对于看的动机和看的结果，希区柯克都特别关注。它们的意义，远远不在于单纯的性爱。那根本就是他的作品最迷人的地方之一，同时也是他的电影能够保持经久不衰的文化影响力的原因之一。劳拉·穆尔维（Laura Mulvey）指出，好莱坞电影通过"男性凝视"[8] 来展示世界，偏爱男性的各种欲望和体验，助长了女性只为取悦男性而存在的观念。而构成她上述论点的基础，恰恰就是希区柯克的三部电影：《后窗》《迷魂记》和《艳贼》。"男性凝视"这一术语及其基本概念，渐渐发展成某种日常用语，在某些层面上也让希区柯克确凿无疑地成为了男权主义电影作者的代表性人物。确实，我们是可以在希区柯克身上找出大量证据，来支持穆尔维的这种男性凝视优越地位的理论，但另一方面，希区柯克电影里的男性窥视者，他们在这种痴痴凝视的过程中，其实几乎就没有谁是可以全程都看得开开心心的。他们常因为自己这种色眯眯的凝视行为而感觉内疚、后悔，而且窥视行为发生之后，他们的整个人生，往往也会就此急速走向衰落。看一下《欢乐园》的开场，在那群歌舞女郎匆匆下楼来到舞台的画面之后，希区柯克便将镜头转向了前排观众席。通过一个横摇镜头，我们看到了这些所谓的绅士，正色眯眯地斜眼看着台上的这些女人。观众中间有一位明显是特别的淫邪好色，我们透过他戴着的眼镜，看到了正在被他凝视着的女主角帕希。歌舞表演结束之后，这名观众又将想法化诸行动，上台找到了帕希，结果却看到她摘下了一缕金色假发——原来她是黑头发，而非他想象中的金发女郎——还被她讥笑了一通。就这样，在有史以来第一部希区柯克电影的头五分钟里，我们便见证了男性凝视被呈现，被批判、被嘲弄的全过程。

再看一下《后窗》，该片之所以会让观众看得深深入迷、欲罢不能，是因为它从里到外都有着这么一种复杂情绪：忍不住想要看，但看过之后又会觉得内心不安。和充满实验精神的《夺魂索》一样，时隔七年，《后窗》终于让希区柯克重又对拍电影这件事有了满腔的热情。所以，千万别去理会那些流传甚久的道听途说了，事实就是，《后窗》由剧本创作开始，希区柯克便始终高度参与。正如电影史专家比尔·克罗恩（Bill Krohn）所分析的，该片各个阶段的剧本草稿里面，都有不少足以让人联想到希区柯克早期作品的小细节存在——"故事里的小人物，还有窗前这个男人渐渐被卷入这些小人物的生活中的奇妙方式"。[9] 可以肯定，那些细节都出自希区柯克，而非其余编剧。确实，在希区柯克买下这个故事的版权之前，约书亚·洛根早已写过一稿剧本大纲，而且一上来就是镜头环视各间公寓窗户的画面，与我们现在看到的《后窗》开头十分相像。但真要说起来的话，再往前倒退二十多年，希区柯克在《谋杀》一开场不也拍过与此类似的画面吗？镜头横向摇过一排房子，为了知道外面究竟发生了什么事，住户都开了灯，于是作为观众的我们，也就透过亮灯的窗户，得以一窥这些住户的私人生活了。

　　詹姆斯·斯图尔特在《后窗》中饰演摄影记者杰夫，平时走遍全球的他，此时却因断腿而被困在了格林威治村的公寓里。这种无力感让他百无聊赖、心情沮丧，遂开始监视周遭邻居，并怀疑名叫拉斯·索瓦尔德的男子，其实是杀妻的凶手。杰夫的偷窥行为，让负责帮他理疗的史黛拉以及他迷人的年轻女友丽莎，都变得心绪不宁起来。尽管如此，她们还是决定帮忙调查，最终还真是将索瓦尔德绳之以法了。由始至终，杰夫不曾离开过公寓（除了跌出窗外的短暂瞬间之外），而镜头也全程都跟随着他。全片几乎所有的行动，都由杰夫的视角来加以讲述，充分体现了希区柯克对于主观镜头的喜爱。我们也始终和他一起面对各种线索、误导、真相；只有一场戏是个例外：我们看到索瓦尔德和某个女人一同离开了公寓，正

希区柯克在《捉贼记》现场。

在打瞌睡的杰夫却没看到这一幕。*杰夫看着"胴体小姐"练舞时，我们能看出他的内心喜悦；杰夫看到"寂寞小姐"被自己请来家中的男人侵犯而且想要自杀时，我们也能看出他的内心羞愧。最终，索瓦尔德发现了潜入自己公寓的丽莎——她正在那儿寻找罪证——而杰夫则彻底沦为了可悲的无能者，几乎已无力再将看这个行为延续下去。

---

* 这也是希区柯克很爱用的花招，让观众比故事主人公领先半步，让观众由猜谜，变成了担心。

　　《后窗》是最能定义希区柯克的电影，各式各样的希区柯克笔
触，在此汇聚一堂：巧妙的美术设计；完美的选角；情绪紧绷、活
力十足的剧本；刺激的娱乐性交织着各种令人不安的黑暗主题；选
择色彩和服装时的好眼光。除此之外，作为影片唯一故事背景的
那一片格林威治村公寓楼，它们从无到有的整个过程，也很有希区
柯克特色。整件事就有着某种温柔的颠覆性，处处透着灵气。当
时正值电影公司大手笔制作史诗片的时代，《暴君焚城录》（*Quo
Vadis*）、《圣袍》（*The Robe*）和《宾虚》（*Ben-Hur*）相继问世，而
希区柯克拍摄的《后窗》，场景却只是毫不起眼的公寓楼，主人公
也只是一位穿着睡衣、就那么一直干坐着、监视自己邻居的中年
男子。可是，希区柯克却成功说服派拉蒙影业，投入了八万多美
元——在 1953 年时，这可是一笔巨款——就为搭建这么一个棚内
布景。《后窗》摄影指导罗伯特·伯克斯（Robert Burks）将它比
作是塞西尔·B·德米尔的电影，但正如电影学者约翰·贝尔顿
（John Belton）所指出的，《后窗》在主题上，其实延续了电影诞生
初期的那些传统——那时候的电影"更着意于展示、呈现和炫耀，
而非讲述故事"。[10] 希区柯克始终认为，越是严格按照默片方式拍
摄电影的时候，他越是感觉如鱼得水。《后窗》的拍摄，也正符合
这种情况。反讽的是，《后窗》其实有不少对白写得相当精彩，放
在所有希区柯克电影里都是数一数二。这方面，主要是约翰·迈克
尔·海斯的功劳，但他自己也承认，写剧本的过程中"希区柯克教
会了我如何用镜头来讲故事，默不作声也能讲好故事"。[11]

　　"我拍过的所有电影里，《后窗》是最有电影感的。"[12] 希区柯
克在 1968 年时总结说。"电影感"（cinematic）这个词，如今常被

用来当作某种溢美之辞，成了视觉奇观的同义词。但希区柯克说这句话的时候，取的只是它最狭义的概念，指的就是让电影有别于其他视觉艺术的那些核心原则和核心技巧。他所说的"电影感"，与摄影关系相当不大，更主要的还是在于剪辑。"西部片里的奔马，那仅仅只是动态的相片，仅仅只是有内容的相片，"希区柯克曾解释说，"通过蒙太奇把它们重新组合，才有了我所谓的纯粹的电影。"[13] 为希区柯克提供参考模板的，是以格里菲斯、爱森斯坦、普多夫金和库里肖夫为代表的那些电影先驱。库里肖夫曾做过一项实验，证明电影画面的组合，有着近乎魔术的奇妙特性。希区柯克在解释自己的电影技巧时，也提到过此事。"让观众看到一个男人正看着某样东西，比方说一个婴儿吧，"希区柯克提出，"然后是男人微笑的样子。这几个镜头连在一起——男人在看，被看的对象，男人的反应——导演便赋予了这男人友善的个性。"[14] 可是，如果把婴儿的画面替换成比基尼女郎呢？整组镜头就彻底变味了。"他会变成什么？变成恶心的老色鬼。"[15] 在《后窗》里，就有类似的一组画面：杰夫色眯眯地盯着"胴体小姐"，她正在厨房里拉伸、旋转身体。不过需要指出，希区柯克还在《后窗》里额外又增加了一层内容：窥视者是靠不住的证人。在库里肖夫的实验里，我们对这男人的看法，取决于他的观看对象是什么；而在《后窗》里，杰夫以为自己目睹了一个男人杀人后逍遥法外——但他并不能确定眼睛是不是欺骗了自己。

同样由詹姆斯·斯图尔特扮演的《迷魂记》里的斯科蒂，在这方面一定也深有同感，他也先是静静地看，然后开始执迷不悟地追寻，结果也因此失魂落魄。如果说加里·格兰特是希区柯克最喜欢的行动者——希区柯克在他身上投入了自己的某种英雄幻想——斯图尔特肯定就是希区柯克最喜欢的反应者。他饰演的那些人物，靠着这种无言的凝视来传达他们身为凡人的各种内心焦虑，而这些焦虑不安的情绪，希区柯克平时也都深有体会，只不过他本身很少表露，全都借助斯图尔特的这些银幕形象来传递了。斯图尔特曾解释说，他在《后窗》里演的角色，"主要就是在做反应。首先，希区柯克会展示我从望远镜里看到了什么。然后他会拍我的脸，然后我再根据自己看到的东西做反应。所以大量的时间里，我就是看着镜头，表现出愉快、害怕、担心、好奇、尴尬或无聊的样子来"。[16]

在杰夫和斯科蒂沉默凝视的时候，最是无声胜有声。希区柯克原本为《迷魂记》设计的结局，直到 20 世纪 80 年代该片重映时才得以恢复。经过钟楼上的全力追逐以及朱迪的不幸跌落，斯科蒂坐在椅子上，哑口无言，呆呆凝视前方。窥视令他不幸，男性凝视变成了丑陋的镜子迷宫。

希区柯克的电影里弥漫着各种秘密以及心照不宣的真相。希区柯克和杰夫、斯科蒂一样，也是一位勤勉的人类观察家，而且坚信人人都藏着一些心事。蒂比·海德伦也承认，希区柯克确实于她有恩，其中之一便是教会了她如何提起兴致去关注周遭环境，并以此来磨砺演技。"我会看，会去观察，我会随时随地观察周围人遇到各种事情之后的反应，而且看在眼里，记在心里，并且告诉自己说：'哦，这反应很不错，将来演某个角色时我也可以用上。'所有这些东西，我都是从希区柯克那里学来的。"[17]

对于人类历史上最擅长拍摄间谍电影的希区柯克而言，这些其

希区柯克和看的艺术：《后窗》里的詹姆斯·斯图尔特。

实都是再自然不过的事。毕竟，他的人生前四十年，可是终日浸淫于英国所特有的那种社会氛围之中——21 世纪的美国人有多看重信息透明，希区柯克那时候的英国人就有多看重严守秘密。在 20 世纪初的英国，盛产各种间谍小说，而这也给了希区柯克深远影响，并为他日后的工作提供了大量素材。此类小说之所以会在当时大量出现，其实也是因为得到政府支持的间谍活动，在那一时期快速增长。而且，从根子上来说，英国社会本就普遍存在某种严守秘密的文化，以至于有一位前内阁部长称其为"英国病"[18]。彼得·亨内西（Peter Hennessy）可说是最了解英国国会权力使用和滥用问题的历史学家了，在他看来，"严守秘密和科茨沃尔德自然美景区一样，都是英国独有的风景，和我们的社会早已浑然一体"。[19] 而希区柯克也说过，他一直都觉得，"想要在美国拍摄间谍故事，其实还挺不容易的"，因为美国社会的开放性意味着，间谍活动"不会对它构成实质性的威胁。如果有赤色分子跟踪你的话，也不用害怕，因为你很清楚，随时都能去就近的警局，直接报警就行了"。[20]

希区柯克始终谨守英式保密原则，而在那些和他有着亲密私人关系和职业关系的人里头，也不乏一些特别神秘的人物。艾沃·蒙塔古是他的朋友兼合作伙伴，同时也是二战时候的苏联双面间谍，至于他的哥哥尤文·蒙塔古（Ewen Montagu），则是"肉馅行动"的主脑——英国情报部门编造出了一位身份完全虚构的英国皇家海军陆战队军官，欺骗纳粹相信盟军进攻方向并非西西里岛。1953 年，尤文·蒙塔古将此事写成《从未存在的人》(*The Man Who Never Was*) ——书名有可能是来自他弟弟参与制作的电影《擒凶记》(知情太多的人)。三年后，《从未存在的人》被拍成电影，导演是入行之初曾在《讹诈》剧组当过希区柯克的摄影助手的罗纳德·尼姆。再想一想《西北偏北》的核心故事线索，也正是无辜者被误认为了某个其实根本就不存在的间谍。回到 20 世纪 50 年代初，是记者欧蒂斯·谷恩西（Otis Guernsey）最初向希区柯克推荐了这个故事创意，而这一则发生在战争年代的故事，谷恩西也是从别人那儿听来的。它和"肉馅行动"有些相似，说的是英国人在中东地区制造了"一位子虚乌有的王牌间谍"[21]。当然，欧内斯特·莱曼坚称他写《西北偏北》剧本的时候，既没想到过尼姆的电影，也没参考过任何真实事件。[22] 不过，鉴于上面提到的这些人际往来，希区柯克是不是一定也没想到过这些，那就很难说了。

传说希区柯克不仅爱看，爱观察，而且观察力也确实非凡，而且极有先见之明。他挑选演员和招募编剧时，靠的常是预感。他会借助20分钟的短会或是共进午餐的机会来暗中观察对方，而且在此过程中，经常是海阔天空什么都聊，就是不谈马上要拍的这部电影。按照某些同事和事业伙伴的回忆，希区柯克的这种判断力，已近乎神迹。据说他瞬间就能看清一个人的个性和动机，提前就能估中他们接下来的行为，而且一眼便能洞察谎言。照理说，像他这么一个不善社交生活的人，上述这些说法，实在很难让人相信，但那些最了解他的人，确实又都坚持认为"他有着非凡的第六感"。[23]甚至于，就连某些从未有幸和他见过面的人，竟也赞同这些说法。史蒂文·斯皮尔伯格便是其中之一，他曾偷偷潜入《冲破铁幕》拍摄现场，希望可以见到心目中的偶像，结果却未能如愿。"感觉他就像是有特异功能，立刻就觉察出有人潜入。照理说，他是绝对不可能发现我的，可他却俯身和一位助理导演耳语了几句。"很快，这位助理导演就找到了斯皮尔伯格，将他送离片场。"那是我距离希区柯克最近的一次。我知道了原来他后脑勺也长了眼睛……真是太可怕了。"[24]

希区柯克有第三只眼的传说，之所以会长期流传，至少有一部分原因就在于，作为电影导演的他，本就以出类拔萃的视觉化本领而著称。希区柯克经常声称："剧本一旦写好，我就不会再看了，因为该完成的已经都完成了。"[25]到了这一步，他已经在脑海里逐个镜头地看过整部电影了。他还引以为傲地表示说，"普通导演——请允许我这么称呼他们——使用的常规方法，就是先拍好我们所谓的大量素材，然后再剪辑。但我却不用这办法……我一直致力于在电影正式开拍前，提前就已掌握了它的完整形象。"[26]
所以对他而言，剩下的时间里，便不得不经历那些单调乏味的工
序，将脑海中的电影给实际拍摄完成了。在此过程中，他会借助详
细的分镜图，将脑海中的东西精准传达给演员和剧组工作人员。所
以，他实际拍出来的东西，基本全都能用在最后的成片里，多余的
废片少之又少，至于事后再另行补拍的情况，对他来说更是凤毛麟
角。他还说过："电影，是开拍之前就已完成了的东西。"[27] 拍摄
工序一旦完成，他也无需和观众一起观看成片，因为观众具体会有
什么反应，他也早已成竹在胸。对于人性，他有充分的了解，可以
随心所欲地将观众操弄于股掌之间。也就是说，他不仅能在脑海中
提前看到整部电影，而且还掌握了如何将它投射于我们脑海之中的
秘诀。

这可真是一段了不起的表述，如果属实，希区柯克的视觉天才
还真是无与伦比。可惜，这其实也并非百分百准确。对他而言，写
剧本的过程确实意味着极大的刺激，他很享受这种眼看着各种细节
落实到位，故事元素也悉数获得安排的过程。而且，希区柯克电影
的前期制作计划，也确实都做得相当缜密，目的是为要提前消灭各
种不确定因素，以便减轻他的精神压力——换句话说，那更像是预
先准备好一面安全网，而不是提前筑起什么实际开拍后都不允许翻
越的水泥高墙。拍摄《谍魂》《群鸟》《辣手摧花》等片期间，就出
现过开机之后还有临时增加的剧本内容陆续补充进来的情况，而希
区柯克也相应地修改了原本的拍摄计划。光是这一点，便足以证
明他所谓的这种电影开拍后就再也不瞥剧本的说法，并不完全属
实。在摩洛哥拍摄《擒凶记》期间，希区柯克剧组惯有的平静氛围

忽被打破，原因就在于本该提前到位的分镜剧本，竟然未能及时送到。助理制片经理休·布朗（Hugh Brown）发现，主体拍摄工作明明已启动多时，但剧组工作人员还会每天早上都拿到新补充的剧本，于是只得手忙脚乱、匆匆应付。[28] 作为《海外特派员》编剧兼演员的罗伯特·本彻利（Robert Benchley）也有过类似经历。他在写给妻子的信里提及："希区柯克是一位好导演，但为人也很严厉……剧本还没完全写好，主要角色也还有一个没敲定演员人选……他们只能有什么先拍什么，一旦剧情发生变化，有些已拍好的东西就只能作废了，又得重新拍过。"[29]

此外，提前为整部电影制作好分镜图这件事，希区柯克其实也没干过；他最多只会为几场关键戏画好分镜，但即便是这道工序，也并非每次拍摄一定都有。针对《西北偏北》里那一场著名的飞机戏，米高梅电影公司希望他能提供一些镜头设计草图，以便宣传发行时使用。对此要求，希区柯克倒是默默地接受了——但事实就是，这场戏拍摄之前其实并未制作任何镜头设计草图。电影史专家比尔·克罗恩分析说，"档案里保留下来的那些（关于这一场戏的）剧照复印稿表明了，或者是希区柯克本人，或者是其他什么人，确实也试过要提前画好分镜，但最终他好像还是专门请了一位电影插画师"[30]，按照实际拍好的画面，倒推着又画了一套分镜图，交给了米高梅电影公司。职业生涯走到这个阶段，希区柯克的电影分镜，早已成为他公众形象的一部分，同时也像是一件引人注目的电影道具，可以用来向外界展示由他笔下流淌而出的无尽才华。按照比尔·克罗恩的说法，这一切都始于 1942 年，环球影业宣传部门在《戏剧艺术》（Theatre Arts）杂志上登了一篇文章，用到了希区柯克最新作品《海角擒凶》的一些图画草稿，将它当成了某种电影幕后制作秘辛，好让那些对希区柯克电影制作法很感兴趣的观众有机会管中窥豹。[31] 其实，早在宣传希区柯克第一部好莱坞电影《蝴蝶梦》的时候，《纽约世界电讯报》(*New York World-Telegram*) 就在宣传文章里用到了希区柯克拍摄该片期间所绘制的四张草图，并为他冠以"图案设计师"[32] 的美名，还说他那些电影都是由他脑海里的想象空间，直接跃然画纸之上，然后再跃然银幕之上的。而且，这一步步的跳跃，既迅速又利落。多年之后，《海角擒凶》里自由女神像那一场戏的分镜画稿，被美国电影艺术与科学学院拿来隆重展出，但按照参与该片拍摄的好几位剧组人员的说法，这些其实都是影片杀青之后才补画的。[33]

当然，亲眼目睹希区柯克非凡的视觉想象力，并且留下极深印象的人，历来也不在少数。法利·格兰杰在《夺魂索》开拍前曾去过希区柯克的办公室，着实是大开眼界。"每一面墙，从上到下，都贴满了 20 厘米乘以 25 厘米的图纸。剧本上的文字彻底变成了画面，也让我整个人沉浸其中。"[34] 尽管如此，真要说希区柯克早在电影开拍前就已预先在脑海之中剪辑好了整部电影，而且由头至尾，直至最后一个镜头的拍摄角度，全都毫无遗漏，那显然也太过夸张了——尤其是我们还需要考虑到，即便他确有这般本领，那必定也是经过多年历练后才逐步形成的，可是既然有了多年历练，希区柯克就不会不知道，在每一种艺术媒介的创作过程中，必定都会有意想不到的情况发生，而出现意外时，积极加以应对，反而还能带来不少好处。摄影指导罗伯特·伯克斯也作证说，每个镜头的拍摄，希区柯克都会预先做好巨细靡遗的计划，有时候到了实拍的那天，他还会将粗略的分镜图提前交给掌机。*"但他从来都不会逼着你必须完全照着这些分镜来拍，"伯克斯在接受采访时表示，"如果讨论之后他发现我们换一种方式，确实能实现更好效果的话，也会毫不犹豫地当场修改剧本。"[35]

《风流夜合花》可说是希区柯克所有电影里拍起来最复杂的一部，摄影指导是之前就已拿过奥斯卡奖的杰克·卡迪夫（Jack Cardiff）。这次合作让卡迪夫印象最深的地方便在于，希区柯克很明确自己究竟想要什么样的画面，而且他也非常相信技术人员一定有这本事，能把它们给拍出来。"他几乎就不怎么看每天的工作样片，"卡迪夫回忆说，"剪辑师每天都会跟他仔细汇报，但他不用看也知道究竟拍了些什么。由分镜图画好的那一刻开始，整部电影已牢牢刻在他脑海里了。"[36]像卡迪夫这么有才华、有技术、有经验的人，见识了希区柯克的视觉化本领，都会如此受触动，这一点本身就很说明问题。显然，希区柯克确实是有某种罕见的天赋。不过，不妨再看看卡迪夫对于希区柯克在拍摄现场的具体行为又是如何描述的，因为那似乎暗示着，希区柯克其实很清楚自己有着这样的名声——即他是早已看穿一切的天才，他脑袋里就有一间剪辑室，所以实际拍摄工作对他而言，反倒是无聊透顶——所以一有机会就会故意这么表现。"他背朝着演员，"卡迪夫回忆起《风流夜合

---

* 他这种飞速完成的速写稿，实际效率相当之高。据1933年4月26日出版的《格洛斯特郡回声报》（*Gloucestershire Echo*）上一篇题为《画的语言》（Language in Pictures）的文章报道，当初聋哑人画家 A·R·汤姆森（A. R. Thomson）为他画肖像时，希区柯克甚至也能用这种速写画稿来与画家实现交流。

花》里某一个长镜头的拍摄过程时表示，"他漫无目的地望着脚下的地板，直到我们全部拍完，他已喊了'停'之后，顶多也就只是问了我的掌机保罗·比森（Paul Beeson）一句：'你觉得怎么样，保罗？'随着保罗点头许可，希区柯克也示意整个镜头就算是通过了。"[37] 如果卡迪夫描述属实，他这种无所事事的状态，其实很像是在低调炫耀。照理说本该最用心去看的东西，他却存心偏就不看。而这也更让我觉得，在一部希区柯克电影的拍摄现场，希区柯克的执导行为——即他作为阿尔弗雷多·希区柯克的本色演出——本身也成为了电影景观的一部分。

这也符合由 20 世纪 40 年代中期便逐步形成的那一种希区柯克整体形象：他是伟人，有着独特的本领，能看到普通人看不到的东西。据他自己回忆，这种提前在脑海中过一遍电影的才能，早在他还没当导演时，其实就已是明摆着的了。他 1923 年在《女人之间》剧组当美术指导时，奉命设计一处布景，是一栋公馆大楼的入口处。结果，希区柯克设计出来的入口只有半截，楼梯上方空无一物，也让导演格雷厄姆·柯茨感到错愕不已。"他们想到的就是传统拍法，由大门口往上拍，仰拍楼梯入口处，"希区柯克回忆说，"所以楼梯上方应该有阳台，有女主人，然后有人在楼梯上往上走。但我告诉他们：'不对，你们应该从楼梯上往下拍才对。'"他向导演解释说，因为这场戏是属于女主人的，所以理应由她视角来拍才对，因此楼梯上方的东西根本就不需要做出来。"那时候的我，做人有一点小固执，我坚持说，'这镜头就该从这儿拍'，而导演也只能无可奈何。"[38] 普通导演，或者说大路货电影导演，都很缺乏这种视觉想象力，这是希区柯克职业生涯伊始就很爱谈的一个话题，而且终其一生始终未变。"有视觉感的人很少见，"他在1976年时曾抱怨说，"大多数都不懂怎么投射。像是我，甚至根本就不需要站在镜头后面，我直接就能想象出它们投射在银幕上会是什么样子。"[39]

事实上，对于其他导演的作品，希区柯克一直以来都表现得兴致索然。彼得·博格丹诺维奇和他围绕着电影和电影行业，曾经有过那么多次的非正式谈话，但博格丹诺维奇表示，完全不记得希区柯克曾谈到过任何一位导演同行——只有奥逊·威尔斯是例外，但那也只是"因为希区柯克知道我当时正在写一本奥逊·威尔斯的访谈录，所以才问了我一些相关的问题……但也没问多少"。[40] 虽然在人前如此表现，实情却恰好相反，希区柯克一直都很勤勉地在追看各种最新的电影作品。由他留下来的那些工作记事本，我们可以看出，看电影就是他日常工作的一部分，尤其是在20世纪60年代初，在他和环球影业签约并在环球电影厂里有了固定办公室之后。在这个环球影业放映室里，希区柯克究竟看过多少电影？这个课题，本身就能写一篇博士论文了。《伍德斯托克》（*Woodstock*）、《发条橙》（*A Clockwork Orange*）、《马拉／萨德》（*Marat/Sade*）、《野帮伙》（*The Wild Angels*）、《粉红豹》（*The Pink Panther*）、《毕业生》（*The Graduate*）、《魔法圣婴》（*Rosemary's Baby*）、《爱的大追踪》（*What's Up, Doc?*）……诸如此类的英语新片，他都在上映后不久就已看过。至于他观影计划表上的外国名导作品，也有不下数十部。[41] 而且20世纪60年代末，他正是在看了安东尼奥尼的《放大》（*Blow-Up*）之后，才受到启发，决定将自己的作品也朝着更为大胆的崭新领域去推进："这些意大利导演，论技法，可真是比我领先了一世纪啊!"[42]

类似这样的坦白,当然是不会让公众知晓的。正式接受采访时,身为影坛元老的希区柯克,还是更愿意用比喻手法来谈论自己的作品。他把自己比作了建筑师、作曲家、作家,特别是画家。塞尚的名字曾被多次提及,还有他最喜欢的保罗·克利。在希区柯克看来,他们对于色彩的运用,与他颇为契合。"在具体内容方面,我倒是并不怎么随心所欲。我的随心所欲,只体现在处理这些内容的手法上。"他在1972年时说过,"我愿意把自己比作抽象画家。"[43] 具体的故事,可以由他雇来的编剧负责操刀,至于希区柯克的真正精要所在,也就是他作为电影作者的最具有长期影响力的特点,按他自己说法,其实还是在于别人无法仿效的那种独特眼光。这一次对谈的时候,采访者曾试着逗他说出对某些同行的看法。结果,关于英格玛·伯格曼,他仅只表示,"某次他曾说起,曾由希区柯克那儿学到了不少"[44] 视觉手法上的东西,还有特吕弗也是如此。而关于维托里奥·德·西卡的《偷自行车的人》,希区柯克则表示,这位意大利导演的新现实主义杰作"非常之好"[45],但他自己的电影,在这方面更有优势。

说句公道话,不愿谈论自己同辈人作品的艺术家,希区柯克不是第一个,也不是最后一个。不过,他在解释自己电影风格时,特意用了绘画这种更为高阶的视觉艺术形式来做类比,言下之意便是,他希望我们相信,自己擅长的"纯粹电影"已足以让他自成一格,即便是同时代最有造诣的电影导演同行,也都无法与他相提并论。我们可以认为,这种表述背后所传递出的,其实还是希区柯克对于自身的商业片导演身份,有些缺乏底气,甚至可以说是对于电影这门艺术，他都有些欠缺底气。如果真是如此的话，可能也并不是只有我一个人有这想法。历来就有许多影评人，在赞许希区柯克的电影才华时，总喜欢拿其他艺术领域的大家来和他做横向类比。而在《忏情记》里扮演凶手妻子的多莉·哈斯（Dolly Haas），也被希区柯克的视觉天分彻底迷倒，感慨说他"其实是一位建筑师。我心想，'天呐，这人本该当视觉艺术家或者建筑设计师才对啊'，因为他那些手稿的左边空白页上，全都画着各种特写镜头和每一场戏的分镜图"。[46]

　　说来也真是耐人寻味，这么一位成功的电影女演员，竟然不觉得电影其实也是视觉艺术。不过，她这句话其实也很能说明问题。英国编剧加文·兰伯特（Gavin Lambert）曾提过一个精彩的观点，他说希区柯克电影里许多让人难忘的场面，"其实大可以像超现实主义绘画那样来起小标题：《人被鸟关入笼中》《在煎蛋上掐灭香烟》（《捉贼记》），还有《扮成他死去母亲的年轻男子在浴室刀砍裸体女郎》，说起超现实主义的极致来，这些简直要比达利都更加达利"。[47]确实，希区柯克就是有着如此强烈的视觉创作动机，以至于他有时候更像是一位概念艺术家。他喜欢由那些画面出发，来酝酿各种惊世骇俗的风趣想法，而且这些画面往往也是他拍摄这些电影的最初衷。或许，正是基于这样一层感性，他的电影作品也会让其他领域的视觉艺术家，都感受到强大的吸引力与启发性，而他们中间又有许多人，转而又用自己的创作来回应希区柯克电影里的窥视行为。例如道格拉斯·戈登（Douglas Gordon）1993 年的装置录像作品《24 小时惊魂记》（24 Hour Psycho），便是将希区柯克的这部电影放慢了速度，拉长到了 24 小时才放完。于是，片中每个镜头都被人为延长，也包括浴室戏的那些疯狂时刻，以至于我们眼前看到的已不再是电影人希区柯克，而是身为静物画家的希区柯克。

英国艺术家科妮莉亚·帕克（Cornelia Parker）的作品，与希区柯克电影也有某些相似之处——巧妙完成的画面，既具创造性，又有着风趣幽默的玩笑意味，重在传达某种感觉或想法，而非叙事本身。例如她最著名的装置艺术作品《冷暗物质：爆炸风景》（*Cold Dark Matter: An Exploded View*），为完成这件作品，她说服英国陆军引爆了一间装满各种日常生活用品的储物小屋，然后再用炸剩下来的木屋残骸，重新搭出了悬于半空，正处于爆炸瞬间的小屋的模样，再通过小屋中央的一盏灯泡，在周边投射出各种充满表现主义风格的阴影图案。科妮莉亚·帕克曾说过，艺术品中她最推崇的，是英国概念艺术家杰里米·戴勒（Jeremy Deller）的装置艺术作品《亵渎》（*Sacrilege*）。[48]那是英国历史文化遗产"巨石阵"（Stonehenge）的超大型复制品，但却故意做成了儿童充气城堡的样子。类似这种将原本严肃庄重的现实物件暗加颠覆的欢乐做法，相信如果希区柯克能看到的话，一定也会大为欣赏。毕竟，他自己就拿总统山（《西北偏北》）和自由女神像（《海角擒凶》）的复制品来做过类似文章。这些大名鼎鼎的历史遗迹，到他手里，变得就像是游乐场里的儿童攀岩架一般。2016年，科妮莉亚·帕克在曼哈顿大都会艺术博物馆的屋顶花园里搭建了名为《过渡性物件（惊魂记谷仓）》[*Transitional Object*（*PsychoBarn*）]的装置艺术作品。她将一栋破旧的红色谷仓废物再利用，做成了《惊魂记》里贝茨之家的样子。那是美国历史上最让人毛骨悚然的建筑物之一，而这种血红色的木屋，本身就是最能代表美国人积极进取形象的标志性建筑。于是，帕克的这件作品，显然体现了她对美利坚合众国这个国度的种种观察，正如希区柯克当初在观察美国西部时，也是由自己的外来者视角入手一个道理。而且，希区柯克设计贝茨之家的灵感来源，据说就包括了美国画家爱德华·霍珀（Edward Hopper）的名作《铁路边的房子》（*House by the Railroad*），而且还特意将这一栋陈旧腐烂的木屋设置在了最能代表现代美国社会之高速与无常的高速公路的边上。[49]

　　创作之前，科妮莉亚·帕克将《惊魂记》反复观看多遍，还把画面暂停下来，仔细研究各种细枝末节，这才悟出了希区柯克电影布景的巧妙之处。原来，那根本就不是什么真正的小屋，而是用油漆刷出来的建筑物门面。[50] 眼见不一定为实，类似这样的诡计巧思，希区柯克历来都用过不少。因为他相信，广大观众和他不同，他们很少会看得那么仔细，很难辨认出什么是真，什么是假。他始终坚信，绝大多数的电影镜头，出现在银幕上的时长，其实根本都不到五秒，观众在这么一点时间里，根本就来不及识破电影制作的各种诡计。[51]

　　或许，希区柯克确实很喜欢在电影里有意识地误导观众，但他所谓的那种"修补挂毯"的电影工序，具体执行起来，最最基本的要点，还是在于务必要做到细节上精益求精。虽然他总爱说自己的电影拍的不是什么生活片段，而是一片片的蛋糕，但这并不代表他拍电影时就不讲现实主义了。只不过，希区柯克所谓的现实主义，其实与逻辑、可信度均毫无关系——对于这些，他几乎完全都没什么兴趣。相反，如果可以用物理学上的布朗运动来做比喻的话，希区柯克电影里的各种故事情节，固然可以任由其肆意流动，但前提在于，它们必须始终被锁定在一间牢固、不变的房间内；这一点，才是希区柯克最为看重的。"对于彻头彻尾的奇幻题材，我始终敬而远之，因为必须让观众认同电影里的人物才行。拍电影，首先就是要讲故事。故事本身不可信，这没关系，但绝不能是平庸的故事。"[52] 或者，说得再精炼一些的话，那就是美术指导罗伯特·博伊尔所说的，"在现实主义的环境中上演的童话故事"。[53] 明明是司空见惯的平常背景中，忽然却出现了叫人错愕的离谱事，观众情绪由此受到的冲击，势必会成倍放大。所以说，希区柯克某些电影里的某些情节漏洞，哪怕确实是大到夸张，但细看这些电影的场面调度，你会发现它们在具体细节上全都做得非常仔细和到位。

所以在拍摄《后窗》时，向来喜欢死抠细节的希区柯克，似乎又将他的这种凝视推到了一个崭新高度。为获得准确的布景，他让手下走遍整个格林威治村地区，绝不放过任何细节。负责满足他这一愿望的，是该片制作经理多克·埃里克森（Doc Erickson）。他用相机将这块地方彻底拍摄了一遍，而且这些用于资料搜集工作的照片，拍的可不光是格林威治村的公寓楼，埃里克森还进入它们后院，在一天之中的不同时段，不同光线条件下，由不同角度，在东西南北各个不同方向上，对它们进行了照相。[54] 此外，拍摄丽莎从 21 号俱乐部叫来龙虾、香槟酒大餐，直接外送到杰夫住的破烂公寓的那一场戏时，希区柯克也坚持让道具组从该餐厅借来一只香槟酒冰桶、两套餐具外加六条餐巾，就连服务员的制服也都不是什么戏装，而是真从 21 号俱乐部借来的。目的就是要确保，这么一场戏不论它看似如何让人难以置信，但每处实质性的细节，却必须做到千真万确。[55] 此外，手底下人需要满足的，还不仅是希区柯克的眼睛。为求逼真，他还让人录下了格林威治村街头的车水马龙、人来人往的各种声响——只不过，后来他又改了主意，要让摄影机由头至尾始终留在杰夫公寓之内，于是这些声响并没怎么用上。[56] 随着希区柯克年纪增长，他对于此类细节的追求和讲究，也变得越来越刻意求工。距离《后窗》又过了几年，在同样讲述看得入迷、看得难以自拔的《迷魂记》的前期制作阶段，希区柯克让美术指导亨利·邦斯特德（Henry Bumstead）专门把旧金山湾区各种退休单身警察居住的公寓实地调研了一番，希望能从中找出男主角斯科蒂住所的合适模板。此外，他还指示助手赫伯特·科尔曼找人去画了一幅卡洛塔·巴尔德斯的肖像画——那是影片开始后不久要用到的道具。为此，科尔曼先后走访来自意大利、英国、美国各地的多位画家，好不容易才找到了能完全符合他老板各种期待的合适人选。在此过程中，科尔曼曾写信给派拉蒙影业派驻罗马的工作人员，给出了非常具体的反馈意见，要求对交上来的画作重新修改，其中包括有"去除女孩脖子以下那片肌肤上的斑斑点点"[57]以及她手腕上清晰可见的一道血管痕迹等。不过，希区柯克这种关注细节的巅峰之作，或许还要数《狂凶记》后期制作时发生的一件事。在他的要求下，剧组工作人员专程重返片中用到的伦敦科堡宾馆（Coburg Hotel），只为给运行中的电梯重新录音，以确保电影里出现的环境声，与现实百分之一百相对应。[58]

希区柯克之所以会痴迷于这样的细枝末节，是因为这带给他的感官享受，绝不亚于为自己的电影找到合适的颜色和准确的服装。因此，虽然他一贯主张自己拍电影是为了要取悦观众，但单从上述角度而言，这显然是在自欺欺人。于他而言，观察、捕捉这个世界的真实细节，然后再按照自己精心选定的配置方式，将这些细节重新整齐排列起来，这绝对是一种妙不可言的享受，而且不管到了什么时候，他都不会觉得厌倦。

但话说回来，也有那么一部分观众在看他电影的时候，也变得和他本人一样，喜欢死抠各种细节，并且痴迷其中。他们拼命钻研希区柯克电影的狂热态度，就像是正在审视文艺复兴时期绘画杰作的艺术史专家。他们认定了，希区柯克的镜头中，哪怕是再小的细节，也必定有其存在的道理。1960 年，影评人安德鲁·萨里斯（Andrew Sarris）为《村声》（*Village Voice*）杂志撰文，推荐读者朋友观看《惊魂记》时，务必要看三遍才够。第一遍，先感受一下那种刺激和震撼；第二遍，享受其中的幽默；第三遍，再兴致勃勃地体味那些"隐藏着的意义和象征"。[59] 这些人观看希区柯克电影的方式，就像是《后窗》里杰夫观察窗外各式公寓生活场景一样，聚精会神，全神贯注。在他们看来，画面上所有一切——楼梯、灯泡、牛奶、杯子、平行线、鸡蛋、鸟、白兰地、水、帽子、地下室、鞋、门、手、乐器——都含有大量信息。恐怕整个电影史上，作品会被观众拿来如此仔细审视的导演，也就只有希区柯克了。唐纳德·斯伯特在撰写 1976 年出版的《阿尔弗雷德·希区柯克的艺术》（*The Art of Alfred Hitchcock*）一书之前，光是《迷魂记》这一部片子，就看了足足 27 遍——而且这还是在希区柯克已将该片拷贝尽可能地悉数收回之后，在那个录像带、DVD 都还没有诞生的年代，想要重看已经下档的旧电影，本就超级困难——但却依然觉得，还有好多地方没有完全弄懂。[60] 2005 年，学者迈克尔·沃克（Michael Walker）出版了厚达四百多页的学术研究专著《希区柯克的母题》（*Hitchcock's Motifs*），志在破译希区柯克电影宇宙中各种物体、画面、人物类型和叙事模式的不同意义。该书充满各种真知灼见，让人不时有恍然大悟的感喟：原来希区柯克还真是在那些细节处埋伏了各种象征意义。不过，作者也不忘提醒我们，切忌过分解读。他引用了西格蒙德·弗洛伊德的一句话，无奈地承认说："有时候，一具尸体，它充其量也就只是一具尸体而已。"[61]

　　美国学者 D·A·米勒（D. A. Miller）也写到过，自己某一次观看希区柯克电影的体验，就像是吃了致幻的墨西哥乌羽玉仙人掌一样，彻底地陷入了恍惚迷离的境界。那些希区柯克电影，米勒本就反反复复极其投入地看过多遍，但那一次的顿悟体验，却出现在某个深夜。他正看着《火车怪客》，发现自己忽然进入某种"半无意识的观看模式"[62]，继而体会了长期以来一直隐藏在希区柯克电影宇宙之中的各种奥义。此时的他，已不再关注普通观众通常会去注意的那些画面前景；他的视线，完全集中在了背景细节之上，那是我们或许可称之为"深层希区柯克"的细节。于是乎，即便是穿帮镜头——角落中短暂出现的悬吊式收音麦克风、前后位置稍有变化的咖啡杯——似乎也变得意义丰富起来，这些"希区柯克电影里遍布着的制作疏漏、让人茫然费解的细节、明显是在瞎胡闹的地方"[63]，此时看在他的眼里，反倒是为影片又增添了一些额外的层次。米勒说像他这种，就叫作"距离凑得过近的观看者"，虽然观影体验进一步得到强化，但也确实会被带到某种所谓的"兔子洞"里去。可是话说回来，这种痴迷不悟、茫然费解、自我怀疑的情绪，不也正是希区柯克电影里包括杰夫在内的那些神经质观看者，都曾切身体会过的吗？最终，就和《贵妇失踪记》的女主角艾丽丝一样，米勒有时候也会忍不住自问一句："我觉得我是看到了一些什么，但别人却都说那根本就不存在，于是我也怀疑我是不是真的看到了？"[64]

总之，经过如此彻底的一番搜索，米勒还真又找到不少原本隐藏着的细枝末节，其中就包括了，原来除了希区柯克那些众所周知的客串登场之外，他还另有一些其他方式的另类登场，观看者稍一疏忽，便会错过。例如《火车怪客》开始不久之后的那几场戏，只要加倍细看，就会发现盖尔正在阅读的其实是一本《阿尔弗雷德·希区柯克的炉边悬疑故事集》(Alfred Hitchcock's Fireside Book of Suspense)，而几分钟后出现在布鲁诺脚边的，也是一本《希区柯克悬疑故事集》(Suspense Stories)。[65] 这其实都属于那种相当明显的希区柯克电影笔触：既是那种自我指涉的小笑料，懂的人自然懂，同时又像是冲着未来的电影观众眨了眨眼，就和粘在课桌底部的口香糖残胶或是留在墙纸背后的信手涂鸦是一个道理。

按照彼得·博格丹诺维奇的说法，类似这样的疯狂考据，"让希区柯克自己都觉得很有意思，也带给他某种特别的欢乐"[66]，不过有时候也会让他大呼无奈地直挠头。20世纪70年代初，他三个外孙女中的老大玛丽，在大学选修了一门专门讲希区柯克电影的课程。导师着重强调，数字7在希区柯克很多作品中都扮演着重要角色，但回家一问，希区柯克自己却对此说法相当不以为然。期末作业的主题是谈谈希区柯克电影的风格和本体，玛丽特意找了外公帮忙。结果，她的得分是C。[67]

希区柯克很清楚，人们在做出观看这个行为的时候，谁掌握

了主动，谁就占着上风——同样道理，谁能剥夺其他人的观看可
能，谁也就握有力量。在他晚年时，包括《后窗》和《迷魂记》在
内，有五部作品的版权重新回到他的手里。结果，他却将这些影片
彻底下架，将其退出公共流通，而且从未给出理由。20世纪70年
代，不少学界人士和大型机构也找过他，希望能获得这些影片的拷
贝，以供研究使用。但大多数时候，他都一口回绝，而且也不解释
原因。或许他是有这么一种感觉：想要确保在他百年之后，斯人已
逝，而这些杰作的好名声却依然如故，那就需要在他还活着的时
候，让世人再也无法看到这些电影。最终，距他去世三年之后，遗
产执行方才同意让《后窗》和《迷魂记》进入院线重新公映，并
对它们进行了重要修复。又过了十三年，《迷魂记》再度在英美两
地公开重映，对比1958年它首映之际充其量只能说是不温不火的
媒体评价，此时它却引来了影评界如痴如醉的热烈反响。2012年，
在英国电影学会《视与听》杂志主办的票选活动中，《迷魂记》当
选有史以来第一佳片，也打破了过去五十年来《公民凯恩》对于这
一荣誉的垄断。[68]

　　不过，对于21世纪的观众来说，最能看进他们心坎里去的希
区柯克作品，还应数《后窗》才对。电影这种戏法的奥妙之处便在
于，我们一边看着银幕上别人被放大了的人生，一边想着的却都是
只属于自己一个人的心事。对于这一点，希区柯克似乎有着与生俱
来的了解。"我们过着孤独的生活，但这生活又不属于我们私人所
有。"[69]这是影评人雷蒙德·杜尔纳特提炼归纳出来的《后窗》基
本信息，感觉也像是对当下这一时代的最真实写照——凝视邻里众
生的男主角杰夫，他面前的窗户玻璃，又何尝不像是iPhone手机

的屏幕，而他那双睡眠不足的眼睛，也正透过这些宛若社交媒体的孔径，窥视着每位邻居的人生。护士史黛拉走进房间时，发现杰夫正在窥探邻居，"偷窥已经刻进了人类的骨髓，"她说道，"大家其实更应该走出自己的屋子，去别人家里走走，换换空气。"这条建议或许听着还挺合理的，但我们又能不能听进去呢，希区柯克对此深表怀疑。

9

表演艺人

1955年10月2日晚，随着希区柯克语气漠然但却标志性的一句"晚上好"，他的人生，也开启了一个全新的篇章:《希区柯克剧场》，这是一档属于他自己的电视节目，而这档节目的明星主角，也正是他本人。

从此以后，他每周都会出现在数以百万计的美国家庭面前，俨然是一个有生命的漫画人物。《希区柯克剧场》一开始，画面先是一片惨白的背景色，然后他忽然出现在镜头前，站在这个仅属于他一人的方寸天地之间，开始介绍起本周要为大家讲述的故事。大约半小时后，故事讲完，希区柯克再次出场，以讥讽的口吻和观众作别，镜头也随之切走，感觉像是他就此便重又陷入睡眠状态，直到七日之后，才会再次被电视显像管唤醒，开始他新一轮的演出——届时，他或许还会备好一套茶具，或是戴上一顶猎鹿帽，又或是拿着一把可以吹出泡泡来的大烟斗。

30分钟一集的《希区柯克剧场》由1955年开播，至1962年

结束，再加上紧随其后的电视节目《希区柯克长篇故事集》，由
1962 年播出至 1965 年，他的整个电视剧生涯，恰好与我们通常
所说的希区柯克"黄金时代"相重合，也就是他相继拍了《后窗》
《捉贼记》《怪尸案》《擒凶记》《伸冤记》《迷魂记》《西北偏北》《惊魂
记》和《群鸟》的 1954 年至 1963 年那些年。重合归重合，其实真
正将他知名度带到全新高度的，还得说是这两档电视节目的巨大成
功。走在街头，他会被想要获得签名的小观众拦下；他的这张脸、
他的说话声以及整个造型，都已在美国乃至美国以外许多地方的大
量家庭之中，为无数人所熟知。周复一周，他就这么出现在镜头之
前，让人看到了构成其公开形象和私人身份的多个关键元素：他身
上的英国人国民性、他的公子哥儿风格、他的肥胖、他对谋杀和混
乱的巨大热情。当然，展现得最明显的，还是他作为喜剧演员的开
心果的那一面。这一刻的希区柯克，想的就是尽可能地惹人发笑，
而他自己却又始终板着脸，不露一丝笑意。关于这种形象，他曾形
容说是"我丢人现眼的那一面——作为演员的我"。[1] 就这样，电
视荧屏上的希区柯克成了一个活宝，相比之下，他的电影成就，反
倒成了某种铺垫，似乎等的就是这集万千观众宠爱于一身的时刻的
到来。

　　曾经跟着他一起拍过电影，为那些杰作辛苦付出过的人，其实
都心知他为这些影片所耗费的心血，而且也分外欣赏他的电影才华
与超群能力。也因此，看到他竟转而在电视荧幕上耍起活宝来，他
们中有些人，难免也稍觉有些失望。当然，大多数人都能理解他
这么做的原因。首先，电视的崛起已让好莱坞感到惊恐。按照美
国普查局的数据，由 1946 年至 1960 年，观影人次已由每周 9000

万急跌到 4000 万。[2] 各路电影公司为力挽狂澜，都开始仰赖包括 3D 电影在内的各式噱头，就连希区柯克也在 1953 年时奉命拍摄了 3D 电影《电话谋杀案》，结果却发现这实在是时间和精力上的双重浪费。不过，《电话谋杀案》的最终票房倒是相当不错，只不过，正如希区柯克一早就料想到的，大多数场次其实放映的仍是 2D 版本。

面对电视的威胁，不如索性就敞开胸怀拥抱它，或许也不失为另一种应对之道。说服希区柯克这么做的，是经纪人卢·瓦瑟曼。瓦瑟曼同时也是 MCA 公司的总裁，这家媒体集团旗下，当时还代理着一大堆的电影明星，而且在电视这一新兴媒体领域，也已取得长足进步。瓦瑟曼为希区柯克安排了一桩他根本就无法拒绝的交易：每拍一集，酬劳是 12.9 万美元，而他所需做的，仅仅只是在每集开场和结尾说上一段独白，剩下的剧集内容具体制作，只需他做最低程度参与即可，整个一季，他也只需亲自执导上两集三集。终于，多年来始终嫌弃自己片酬过低的希区柯克，可算是等来了他所谓的迟来的公道——在英国的时候，那是因为当地市场本就及不上美国；到了美国之后，又是因为有着像塞尔兹尼克这样的电影大亨存在，他们手握巨大权力，定的合约自然对他们更为有利。

其次，他之所以决定进军电视界，还有另外一层因素，那便是他渴求获得他人关注的那种心理。说起来，这实在是希区柯克性格之中很奇怪的一面。一方面，他其实很注重保护自己的隐私，对于自己做的决策，又向来都极有自信。但另一方面，希区柯克又十分渴望能获得来自陌生人的认可。长期以来，他总希望能得到这种公开承认，而随着《希区柯克剧场》开播，这梦想几乎在一夜之间便告成真。不出十年光景，希区柯克已由 20 世纪 50 年代初的知名电影导演，跃升成为全美最出名的名人之一。"不知道从哪里就冒出来那么多人，蜂拥而至，就只为能看他一眼，"女儿帕特丽夏回忆说，"受欢迎程度，感觉都不亚于'猫王'艾尔维斯·普莱斯列了。"[3]

《希区柯克剧场》的成功使它也走出了美国，走向了世界。每一集的开场白和结束词，希区柯克都会用"法语、德语、英国英语和美国英语"[4] 分别录制，以确保他在整个西方发达世界，都能成为一线名人。很快，他也习惯了自己的明星身份，并且十分享受这种待遇。助手赫伯特·科尔曼和塞缪尔·泰勒曾陪同他前往芬兰勘察外景，一群当地小学生将他团团包围，正在路边摊吃饭的客人也齐齐起身为他献上掌声；所有这些，都让希区柯克感到无比激动、兴奋。[5]20 世纪五六十年代，科尔曼常陪他们夫妇一道出国旅行，这种受人关注的感觉让希区柯克如何享受其中，科尔曼是最直接的见证者。1956 年底，他们由美国飞去罗马。抵达机场后，看到等候自己的摄影记者数量竟有如此之巨，让希区柯克不由喜出望外。但第二天的报纸上，却完全看不到自己现身罗马机场的照片，这又让他十分困惑不解。按照科尔曼的说法，负责这次公关活动的派拉蒙影业，早已使出浑身解数，却都无法激起当地媒体记者的报道意愿。因为就在不久之前，希区柯克才刚来过一次罗马，当地记者已悉数尽力做过报道了。于是，派拉蒙为确保公司旗下这一笔"重要资产"不会因为遭受媒体冷遇而心烦意乱，只好花钱找来了这批摄影记者等候希区柯克飞机落地。既然开工之前就已拿到酬劳，记者自然就无意再费劲去为这些相片寻找媒体买家了。[6]

　　分析一下希区柯克这种渴望出名的心理，你便会发现，这与他总想以自己独一无二的方式，尽可能大手笔地来娱乐大众的那种内心冲动，其实就是一体两面、密不可分。一方面，他想要成为艺术家，另一方面，他也想要当表演艺人，也想满足老百姓的娱乐需求。由他第一部电影直至最后一部，这一层对立关系，始终存在。1926年春，有史以来第一批见报的希区柯克电影影评中，就有一篇坦言，"希区柯克也承认自己迎合了低等文化水平的那一批观众"。[7]而同期另一位影评人却在评论中标榜希区柯克的电影是"电影艺术之千古绝唱"。[8]11个月之后，希区柯克由某报上剪下一篇《房客》影评，贴在剪报本里，还在评论自己这部电影"仅供娱乐"[9]的这句话下面，特意加上了下划线和引号，背后所反映出的，或许是年轻的他因为自己的艺术努力未能获得应有承认而心生愤懑，但也可能是这一句"仅供娱乐"，其实正说中了他的心事，让他非常满足，因为《房客》起初曾被投资商讥讽嘲笑是胡言乱语的文艺片，结果却用火爆票房打破了这样的怀疑。艾沃·蒙塔古记得，希区柯克曾告诉他说，有心机的导演都是在"为媒体拍电影"，因为只有取悦影评人，才是维护他们行业声誉——并在电影圈中赢得更多权力和影响力——的唯一途径。因此，他才会想到要在自己作品里置入这么些"希区柯克电影笔触"，目的就是要让影评人能发现它们，要满足影评人那种想在大银幕上发现艺术价值、找到智慧火花的愿望。[10]不过，在迈克尔·巴尔肯的印象里，希区柯克在英国时期的电影创作态度，其实却并非如此。按他说法，他们当时所从事的这份工作，目的就是要"大众想要什么样的娱乐，就给他们什么样的娱乐。我们从不谈什么艺术，从不谈什么社会意义"。[11]

从事电影几十年，希区柯克经历了不同的发展阶段，也曾尝试过要调整自己的电影风格，重新设定一下作品的倾向，但有一点却是他从未偏离的，那便是他拍电影的首要任务，就是要让观众看得坐立不安，即便是内心真有要拍文艺片的强烈冲动，也都必须服务于这个首要目的才行。在希区柯克看来，只有这样，才算是真正的本领。他曾直截了当地告诉特吕弗："你必须像莎士比亚设计话剧那样来设计你的电影——为观众而设计。"[12]

说到观众，当然不仅限于电影院里坐着的那一种。只要他想，希区柯克随时随地都能找到属于他的观众。早在入行之初，希区柯克便已在自己的电影现场发展出了各种固定套路和拍摄习惯——不妨视之为镜头以外的某种希区柯克笔触——例如往地上砸一只茶杯，以此来宣告拍摄间歇休息时间的结束，而他之所以要这么做，即是为让周围人开心放松一下，也是想要树立自己这种个性多变的形象。不过，这种有些哗众取宠的古怪做法，最终还是逐渐被某些更为沉稳的噱头所取代了——但不论怎么沉稳，同样也出自他的刻意表演。例如，他会故意摆出一副老僧入定的架势，宣称已对实拍工作感到厌倦。于是乎，他一到现场，就会把全体演员和工作人员召到一起，讲的不是今天的工作重点，而是某些黄色笑话或追忆影史往昔岁月的奇闻逸事。此外，晚餐时间也成了他的表演时段，再加上数不胜数的各种采访活动，他把同样的俏皮话、小故事，反复讲了又讲，仿佛那已成了某种电影台词，专属于某个只能由他来扮演的电影角色。

倘若希区柯克能对自身外表再多一些自信的话，他原本大可以让自己的表演欲望也有真正的用武之地。不妨参考一下他作品

中由彼得·洛尔（Peter Lorre）、休谟·克罗宁和埃德蒙·格温
（Edmund Gwenn）饰演的那一类专属于性格演员的角色，还有他
早年默片里由戈登·哈克（Gordon Harker）来饰演的那一类角色，
其实我们不难想象，倘若由希区柯克本人来演这些人物，结果会是
怎样。在他的电影里，上述这几位演员，从来都不会是什么罗曼蒂
克的男一号。希区柯克之所以欣赏他们，正是因为他们的与众不
同。电影的最终效果够不够怪异、幽默，都要看他们的。事实上，
到了 20 世纪 50 年代末，希区柯克还真是开始亲自登场了，只不
过不是演电影，而是出现在他电影新作的预告片中，而且还沿袭了
他之前在《希区柯克剧场》里的那种冷面喜剧形象。显然，希区柯
克很享受演戏这件事，就连在平面媒体上扮演角色的情况，至少也
都有过两次，包括上文提及的那一则阿加莎·克里斯蒂风格谋杀悬
疑故事，他在里面一口气扮演了多个角色。*英格丽·褒曼曾解释
说，虽然希区柯克平时并不怎么喜欢谈表演，但具体拍摄时还是会
亲自示范各个人物的对白和情绪表达方式。[13] 在为《选美》杂志
（Pageant）拍的一组照片里，希区柯克甚至还扮演起了褒曼在《美
人计》中饰演的角色。他摆出各种姿势，甚至还风情万种地蜷坐在
椅子上，以他所能做到的最淑女的方式，交叉着双腿。[14]

　　从某种角度来说，类似这种瞎胡闹，其实是希区柯克在自我嘲
讽；他是拿自己的笨拙形象和褒曼的女神范在做比较。但换个角度

---

* 另一次，则是 1942 年 7 月出版的《生活》杂志。在题为《听说了吗？》（Have
　You Heard?）的六页篇幅的配图文章中，希区柯克扮成酒吧侍者，提醒读者
　警惕战争时期散布流言蜚语可能会产生的致命后果。

来看，这可能也是他对表演工作的嘲弄，因为希区柯克始终都认为——当然，他也并非完全当真，也有一半是在开玩笑——演员就像是自命不凡的孔雀，不光是爱炫耀，而且总给他的工作带来麻烦和祸事。而且，他们所拥有的这一门表演手艺，究竟能不能算是艺术，对此希区柯克始终态度暧昧。希区柯克当导演的头几十年里，时不时的，某些大牌演员会威胁到他的权威，有时甚至还会关系紧张起来。《间谍》里的约翰·吉尔古德和《贵妇失踪记》里的迈克尔·雷德格雷夫（Michael Redgrave），当时就已是伦敦话剧舞台上的红人。他们都自称是电影发烧友——确实，吉尔古德就是在伦敦电影学会（London Film Society）*的欧洲电影展映活动上，第一次知道了希区柯克是谁；而年轻时曾在海德堡住过的雷德格雷夫，也和希区柯克一样，爱看德国电影。然而，对于英国人自己拍的电影，他们却都不以为是。"1939 年以前拍摄的英国电影，完全就被大家当成了笑话。"雷德格雷夫曾如此表示。[15] 对于像他这样有着话剧背景的演员而言，拍电影纯粹图其利润可观，撇开这层因素，根本就没必要太把它当一回事。正如演员拉尔夫·理查森（Ralph Richardson）说过的某句名言："你得先在剧场里学好本领，然后再把这本领卖给那些拍电影的去。"[16]

　　这些话剧演员究竟是怎么看待他以及他这一行的，希区柯克也是心知肚明。所以，当初试图说服吉尔古德加盟《间谍》剧组时，他索性就毫不避讳地利用了这一点，故意误导他说，《间谍》中这

---

* 创办于 1925 年的英国最早的影迷俱乐部，希区柯克也是会员之一。——译者注

个小说家兼刺客的角色，其实就是当代版哈姆雷特王子。即便如此，这些话剧演员还是会觉得拍电影是一件屈尊降贵的事，所以和希区柯克闹得关系紧张，也注定是无法避免了。《贵妇失踪记》开拍首日，希区柯克就告诉雷德格雷夫，其实他并非男主角第一人选，显然是要一上来就挫挫他的傲气，故意加以挑衅。吉尔古德也遇到了类似的事情，他曾抱怨说，希区柯克经常故意让他"紧张，紧张到心里难受"。在吉尔古德看来，与其说这位导演期盼着自己剧组的演员都能发挥最佳水准，还不如说，他更在意的反而是，如何才能让他们自觉服软，承认自己低他一头。面对吉尔古德时，希区柯克会故意看轻他的话剧背景，说那些东西"到了他这儿，完全派不上任何用处……所以你得忘记过去的一切，重新由零开始"。[17]显然，希区柯克觉得自己有能力去解构、打散、重建的，可不仅是电影女明星而已。

　　想当初，也正是当着雷德格雷夫的面，希区柯克说出了那一句将演员比作牛畜的名言。就这样，演员仿佛变成了愚笨的兽类，需要导演手持利鞭，才能将它们驱到一处。其实，类似这种"语不惊人死不休"的话语，希区柯克另外还说过不少，而外界偏偏也就喜欢无休无止地引用他这一类的发言，于是也让希区柯克那种坚持己见的强势导演形象，越来越深入人心。1940年拍摄《史密斯夫妇》期间，某天早上希区柯克抵达剧组后，发现女主角卡罗尔·隆巴德送了他一份搞笑的礼物：她让人牵来三头小牛，而且牛犊脖子上挂着本片主演的名字。此后四十年间，"演员就是牛"这句名言，始终伴随希区柯克，而他也在无数场合被人问及此事。绝大多数时候，他都会以玩笑口吻强烈抗议，力主自己实属冤枉。"演员就是牛，这话说得多冷酷、多粗鲁啊。我是绝不可能这么讲演员的。我估计我当时说的或许是，对待演员，就该像对待牛儿那样。"[18] 和许多标志性的希区柯克俏皮话一样，这段子也被他反复提起，似乎从来不会觉得厌倦，而面对媒体反复提起此事，他也从来不会表现出任何的恼怒。于他而言，每一次被问起，等于是又给了他一次机会，好让他再次祭出早已练得稔熟的上述反驳。随后，他就只需静静等待，因为现场观众照例都会报以一阵又一阵痴痴的傻笑声。

这一句"演员就是牛"，无论他究竟说过没有——迈克尔·雷德格雷夫坚信他说过[19]——总之，他常会因演员而心生沮丧，这一点我们还是可以肯定的。每次遇上票房不佳的情况，第一时间希区柯克就会将之归咎于演员的糟糕演出，或者就是演员人选并非他的安排，而是电影公司强加于人。《火车怪客》拍摄期间，法利·格兰杰就觉得希区柯克对女演员露丝·罗曼（Ruth Roman）"态度相当冷淡，有时甚至可说是残酷"。[20] 因为找她来演女一号安妮·莫顿，这根本就是电影公司的决定，而非希区柯克心甘情愿。此外，希区柯克本就是出了名的不喜欢表扬别人，面对演员时自然也不例外。于是，跟他合作的演员，常会因为希区柯克毫无反馈、惜字如金而心情七上八下。但在希区柯克看来，这些演员想要获得反馈的需求，反而也让他觉得莫名其妙的，好不心烦意乱。按照多丽丝·黛的说法，《擒凶记》拍摄之所以足以让她"铭记终生"，部分原因就在于，希区柯克似乎完全无意与演员产生互动，让她相当困惑。"他非常和蔼，非常安静，似乎根本就没在执导，"她回忆说，"吉米（詹姆斯·斯图尔特）会告诉我：'多丽丝，你就一百个放心吧，他没理由不喜欢你的表演，他什么都不说，那就代表万事大吉。'……拍摄间歇大家一起吃饭、笑闹时，他都表现得很热情，很和善，但只要再一开机，我就又捉摸不透他究竟在想些什么了。"[21] 一方面，希区柯克十分渴望获得旁人的肯定，听到别人的赞扬，他的虚荣心才能获得满足，可是反过来，在他面对别人的同类需求时，却又是另一回事了。

演员身处前台，和甘居幕后的其余剧组人员有所不同，像是多丽丝·黛这样，一旦演员变得焦虑紧张，甚至出现更糟糕的意外状况时，他们在塑造人物方面的想法，就会和希区柯克有所冲突，于是后者就会觉得权威受到了挑战，因为在他看来，剧组上上下下每一个人，都必须心往一处想、劲往一处使才对。有时候，面对自己并不怎么欣赏的演员，他还会尽可能地讲究一下策略、手段。但另一些情况下，有些演员在他看来，简直就已对他正常工作构成了障碍和混乱，这时候，他就很难再继续姑息忍让了。拍摄《牙买加旅店》时，查尔斯·劳顿选择的表演方式，几乎让他无法容忍，而蒙哥马利·克里夫特对《忏情记》剧本和人物动机的反复质疑，则彻底激怒了希区柯克。尤其叫他恼火的还在于，按照合同规定，克利夫特的私人演出指导也可以在拍摄现场随时待命，结果她却一再对希区柯克的导演工作插手干预。类似情况，也发生在了保罗·纽曼的身上。他给希区柯克发了一份很长的文字纪要，针对《冲破铁幕》里好几场戏提了不少批评意见，大大挑战了希区柯克的权威。在后者看来，影片制作蓝图早已确定，只需按部就班完成拍摄即可，纽曼的意见，显然会危及这种稳定。到了拍摄《大巧局》时，四位主演之一的罗伊·西尼斯（Roy Thinnes）也给希区柯克发了一份类似的文字纪要——但要比纽曼写的短了许多，而且态度也要谦卑不少——结果时隔不久，就被希区柯克踢出了剧组，部分原因或许就在于此。[22] 但在安东尼·帕金斯（Anthony Perkins）看来，与希区柯克合作《惊魂记》，可是他一生之中最百分百享受也最有创作获得感的一段经历，因为自己针对人物塑造所提出的各项建议，希区柯克悉数欣然接受，让帕金斯感到非常满意。其实，帕金斯的那些想法——例如让诺曼·贝茨由始至终都大嚼软糖——恰好也都符合希区柯克关于诺曼这个人物的原有设想，而且对于以往演惯了眼神温柔的大众情人角色的帕金斯，希区柯克本就有着如此这般的冀望。若是情况反一反，假使演员在人物塑造上的某些执念，恰好与希区柯克的既有方案不相一致，那他可能就不会有安东尼·帕金斯那样的好运气了。接替罗伊·西尼斯出演《大巧局》的威廉·德范（William Devane）始终记得，女演员凯伦·布莱克（Karen Black）坚持要以即兴表演等方式来演出某几场戏时，对此建议概不采纳的希区柯克所作出的反应。"他会竖起两根手指，摆出剪刀的手势……这就是他的对策。你管你做，按你想法去说台词，去走位……只要结果是他不欣赏的，那就会被剪掉。"[23] 而希区柯克自己也曾说过："随你怎么做，反正总会有剪辑室在等着你的。"[24]

"希区柯克"本是人名，后来却由专有名词变成了形容词。类似这样的词汇，其实相当罕见。他一次又一次接受采访时反复强调的那些东西，或许真是影响到了大量的影评人，导致他们干脆就引用他的名字，来概括那种不断强化的戏剧张力，那种漫长且顽固的精神折磨，那种强烈到让人快要无法忍受的心理悬念。诚然，上述这些确实也是希区柯克作品的要害所在，但别忘了，希区柯克之所以是希区柯克，还因为在他电影里，伴随着那挥之不去的黑暗氛围，始终也不会缺少幽默的元素。近年来又有很多电影，包括《火车上的女孩》(*The Girl on the Train*)、《分裂》(*Split*)和《夜行动物》(*Nocturnal Animals*)在内，被影评人或公关宣传团队贴上了"希区柯克式电影"这样的标签，理由就是，它们都具有那种希区柯克黑色电影的特质。但我必须指出，上述这些电影里，其实几乎完全找不出任何的幽默元素。反倒是由希区柯克忠实粉丝大卫·芬奇执导的《消失的爱人》(*Gone Girl*)，有着暗伏的幽默线索，令它更接近于真正意义上的希区柯克宇宙。还有导演乔丹·皮尔(Jordan Peele)的作品，虽然他的喜剧风格和关注对象都和希区柯克大相径庭，但《逃出绝命镇》(*Get Out*)里的情绪冲击、心理悬念和幽默元素之间的微妙平衡感，倒是很符合希区柯克电影的传统路数。按照希区柯克的设想，一部电影里的幽默成分，那可绝不是什么点缀或调剂而已；相反，那是一条重要线索，贯穿始终于他绝大多数的优秀佳作。他在 1936 年接受采访时曾表示："除注重现实之外，喜剧元素于我而言也是一部电影的重中之重。说来也是奇怪，喜剧元素反而会让电影产生更强烈的戏剧性。"[25] 同年出版的一份由他亲自执笔的希区柯克电影研究材料里，他甚至暗示自己所最擅长的，其实还是编剧和执导喜剧片。"我寻找的都是本身就具有大量戏剧性的那一类题材，然后我再亲自给它添加上一些喜剧元素。"[26]

在不少希区柯克电影的制作档案里，都能找到他这句话的佐证。例如《群鸟》很出名的那一场戏：梅兰妮驾车过弯时，放在汽车座位上的一对情侣鹦鹉，也在笼中跟着左右摇摆起来，而这就是希区柯克亲手添加的神来之笔。事实上，这种在高速行驶的汽车里被抛来抛去的画面，向来都是他的笑点所在，曾作为肢体喜剧元素出现在《美人计》《捉贼记》《西北偏北》和《大巧局》里。* 尤其是在《西北偏北》和《大巧局》里，这样的肢体喜剧戏，都持续了许久，感觉都像是偏离了原本的剧情，重新开启了另外一部电影，一部纯粹的喜剧电影。但事实上，这种手法其实特别符合希区柯克的真性情，而且在他整整六十年的电影生涯中，这种喜剧感始终十分明显，未曾有过间断。事实上，这甚至有可能是他所有艺术风格之中最一以贯之的元素，比他声名所系的悬疑元素还要更加频繁地出现。

由 1919 年至 1921 年，他在自己任主编的公司内刊《亨利电报》上发表的那好几篇幽默小品，便足以证明希区柯克很早开始就对喜剧有着浓厚兴趣。虽说这些文章谈不上有多少喜剧写作技巧，但却足以提醒我们注意，希区柯克的重要个性、幽默感及兴趣焦点，其实都在他很年轻时便已彻底形成。那里面有一篇文章，写的是一对夫妻之间夸张的爱恨情仇，但临了却笔锋一转，告诉读者这两人其实只是演员，是在舞台上为观众表演话剧而已。另外还有一篇，文字写得有些拖沓，核心内容说穿了其实就是一则笑话，讲述某男子无意中撮合妻子和他的好友上了床。至于题为"豌豆食用史"（The History of Pea Eating）的那一篇恶搞文，说的则是"在

---

* 他还试过在《讹诈》中放入一段类似的情节，让观众透过警车的后窗，看到两个人头左右摇摆着，犹如一对大眼珠子。

嘴里插上皮管，靠气压装置将豌豆给吸上来的程序。但在试验过程中，发明家不幸弄反气压方向，结果就是受害者的舌头变得老长老长了"。[27] 整篇文章感觉有些荒诞派喜剧韵味，那种揶揄嘲讽的风格，很容易让人联想到四十年后他在那些电视剧开场与结尾的独白。

希区柯克也觉得自己是一个风趣的人，于他公开形象及私人生活而言，这一点都有至关重要的意义。幽默就是他默认的人际沟通方式。不善与陌生人交际的希区柯克，生性腼腆怕羞，但也有一些其实并不熟悉他的人，却觉得他是一个夸夸其谈、目空一切的家伙——尤其是在他尚且年轻时，这种情况可以说是频繁出现。总之，他在设法"融入"的过程中，确实没少依赖自己的搞笑本领。在亨利电报工程公司那些旧同事印象里，他就是现如今英国人所说的那一类"讨人喜欢的家伙"，顶喜欢开玩笑和恶作剧了。到了庚斯博罗电影公司后也是一样，在巴尔肯手下干活的希区柯克，除了能力超群和志存高远之外，身上自带的开心果气质，同样也很受周围同事器重。恰恰也就是在这一时期，他开始大量收集各种低俗笑话和下流故事。人生此后的几十年间，他不断由这座宝库中就地取材，靠这些来与人沟通交流。希区柯克年轻时爱拿人开涮的作风，甚至还被电影镜头记录在案了。当初决定将《讹诈》拍成有声电影后，女主角安妮·翁德拉却给他出了一道不得不面对的棘手难题。她是希区柯克此时数一数二欣赏的女演员，但一开口就是浓浓的捷克口音，显然不太适合扮演这个伦敦邻家女孩角色。但无论如何，试过才能知道。于是希区柯克找她一道站在了镜头前，记录下了两人之间的一段对话。他问了翁德拉诸如有没有"和男人睡过"

之类的问题，逗得她神经质地大笑起来。当她痴笑着转身背对镜头时，希区柯克又对她说："你要站好了啊，不然就摄（射）不到你了啊。"[28] 就是这样，目前所见到的最早的希区柯克活动影像，拍到的就是他不加掩饰地探听女性性生活，并用双关语俏皮话将对方弄得相当难堪的画面。事实上，他这么做，可绝非偶一为之。距此三十年后，希区柯克在给蒂比·海德伦试镜时也做过类似事情，只不过海德伦应付得体，才没被他带到沟里。

不论是在拍摄现场还是饭店餐桌旁，希区柯克很多时候判断他和某人是否合得来的依据，就是看对方能不能接受他讲的那些低级笑话。一方面，这是因为他本就喜欢挑战禁忌、刺激神经，但另一方面，那些能笑着回应他的插科打诨的人，也确实会让他有一种自己得到了接纳的感觉。所以，能够理解他这种幽默感的人，就能获得他的信任。佩姬·罗伯森最初在他手下工作时，只是在《风流夜合花》剧组当场记。一开始，她感觉自己完全就是局外人，被排斥在外。希区柯克连看都不看她一眼，更别说跟她说话了。直到某天，听到他正和女演员玛格丽特·莱顿（Margaret Leighton）讲的黄段子时，佩姬也放声大笑起来，而希区柯克对她的态度，也就此彻底转变。"从那时起，我就成了他的宠儿"[29]，而且还进入了他的核心圈，每天放工后都会受邀参加在他办公室里举行的鸡尾酒会，小聚一下。甚至，他还会让负责接送自己往返宾馆和片场的专车，也顺路先去佩姬家里捎上她。四分之一个世纪之后，出演《狂凶记》的伯纳德·克里宾斯（Bernard Cribbins），也靠着在拍摄现场朗诵一首关于"性饥渴的大猩猩"[30] 的打油诗，一下子就和希区柯克拉近了距离。

希区柯克通过搞笑表演来娱乐大众的这种内心冲动，还真是强烈且毫无遮掩。他的脑海里，记着一卡车的搞笑噱头、逸闻趣事和打油诗，而且脑子反应也快，除了会说言辞犀利的小段子之外，甚至还能表演起夸张的肢体喜剧，而且模仿别人说话和动作也是一绝。电影宣传赫伯·斯坦伯格（Herb Steinberg）记得某晚在查森餐厅时，希区柯克忽然蹦蹦跳跳地模仿起了学跳芭蕾舞的小女孩。这一幕实在是让斯坦伯格觉得既滑稽又难忘，因为说来也是奇怪，希区柯克在模仿芭蕾舞下蹲、单腿旋转等动作时，虽然真是勉为其难，但又确实学得惟妙惟肖。[31]

不过，希区柯克电影里的幽默感，可就不仅限于此类简单笑料了。作家克莱夫·詹姆斯（Clive James）曾经提及："常识和幽默，其实是同一种东西，只是移动速度不同罢了。也就是说，幽默其实就是常识，正在跳舞的常识。"[32] 这种定义，很好地说明了希区柯克电影里的幽默所具有的意义：幽默为他的电影提供了另一种视角，可以让我们往边上挪一步，换个角度来看自己熟悉的世界。所以说，希区柯克绝大多数电影里都不缺少笑声，但更值得我们注意的还在于，除了简单笑料之外，另外还有着各种层次的反讽结局、意外巧合和不可思议。哪怕是他电影中主题最为严肃的那几部，如果换个角度来看，也都可以被理解成是在拿主人公的命运开玩笑，而且还尽是一些残酷的玩笑。例如《伸冤记》和《迷魂记》，主人公都因为角色扮演和遭人误认而受尽折磨。类似情形其实在伊丽莎白时代的喜剧故事里相当普遍，观众眼看着故事的主人公落入了由欺骗、误会、混淆所构成的迷宫，只能在那里面跌跌撞撞，蹒跚前行。

我们还可以一直往前追溯到《白影》——该片曾湮灭许久，近年来才被重新寻获，希区柯克并非导演，但也参与了整个拍摄工作。在这部讲述双胞胎互换身份的电影中，明显存在着各种逗弄、欺骗、谜题和游戏。确实，希区柯克并非《白影》导演，承担的角色相对次要，但这也提醒我们注意，他日后作品中那些看似最具辨识度的个人特色，是不是也有可能是受到了他并不太愿意提及的其他人——制片、编剧、其他导演——以及他所处的整个大环境和电影行业各种文化传统的影响和助力？尤其是他执导的那头几部作品，上述影响其实表现得尤为明显。细看他所拍过的全部九部默片，虽然类型多种多样到令人有些意外，但大多强调了伪装身份和存心演戏所造成的意外的讽刺结果。例如《水性杨花》和《香槟》里的核心人物，都被迫改换身份，过起了本不属于自己的生活——但具体方式和原因，两部影片各有不同。不过，在希区柯克电影宇宙中，想彻底隐藏真实身份的人，最终还是会被曝光显形；这一点始终不变，直至他 1976 年的《大巧局》都是如此。

在希区柯克的电影里，主人公遇到的事情，往往会让人觉得匪夷所思，以致观众有时候也会有些捉摸不透他的真实意图：究竟是要让我们看了觉得恐惧，还是捧腹大笑？希区柯克享受的，就是这种云里雾里、模棱两可的做法，尽管他时而也会抱怨是我们误会了他的真实意图。想当初，《纽约客》影评人惠特尼·巴利特（Whitney Balliett）在点评《西北偏北》时，宣称那真是"一次非凡壮举，因为过去不止十年的时间里，希区柯克其实在无意之间，一直就在向这个目标而努力——也就是针对自己作品的完美戏仿——这一次，他终于圆满做到了"。[33] 对此，希区柯克欣然接受了"圆满做到"这部分评价，但也抱怨说他可不是"在无意之间"。想要戏仿和影射自己的过往作品，那一直都是刻意而为，目标就是要拍"一部足以为所有希区柯克电影画上句号的希区柯克电影"。编剧罗德尼·阿克兰德说过，早在 20 世纪 30 年代的《十七号》里，他和希区柯克就已做过类似的事。他们想要把它拍成一部"拿以往所有惊悚片来开涮的戏仿讽刺作品……而且要做得神不知鬼不觉的，以免埃尔斯屈电影厂里有人看穿了他们的真实意图"。[34] 梅尔·布鲁克斯（Mel Brooks）拍的《恐高症》（*High Anxiety*），便充满深情地戏仿了不少希区柯克惊悚片，也让后者受宠若惊，感动地送去了一整箱侯伯王酒庄出品的红酒。[35] 不过，其实早在当年就有不少影评人指出过，希区柯克的电影实在太过深入人心，想在此基础上进行具有新意的戏仿，难度很大，因为他自己电影里就有不少重复出现的旧套路，观众觉得他那是在自我反讽，觉得那是懂的人自然懂的笑料，觉得那是他针对自己作品的戏仿。甚至，有些他自己都没想过要幽默的地方，观众看了也会觉得好幽默。例如《冲破铁幕》的试映会上，就有几场戏招来了观众意外的笑声，其中就包括超级费劲的那一场杀人戏。[36] 希区柯克将此归因为观众内心的焦虑：他们需要通过大笑来释放紧张的情绪。但这也可能是一种会心的笑声，观众是要通过这笑声来表明，希区柯克的这些反讽和自我戏仿，他们全都看明白了；而其导致的结果便是，那些希区柯克并没想要幽默的地方，也会让他们乐不可支。

对于克劳德·夏布洛尔来说，他在 1954 年——在特吕弗陪同下——采访希区柯克的经历，由头至尾就是一次希区柯克式的体验：引人入胜，但也晕头转向，说到底，希区柯克其实就是在跟他开玩笑，拿他耍着玩。夏布洛尔被希区柯克深深吸引，可希区柯克却并不怎么投入其中。"面对这位打太极高手，我们完全不知该从何入手。"[37]夏布洛尔写道。就这样，他和特吕弗只能眼睁睁看着希区柯克的各种花式表演，任由他以一个个笑话和"显然早已无法让他本人发笑的奇闻趣事"[38]，来回应他们的严肃提问。终于，当希区柯克坚称他来到美国后拍摄的那些电影里，根本就没哪一部能让他自己深以为然时，夏布洛尔彻底明白了："全是在开玩笑呢，他一直就在逗我们玩。"[39]而在意大利记者奥里亚娜·法拉奇看来，希区柯克几乎从不掩饰他有多享受糊弄记者这件事。把他们往沟里带，这给了他很大快乐。她那次采访希区柯克的时候，后者几乎全程都在插科打诨，而且语气轻浮，近乎调情。临近采访结束，希区柯克还告诉她说："你的任务是要写一篇关于我的报道出来，但到了这会儿，你对我还是一无所知。"而法拉奇却回嘴说："不，我了解你。别看你热情幽默，别看你长着人畜无害的大圆脸，别看你有着天真无邪的大肚子，但你却是我所见过的最缺德，最残忍的人。"[40]

总有人觉得，英格兰人的幽默——很多时候都会被混称为英式幽默，尽管这并不很确切——实属某种复杂难懂的稀罕玩意儿。尤其是英格兰人自己，更是特别喜欢强调这种论点。可事实上，英式幽默即便真有一些元素与众不同，其实对比其他人的幽默，并无什么高人一等之处。英式幽默的最大特色，或许就在于英国人到了社交场合，似乎一个个都很擅长此道。但这并不是说，英国人就要比其他地方的人更加幽默。只不过是，哪怕是再不懂幽默的英国

人，也能习惯成自然地以此作为交流手段，而且往往他们之所以
会这么做，也是为了要借此掩饰内心的矜持。在这方面，希区柯克
就是一个很好的例子，他的脑袋里积攒着各种小段子和双关语谐
音梗，尽管这些段子大多相当无聊，这些谐音梗其实也很平平无
奇，可他却特别爱说；经常说，到处说。他拍电影时，"暂停"不
叫"暂停"，而是会跟演员们说"小心别踩到狗狗的脚"；他叮嘱嘉
宾"别太早来"出席晚宴的时候，会和他们说"别来猪尾巴"；还
有在做自我介绍时，他有时也会说一句"请叫我希区，不需要柯
克（without cock，又有"没有鸡鸡"的意思）"。[41] 小演员德斯蒙
德·泰斯特（Desmond Tester）在《阴谋破坏》里饰演可怜的史迪
威，希区柯克在拍摄时给他起了绰号："睾丸"（testicle，发音与泰
斯特接近）[42]；而在《后窗》里饰演"胴体小姐"的乔治娜·达
西（Georgine Darcy），也会在吃午饭时被他问到，究竟有没有好好
"咀嚼"[mastication，与手淫（masturbation）谐音]。[43] 面对这
样的插科打诨，确实会有人感到不快，不过乔治娜·达西倒是很欣
赏希区柯克和他这种充满了孩子气的文字游戏。同样和他意气相投
的，还有有着类似幽默感的加里·格兰特。在格兰特的便签本上，
写满了各种其实相当牵强的双关语谐音梗、低俗笑话和不怎么好笑
的俏皮话，甚至还有希区柯克曾为某位记者特意背诵过的那一长串
有意恶搞的剧组人员名单：名叫"奥托·福克斯"（Otto Focus，与
自动对焦 Auto Focus 谐音）的电影掌机、名叫"埃迪·托"（Eddie
Tor，与剪辑 Editor 谐音）的电影剪辑等。[44]

　　人类学家凯特·福克斯（Kate Fox）是这么解释英国人的幽默
感的，"严肃是可以接受的，庄严却大可不必。诚心诚意是可以允

许的，一本正经却要严格避免。至于拿腔作势和自以为是，那就更是彻底碰不得了"。[45] 在这方面，乔治·奥威尔写得要更简洁一些。他说幽默就是"即便坐在了钉子上也不能失了尊严"[46]。有一类笑料，在 20 世纪 20 年代至 70 年代那些希区柯克电影里不时出现，其实就颇适合用奥威尔的这句话来下定义。在这类笑话里，被颠覆、贬损、嘲笑的对象，永远都是那些自我膨胀到忘乎所以的人——其中也包括希区柯克自己。他有时候在自己电影里客串出场时，便自嘲地演起了诸如被小孩欺负的乘客、被堵在法院门外气急败坏的摄影记者、纽约上下班高峰期被堵在巴士门外的人这类角色。在《谋杀》中，希区柯克让主人公约翰·梅尼尔爵士也经历了类似的屈尊经历——他住在旅馆里，被一群不守规矩的孩子和他们带着的动物给彻底吵醒了；他们冲进房间，跳上他的床铺。该片拍摄过程中，希区柯克还率领着一队德国演员，套拍了情节与之几乎完全相同的德语版本，但上述这一场戏却未出现在德语版中。按照希区柯克自己的说法，那是因为德国观众势必无法接受这种情节：如故事主角梅尼尔爵士这样社会地位的人，无缘无故地丧失了尊严。对于德国人的想法，希区柯克本身感到相当困惑不解。因为在他看来，这世上就没什么事比看到旁人丢了面子更有趣了。[47]而在《西北偏北》那场著名的总统山追逐戏里，其实也出现了类似的情况。按希区柯克原本想法，加里·格兰特会爬进林肯雕像的鼻孔中，然后止不住地连打数个喷嚏。如此风趣的场面，等于是在挪揄、调侃美国人民对于这座历史遗迹的敬畏之情。希区柯克终其一生都未能拿到奥斯卡奖，背后原因或许有一部分就源自他电影里的这一层幽默感，因为奥斯卡奖几乎历来都更偏爱"严肃"，多于喜剧。至于提名，他倒是前前后后也拿过五次，但其中有三部作品——《蝴蝶梦》《救生艇》《爱德华大夫》——其实都是他生平拍得相对更为一本正经的电影，至于另外一部《惊魂记》，他自己倒是觉得拍的其实还蛮喜剧的，但旁人对此却少有赞同。

　　希区柯克的那种幽默感，想要让美国观众倾心接受，那就需要"翻译"。总体说来，他也确实做到了这一点，只不过，要做到像他晚期英国作品中最出色的那几部那样，成功将危险与幽默熔于一炉，希区柯克在到达好莱坞之后，也历经了数年尝试。最终他能做到这一点，有两位美国编剧居功至伟，正是他们居中"翻译"，成功捕捉到了希区柯克的喜剧感。一位是负责给那些电视剧集撰写独白的詹姆斯·阿勒戴斯（James Allardice），另一位则是约翰·迈克尔·海斯。由海斯任编剧的《怪尸案》，是希区柯克作品中长期遭人忽视的精品。它的价值不仅体现在合理的故事结构和高度的娱乐性，还在于就连希区柯克本人也都觉得，《怪尸案》很能反映他的个性。该片改编自英国作家杰克·特雷弗·斯托里（Jack Trevor Story）的同名小说，地点由英格兰乡间换到了美国佛蒙特州，但影片那种故意轻描淡写、话里有话的幽默方式，却分明还是来自大西洋的那一头。片名提到的哈里，其实已是一具尸体，躺在了秋日的林地之中。先后有四个性格古怪的当地人，于偶然间发现了这具尸体。其中有三人错误地以为，自己得为他的死亡负责，而片名所说的"哈里带来的麻烦"，说的其实就是怎么才能在不违法的情况下处理掉他的尸体。就这样，哈里的尸体埋了又挖，挖了又埋，反反复复，而四位主角也在此过程中互生情愫。影片结束时，这两对情侣都已有了结婚的打算，而哈里也被发现其实是自然死亡，让他们都摆脱了杀人的嫌疑。这具尸体，也就是希区柯克所谓的"麦格芬"了，虽是整个故事的催化剂，但于故事实质而言，其实却无关紧要。这样的情况在希区柯克电影里相当常见，虽然他并不指望观众真会极度担心这些"麦格芬"，但剧中人通常却都会对其十分在意，比如《美人计》中加里·格兰特和英格丽·褒曼努力要去寻找的纳粹铀矿便是如此。不过，《怪尸案》的情况却又有所不同，在这古色古香的新英格兰小村庄里忽然出现的尸体，其实并未引发什么畏惧、惊恐或是苦痛的情绪，几位当事人只是觉得这好麻烦，好让人恼火，因为他们要花功夫去掩盖自己所谓的杀人罪行。希区柯克利用这具尸体来制造恐慌的目的，纯粹只是想要制造喜剧效果而已。

恋人在林中密会并且碰巧撞见离奇隐秘的情节，让《怪尸案》与《仲夏夜之梦》也有了相似之处；而这种以美国偏乡远郊作为背景，以极具风格化的手法来喜剧处理死亡、暴力元素的方式，也让《怪尸案》可被视为科恩兄弟名作《冰血暴》（Fargo）的老祖宗。但不管怎么说，这就是最原汁原味的希区柯克式幽默了——当然，编剧海斯和原著作者杰克·特雷弗·斯托里，应该也都有着与他十分接近的幽默感——而且按照希区柯克的说法，在他所有电影里，自己最喜欢的一句台词，正是《怪尸案》里局促不安的格雷夫利小姐看到怀尔斯船长站在尸体旁时说的那一句："看来你是遇上麻烦了啊，船长？"[48]可是，《怪尸案》这种英式笨拙和故作轻描淡写的幽默风格，结果并未能获得美国影评人和普通观众的充分欣赏——《纽约客》影评人虽未说得太过直接，但还是在看过《怪尸案》后，对希区柯克作品质量的衰退下滑表达了些许不满，批评该片已"落到了荒唐可笑的地步"[49]。相比之下，倒是英法两地的观众更为热烈地接受了这部作品。明明是拍了一部特别合乎自己心意的电影，结果却没能让广大观众获得娱乐，这件事让希区柯克感到委屈。

对《怪尸案》心存疑虑的，还包括了不久前才在《后窗》中演过护士史黛拉并且还演得十分出彩的演员塞尔玛·里特。希区柯克欣赏她的喜剧才华，主动邀她出演《怪尸案》里的格雷夫利小姐一角［最终改由米尔德丽德·纳特维克（Mildred Natwick）出演］，但在写给丈夫的信里，塞尔玛却明显顾虑重重，表现得相当惊恐。"我这人应该并没多少预见未来的本领，但这部电影着实让我想想都觉得可怕。这故事已经不光是下流和不道德的问题了，除了那些有着特别令人作呕的非主流幽默感的人之外，相信绝大多数人都会觉得这种品味极其糟糕吧。"[50] 希区柯克电影专家彼得·康拉德（Peter Conrad）曾经说过，希区柯克就像是那种"我们生活中都很熟悉的特爱捉弄人的小舅舅"，长相平平，但却很能恶作剧，非要让我们"20 世纪的良心稍微痛一痛"才满意。[51] 所以，希区柯克的那种幽默感，很容易会让人觉得心里不舒服。哪怕是喜欢他、钦佩他的人里面，其实也有不少，曾经都有过这样的感觉。如前所述，毫不讳言自己是他粉丝的女记者法拉奇，也给他贴上了"我所见过最缺德、最残忍的人"的标签。事实上，类似这样的描述，不管是开玩笑还是当真，那几十年里在希区柯克身上始终就没少过，最晚也由他拍摄《三十九级台阶》时让玛德琳·卡罗尔戴着手铐被拖行了一路开始，便就已经存在了。演员罗伯特·多纳特在回忆此事时，对自己对手演员的坚韧定力大表钦佩，感慨"她纤细的手腕上因手铐留下的红肿、瘀伤"以及她所忍受的那些"羞辱",实在是让他觉得匪夷所思。[52] 而曾在《间谍》里与她搭戏的约翰·吉尔古德,也觉得希区柯克"对待她野蛮残暴"[53]。人与人之间的残酷,这本就是希区柯克非常关注的一个主题,而且很可能正是因为这样,他有许多笑料也都以此为题。

在编剧查尔斯·贝内特看来,在希区柯克那种动力澎湃的创作能量背后的,其实就是他近乎病态的残忍。《惊魂记》上映之前希区柯克曾专门为他放映过一次,贝内特看完之后得出的结论便是:"那一场浴室戏,只有虐待狂才能拍得出来。"希区柯克对于这样的批评意见,倒是早已习以为常。"拍摄那一场戏,我追求的可是喜剧效果,"他告诉贝内特说。[54] 同样的话,其实他和许多人都说过,言下之意自然便是,如果你欣赏不了《惊魂记》,那只能说明你实在是太欠缺幽默感。

希区柯克是真这么想吗?当玛丽安·克雷恩的鲜血顺着浴室地漏汩汩流去时,他是真的指望观众席会爆发出一阵阵的爽朗笑声吗?单从字面意思来看,说他拍这场戏是要"追求喜剧效果",那显然有些言不由衷。但是,如果他这句话真正的意思是要说,看着别人遭罪(例如看到观众目睹这一幕时被吓得不轻的样子),他会觉得饶有趣味(哪怕他早就预料到了他们会有这样的反应),那这确实还就是大实话,同时也证明了贝内特所说的那种病态的残忍(或者,最低限度那也是一种想要始终操控着他人的强烈愿望),还真就是他体内一股强大的创作动能。

希区柯克从不掩饰自己渴望"把假装淑女的歌舞女郎给彻底打回原形",这背后反映的其实就是他的这种心态:非常爱看别人失

电影导演工会奖颁奖晚宴上谈笑风生的希区柯克，1955 年 2 月。

面子。在他的作品里，各种人物颜面扫地的情节频频出现。而在现
实生活中，他也会抓住一切机会，打击他心目中自命不凡、自以为
是的人和事。不过，这类事情大多发生在他转战好莱坞之前。在伦
敦时，这位年轻导演某日无意间听到一位同事大谈特谈新家如何如

何摩登，于是就找人送去了两吨煤块，堆在了那人的家门口，当作是对他那种自吹自擂的小小奖励。[55]20世纪30年代初，琼·哈里森成了他的秘书。不久之后的某一天，她因需要参加某个派对而向老板请假，说她当晚无法加班。第二天上班后，邀她参加各种社交活动的电报纷至沓来，简直让她不胜负荷，但那其实全都是希区柯克让人发的。[56]

　　类似这样的僭越行为，他看了就会觉得心里不爽，就会不停拿对方开涮。这和希区柯克身上的英国人国民性，绝对脱不了干系。不过，在表达这种不爽的心情时，他出于本能地一定要让对方受到惩罚，非要让对方丢了面子才肯罢休。追根溯源，这做法很可能还是因为他当初在学校受到的体罚。这一段清晰的童年记忆，他毕生未能忘怀。希区柯克不喜欢与人正面冲突，一想到这件事就会觉得浑身不自在，但他又没办法以更积极的方式来替自己出头，于是就只能借恶作剧的方式来实施反击——这样的恶作剧也让人想到他父亲当年的做法，因为希区柯克出门后迟迟未归，便威胁要把他关进监狱。

　　帕特丽夏·希区柯克在1963年时说过："我父亲就属于那种人，在他们看来，恶作剧就是一种激烈的竞技运动。"[57]希区柯克的这些恶作剧，有些确实还挺有创意的，相当之有意思。例如，某次他雇用了一位年老的女演员——她事先就被告知，这是在恶作剧——来参加他办的晚宴派对，整个用餐过程，她始终一言不发，就那么静静坐着，而希区柯克也故意装作完全不知道她是谁，不知她为何会来，也达到了让全场宾客面面相觑、不知所以的目的。还有一次晚宴上，他故意设计安排，让所有食物都被做成了蓝色。蓝色的鱼、蓝色的汤……所有这些，其实都是达达主义风格的恶作剧，并不针对特定对象，除了想要让众人感到困惑、迷惘之外，并无其他诉求。反之，当他的恶作剧对象确实是某个特定人物时，往往那也是他喜欢的人，或是他希望能赢得其认可的那些人——大多都是女性。但那些恶作剧，有时还真是相当残忍。例如拍摄《奇怪的富翁》时，身为他好朋友的女配角爱希·兰道夫（Elsie Randolph），也成了他的恶作剧对象。希区柯克为她安排了一场电话亭里的戏，然后慢慢往里面灌蒸汽；他很清楚，对香烟过敏的她，肯定会吓得手足无措。结果，爱希也没发火，只是表示说："他这人其实倒是相当可爱，但确实有着虐待狂的幽默感。"[58]

他的这种虐待狂倾向，当然可以被看作是某种证据，进一步证明了他爱控制别人，爱让人丢面子的强烈心态——特别是涉及女性时。但是也有一种可能，那其实只是他内心那种不知变通的男子气概的必然结果。不善表达情感的希区柯克，只能借助恶作剧、说笑话来代替亲昵的言行——那就像是在操场上故意拉扯女生马尾辫的小男孩。工作时还好，他那些别无其他排遣途径的强烈内心情绪，全都可以倾注在作品之中。但回到日常生活之中，特别是在他二十多岁、三十来岁那阵子，这些自以为幽默的举动，便成了他各种情绪——情欲、恐惧、不安、厌恶，甚至是他赌咒发誓说自己几乎从来就没有过的那一种情绪：愤怒——的唯一释放途径。

年纪轻轻便事业有成，之前的成长过程中始终独来独往的希区柯克，忽然发现自己出席各种社交场合时，早已今时不同往日，成了举足轻重的核心人物。有时候，他也会滥用这种新获得的力量，结果自然是闹得场面尴尬，不很愉快了。查尔斯·贝内特就在回忆录里讲过这么一个故事，给人留下相当深刻的印象。某晚，他和希区柯克约了两位年轻女士出去玩，当中有一位，恰好和美国"走音天后"弗洛伦丝·福斯特·詹金斯（Florence Foster Jenkins）类似，因唱歌跑调而成了伦敦名人。按照贝内特的说法，希区柯克原本特别期待这件事，打算一整晚都暗暗地取笑她，结果却发现这姑娘反应超快，说话也狠，让希区柯克一筹莫展。"我就从没见过他有哪一回比这更不开心的了，"贝内特写道，"一直咬人的人，结果自己被人咬了。"[59]

在他那些同侪的记忆里，类似情况还有不少。希区柯克总爱拿手下团队中相对缺乏社会经验或是容易轻信别人的那些年轻后辈来恶作剧，而且他那些玩笑，有时候其实并不怎么好笑，只会让对方觉得心中不适。在伦敦拍摄《三十九级台阶》时，某天他得知剧务主任迪克·贝维尔（Dickie Beville）收工后要和妻子约会看戏，便主动提议送他一程。车子开了一路，贝维尔这才发现希区柯克正往伦敦郊外开呢。结果，他也只能跟着一起去了希区柯克在萨里郡的别墅，任由妻子在伦敦戏院外头白白等了许久。另有一则故事，相比之下还要更为声名狼藉，虽然在具体细节上还有些众说纷纭，但我们可以确定的是，希区柯克确实曾往某位剧组成员的饮料里掺了泻药，然后还打算用手铐将他铐上，把他独自扔在某个公共场所，让他就那么度过一个夜晚。到时候，泻药发生作用，带给当事人的，肯定是希区柯克早就想象过的，若换作是他自己，肯定会内心相当崩溃的那种羞辱。说起来，他的妻子阿尔玛，其实也很爱恶作剧——她曾在希区柯克饮料里掺过药用安非他命苯丙胺——所以对丈夫那些过火的恶搞行为，基本很少会摆在心上。"他有哪

个朋友有胆量敢跟他开这种玩笑的吗？"某次她曾大声发问，"除
非他们不想再跟他继续做朋友了。"[60] 而希区柯克自己也曾说过：
"我是一个非常敏感的人；别人用词稍有犀利……就能让我伤心好
几天。"[61]

希区柯克十分享受他的这种权力：既能让别人觉得不舒服，自
己又不会成为被嘲笑对象。从小，他就自觉与周围人不太一样——
身材、体型、侧面轮廓、独来独往的个性——再加上担心自己会因
此而被取笑，所以一直以来都觉得自己很容易成为别人攻击的对
象。因此，对他而言，如果能先下手为强，让别人在面对他时，先
有了某种局促不安、扞格不入的感觉，那肯定能让他内心十分享
受。所以，不管他究竟是虐待成性抑或纯粹只是好开玩笑，说到
底，那都是他的控制欲在作祟——控制自己的身体，控制自己的情
感，控制自己的名誉——那都是因为他害怕失去对这些的控制。

终其一生，他这种爱开玩笑，爱让人不舒服的性格脾气，始终
不曾彻底改变。不过移居美国之后，他在这方面确实也马上就收敛
了许多。在伦敦拍电影时，他的剧组里总是一派轻松调皮、不拘礼
节的氛围，但好莱坞的职业环境与之大不相同，让他根本就不可能
像在英国时那样继续一言九鼎——尤其是刚到美国拍电影的那头几
年间。而且另一方面，随着年龄渐长，他也确实慢慢摆脱了某些粗
糙、幼稚的东西。

随着希区柯克去世，他那些令人不快的玩笑，也有各种细节开
始浮出水面。不过，与他关系最为密切的那一群人，大多却依然坚
持认为，希区柯克的幽默，哪怕往厉害了说，顶多也就只是一个始
终没长大的淘气老顽童在恶作剧罢了。女儿帕特丽夏更是声称，好

些事情都是刻意耸人听闻的八卦新闻，却给外界留下父亲是虐待狂的错误印象。传说在《火车怪客》拍摄游乐园那一场戏时，希区柯克怂恿女儿坐上了摩天轮，然后故意下令让摩天轮忽然停下，让帕特丽夏悬在半空中好几分钟。对此，帕特丽夏专门作过驳斥，说那摩天轮不过是停顿了区区数十秒钟，而且她也没像那些假新闻所说的那样，被吓到尖声惊叫。对于她的现身说法，我们既没理由也没证据去怀疑。只是，被她斥为假新闻的那种说法，最初恰恰就是出现在了华纳兄弟电影公司刊发的《火车怪客》宣传材料里，而且她父亲当时也予以了认可。[62] 事实上，好几则关于希区柯克幽默感的小故事，也都是这样的情况：追溯源头，来自他本人。希区柯克之所以会有这样的名声——爱开玩笑，而且是病态的、虐待狂式的玩笑——有相当一部分原因，都是他的自导自演。他在某次接受采访时，谈起自己这一辈子都爱恶作剧，爱让人难堪、丢面子。"不管到了什么时候，只要一有机会，我肯定不会放过的……我就是爱听到或是看到……被恶作剧的那一方，究竟有多么的不舒服。"[63] 其实，这跟他与女性之间的复杂关系是一个道理。自己个性里爱耍弄人、爱开残酷玩笑的那一面，他压根就没想过要瞒着藏着。正好相反，让外界知道哪些事，知道到什么程度，其实全都在他掌控之中，都被当作这面希区柯克金字招牌的一部分，故意在对外宣传。旁人会因此如何看他，他也早已心知肚明；他享受的，也正是这甚嚣尘上。

　　当初帕特里克·麦吉利根写他那本希区柯克传记时就发现了，有一则相当臭名昭著的事例，常被外界拿来证明希区柯克的虐待成性，但整件事情其实根本就站不住脚。当事人是他在圣依纳爵公学的校友罗伯特·古尔德（Robert Goold），古尔德反复声称在校期间，曾被包括希区柯克在内的两名男生抓住后，扯下裤子，往内裤上绑了鞭炮，把他吓得不轻，而且险些造成严重身体伤害。但麦吉利根研究发现，这说法在时间上就讲不通；古尔德入学之前，希区柯克早已离校。[64] 面对证据，古尔德方才承认，一定是自己的童年记忆出了差池；讽刺的是，这种莫名被冤枉的情节，倒是很有希区柯克电影的味道。

其实，古尔德也不一定是怀揣恶意，故意扯谎。那很可能是他的模糊记忆和希区柯克那种喜欢借娱乐名义让人大丢面子的劣迹恶名互相融合之后的产物。希区柯克喜欢让人害怕，喜欢让人不安，喜欢让人感到不舒服。而且他也知道，作为观众的我们，其实内心深处也都渴望这些；他的整个事业，其实也正建立在此基础之上。作为一位天生的表演艺人，希区柯克的人生信条就是观众要什么，就给他们什么——无论他们是喜欢还是不喜欢。

先驱

阿尔弗雷德·希区柯克各种令人艳羡的才能中，那种既能重塑自我同时又能做到完全不失希区柯克原汁原味的本领，给我们留下了深刻印象。他主持的那些电视剧里，也不断以此作为笑料，让他在登场时假扮成各种形象，但又全都扮得很假，一眼就能识破那是希区柯克。他扮过朝圣者，扮过婴儿，扮过稻草人，甚至还在1964年的某一集里，戴上假发，扮起了披头士。但不管服化道再怎么逼真，都完全无法掩盖底下这位扮演者的本真。

就在20世纪50年代行将结束之际，经过这些电视剧制作已学会如何才能拍得更快、拍得更省的希区柯克，也利用这些经验——再加上这些制作班底的相关专长——实现了他职业生涯中最有名的一次自我重塑，拍出了一部叫人看得毛骨悚然的黑白砍杀片（slasher）。《惊魂记》彻底扭转了好莱坞的游戏规则，伯纳德·赫曼简洁的表现主义风格配乐以及乔治·托马西尼（George Tomasini）的快速剪辑，都对此后的电影产生巨大影响。而且，

《惊魂记》由希区柯克自募资金拍摄，既给好莱坞旧有片厂体制的传统商业模式带来不小挑战，也让他由此大赚一笔。不过，从更泛泛的文化层面来看，当初的《惊魂记》，与其说立即就被奉为里程碑式作品，还不如说它更像是一道闪电，迅速划过长空，来得快去得也快。当时的那些位高权重的影评人，均视其为不怎么入流的垃圾通俗剧，对其百般嘲讽。但是以安德鲁·萨里斯为代表的一小批年轻影评人，想法却是截然不同。"希区柯克就是全美国最有胆量的前卫电影导演，"萨里斯在《村声》杂志上写道，"跟《惊魂记》一比，过去的恐怖电影全都变成了《小福星》（*Pollyanna*，1960）的变奏曲。而且在另一个层面上，《惊魂记》同时又以大量象征符号点评了我们所处的当代世界。在这一片公共的大沼泽里，人的情感和情欲，全都顺着下水道，被白白冲走。"[1] 就这样，希区柯克在自己六十岁时拍出了这么一部作品：它和年轻观众对于电影作品不断迅速变化的期待值，保持了同步；对于这批观众而言，暴力的失序场面，早就是他们越来越熟悉的文化体验了。

此后的《群鸟》，更是宛若兽性大发的一场残酷噩梦，让人联想到了冷战时代随时都有可能从天而降的那种毁灭性打击所带来的恐怖。也因此，倘若希区柯克原本打算要做的就是一拍完《惊魂记》，紧跟着就拍《群鸟》，那就真是再理想不过了。但事实并非如此，他也是又过了很久，才最终注意到了《群鸟》。之前很长一段时间里，他想的都是要让奥黛丽·赫本在《法官不得保释》（*No Bail for the Judge*，1952 年出版的犯罪小说）里扮演由律师转为卧底妓女的女主角，另外也想过要说动格蕾丝·凯利重出江湖，请这位摩纳哥王妃来演《艳贼》主角，让她由贵妃殿下变身成为患有性心理疾病的窃盗癖——倘若事成，那绝对又是一次希区柯克式的重塑行为。结果，这两件事都没能成，于是他才改弦易辙，决定将达芙妮·杜穆里埃1952年出版的短篇小说《群鸟》搬上银幕。故事背景，由杜穆里埃的老家英国康沃尔郡，搬到了美国加利福尼亚，而类似这种美丽、独立的女性遇上某些她完全无法控制、无法理解的恐怖力量，终于被其彻底击溃，以至于失去尊严、狼狈不堪的情节，此后也成为了希区柯克的标志性故事素材。围绕这种观众其实并不陌生的异色故事，希区柯克巧妙利用当时最为先进的各种电影制作技巧，让《群鸟》成了有史以来最具影响力的电影之一。

《群鸟》和《惊魂记》一样，很好地证明了希区柯克现代派大表演家的那一面。他沿袭的，可不仅是那些具有开创性的电影先驱，还包括了诸如谢尔盖·佳吉列夫（Sergei Diaghilev，俄罗斯芭蕾舞团创办人）和爱德华·伯内斯（Edward Bernays，公共关系领域先驱）那样的演出经理人和宣传家。《群鸟》用到了先进的电影特效和声音设计，广告宣传时则围绕他本人的名气大做文章，同时又努力尝试将过往从未当过职业演员的蒂比·海德伦一下便捧为电影明星，让我们见识了一个永远渴望着要超越自我，始终想着要革新、重塑和避免无聊重复的希区柯克。

其实，早在《群鸟》制作之前，多年来一直都有人希望他能利用自己的电影天赋，讲述一下人类被自然生物群起围攻的故事。1953年，曾与他有过合作的好友西德尼·伯恩斯坦向其建议，不妨买下约翰·温德姆（John Wyndham）讲述巨型植物攻击人类的反乌托邦小说《三尖树时代》（*The Day of the Triffids*）的电影版权。

伯恩斯坦以及始终励志于为希区柯克寻找潜在拍摄素材的英国人玛丽·埃尔索姆（Mary Elsom），都推荐说这是类似于 H·G·威尔斯（H. G. Wells）风格的奇想杰作，很适合采用包括 3D 在内的各种最新电影特效来翻拍成电影。[2] 但是希区柯克却不买账；他对科幻题材始终抱着谨慎态度。而且，虽说他确实十分热衷于利用、改造电影新科技，但却对于用 3D 技术来讲故事的实际可行性，却一直有所保留。回到 20 世纪 20 和 30 年代，有声电影和彩色电影甫一出现，希区柯克便看出了它们在帮助叙事和为希区柯克笔触增添层次上的潜在可能性。可是 3D 技术却恰恰相反，因为在他看来，这种噱头对导演而言，只会压缩他们的可选择余地，而非赐予他们更多可能。

此外，希区柯克对 3D 技术另外还有一层疑虑，觉得它未能兑现其最核心的承诺。也就是说，3D 并未将观众拖入电影的世界之中，反倒是提醒他们时刻记得，眼前所见皆为人工制造，于是叙事的独特性、可信度也都打了折扣。《惊魂记》看似拍得大胆，其实希区柯克却被迫回归最基本，仰仗的都是那些他最核心的电影制作之道，而且拍摄这部黑白电影的制作预算之微薄，也是他自二战以来未曾遇到过的。《惊魂记》没什么真正意义上的大牌明星，也没什么动作特技，更没有以全球闻名的纪念性建筑物为背景的精妙穿梭追逐场面。面对这诸般限制，他尽可能充分发挥自身所长，在先导预告片里，就已将个人名声与该片宛若童话世界的哥特式恐怖气氛成功结合一体，而这种新颖的宣传方式，也缔造了一段我们耳熟能详的影史传奇。《惊魂记》的预告片真是叫人难忘：希区柯克就像是来自《神曲》里地狱第七层的一位房产中介，引领观众走入贝茨之家。而该片宣传海报上出现的，也是他的脸，电台广告主打的，也是他的声音，都不是珍妮特·李或安东尼·帕金斯。此外，《惊魂记》上映之际，全国各地影院具体该怎么做，也都由他亲自拍板决定：他坚持要求，一旦开场，就不再允许任何迟到观众进入影院。这种政策，与当时美国影院的通行做法大相径庭，但他却提醒影院业者，这么做，会让《惊魂记》那种"说不清、道不明但就是觉得很厉害"[3]的气氛感，由银幕延伸向外，提前便布满整个影院大堂。排队等候入场时，观众就会看到希区柯克的人形立牌——他一脸严肃地指着自己的手表——同时还会听到预先录好的希区柯克留言信息，警告他们一旦电影开场，就不能再进入观众席了，而硬闯者必会遭到"强制驱离"[4]。总之，他充分利用自己的名气，为《惊魂记》营造了一种尤其强调其特殊性的宣传氛围，让观众对于自己即将进入的那个诡异世界，早早地就充满期待之情。另一方面，《惊魂记》并未安排试映场次，全体剧组成员都被要求宣誓承诺，绝对不会泄露关涉剧情的任何机密——在为影片做宣传时，他们也公开提到了这一宣誓要求，吊足观众胃口。同时，剧组成员还透露说，过往始终与媒体关系相当友好的希区柯克，这次却专门要求拍摄期间现场全面封闭管理，谢绝任何访客。最终，这不断累积的悬念确实取得预期效果。由上映首日开始，便出现各种关于观众反应激烈的新闻报道。他们可不仅是在激动惊叫，看《惊魂记》看得哭泣、晕厥的也大有人在，甚至还出现了有人失去自控能力，弄湿影院座位的状况。

全世界都被刺激到了。为推广《惊魂记》，希区柯克开始全球巡回宣传，一举一动都被媒体无限放大。在澳大利亚站，他对澳洲和新西兰女性日常遭遇的负面看法，登上了媒体头条。"你们这里的女性很了不起，"他在悉尼时告诉一位记者，"但却被你们这里的男性蹂躏得很厉害。"[5] 可是，考虑到《惊魂记》拍的正是美国男人如何蹂躏美国女人的故事，他的这番说辞还真是够放肆大胆的。此外，他还在宾馆房间里接受了当地摄影记者的摆拍采访。这一次，希区柯克的发言相对收敛许多，主要是谈自己丢了一只鞋子，找得相当费劲；即便如此，也有不少于一家当地媒体认定此事大有新闻价值，对其作了详细报道。[6]

　　澳洲站宣传活动的尾声，是专为向其表达致意而举办的一场晚宴派对。时间是 5 月 13 日，又恰逢星期五，于是整个活动氛围也是既恐怖又坎普风。晚宴现场几乎清一色都是黑色风格，只有少量百合花、白菊花点缀其中。另据《墨尔本先驱报》报道："阴森的管风琴声，充满整个房间。"稍顷，希区柯克乘坐灵车抵达，迎接他的则是全身黑色装束的八名年轻女子。客人——其中有好几位是当地"最优秀的精神病专家"——则轮流在一幅巨型希区柯克剪影立牌前，轮流合影留念。[7] 其实，《惊魂记》巡回宣传过程中所强调的东西，早在其美国首映之际便已有所呈现，那便是，与其说这是一部电影，还不如说，它更像是一次文化事件，是对《春之祭》狂乱的巴黎首演和 1913 年的纽约军械库展览会那种传统的发扬光大——正是通过那次展览会，美国人首次了解到立体主义、野兽主义和未来主义是什么，来自欧洲的开创性现代艺术，就此与美国人善于让公众陷入莫名骚动的那种营销天才，实现了联手结盟。

　　三年后的《群鸟》推广活动，以《惊魂记》的成功宣传攻势作为基础。"和《惊魂记》一样，这部电影里的大明星，仍旧是阿尔弗雷德·希区柯克。"嗅觉敏锐的公关专家威廉·F·布洛维茨（William F. Blowitz）在一份文字纪要中，如此提醒他那些同样来自纽约广告业大本营麦迪逊大道的同行，"因此，这一次的宣传、广告活动的关键元素，还是希区柯克本人。不管是杂志宣传文案还是预告片、广告片，都要注意突出这一点。当然，宣传的最终目的还是要推动《群鸟》的票房销售；希区柯克会是促成整个宣传工作的主要元素。"[8] 就这样，希区柯克不仅成了《群鸟》的宣传核心，更是推动整个宣传工作的源动力所在。不过，和他写剧本时要找编剧合作一个道理，宣传时，他也需要一些具有专门技术和才能的合作者来补他所缺——当然，指导整体宣传工作的，仍是他的个人形象和不断迸发的各种灵感。摄影师菲利普·哈斯曼（Philippe Halsman）被请来为他拍摄一组相片，其整体定位就是，只有他才是《群鸟》里的大明星，并且要提醒观众记得，他正充满期许地注视着影片中上演的这一幕幕惨剧。[9] 编剧埃文·亨特记得，当初希区柯克站在环球影业那些金主面前，为他们介绍该片的广告宣传语"《群鸟》来了!"（The Birds is coming!）[10] 时，他一边说着，一边双手展开，比着手势，仿佛面前就有一块巨大的广告牌。对此，一位还不太熟悉熟悉希式幽默的年轻主管，第一个站了出来，针对其语法错误，道出了许多在场者的心头疑问：既然是"群鸟"，就应该用复数的 are 而非 is 吧？[11] 不过，且不论语法专家会不会抱怨，这口号还真是典型的希区柯克风格，而且为这部本身欠缺幽默元素的影片的整体造势活动，定下了略有一丝幽默感的宣传基调。

　　《惊魂记》和《群鸟》的这两场宣传战，具体操作上固然在多个领域有所借鉴，但究其基本操作，其实还是希区柯克及其手下宣传人员从事多年的那套东西。事实上，早在推广电影《房客》那时，他们就已用过这种打破边界的广告手法，将电影里的威胁引入现实世界之中，听上去实在是和现今我们所熟悉的那一类营销策略非常类似。具体说来，有许多穿斗篷、戴围巾的男人，扮成了电影里"房客／复仇者"的样子，走遍英国大城小镇，散发《房客》广告传单。甚至，他们还会化身人形广告牌，拿着用大写字体写着"姑娘们小心了！""来大剧院（当地影院的名字）看我！"[12]等标语的手提箱，一路走街串巷。位于伦敦南部的巴勒姆守护神电影院（Balham Palladium）则更有创意，专门在附近一家商店的橱窗里，复刻了片中某个关键场景，还配上了希区柯克风格的灯光设计。据当年的新闻报道表示，这种做法在周围商圈引发了轰动，"成了极富成效的商业提案"[13]。《房客》的上述宣传手法，希区柯克是否曾具体参与，目前并无明确证据。不过，相关报道倒是都被他（或者也可能是受雇于他的剪报制作人员）收集粘贴在了剪报本里，至少说明他对该片的这些宣传方式，不仅知晓，而且关注。

在英国时，希区柯克不消几年光景，就足以凭借"希区柯克"这个名号来主导自己作品的营销宣传了。移居美国之后，他却得熬过头先几年，随后才能到达这一步。不过，各家好莱坞公司的宣传人员也都很乐于与他合作，因为希区柯克自己鬼点子很多，也愿采纳别人提出的好建议，接受采访更是非常配合。当然，他这种宣传本领，也并非所有人都始终感激。正如学者伦纳德·勒夫（Leonard Leff）所写的，"本该围绕（挂着大卫·O·塞尔兹尼克大名的）《爱德华大夫》展开的新闻报道，不知不觉之间，焦点就变成了希区柯克本身（而影片也明显变得不再属于塞尔兹尼克）"。[14]时至 1959

年，观众步入美国各地影院观看首轮放映的《西北偏北》时，都
会见到一块真人尺寸大小的希区柯克人形立牌——日后上映《惊魂
记》《群鸟》时也是如此——而且电影公司分发的各种宣传物料上，
大多也印了他的名字和肖像。在这部影片中，由加里·格兰特饰演
的罗杰·桑希尔，是在纽约麦迪逊大道谋生的广告业大腕。他是愤
世嫉俗的天才人物，一表人才，风流倜傥，但却陷入了严重的身份
危机，堪称是美剧《广告狂人》主角唐·德雷珀的老前辈。编剧莱
曼记得，当初和希区柯克一起拼凑整个剧本时，曾为桑希尔设想过
几十种职业设定，"广告主管"不过是其中之一。但鉴于《西北偏
北》讲的就是这么一个肤浅男子失去人生方向的故事，他的广告人
身份，还真是与之相当契合。[15]

广告让希区柯克着迷。广告具有摩登、拥抱创新、横跨多学科
等特点，而它利用人心所向、所惧来操控用户行为的做法，也和希
区柯克的电影作品如出一辙。想当初，正是在亨利电报工程公司的
广告部，希区柯克的创造力才第一次有了用武之地。他充分发挥自
己强烈的画面想象力和充满活力的幽默感，设计了各种巧妙且划算
的电缆销售广告。传统意义上的具象派画家，希区柯克也是相当钦
佩，但相比之下，他觉得自己那种视觉想象力，还是搞海报设计、
照相、广告这些学科才更合拍。而这一点也再次提醒我们，千万不
能忽视希区柯克当时所处的那种文化大环境。因为他所体现的，正
是一种顺应时代发展的新型英国人形象。他们出身城市中下阶层，
接受过正规教育，非常精通电影、广告、广播这些新兴媒介，而正
是这些新媒体，已将商业、大众文化、艺术之间原有的壁垒，悉数
瓦解打通。当时那种文化大环境的另一特点，便在于物质文化的兴

菲利普·哈斯曼为《群鸟》所制各种宣传照中最出名的之一。

盛了，而这一点也明显体现于希区柯克的英国作品之中——《奇怪的富翁》中让弗雷德对刺激人生心生向往的地铁车厢广告；《贵妇失踪记》里对关键情节推进起到作用的茶叶商标；还有《讹诈》里吸引普通民众来伦敦西区寻找新鲜刺激的霓虹灯广告。而到了《海角擒凶》里，编剧多萝西·帕克还将一系列广告招牌巧妙融入故事之中，既巧妙指向正在展开的情节，同时也让希区柯克的美国作品也开始有了广告这一主题元素。

在美国这个地方，广告的大胆放肆和无处不在，尤其让希区柯克大有兴趣。当初甫一抵埠，听到广播里的各种商业广告，他便已经深深着迷；因为在英国，直至1973年之前，广播业均由英国广播公司垄断，市民从未在电波中听到过任何商业广告。而在希区柯克的那些电视节目里，他对于播到一半还要插入广告时段的做法，向来看法轻蔑，也让他赢得了观众口碑，不过他这种态度其实也是刻意为之，目的就是要吸引电视观众对这些广告时段更加关注。[16]

可以说由一开始，差不多也就是在公众开始知晓希区柯克这个名字的同时，他那些电影的营销宣传材料里，就已开始突出强调希区柯克的导演才华了。1927年拍摄《水性杨花》期间，希区柯克和制片人就让媒体记者享受到了很大的自由度，可以广泛接触到该片制作的方方面面。于是，有记者写到了去《水性杨花》尼斯外景地探班的经历；[17] 还有媒体记录了布景组原样复制伦敦离婚法庭的详细步骤。[18] 过了一个月，又有记者详细介绍了《水性杨花》用到的那几处风光迷人的外景地，包括严格实行会员制的伦敦罗汉普顿俱乐部的马球场。[19] 到了电影《下坡路》宣传期间，演员艾弗·诺维罗一脸阴沉地搭乘自动扶梯进入伦敦地铁的那场戏，尤其让英国媒体交口称赞。他们认为这一幕有着很好的象征意义，代表他扮演的那个角色就此落入了叫人绝望的生存危机。地铁是现代伦敦的地标性建筑，在地铁实景拍摄电影，注定能引来不小的骚动。希区柯克自然早已料到这一点，于是提前请到一批影评人、媒体记者来现场见证这一拍摄过程。到了晚上，实拍开始，现场已聚集大量围观者。许多人是冲着诺维罗来的，他当时正活跃于英国话剧舞台和电影银幕，是真正意义上的明星演员。可是，不甘示弱的希区柯克，又岂能让区区一位演员给盖过了风头。那天早些时候还在剧院看戏的他，特意没回家换回便装，直接穿着燕尾服、打着白色领结，就来了拍摄现场，那种隆重的仪式感，秒杀当晚所有在场明星。[20]差不多与此同时，现场还发生了一件事情，负责剪辑的艾沃·蒙塔古正在接受批评，因为他擅自让无关人员看了已经拍好的部分素材。电影公司提醒他，只有希区柯克本人才能决定，出于有利影片宣传的目的，有哪些人可以提前看到工作样片；换句话说，这是希区柯克独有的特权。[21]

拿电影布景设计来作宣传卖点，这种操作在希区柯克电影中并不鲜见，《救生艇》《夺魂索》和《后窗》等片上映之前，都有过类似报道，目的就是要让观众知道，希区柯克这一次又在电影技术上有了哪些具有开创性的壮举。事实上，这种做法，在他转战好莱坞之前的英国时期，也是早已用过。例如在为《农夫的妻子》和《拳击场》做宣传时，电影公司都尤其强调了那些新颖、大胆的布景设计，希望观众可以了解到，在它们的背后，是这位富有先驱精神的年轻导演的远见卓识。拍摄《拳击场》时，剧组除巧妙再现了皇家阿尔伯特音乐厅外，还搭建了一所虽说是电影布景但实际也能投入使用的游乐园。影片开场后的头几场戏，都在这里拍摄，为追求效果逼真，他们还真是面向普通民众进行了开放。距离开拍尚有几星期时，希区柯克曾向一位记者发誓说，他要"穿上传统男式礼服大衣，配上红色丝绸手帕，戴上大胆热情的缎质礼帽，从里到外都乔装打扮成大表演家的样子"[22]，以确保自己不会被这些普通民众给认出来。

之后的那些年里，究竟是在宣传一部希区柯克电影，还是在宣传希区柯克本人，这当中的界线，时而会变得相当模糊——至少，在出钱投资拍摄这些电影的金主看来，确实会有这样的错觉。1935年夏，希区柯克收到高蒙英国电影公司的 H·G·博克斯奥（H. G. Boxall）寄来的一封短函，提及某媒体刊载的希区柯克写的一篇文章，以及配发的他与阿尔玛在《三十九级台阶》拍摄现场的合照。博克斯奥抱怨整件事完全就未经公司许可，明显违反双方之前签署的导演合同。[23] 其实，希区柯克的电影魔法舞台，也不是始终都愿接纳外人闯入的。日后也成为名导的迈克尔·鲍威尔（Michael Powell），当年曾做过剧照摄影工作。为能拍到《香槟》的宣传照，他不得不连哄带骗，好不容易才进入了拍摄现场。希区柯克很不满意该片剧本，顺带也觉得整部电影根本就没有任何地方值得去做宣传的。"我不希望自己的名字和这部电影有任何联系，"他坐在导演椅上，闷闷不乐地说，"我觉得这部电影就是一坨狗屎。"[24]

希区柯克越是上了年纪，越是喜欢公开强调，自己拍电影的关键所在，就是追求形式上的完美。20 世纪 60 年代他曾宣称："于我而言，首先是内容摆在那里如何去处理，至于内容本身，那倒是次

要的。重要的不是拍什么题材，而是我能带给观众什么影响。" [25]
可见，那才是他主要的兴趣所在。由《迷魂记》开始，希区柯克的
电影题材越变越怪，外界其实也很想知道，是否能借此管窥蠡测他
本人的内心奥秘。上述这番表态，显然为他省却了不少麻烦，让他
无需再正面回应此类疑问。同时这也说明，面对涉及电影形式的棘
手技术难题，能够以并非所有电影导演都能想到的手段来加以解
决，这也是希区柯克相当享受和引以为傲的事。想当初，他为着
个人事业能够重新启航，选择与塞尔兹尼克分道扬镳，自组制片公
司拍摄《夺魂索》和《风流夜合花》两部作品。他当时用到的那些
长镜头拍法，确实给拍摄工作带来不少极为复杂的挑战。拍《夺魂
索》时，剧组凭空搭出那间曼哈顿公寓的完整内景，为便于摄影机
四处移动，屋内的活动墙壁和各种小道具、大家具底下，全都装有
滑轮，而房间地板也是专门特制，无论各种大件设备再怎么移动，
都不会发出半点噪音。每一场戏拍摄之前，剧组都要不辞辛劳地事
先排练，以至于詹姆斯·斯图尔特都抱怨说："根本就无暇安排演
员彩排，所有时间都用来给摄影机排练了。" [26]

　　拍摄《风流夜合花》时也出现了同样的挑战，而且整体规模上
还要更大。《夺魂索》纯粹就在曼哈顿公寓内展开，而涉及殖民地
时代澳大利亚的《风流夜合花》却用到一大堆外景地，外加一栋占
地广阔的大公馆。摄影机必须要穿梭漫步其间，甚至还出现了一场
戏里就拍到多达六间房间的情况。此外，希区柯克电影中数一数二
叫人难忘的一场晚宴戏，也出自《风流夜合花》。为拍好这场戏，
剧组专门定制了一张特殊餐桌。餐桌由14块组件拼搭而成，目的
就是要让摄影吊臂可以在屋内自由行动。需要的时候，餐桌也可以

由镜头前迅速移开。摄影指导杰克·卡迪夫记得，拍摄这一场戏时，演员除本职工作之外，还得兼任舞台管理，"他们会忽然伸手抓住餐桌的某一部分，手忙脚乱地跑到镜头之外。演员一个个都汗流浃背地陷入了这场混战，在他们手中牢牢攥着的餐桌组件上，都还紧紧固定着或是烛台或是盛有食物的盆子碟子什么的东西，那可真是非常古怪的情景"。[27]拍摄这么有野心的一场戏，事先必须经过精心排练，巨大的心理压力自然不可避免——而且这两部电影恰恰还是希区柯克首度涉足特艺色彩技术（Technicolor）的尝试——但希区柯克倒是越遇到技术复杂的拍摄任务，越是来劲。和《夺魂索》上映时他所宣称的一样，那是他"所执导过的最兴奋、最激动的电影"。[28]

　　还有一件事情让希区柯克相当得意：整个电影剧组上上下下各个部门的具体工作，他全都了如指掌，熟悉和精通的程度，恐怕仅次于该部门的实际主管。他乐于告诉别人，别看杰克·考克斯（Jack Cox）为他好几部英国时期的电影担任过摄影师，考克斯最初学习如何摄影，其实还是在《拳击场》剧组跟他现学的呢。按照希区柯克的说法，考克斯某日因病告假时，他还临时顶替，亲手负责了当日的打光工作。事实上，激励希区柯克去尝试各种新颖拍摄手法的，正是这丰富的第一手经验。回看他拍过的那些默片，各种特效镜头和视觉创意，真可谓数不胜数。《水性杨花》开场第一个镜头，看似是麦田里的怪圈图案，但慢慢我们就会发现，那其实是法官戴着的假发的顶端。随后，面露倦容的法官环顾庭上，我们也跟随他的目光，看到了他视野所及的种种。他缓缓举起单片眼镜，对面的律师，也跟着变得越来越高大起来。在《香槟》的开头，也用到了类似的迂回曲折手法。只能见到手臂部分特写的侍者，手持香槟酒直面镜头，瓶塞就像枪口一样直直对着我们。软木塞爆开，香槟酒在镜头前流淌而下。然后，希区柯克又用特写切到酒水正被倒入杯中的画面。杯子随后向前微微倾斜，好似观众正在饮酒。透过杯底的气泡，远处的场景也被放大：舞台上的爵士乐队正在演奏，舞池中有一男一女在翩翩起舞。整个《香槟》的开场段落，镜头安排极见心思，但换个角度来看，也可说是相当空洞，未能起到实质性的叙事用途。在此之后，随着希区柯克日渐成熟，类似此种花式镜头套路，也会更多地与故事剧情相融合。说穿了，类似《香槟》这些希区柯克默片里的场景，与其说是出自一位会讲故事的剧情片导演之手，反而看着更像是某位广告片导演的个人作品集锦展示。而且，不同于他电影里的故事、剧本很多时候都是集思广益、共同创作，类似上述这些花式段落，我们其实都很清楚那究竟出自谁的设计。讲到底，这也正是所谓希区柯克笔触的本质所在了。

后来，他的电影"武器库"中又多了有声片这一件新家伙，希区柯克也在第一时间便构想出了能够加以合理利用的各种新颖、巧妙的办法。《讹诈》原本已作为默片启动制作，但制片人临时又决定将其拍成有声电影。应运而生的种种技术难题，反倒是让希区柯克发现了机遇。最终，他在《讹诈》中用到的那些有声片方案，换作是与他同时代的那些电影人，根本就是连想都没想到过。例如，就在女主角艾丽丝自卫杀人之后不久，作为观众的我们，也站在她的角度上，听到了她耳中所能听到的各种声音：她的家人正在谈论关于这则杀人案的新闻。很快，艾丽丝就因为内疚和惊慌，不再能清晰听到他们言谈之间的每一个字，声音变得模糊起来，唯独只剩下"刀"这个词，却是清清楚楚、声声入耳，也逼得她不得不又回想起了昨夜那一次又一次的自卫反击。《讹诈》上映八年之后，某位受人景仰的影评人旧片重看，仍禁不住深有感触地写道："该片的声音处理方案可谓清新脱俗，对比现如今那些了无新意的电影对白和四平八稳的背景声效，更是让人觉得意外。"[29]

单看镜头语言，《面子游戏》可说是希区柯克最平平无奇的电影之一，全片采用的大多是一些单调的长镜头，机位也很少变化，感觉就像是把镜头对准了话剧舞台，单纯地照拍了一遍——希区柯克常嘲笑说，类似这种电影，纯粹就只会"拍人在讲话"罢了。但即便如此，他还是想方设法做了一些崭新尝试：影片开场不久，先是市集上的各种声音的蒙太奇，紧随其后的镜头，拍的是一个黑洞洞的门口，里面传出一些对话声，但我们却看不到究竟是谁在讲话。无意间听到的对话、听力所及范围之外的对话，这两者正是《面子游戏》反复用到的母题，希区柯克以此来强调20世纪30年代英国社会的种种分野：北方和南方、城镇和乡村、旧富和新贵。随着影片达到高潮，女主角克洛伊·霍恩布洛躲入窗帘背后，担心自己过往的丢人秘密即将曝光，而丈夫谴责她的话语，也已传入她的耳中——此处希区柯克用到的拍摄方法，会让人觉得这些话语声仿佛正盘旋于她脑海之中，内心愧疚和自觉耻辱令她五内俱焚，逼她走了绝路。

不管是在伦敦还是在好莱坞，希区柯克电影里这些风格化的小心思，无疑都源自他对于新奇感的不懈追求，或者说，源自他那种没有困难也想要人为制造困难的想法，因为只有这样，他才能去找寻破解之法。而且，通过这些风格化的小心思，他本人不用出镜，便能始终保持自己在银幕上的存在感。按他自己的说法，最初之所以那么做——在电影里埋伏下各种巧妙笔触和懂的人自然懂的笑话——是故意要留待影评人来发掘剖析的，但到了后来，他早已变得家喻户晓，不再那么需要仰赖影评人的欣赏来维护自己口碑时，希区柯克又觉得，他还是有这个义务，必须为买票入场的观众继续保留这些东西，因为他们对于一部希区柯克电影究竟该有哪些东西，早已有了某些先入为主的期待。当然，他的某些导演同行对此却也有着不同看法。例如奥逊·威尔斯，在他看来，希区柯克电影里那些精心设计的镜头，虽则巧妙，但也空洞，而且他之所以要搞这些噱头，纯粹只是为了转移视线，好让观众忘记他那些电影其实说到底都很空泛。"他那些奇思妙想，不管设计、执行得再怎么叫人叹为观止，讲到底，也就只是一些奇思妙想而已。"威尔斯在1967 年时曾说过："说实话，我是不相信再过一百年，希区柯克的电影还能让任何人产生兴趣的。"[30]

威尔斯的批评虽显苛刻，但也不是毫无道理。平心而论，希区柯克电影里确实有那么一些奇思妙想，之所以要那么拍，主要原因就是因为之前没人那么拍过，所以他才要那么做。当然，同样也存在许多令人赞叹的希区柯克电影手法，一方面满足了他自己这种求新求异的心理，另一方面也确实服务于电影叙事和人物塑造，确实让观众得到了感官和情绪上的体验。20 世纪 20 年代或 30 年代的某天，希区柯克参加伦敦切尔西艺术俱乐部的一次盛装舞会，喝得酩酊大醉，产生了一种"万物皆渐渐离我而去"[31] 的奇特幻觉。此后经年，他常苦苦思考究竟要如何才能用电影镜头来传达这种感觉。拍摄《蝴蝶梦》时，他也试过以此效果来表现琼·芳登那个角

希区柯克（右为演员安妮·翁德拉）在《讹诈》拍摄现场使用最新电影技术。

色的内心迷乱与恐惧心理，但最终还是没能想出实际可行的拍摄方法，只得不了了之。就这样，这想法在他心里又蛰伏了十五年，直到筹拍《迷魂记》时，他又想到要以此效果来表现斯科蒂低头俯视时突然一阵晕眩的感觉。这一次，他终于找到了解决之道：镜头变焦推近的同时，摄影机反方向越移越远，这样就能实现希区柯克醉酒后初尝过的那种晕晕乎乎的奇妙感觉了。可是，摄影师却告诉他说，站在楼梯顶上这么拍的话，成本非常高昂，估计要花五万美元。结果，正如希区柯克告诉特吕弗的那样，他又想了一个好点子：让人做了一个楼梯的微缩模型，再把模型横躺着放在地上，这样摄影机就能放在地面上边移动边变焦拍摄了。能够破解此等难题，他心里有多自豪多满足，显而易见："我们最终就是用这办法拍的，而且只花了19000美元。"[32] 拍摄《辣手摧花》时，他也尝试过类似创意，就是小查理在图书馆翻阅报纸，发现了舅舅的可怕罪行的那个精彩段落。这场戏的镜头运动和打光效果，有着很强烈的戏剧冲突感，但希区柯克原本还设想了一种额外元素：就在真相大白的瞬间，镜头会猛地往上一震，就像是镜头跟着小查理一同倒吸一口凉气那种感觉。结果，纵使他和摄影指导约瑟夫·瓦伦丁（Joseph Valentine）再怎么尝试，终究都没找出好办法来实现这种效果。好在希区柯克倒也情绪乐观，没太怎么把这当一回事。他告诉同事说："想要的东西能够实现50%，我就会觉得已经非常走运了。"[33]

尝试、失败、接受失败，这正是希区柯克拍电影时的家常便饭。世人只知他提前计划有多周密，再加上他又总喜欢说他拍摄中途不喜欢即兴发挥搞什么实验，如果知晓真相，了解到他其实也很愿意妥协折衷，也很能接受失败的话，或许会感到相当惊讶吧。希区柯克的电影拍摄现场，与其说像是艺术家工作室，让他在这里努力追求理想之中的完美状态，还不如说其实更接近那种技术人员的实验室。在这里，各种理论假说先是定下方案，然后开始测试，哪怕最终失败，他也能从中获得宝贵的经验教训。希区柯克喜欢将观众当作管风琴来弹奏，他找准时机，按下琴键，踩下踏板，便能诱发出我们内心某些特定情绪。同样道理，电影也被他当作是一种手段，用以探索他手里掌握的那些科学技术的潜力与局限，目的就是要让这些技术的艺术表现力越强越好，让观众越容易被摄像机打动越好。

这一点，在《群鸟》中表现最为明显。这部电影里的各种明显缺陷，几乎已多到数不胜数的程度。他希望实现的幽默效果，也有好多完全没能达成。甚至出场人物中还有不止一位，感觉就像是完全走错了片场，本该跑去希区柯克电影宇宙的其他某些角落才对。但是，这并不意味我们就可以否认他在拍摄《群鸟》时所怀有的巨大抱负。为了实现这样的抱负，他组建了一支杰出的幕后团队，那些艺术家和技术人员，有不少都曾与他合作多次，包括配乐伯纳德·赫曼、剪辑乔治·托马西尼、美术指导罗伯特·博伊尔和摄影罗伯特·伯克斯等老拍档。希区柯克在评价幕后技术人员时，从不会像是谈论演员、编剧时那样鄙夷不屑。显然，对于他那种一言九鼎的光辉形象，电影掌机和布景设计所构成的威胁，要比演员、编剧小许多。但这也只是一部分原因，希区柯克之所以会这么做，也因为他原本就对这些技术人员的一技之长，推崇备至。格利高里·派克说他总觉得，于希区柯克而言，演员其实就像是某种拥有生命的道具或设备零件，不过是又一台摄影机或另一套灯光设备罢了。用派克的话来说，希区柯克不太会给演员做什么"说明"。相反，他总是习惯用命令口吻，直接要求他们在各种表演模式间来回切换。据说，演员诺曼·劳埃德某次轮到要拍一个很有戏剧性的面部特写画面，在让他做好准备时，希区柯克给出的指示，仅仅只有简单一句："现在请你开始流汗吧。"[34]詹姆斯·斯图尔特倒是从没亲耳听他说过"演员就是牛"这种话，但他也认可这样的观点：希区柯克在拍电影这件事情上的态度，本质上就是技术先行，至于演员，那不过是整台机器上的一枚小齿轮罢了。"希区柯克相信，你是被雇来干你该干的活儿的……记住你该记的台词，完成你该演的角色，便是全部。"[35]

遇到自己喜欢且信任的摄影、布景设计、插画师或是其他任何幕后部门的人才，希区柯克都会紧抓不放。秘书卡罗尔·舒尔茨说过："对于那些替他工作的人，他有极强占有欲，尤其是常用的幕后班底。"[36] 不过，自己究竟有没有受宠于希区柯克，当事人自己也并非始终清楚知晓。希尔顿·格林（Hilton Green）先是在他的电视组担任副导，之后又在《惊魂记》剧组继续担任此职，但他清楚记得，首次合作时，由始至终希区柯克都没跟他讲过半句话。这让格林非常失望，以为一定是自己无法满足这位大导演的高要求。结果，他却接到一通意外来电，对方问他是否愿意继续参与希区柯克日后的项目。原来，希区柯克对他的工作表现，其实相当满意。[37]

和格林一样，许多曾与希区柯克合作过的幕后人员，对他都有这种既爱又恨的矛盾感觉。罗伯特·伯克斯是当时好莱坞数一数二的优秀摄影师，但与希区柯克合作时，却常常因为他所追求的特定画面效果，而不得不加班加点，为克服各种技术难题而心力交瘁。"这是我最后一次为他拍戏了，实在是吃不消了。"[38] 但是，在同事罗伯特·博伊尔的记忆中，这句话伯克斯说过可不止一次。类似的挫败感，对于常在希区柯克剧组担任美术指导的博伊尔而言，同样也是家常便饭。和希区柯克合作，那便意味着几乎是每一天，"你都会有必须去解决的难题，而且你在拍摄现场的时候，会看到希区柯克那辆又宽又长的黑色豪华轿车，忽然就停在了你身旁，然后车窗会缓缓放下，留出约几毫米的一条缝隙，他就那么坐在车里，问你几个问题，然后就又走人了"！[39] 即便如此，伯克斯、博伊尔他们，最终却仍选择继续为他卖命，冲的就是希区柯克给予他们的创作自由，以及对他们专业意见的高度尊重。所以博伊尔才会总结说，这是他"所经历过的最能体现合作精神的电影工作"。[40]

　　和其他那些希区柯克电影一样，《群鸟》也很能体现他对悬念的理解。学校外的那一场戏，如今早已脍炙人口。那攀爬架上鸟群越聚越多的画面，完全是按着插画师哈罗德·米歇尔森（Harold Michelson）的分镜图拍出来的，但他画图时所遵循的，却也是希区柯克本人的指示：镜头每切到一次攀爬架，那上面停着的鸟的数量，都要增加一些，以体现不断提升的紧张气氛。[41] 即便如此，希区柯克由一开始就很清楚，如果《群鸟》的特效部分做得不够真实可信，哪怕悬念气氛再怎么煞费苦心地提升起来，最终也都会前功尽弃。为了解决这个问题，他在罗伯特·博伊尔的建议下，请来了曾与沃特·迪士尼长期合作的动画师乌布·埃沃克斯（Ub Iwerks），希望能仰仗他在钠灯工艺方面的专业知识。靠着颜色分离拍摄法，分别拍摄的背景、前景两个部分，可以合并一起，于是也就有了那些鸟攻击人的画面。* 至于音乐方面，有了伯纳德·赫曼的《惊魂记》配乐珠玉在前，希区柯克希望这次的《群鸟》也能做得偏激进一些，所以当他了解了奥斯卡·萨拉（Oskar Sala）和雷米·加斯曼（Remi Gassmann）这两位德国电子乐先锋人物的本事之后，也是非常兴奋。此前，他俩已为希区柯克手下人演示了这种以电子乐方式制作各色音效的本事，对于电影的配乐而言，这木

---

* 《群鸟》上映两年之后，同样使用钠灯工艺的《欢乐满人间》（Mary Poppins）令乌布·埃沃克斯获得奥斯卡特效奖。

身就意味着无限的可能性。眼见自己的工具箱里又多了电声乐这么一件新玩意儿，希区柯克大感获益匪浅。他第一次亲耳听到他们的电声乐演示效果之后，欣喜之情溢于言表，以致时隔多年之后还会与人提起那次演示留给他的深刻印象：那是讲述坦克大战的某个电影片段，所有声效都靠电子乐器生成。[42] 当然，在这件事情上最能予他激励的，说到底还是在于靠着电声乐的助力，他便可以点石成金一般地创造出那些全新的、具有强大表现力的声音来了，而那也意味着为故事注入各种氛围、情绪的崭新可能性。当初，萨拉和加斯曼在柏林制作《群鸟》配乐时，希区柯克远程传来指令，要求他们以声音形式来表现诸如威胁、愤怒、混乱等抽象概念。至于《群鸟》的最后一个段落，他要求的则是"令人感到心绪不宁的寂静之声，电声乐想要达到这种效果，应该是需要用到一些实验精神的"。[43]

　　稍加检视他们与希区柯克办公室那一系列来往信件便可知道，《群鸟》的配乐工作让萨拉和加斯曼压力颇大，但希区柯克却非常信任他们，坚信他们可以用音符来完美诠释自己的各种想法，对于这样的信任，他们觉得相当满意。[44] 希区柯克确实也很欣赏他们的付出，还在 1962 年圣诞前夕偕同伯纳德·赫曼亲自去了一次柏林，心满意足地近距离观察了一番他们的工作。暌违多时，他再次走近一群德国前卫技术专家，再次接触到自己行业里的技术新发展，让他的这次德国之行，更多了一些故地重游的感觉。萨拉和加斯曼当时使用的是名为混合–特劳特琴（Mixtur-Trautonium）的电子合成器，其原型则是 20 世纪 20 年代末由弗雷德里希·特劳特温（Friedrich Trautwein）发明的早期电子合成器。希区柯克那一次造访柏林时，很可能就已听过它的声音。[45] 于希区柯克而言，《群鸟》固然是充满野心的再次飞跃，但同时也是对他导演身份中某个核心元素——即渴望通过科技、技术来实现艺术创作野心的那一面——的再度强化。

希区柯克和德国艺术先锋之间的这种关联，也提醒我们不要忘记二十多年前，他在好莱坞初露头角之时的那层出身背景。他也是战争年代由欧洲转战好莱坞的那批先锋电影人里的一员，正是这些人带给了好莱坞一次所谓的"电影人才大爆发"[46]，历来也仅有20世纪六七十年代诞生的那一批"新好莱坞运动"电影人，才能与之媲美了。作为他那一波移民潮导演中的佼佼者，希区柯克到达美国后执导的头几部作品，便足以立下标杆，影响了此后二十年里在好莱坞大量跟风出现的同类作品。在他的那些电影里，几乎都有着身份背景复杂的妩媚女性角色、充满心理层面悬疑气氛的故事主题、表现主义风格的拍摄技巧，而这些也正是所谓"黑色电影"的关键要素；即便是在古典好莱坞电影盛行的那个时代，这些电影已经产生了巨大的影响力。

希区柯克总喜欢抱怨说，老有人在抄袭他的电影，弄得他自己的作品都很难再让观众有新奇和独特的观感了。可是，他却有意无意地忘了提到，其实他也由别人那里借鉴良多，尤其是类似奥逊·威尔斯、亨利-乔治·克鲁佐和安东尼奥尼那些与他活跃于同一时期的名导演。显然，面对自己众多的模仿者，他觉得自己必须要时刻保持领先，所以才会每隔一段时间便尝试重塑自我，于是才有了《夺魂索》《风流夜合花》里的高难度挑战，才有了《伸冤记》里的现实主义尝试，才有了《群鸟》《艳贼》中相比过往更黑

暗、更偏向艺术电影的倾向。但不管电影怎么变，以他为名的这台
宣传机器——包括他本人，也包括与他联手的那些电影制片、发行
商和职业推广者——每次都会刻意强调这些作品是如何大胆创新。
例如在《夺魂索》的宣传材料里，杰克·华纳（Jack Warner）——
他明明是好莱坞体制中人，位高权重，却总喜欢自诩是反叛者和
规则破坏者——便力赞该片是"希区柯克先生真正先锋之处的完
美体现，也说明了电影制作领域其实还有巨大的潜在进步空间可
供继续挖掘"。在这本宣传册中，另有一个章节，专门将希区柯克
和《夺魂索》提升到了《卡里加里博士的小屋》（*The Cabinet of Dr.
Caligari*）、《火车大劫案》（*The Great Train Robbery*）以及那些格
里菲斯、梅里爱代表作的同等高度。显然，华纳兄弟影业的宣传重
点，并不是要推销《夺魂索》的故事情节本身，而是刻意强调该片
制作上的各种技术奇迹：可以让摄影机来回运动、一镜到底的活动
布景；可以让技术人员"瞬息之间迅速精准"操控设备的电子控制
台；希区柯克为营造逼真时空感而运用各种声、光、色彩的激进方
式。[47] 甚至，他自己也公开夸耀说，《夺魂索》有着"好莱坞有史
以来最具革命性的电影技巧"。[48] 有鉴于此，想想也实在是讽刺，
作为希区柯克那些电影技巧发源地的德国，作为《夺魂索》里菲利
普、布兰登那些可怕作案动机之来源的尼采哲学的发源地的德国，
那时候却以维护公俗良序为由，禁止了《夺魂索》的公映。直到
1963 年，该片才获得彻底解禁，和技术上比它又要前进了一大步
的《群鸟》，同时出现在了德国观众面前。

　　在某些方面，《群鸟》确实领先于时代。故事说的是原本看似

亲切的自然力量，忽然不知怎么就有了野性，人类只得惊慌失措地就地躲避它们的攻击。这样的情节，其实更属于我们现今这个时代，而非希区柯克的那个时代。不过，能够与现实世界产生紧密互动的希区柯克电影，这也是最后一部了。这说法可能有些影评人不会赞同，他们觉得《艳贼》才是他电影生涯的顶峰，是稍后即会出现的"新好莱坞"电影运动的先导，而且还努力触及了一些形塑我们这个社会的重要课题。可事实上，《艳贼》制作团队有好几位关键人物都坚持说，该片未能实现他们的原本期望。尤其是，有好几个技术部门其实在拍摄时都出了状况，严重削弱了影片本该产生的效果。最明显的就是巴尔的摩街道远端的轮船绘景以及玛妮骑马的特写镜头了。当然，也有人会希望我们相信，这些都不是什么失误，而是《艳贼》艺术纯粹性的明证，因为它们增强了它的梦幻色彩，而那正是希区柯克的真实意图，只不过他没有明说罢了。但事实却是，《艳贼》所遭受的批评，让希区柯克本人都觉得尴尬。他只好将之归咎于"技术上的小混乱，而且我并不知情"。[49] 他还说过，有好几处段落，倘若提前知情的话，他原本是可以重拍一遍的。问题在于，负责这些内容的伯克斯和博伊尔都给出了与希区柯克相反的说法。他们也承认，轮船绘景那确实是犯了严重错误，但他们又都表示，曾经就这些问题征求过希区柯克的意见，可不可以让他们重试一次。结果，按照博伊尔的说法："希区柯克不愿重拍。如果是蒂比·海德伦的头发或衣服上出了什么问题，他倒是会下令重拍，但现在这种情况，他不会同意。"[50]

希区柯克提前就让我们感受到了什么叫作"六〇年代"，但等到"六〇年代"的文化威力真正席卷之际，希区柯克却已被抛在了后面。长久以来，他一直喜欢试探电影审查单位可以容忍的极限，所以等到 1968 年《电影制作守则》正式废除时，他也早已为迎接这崭新的放纵时代而准备好了一个足以让《惊魂记》都相形见绌的生猛剧本。那就是《万花筒》(*Kaleidoscope*)——它也用过《狂凶记》(*Frenzy*)的名字，但和 1972 年的同名电影其实并无关系。这是一部最终未能拍成的电影，原本有机会将希区柯克长久以来对于性犯罪的兴趣，再次提升到一个彻底露骨的崭新高度之上——或者说是崭新深度，这取决于我们观察角度的不同。《万花筒》的故事灵感大致来自 20 世纪 40 年代英国杀人犯内维尔·希斯 (Neville Heath) 的真人真事，但希区柯克把它移植到了 20 世纪 60 年代，置于纽约嬉皮士文化的大背景中。单从剧本——其中有一稿甚至出自希区柯克之手——和 1967 年完成的试拍片段来看，他本已计划好了这一次的大胆自我重塑：《万花筒》里出现的裸体、性和暴力，会比以往任何时候都要更多。结果，这方案被他当时所属的环球影业彻底否决。可惜了，倘若《万花筒》真能拍成的话，或许本可跻身《雌雄大盗》(*Bonnie and Clyde*)、《逍遥骑士》(*Easy Rider*)、《日落黄沙》等名片之列，成为那个时代里又一部勇气可歌可泣的经典电影。电影史专家丹·奥勒 (Dan Auiler) 便一针见血地指出："按照希区柯克的计划，这本该是他的电影生涯转折点，结果却成了被电影公司枪毙了的转折点。"[51]

从某种意义上来说，也正是他电影事业那种超乎想象的恢宏成功，让他自己也成了受害者。时至 20 世纪 60 年代中期，希区柯克业已成为世人皆知的某种文化现象。位高权重的他，既主持过美国总统林登·约翰逊的就职典礼，也和亨利·基辛格共进过午餐。

再加上，1962 年时，他的经纪人兼好友卢·瓦瑟曼以自己名下的 MCA 股份有限公司，成功收购环球影业。随后，希区柯克便与环球影业签下一份回报丰厚的合作协议。他交出了自己创办的香姆雷影视制作公司，还有他那些电视节目以及包括《惊魂记》在内多部电影作品的版权，换回的是环球影业的大量股票。再加上他平时在石油工业、畜牧业方面的大笔投资，希区柯克就这么成了整个好莱坞数一数二的大富翁。其实，对于电影行业的商业前景，希区柯克向来都有浓厚兴趣。编剧罗德尼·阿克兰德记得，20 世纪 40 年代希区柯克重回英国之际，"言谈之间说到的，已经全是各种金融投资了，他说的都是好莱坞公司之间的合并案，还有各种电影发行方面的问题，以及他上部作品又赚了多少钱等等"。[52] 又过了三十年，到了 20 世纪 70 年代，他也没怎么变，在写给某位英国旧相识的信里，希区柯克谈的尽是让他本人和他的银行经理饶有兴趣的那一类行业新闻，但却似乎完全就没想过，类似这些话题，对大洋彼岸的远方友人来说，究竟又能产生什么共鸣呢。例如，他在某封信里写到，MCA 股份有限公司的庞大活动经费，"让他们自己都不知道该怎么花才好了。他们的股价现在是 40 美元一股，比谁都高。当然，这都是拜《大白鲨》所赐。下一步，我觉得可能就要轮到福克斯电影公司的股价了，只不过程度没《大白鲨》那么厉害吧。在一部名为《星球大战》的电影上映之后，他们的股价也已在过去几天里跳升了五六个百分点"。[53]

对他而言颇为不幸的便在于，环球影业管理层无法接受这种情况：这一边，他是他们公司的大股东希区柯克，另一边，作为艺术家的希区柯克，却又想要在环球影业出品的电影里挑战公序良俗。

当初决定与他签约，环球影业希望和期待的，是希区柯克既能带来票房影响力，又能为他们的品牌注入良好声望与媒体口碑。他们指望他能再拍一部《西北偏北》出来，而不是眼睁睁地看着他变成了一个——用他自己的话来说——"临近职业生涯暮年的问题老人，一门心思就想着性，可又已经丧失了激情。"[54]

就这样，在20世纪60年代的后半期，环球影业允许他拍摄的那两部影片，不管在艺术上还是在商业上，都可以说是希区柯克全部好莱坞生涯中数一数二的大败笔。《冲破铁幕》只是拿他自己早年的那些间谍惊悚片在炒冷饭，虽然炒得还算有趣，可是欠缺想象力。《谍魂》类型上与之相似，但拍得更是缺乏条理，不着边际，杂乱不堪。纵览《谍魂》全片，恐怕只有女演员卡琳·多尔（Karin Dor）的死亡戏能算是一个亮点——她跌倒在闪亮的瓷砖地面上，裙摆在她身边散开，像是一摊流动的紫色血液。这两部作品都试图与冷战时期的大环境产生互动——正如他以往的经典作品《擒凶记》《三十九级台阶》和《贵妇失踪记》，也都是在呼应20世纪30年代的欧洲大环境——可惜最终都没能紧跟上时势。而且，《冲破铁幕》还导致希区柯克与伯纳德·赫曼关系破裂，原因在于后者未能拿出环球影业所希望的那一类流行旋律。在这一年之前，希区柯克已失去一位重要合作伙伴：因心脏病发而去世的剪辑师乔治·托马西尼。回头再看，原来分崩离析，由那时起便已开始。

此时的希区柯克，对环球时事依然相当着迷，收集了大量剪报，涉及嬉皮士文化、黑人权力运动、非洲各地的反种族隔离和反殖民运动、美国极左派组织"地下气象员"、中国的改革开放以及第三波女性主义等课题。[55]但所有这些关注，最终都没能结出什么成果来，而他也和弗朗索瓦·特吕弗抱怨说，自己实在是"太需要"新鲜的素材了。

> 你也知道，你想要拍什么就可以拍什么，你是自由人。我的情况却完全不同，我只能拍大家期待我拍的那些东西；要么是惊悚片，要么是悬疑故事。这实在是让我觉得很为难。现在流行的故事主要都是在说新纳粹、巴以冲突之类的事，但你也能看得出来，这类故事说穿了，完全就没什么人的冲突。[56]

希区柯克所说的"人的冲突"，指的大概是人类的心灵冲突和心理斗争吧。对于身为导演的希区柯克来说，意识形态、宗教和历史伤痕，这些事本身恐怕并不怎么有意思。

他感到自己被"人为地定型"了，难以摆脱声名之累。"我是在和自己比赛。"他抱怨说。[57] 希区柯克人生最后两部电影，分别是《狂凶记》和《大巧局》。前者是"开膛手杰克"主题的变调，后者则是窃盗片题材，拍得颇有意思，但却少了那种希区柯克巅峰期的锋芒毕露。相比他之前的三部电影，影评界对这最后两部电影的反馈意见，明显变得宽厚许多。但此时的希区柯克早已迈入人生进阶阶段，就像是传说中的禅宗大师，随你褒贬臧否，我自岿然不动。正如特吕弗所说，这位"年过七旬却仍在工作的导演，十分享受这种我们或许可称之为影评免疫的状态"。[58]

针对伟大艺术家到了人生暮年的作品，爱德华·萨义德（Edward Said）在研究所谓"晚期风格"时，曾经指出这里面其实又存在两种截然不同的类型：前一种，越是晚年越显现出某种宁静致远的大智慧来，后一种则以贝多芬为代表，晚期作品的特点是"不妥协、晦涩难懂、有矛盾尚未解开"。[59] 常人总觉得，艺术总是能带来和谐，总是能提供答案，但上述这后一种晚期作品，却明显不属此类，它们反而是"一种有意不求结果的结果"。[60] 学者马克·戈布尔（Mark Goble）也主张，希区柯克的《惊魂记》《群鸟》和《艳贼》都很适用萨义德的这一说法。对于这三部作品，希区柯克都抱有很大的票房野心，但对比他之前任何一部作品，这三部电影也都显得更黑暗、更暧昧、更挑衅，而且各有各的技术挑战。对于当时的观众而言，好莱坞主流电影究竟可以拍到什么程度，或者说应该要拍成什么样，才符合他们的心理预期，希区柯克其实非常清楚，但还是决定用《惊魂记》《群鸟》和《艳贼》来大肆挑战观众的情绪，或许就是萨义德所说的"有意不求结果的结果"了。但话说回来，希区柯克再怎么先锋，再怎么挑衅，他终究还是整个行业的一分子，所以他的晚期作品终究不可能像是萨义德所理解的贝多芬晚期作品那样，不可能是他的自我放逐。而且希区柯克继晚期风格之后，又迎来了他的后晚期风格——或是像戈布尔那样，称其为"太晚了的风格"。[61] 那一时期的悬念大师，大量自我指涉他自己早先的作品，那些令人羡慕的电影技巧虽也有部分展现，但均未收获太大效果。他也想在这些作品中再现自己昔日的电影魔法，结果却反而越来越远离了当下的世界。

　　正如希区柯克常说的，所谓个人风格，其实不过是自己抄袭自己罢了。职业生涯由始至终，他先是——在诸多合作伙伴的勠力襄助之下——确立了自己的艺术传统，然后一次次地回归这一传统，并加以创新。也因此，随着你看过的希区柯克电影数量越来越多，每一部希区柯克电影的个体吸引力，也会跟着水涨船高起来；他的每一部作品，其实都是在和他的其余作品进行深度对话。只不过，由《艳贼》开始，这种双向的对话已变为单向的独白，始终绕着那些希区柯克正典原地兜圈，很难再看到向着新方向去拓展的勇敢尝试了。曾经，希区柯克靠着巧心经营，哪怕是自我重复的故地重游，也总能拍出新鲜感和勃勃的生机来。最终，这样的巧心经营也消失得无影无踪，悬念大师重塑自我的本领，终于也都耗尽了。

11

伦敦人

希区柯克在他电影里讲述那些童话故事的时候，一上来总喜欢先让观众对时间、地点有一个大致的感觉——"很久很久以前，在一个很远很远的地方"。有时候，他的这种电影开场，处理得很风格化，也很有想象力，与影片其余部分相得益彰。例如《西北偏北》的开场，那是由索尔·巴斯创作的蒙德里安风图形，走的是聪明、时髦的简约风格路线，漂亮地重叠在了麦迪逊大道摩天大楼的一侧，而玻璃幕墙上映射出的黄色计程车，则明白无误地告诉了我们，此地正是 20 世纪 50 年代的纽约城。如果不是因为预算超支的话，希区柯克原本设计的《西北偏北》开场，还会让镜头穿窗入户，进到罗杰·桑希尔的广告公司办公室内，而演职员表也会以他手中的一份广告文案的形式来呈现。就这样，一句台词都还没说呢，观众已对男主角所处的那种假假真真的世界，有了一次沉浸式的体验。

按照希区柯克自己的说法，这其实也只是一种简单的故事结构罢了：由广角镜头开始，一步步让观众越靠越近，直至钻入人物内心。确实，他一次又一次地反复尝试要将这一原则贯彻始终：由空中俯拍开始，目标对准一个小动作，对准某些凑近之后才会发现有多骇人的小场景。最终，这一设想在他倒数第二部电影《狂凶记》中，终于不折不扣地得到了完美实现。配合着情绪激昂的管弦乐配乐，镜头由空中俯拍泰晤士河。辽阔的两岸，新旧伦敦一目了然，或气势庄严或造型摩登的建筑物，全都一览无遗。伴随音乐声渐趋减弱，镜头聚焦在河岸边，一位官员正面向一小撮听众夸夸其谈，声称这一座富庶之城的生命河流，很快就会"清走工业废水，清走洗涤剂，清走我们这社会里的一切废物"。就在此时，受惊的路人发现了水中漂着一具裸尸。很快，我们就知道了她是所谓"领带杀手"的又一位受害者。这名连环杀手爱用领带勒毙女性，随后再将尸体任意弃置。众人注视着死去的女人，闲扯着变态杀手及受害者的八卦，语气之中既有恐惧，又带着一种病态的好奇心理。

对伦敦历史稍有了解之人，都能看出这显然是要提醒我们联想一下开膛手杰克的往事；而对希区柯克历史稍有了解之人，也能看出这一幕其实也是《房客》的再现，因为《房客》一开场说的就是在泰晤士河边发现一具女尸，让围观者目瞪口呆。就这样，借着《狂凶记》，年逾古稀的希区柯克重归故里，再次回到当初造就了他的这座城市。他要告诉全世界，别去理会那些崭新的伦敦、摇摆的伦敦的流行说法，伦敦就是伦敦，它依然还是那一副光辉与腐烂并存的旧样子，依然还是我们地球上最肮脏不堪的垃圾场。

和许多人一样，希区柯克常错将"英国人""英格兰人"混为一谈，互相代替，明明想说的是这个，用的却是那个词。在他那本《英格兰人希区柯克》（*English Hitchcock*）中，查尔斯·巴尔一针见血地指出，只有更多地从英格兰人而非英国人的角度来思考希区柯克和他的作品，我们才能更好地领会希区柯克之精髓所在，而且这个道理，不管是英国时期的希区柯克还是去好莱坞之后的希区柯克，全都适用。除极少数特例之外，希区柯克电影里的英国人，全都来自英格兰的南部，而希区柯克自身认同的那种英国人国民性究竟为何，由此也可见一斑。要知道，他本身可是一个伦敦人，那是全球性的首都大城市，是全英国最奢华、最国际化、最外向型的地方。

对希区柯克而言，伦敦的意义可分两层来做分析。首先是在伦敦的希区柯克：即1939年转战好莱坞之前他在伦敦的生活。后来他之所以能在美国迅速崛起，仰赖的正是当初在伦敦时便已有了的那些手艺、技能和声誉，而且所有这些，都离不开他那些伦敦电影同仁的竭力襄助。

第二层意义则是在希区柯克电影里的伦敦。他去好莱坞之前，大多数电影均以英伦诸岛为背景。其中有11部电影里，伦敦均华丽登场：《欢乐园》《房客》《下坡路》《拳击场》《讹诈》《谋杀！》《奇怪的富翁》《十七号》《擒凶记》《三十九级台阶》和《阴谋破坏》。这些电影走的都不是什么社会写实路线，有些反倒是和《西北偏北》《惊魂记》一样，走那种造梦路线，但所有这些电影里的伦敦城，却都拍得足够逼真——那是希区柯克了如指掌的伦敦，是他其实从来都不曾离开过的地方。确实，到他去世那年，希区柯克已在加利福尼亚生活了大半辈子，但他对于加州的了解，却完全不像是对伦敦那样；事实上，在这个地球上，再也没有哪里，能让他像伦敦那样知根知底的了。不管他再怎么走遍世界各地，四处取景，也不管他剧中人物的生活背景再怎么千变万化，他们的骨子里，似乎永远都是伦敦人。当然，你也可以说《迷魂记》里的旧金山是一个例外。但即便如此，那里面的旧金山，其实也有希区柯克的那座伦敦城的影子：霭霭迷雾、蜿蜒曲折的街道、沉甸甸的历史，还有着明明大家都很喜欢探听私事，可实质上却又是人心隔肚皮的特点。

希区柯克其实并非土生土长的伦敦人，他出生的埃塞克斯郡雷顿斯通区，在当时看来，实在距离伦敦东郊太远，很难被算作是伦敦的一部分*。晚年的希区柯克，曾收到英国埃塞克斯大学副校长的来信，提议要授予他荣誉博士学位，还称呼他是"埃塞克斯的子孙"[1]，让希区柯克感慨万千。现如今，雷顿斯通的子孙，又多了一位全球闻名的大人物：球星贝克汉姆。不过，贝克汉姆所体现的那种情绪外露、看着似乎不属于任何阶级的英国人国民性，若是看在希区柯克眼中，估计很难会承认那也能算是英国人。不过，这并不妨碍雷顿斯通自诩为希区柯克家乡之所在：当地地铁站的墙壁上，以马赛克贴砖的方式，再现了希区柯克影片中的多个名场面。类似这样的致敬方式，有些俗气但倒也十分切题，因为希区柯克对于旅行和大众交通运输一辈子的兴趣，最初便始自于此，始自他小时候被雷顿斯通站的电车惊到六神无主的那一刻。在这里，电车呼哧呼哧地往西面的大城市驶去，驶向后来当他差不多六岁时的新家所在的地方。

---

* 此地现隶属于外伦敦自治市沃尔瑟姆福里斯特。——译者注

多年以来，许多人只知希区柯克不善社交，只知他习惯视自己为局外人，于是便想当然地按图索骥，无中生有地去寻找他生活里的"特异性"。没错，在这个罗马天主教信徒曾历经数百年宗教迫害的国度，他们一家的天主教信仰，确实会让希区柯克显得相当另类。但说到种族和宗教上的混杂斑驳，恐怕在整个欧洲西部也没几个地方能比他们居住、工作的莱姆豪斯、波普勒、斯特普尼这几个伦敦东部社区更厉害了。此外，某位传记作家所持的观点，认为这家人"在社会上不受尊重"[2]，其实也并不准确。事实上，那就是一个普通得不能再普通的英国中下层家庭，放眼全国，恐怕也就只有处于最精英阶层的那很小一撮人，才有可能会觉得无需对这么一家人表示尊重了。同样道理，尽管希区柯克确实对自己受过的正规教育相对较少耿耿于怀，但真要说他所受教育的具体质量，对比现如今绝大多数的伦敦东区人，恐怕还是当年的希区柯克要更胜一筹。就在他出生的那一年，英国政府将接受完义务教育之后的法定可离校年龄，提高到了十二岁，而希区柯克更是一直念到十四岁生日前夕，才结束全部义务教育。之后，他又学了工程学，跟着又在伦敦大学念了艺术课程，掌握了日后伴随他终身的多项技能。美国友人约翰·豪斯曼（John Houseman）曾说过，希区柯克身上有着"他一再反抗的那种社会制度留给他的累累伤痕"[3]；即便此言非虚，那也并非因为他出身于受压迫的无产阶级，而是因为英国人的生活里长期以来就有这么一种要有自知之明的理念，各个特定出身阶层、阶级背景，预先就被定好了各自应有的一片狭隘生存空间，给希区柯克内心留下累累伤痕的，恐怕正是这些。

所以，究竟可不可以将希区柯克称为考克尼（Cockney，东伦敦人的昵称）——历来就有很多人用这词来描述他，但他本人却从未这么形容过自己——这事情其实还挺复杂的。他童年时在伦敦住过的那几块地方，确实都位于传统意义上的考克尼地区，但就像利物浦人被称为"斯高斯"（Scouser）和纽卡斯尔人被称为"乔迪"（Geordie）一个道理，"考克尼"其实也是一个相当复杂的社会学名词。除地理位置之外，这个词语往往也指向某种特定的阶级身份，而对希区柯克这家人来说，他们很可能会觉得自己要比真正意义上的"考克尼"，多少还是要更富裕一点。所以，你可以说希区柯克是伦敦东区人，说他从小就浸淫在这种考克尼文化之中，与其关系亲近，而且也熟悉考克尼的各种生活态度、性格特征和人物典型；这些说法全都毋庸置疑。但关键在于，他更像是生活在他们之中，而不是本身就是他们当中的一员。另有一点也值得我们注意：我们都知道在英国这个地方，一个人的说话口音，背后往往代表着许多东西。当初与他在伦敦共事过的好几位伙伴，都注意到了他的说话方式很有意思，因为你很难界定那究竟属于哪种口音。杰克·卡迪夫记得，他们 1930 年第一次见面时，希区柯克说话带一口"出自上流社会的、谈吐优雅的考克尼口音"。[4] 而在那四年之前，演员琼·特里普所认识的那个希区柯克，却"说着一口怪怪的考克尼混北方地区的口音，刻意地吃掉了许多字母 h 的发音"。[5]

真要说伦敦形塑了希区柯克的英国人国民性，形塑了他的电影人身份，恐怕主要指的还是他那种纯粹只有城里人才会有的摩登观念，那些全都来自这座城市对他的潜移默化。伦敦城市发展史上所谓最具变革性的那三十年，其中点，恰好是希区柯克出生的 1899 年。由 19 世纪 80 年代中期至一战爆发，在这三十年间，这座城市经历了让它自己都觉得有些尴尬的现代化热潮："电气化、机动化、社会主义、世俗主义、女性主义、世界主义、计划生育、郊区城市化、大众娱乐、现代零售业、民主、国家干预"[6]纷至沓来，而伦敦臭名昭著的小报文化，也在此时应运而生，道德败坏的情况，也开始四处蔓延，失去控制，引发了社会上普遍的恐慌情绪。这些急速变化的最明显表征，便是伦敦的人口疯狂激增，街头巷尾常被堵得水泄不通，尤其是在希区柯克度过童年时代的伦敦东区，以及他成年后爱去娱乐消遣的伦敦西区，更是尤其如此。在这三十年间，伦敦人口猛增250万，至1914年时已突破700万大关。等到希区柯克远赴洛杉矶的1939年，伦敦人口已上升到850万，但再往后，这个数字直至2015年都未被超越。[7]有一位20世纪初生活在伦敦东区的居民曾回忆说，城里到处都是各式各样的自由市场，"人群蜂拥而至……你完全可以踩着他们的头顶，由商务路（Commercial Road）一路走到船缆街（Cable Street）"。[8]这种摩肩接踵的画面，希区柯克也始终难忘，在以伦敦作为背景的每一部希区柯克电影里，这一点基本上都有着鲜明体现——《房客》中的泰晤士河畔都是人；《讹诈》中的耀眼霓虹灯下都是人；《奇怪的富翁》里拥挤不堪的下班时间的地铁上都是人；《阴谋破坏》中街头熙熙攘攘买东西卖东西的也都是人。

20世纪50年代，希区柯克曾谈到过，英国的人口密度也对其国民性格造成了显著影响。在他看来，英国人"对于个人隐私的过分关注"[9]，其实就脱胎于此。在这方面，他自己也深有体会；天生就善于自我宣传的他，同时却也能施展魔法伎俩，在众目睽睽下彻底隐身，可以在同一时间里既做到置身事外又做到始终在场。和他那个时代的伦敦人以及我们这个时代的伦敦人一样，希区柯克也掌握了既在人群之中又保护好自己隐私的诀窍，即便是每天都要和无数人擦肩而过，但又能做到几乎不与他们之中任何一人发生实际的关联。这种英国式的脱钩，可谓历史悠久，在伦敦这座大城市里，更是被提升到了奥林匹亚运动员的高度，即拉尔夫·瓦尔多·爱默生（Ralph Waldo Emerson）所说的那种"谁面对谁都是冷冰冰视若不见的样子"。爱默生注意到，这种人人自扫门前雪的态度，造成的一个良性结果就是，英国人很能容忍各种怪胎和怪癖，但另一方面，这也让穿透表层、直抵人心变成了一件让人望而却步的事。"简而言之，"他写道，"这些岛民其实本身也都是一座孤岛，安全、宁静、无法沟通。在一群陌生人中间，他就像是一个聋子，目光始终不离眼面前的桌子和报纸。"[10] 希区柯克的骨子里就有这种置身事外、守口如瓶的为人态度，而他作品中那些最引人好奇的城里人角色，他们身上也都继承了他的这种特质。难以捉摸的罗杰·桑希尔、蒂比·海德伦饰演的那些时髦、神秘的漂泊者、《夺魂索》里具有不为人知的丑陋一面的曼哈顿城里人、《后窗》里身体距离很近心理距离很远的杰夫和他的邻居们，全都如此。别看他们都生活在大城市里，其实却人人都是孤岛。

生活在这个全世界最人口稠密的城市里，越是想要不和别人接触，反而越是有可能会遇上斯文扫地的事情，而这种处境也让希区柯克既着迷，又恐惧；一想到有可能会在公开场合颜面扫地，希区柯克便会不寒而栗。诗人威尔弗雷德·欧文（Wilfred Owen）在《为国捐躯》中用"一阵狂乱地摸索"[11] 来描述第一次世界大战时那种战壕里的惊慌失措、人头涌动。对于希区柯克电影里经常会出现的某一类场景，或许也可以用"一阵狂乱地摸索"来加以形容。最初的例子便是《房客》的高潮阶段，激愤的人群如潮水般四面八方涌来，疯狂追逐着被他们视作凶手的那个男人。然后是在初版《擒凶记》里，在距离伦敦十万八千里之外的瑞士滑雪场上，突发意外导致数十人纷乱倒地，人与人互相踩踏交叠，鼻子伸到别人腋下，脚踢到别人屁股上，各种尴尬画面实在是让人忍俊不禁，起到了很好的喜剧效果。而到了《冲破铁幕》里，那却是紧张气氛多过于喜剧效果了。在满座的柏林剧场里，因为一声"着火了！"，惊恐万状的观众便乱作一团，而由保罗·纽曼、朱莉·安德鲁斯饰演的主人公也只能任由人流裹挟，忽而往左，倏尔向右。事实上，这是《三十九级台阶》中某一场戏的变相再现，当时是因为一声枪响，导致伦敦东区某个音乐秀场里——那正是希区柯克小时候经常会去的那种演出场所——的观众惊慌奔逃。

类似这种突如其来、令人震惊的暴力事件，正是当年伦敦东区的特色之一。酒吧斗殴和街头厮打，早已令这块地方臭名昭著。艾琳·贝利（Eileen Bailey）是希区柯克的同龄人，生活背景也与他基本一致，她曾回忆说，伦敦东区的暴力事件，其上演频率之高，导致当地人已经"形成了某种本能，某种你一出生就已经带着的能力，可以一眼就分辨出来，什么样的冲突打不起来，很快就会息事宁人，什么样的冲突打得起来，值得围观，值得去看一看。"有时候，冲突双方还都是妇女，她们会"用固定帽子的长别针，刺对方的眼睛"。[12] 后来，希区柯克在他位于加州圣塔克鲁兹的住所的墙壁上，布置了五幅托马斯·罗兰森（Thomas Rowlandson）的画作。那是一位生活在18世纪英国的画家，以善于描绘伦敦生活最疯狂不堪的那一面而著称。希区柯克家里挂着的这五幅画中，有两幅表现的正是女性在街头大打出手的生动场面。这正是希区柯克熟悉的伦敦：喧哗声、吵闹声不绝于耳，每时每刻都会有大戏上演，而且只需要一次可疑的眼神交汇，你也能马上与这种毫无来由的暴力有一次亲密的接触。

希区柯克年轻时熟悉的那些伦敦街区，它们呈现在世人面前的其实是一副双重面孔。一方面，它们像是一座座排外的孤岛，每个社区都有十分强烈的地域意识，刻意与外人保持一定距离，哪怕是那些同属这一座城市的来自其他片区的伦敦人。但另一方面，东区又是通向英国之外那一片广阔天地的重要门户。希区柯克小时候生活的莱姆豪斯社区，码头林立，生意繁忙，也是各种少数族裔的家园，甚至伦敦唐人街其实也都属于这一片区——唐人街就像是国中之国，传说中的"傅满洲"以及 D·W·格里菲斯的电影《残花泪》(Broken Blossoms) 就都在 20 世纪 10 年代脱胎于此地。还有他之后居住过的斯特普尼片区，则是伦敦东区犹太人社群之中心，是欧洲西部最多犹太人聚集的地方之一。利河与泰晤士河均由它们附近流过，后者更是长久以来将伦敦与外部世界联通在一起的重要管道。如果他的记忆没有出错的话，在希区柯克还是小孩子的时候，就已敏锐地意识到，这条看似慵懒的古老河流，其实却是一条充满无限可能的高速公路。拍摄《狂凶记》期间，他曾向影评人查尔斯·钱普林 (Charles Champlin) 回忆说，因为父亲当时常要为远洋轮提供鱼类、禽类食品的关系，他在大约九岁的时候，也曾被允许搭乘汽轮，一直坐到了靠近泰晤士河出海口的格雷夫森德 (Gravesend)，然后才和领航员一起爬绳梯下了船。为拍《狂凶记》

而旧地重游，让他对这些地方的往昔记忆又被重新勾起。"说到皇家阿尔伯特码头的话，故事可就多了。"[13]一年后，他又以相似的怀旧口吻告诉记者玛格丽特·普莱德（Margaret Pride）说，自己小时候曾对轮船相当痴迷，世界各地的大轮船，看到大致轮廓他就能说出名字来，而且还会往卧室里那张世界地图上扎图钉，一路追踪它们的航迹。[14]

　　进入电影行业之后，希区柯克的视野马上变得开阔起来，社交圈也越来越有国际化倾向。毕竟，他入行后的第一站，可是来自美国的名角-拉斯基电影公司设在伦敦的分部，而与他共事的那些人，也都是在编剧部门唱主角的美国女性。希区柯克自己也承认，事业最初能有小成，需归功于迈克尔·巴尔肯。巴尔肯是来自东欧的犹太移民的孩子，夫人则是祖上来自波兰的南非人。此外，当初巴尔肯拍板决定让希区柯克当上导演，那也发生在德国，而非英国本土；在此过程中，希区柯克还粗粗学了一些德语。差不多也是在这时候，希区柯克还成了新近成立不久的伦敦电影学会的一员，而该学会的创始人中，就有他的朋友、时不时会一起合作的艾沃·蒙塔古和西德尼·伯恩斯坦。他们希望能利用这个公开交流的论坛，来展示、讨论欧洲各地出品的最优秀电影，并促进英国的"真正艺术片的生产制作"，也就是那种"片商觉得不太商业的欧洲电影，或是被审查机构拒之门外的欧洲电影"。[15]1925年5月，伦敦电影学会在《每日快报》头版打出广告，正式宣告成立。同月，希区柯克动身前往德国，准备开拍故事长片处女作。对蒙塔古而言，德国也代表着电影艺术的指路明灯。他参与创建伦敦电影学会的初衷，就是要大力放映那些现如今早已被公认为现代主义电影经典的作品，如茂瑙的《诺斯费拉图》等。不过，随着时间推移，真正让蒙塔古心醉神迷的反而是那些来自苏联的电影，而希区柯克也经由蒙塔古和伦敦电影学会这条管道，见识到了谢尔盖·爱森斯坦、弗塞沃洛德·普多夫金等俄罗斯导演的"纯粹电影"技巧。

日后巴尔肯请来帮忙润色《房客》的，正是蒙塔古。那一次，希区柯克将自己在德国吸收到的东西悉数带回到了伦敦，拍了一部关于伦敦，关于伦敦人，关于伦敦充满威胁性的"迷雾"的电影——那既是真实存在的雾，同时也是象征意义上的雾，正是在这迷雾之中，伦敦这头巨兽蠢蠢欲动。《房客》是伦敦的生动呈现，承载着这座城市的幽默、危险、传说，也成了希区柯克式电影城市的模板：表面熠熠闪光的人类文明底下，其实却是人性弱点的垃圾场。距离《房客》上映数十年后，希区柯克曾在略述他心中长久以来一直想要拍摄的某部电影时表示，那将会是"一座城市生命中的 24 小时……各种事件，各种背景"。按照他的设想，该片将会结合他关于人类、消费以及都市生活的种种矛盾情绪，会"围绕食物这一主题展开，展示食物由抵达城市后再到分配、销售、购买、烹饪和以各种方式被消耗的全过程……这是一个循环，以新鲜蔬菜为始，以被倒入下水道的残渣为终……这是属于人类的腐烂败坏，差不多完全可以被拿来当作一个贯穿始终的电影主题。你可以带着这个主题走遍全城，什么东西都可以拍，都可以与这个主题发生联系"。[16] 最终，这部电影并未拍成——但某些元素日后出现在了《狂凶记》里——因为希区柯克虽有故事结构，却未能找到合适的故事本身。所谓合适，指的是它不仅要吸引"坐包厢第一排或是靠近过道那几个座位的观众，还得面向全场那两千个座位上的观众才

希区柯克和英格丽·褒曼在泰晤士河畔，1948 年 10 月。

行"[17]。毕竟是从小就在伦敦商贩之家长大的人，希区柯克太明白迎合顾客口味有多重要了。

英国媒体对于《房客》的反响，用热血沸腾来形容都不为过。报界将希区柯克誉为英国电影的大救星，称他是"天才的英国导演"[18]，而影片本身也被抬到了罕有高度——"原本很容易沦为单纯记录下丑恶的罪行，结果却是拍出了悬疑和魔法的效果。"某位影评人如此写道。[19] 不过，让英国影评人最兴奋的，其实还在于这则黑暗奇幻故事的上演背景，正是被他们视为家乡的这座城市，即经历第一次世界大战之后已不再如往日那么光鲜亮丽的大英帝国首都。两次世界大战当中的那些年里，英国电影明显都拍得缺乏英国味道，也让不少业内人士相当担忧。1925 年 12 月的《每日先驱报》电影版上，既报道了希区柯克远赴德国拍摄《欢乐园》和《山鹰》的新闻，同时也不忘指出，他的同事阿德里安·布鲁内尔（Adrian Brunel）导演即将开拍一部名为《伦敦》的新片，"故事会围绕首都生活展开，这真是太好了，早就该有人好好拍拍我们自己的后花园了"。[20]

不仅是影评人在呼唤更多国产货，包括 1927 年颁布的《电影法案》在内，英国政府也想了许多办法来刺激国产片提高产量，好吸引英国观众远离好莱坞进口片。其实，电影也仅只是一个方面，当时的整个大英帝国，正因美国的迅速发展壮大，而在各方各面都产生了一种关涉生存危机的恐慌情绪。20 世纪 20 年代的英国，针对全盘美国化的潜在威胁，出现不少笔战，其中就包括 1922 年出版的《美国主义：全球威胁》（*Americanism: A World Menace*）一书，而同年英国广播公司也正式成立，部分目的也是为了要给自己的那些殖民地打一下预防针，好让它们免受美国文化这种病毒影响。[21]

入侵的美国文化之中，好莱坞电影更是被视作尤为危险。距离《房客》上映四周之后，《每日快报》和英国广播公司的双料影评人G·A·阿特金森（G. A. Atkinson）发文严正警告，认为正有越来越多的英国年轻人，看了以葛洛丽亚·斯旺森（Gloria Swanson）为代表的好莱坞电影之后，渐渐都变成了美国人。"他们谈的是美国，想的是美国，做梦梦到的也是美国。目前至少已有几百万英国人，主要是女性，从方方面面来看，实质上都已变成了临时的美国公民。"[22] 甚至还有舆论认真地建议，是不是该让英国国防部来为电影业注入资金了，言下之意，好莱坞已威胁到了英国的国家安全。

在此背景下，希区柯克凭着他这些既有想象力又不乏个人风格，而且还是讲述英国人自己的生活的电影，很快就成了不少人交口称赞的对象。他们不仅将他视为电影神童，夸奖他以一种令人兴奋的方式将来自英国、美国、德国的不同电影传统成功结合在了一起，甚至还将他推高到了民族英雄的程度；伯纳姆勋爵甚至在议会演讲时公开点了他的名字，强调大英帝国如果还想要持续保持强大，发展电影十分重要。[23] 希区柯克在《房客》之后拍摄的是《下坡路》，该片如今看来已经有些可笑，三十多岁的艾弗·诺维罗竟要扮演十几岁的学生郎。但在当时，《下坡路》却因为对于包括伦敦地铁和公立学校在内的诸多英国特有事物的如实呈现，得到了本土影评人的赞誉有加。接下来的一年（1928年），希区柯克的默片《农夫的妻子》也正式上映。该片由话剧改编，说的是农村鳏夫寻找爱情的故事。作为一部温馨喜剧，《农夫的妻子》本身相当迷人，画面既有想象力，技术上也很成熟，但却有一些影评人格外注意到了它潜在的宣传价值。《每日镜报》的影评人认为，看过这部电影之后，"我敢肯定，美国人会愿意花钱来欣赏我们这片美丽的德文郡林地"。[24] 而伦敦《旗帜晚报》则表示："要说将英国搬上银幕这件事，还就得看阿尔弗雷德·希区柯克；他在这方面做的实在是好。"[25]

　　就这样，希区柯克成了在反美国化斗争最前线奋战的斗士，而1929 年上映的《讹诈》，则彻底巩固了他的这一形象。在那些英国人看来，自从两年之前有声片诞生以来，好莱坞的威胁更是变本加厉。过去，他们还只是用美国人的生活时尚、生活习惯来诱惑英国年轻人忘宗背祖；如今，这些好莱坞有声片更是得寸进尺，已经开始鼓动英国年轻人背弃最纯真的英语了。幸好，在《讹诈》这部电影里，希区柯克这位全英国最足智多谋的电影天才，用绝对不会让人听了之后耳朵受不了的口音和遣词，讲述了一个关于现代伦敦的故事。《讹诈》的某一则宣传广告里就提到，"来听听英语究竟该怎么说吧"。[26] 在希区柯克收藏的剪报里，也能找到《讹诈》当初上映时的媒体评论。《每日邮报》称之为"英国之伟业""让美国人吓了一跳"；[27]《伦敦晚报》则称赞它"纯属英国，而且背景也是伦敦"，并且认定它决不亚于"任何德国或美国出品的有声片"。[28] 但这些都赶不上《泰晤士报》的评论，那位影评人热情地祝贺希区柯克拍出了属于英国人的《托斯卡》(Tosca)，而且对他这种"视美式电影那种速度、魅力若无物"的态度，大加赞赏。[29]

讽刺的是，和当时的普通英国人一样，对于这种美国流行文化的"速度、魅力"，希区柯克向来都是欣然接受的。事实上，从拍电影的角度来讲，他始终都认为，正是靠着埃德温·波特（Edwin Porter）、格里菲斯再到塞西尔·B·德米尔这些美国人的前人栽树，才让他能后人乘凉。"我受到的是美国式的训练……我从未在英国人的电影公司里学过东西，"他曾在受访时回忆说，自己早年某部电影，曾被人表扬说是彻彻底底达到了美国电影的水准，这评价让他感到相当自豪。[30] 回到20世纪20年代，他还是所谓仇恨俱乐部（Hate Club）的成员，之所以会开玩笑地起了这么一个名字，是因为他们这群业内人士，都很喜欢聚在一起品评最新上映的英国国产片，而且大多数时候都是在猛烈抨击。

在此背景下审视希区柯克，你会发现他的文化意义早已超越电影本身，会让人想起另外一些来自英格兰或者说英国的受大众欢迎的艺术家。在这些人的作品里，其实都能找到来自美国文化的影响，同时他们又针对美国文化作出了回应。最有意思的横向比较，或许就是拿希区柯克和披头士乐队比一比了。和希区柯克一样，披头士当初也曾在德国学艺，而且那时候的德国，也是刚从灾难性的战争中走出来，正在经历文化重建。和希区柯克一样，披头士也会从全世界各个地方贪婪地汲取养分，并在他们自己极受大众欢迎的作品之中，注入这些或深奥或前卫的外来影响。而且，在那个大英帝国日暮西山，各种旧有概念随时受到挑战的重要时刻，希区柯克和披头士都以美国流行文化为手段，成功躲过了来自英国阶级体系本身的固有束缚。

随着有声片出现，希区柯克在描绘不列颠列岛上的生活时，其

《讹诈》中搭乘伦敦地铁的希区柯克。

深入程度立刻就又向前迈进了一大步。虽说他一直都坚称，自己从根子上来说，始终是一位默片导演，但电影有了声音之后，各种口音、笑话、说话节奏和环境噪声，确实还是有助于他在那些 20 世纪 30 年代拍摄的作品中，创造出了更丰满的人物、更有韵味的故事背景——那是英国观众一下子就能将识别出来的背景，不管是审理杀人案的法庭，还是人头攒动的集市，或是全家人一起吃饭的餐桌。此外，他这一时期的作品，触及的社会话题，相比过去也显得分量更重，更能紧跟时事。《面子游戏》讲到了英国北部工业地区的阶级流动，《朱诺和孔雀》则改编自肖恩·奥凯西好评如云的同名话剧，讲到了穷苦都柏林家庭在爱尔兰内战期间的辛苦挣扎。

然而，要说最能如实反映社会，这些电影可就都比不上他以伦敦为背景的那些早期有声片了。此类影片之中，有三部由查尔斯·贝内特任编剧，希区柯克之所以能做到用眼睛、耳朵去捕捉最真实的背景细节，并将其作为讲述故事的工具，这肯定离不开贝内特的帮助。例如在《三十九级台阶》高潮部分起到催化作用的，便是音乐秀场里爱说俏皮话的伦敦本地观众。他们坐在下面，边抽烟边起哄，冲着那位"记忆先生"——在他百科全书一般的头脑深处，隐藏着许多爆炸性的秘密——叫嚷着各种尖刻提问。枪声响起，瞬间将这地方弄得天下大乱，而两位年轻陌生人，一男和一女，也因此被扯到了一起，甚至还一起回到了这男人的家里，也暗示着在大都市之夜极有可能会发生的那种纯属意外的苟且之事。而在《擒凶记》里，原本身处光线幽暗的伦敦的我们，忽然便被带去了拜太阳教信徒的圣殿，真是既反讽又好笑。至于那之后的高潮戏，灵感显然来自发生在1911年的真实事件，即伦敦当地人一眼就能认出来的那一场西德尼街围剿战。当时，在温斯顿·丘吉尔统领下的武装警察，与躲在伦敦东区某所房屋内的无政府主义革命者展开激烈枪战。而且，《擒凶记》里的人物，似乎也都直接取材于希区柯克所熟悉的那个伦敦，包括了性格乐天的大嗓门东区人、埋头苦干的小警察、怪脾气的店东、自命不凡且习惯喜怒不形于色的小市民，外加一些种族构成不太明确的"外国人"——用以说明伦敦确实就是英国之首都兼对外之门户。

于是，少不了又有人想要以他这些电影作为例证，来阐发各种大国沙文主义的论调，可是希区柯克却毫不买账地声明，自己之所以要用这种方式来拍摄祖国，其实是在模仿他的国外同行，模仿那些号称是英国文化之心腹大患的美国电影。他表示，要想发展具有鲜明英国特色的一流电影，关键就是要紧紧追随好莱坞的脚步，大力制作那些关于普通人、平凡人的商业电影。他抱怨说，伦敦的电影文化，要不就是关注极度贫困一族，要不就是关注有钱的精英阶层。除此两者以外，剩余人等几乎全被排除在电影故事之外，而他却很希望能在银幕上看到与自己来自同样背景的人，看到那些"跳上公交车的男人、挤在地铁车厢里的姑娘、出门在外的商务旅客……影院门口排队的观众、舞厅里的舞客……爱搞园艺的家伙、流连酒吧的小伙……手指被门夹到后想说什么就说什么的姑娘"。[31]在希区柯克看来，不同于那些"不易消化"的英国电影，"美国人更善于使用各种富有想象力的故事背景，他们拍出来的电影，有说电话话务中心的，有关于送冰工人的，关于报社记者的，关于警车的，关于修路工人的"，不管是拍什么，全都"富有新意，而那也正是我们英国电影里那种上流社会故事所欠缺的东西"。[32]

希区柯克喜欢在电影里如实反映社会，倒也和20世纪30年代的英国纪录片运动不谋而合。该运动以导演兼制片人约翰·格里尔森（John Grierson）为非正式领袖，是两次大战之间那些年里，英国电影界对于某种社会大势的呼应，即富裕的中产阶级人士也开始关心起了劳动人民，希望电影也能如实反映他们的生活。但是，某位参与过这场纪录片运动的导演却曾表示，想要做纪录片导演，"首先就必须是一位绅士、一位社会主义者，拥有大学学历，还要有别的收入来源"。[33] 这些条件，可就和希区柯克毫不沾边了。他的出身背景，相比纪录片里被拍到的那些工人阶级，其实也没有好太多。但当时的伦敦文化界主流就是如此，约翰·格里尔森他们的纪录片被捧上了天，被当作了衡量国产片优劣的黄金准则，而希区柯克那些惊悚片，其创造性虽也获得了承认，但总体而言仍被视为无关紧要的东西。至于约翰·格里尔森本人，也曾经讥讽地表示希区柯克只是拍摄那些"无足轻重的电影的……最优秀的导演和最熟练的匠人"。[34]

　　事实上，无论是希区柯克受到的影响，为自己设定的目标还是最终取得的成绩，对比当时那些阳春白雪、好打笔仗的纪录片导演，其实区别也并没有大家所以为的那么天差地远。和希区柯克拍伦敦拍得最好的那几部电影一样，约翰·格里尔森的纪录片里——《漂泊者》(*Drifters*，1929)、《格兰顿拖船》(*Granton Trawler*，1934)——也用到了蒙太奇，也在声音方面有很多创造性的想法，也喜欢将传统与现代并置，也展现了由20世纪20年代的"城市交响乐"电影类型中获得的灵感。格里尔森拍纪录片时并不排斥摆拍做法，所以会利用虚构手法来支撑他对于真实的描绘，对比希区柯克利用真实来支撑他电影里虚构成分的做法，真可谓是殊途同归。对比他们这批纪录片导演和希区柯克的兴趣所在，你会发现其中大有重合之处。不妨看一下约翰·格里尔森的妹妹露比·格里尔森(Ruby Grierson)参与制作的纪录片《住房问题》(*Housing Problems*，1935)，相信你就能明白这一点。这是一部非常具有启发性的作品，拍的正是伦敦东区的贫民窟。生活在那里的工人阶级，面对镜头毫不遮掩地讲述着他们的生活。希区柯克虽从未在这片贫民窟居住，但从小就对其毫不陌生，而且往前倒推十三年，他也尝试过要以此地为背景来拍摄故事片《十三号》，可惜未能如愿。
《十三号》原本会是他的电影处女作，故事主人公就生活在由致力
于解决伦敦住房危机的慈善组织皮博迪信托基金委托建造的这片公
屋之中。20 世纪 30 年代，希区柯克曾诚恳表示，自己也想要拍纪
录片，但他这话很容易让人起疑，说到底，他很可能只是为了要排
解内心的不安，才做了此番表态。毕竟，当时就有许多人非要拿他
那些逃避现实的幻想作品，来和格里尔森等知识分子纪录片导演
那些沉重、"严肃"的电影比个高下。但是也请留意，希区柯克曾
在 1969 年时参与主持过一部旨在纪念格里尔森电影人生的苏格兰
电视纪录片，显然，对于那一场纪录片运动的目标和方法——将镜
头对准普通英国人的生活经历，由此制作出具有英国特色的电影作
品——希区柯克应该也是发自肺腑地怀有敬意。[35]

　　在伦敦当导演的那些年里，希区柯克尽可能地将他熟悉的那个
世界全都搬上了银幕：宠物店、剧场、公共汽车、拳击比赛、游乐
场、博物馆、教堂、电影院、酒吧、集市、火车车厢、小旅馆、牙
医诊所、牢房、茶室、廉价公寓、艺术家工作室，它们都成了剧情
里不可分割的组成部分。虽然他习惯避免正面涉及当下的实质性
问题，但他电影里呈现的伦敦，确实在整体和细节上都很具有真
实性。对于 20 世纪 30 年代在伦敦长大的影评人雷蒙德·杜尔纳
特来说，希区柯克对这座城市的描绘，虽然带着各种冒险、幻想成
分，但还是要比 20 世纪 50 年代大名鼎鼎的伊林电影公司（Ealing
Studios）所出品的任何一部电影，都更为犀利、真实。在那个还
"无法在大街上直接拿起电视摄像机"来捕捉现实的年代，靠着敏
锐的目光，希区柯克拍出了英国都市生活的种种细节。"想要做到

这一点，首先必须要注意到某些特定细节，对其产生足够的喜爱之情，牢牢将其记在心底，然后才有可能在银幕上加以重现，并巧妙将其植入在惊悚片的背景之中……哪怕是看着再不起眼的铺路石子，到了希区柯克眼里，都像是珠宝一样得到了珍视。"[36] 所以别说是在英国，即便是在当时的美国，在整体人数相对较少但却忠心耿耿的那一批希区柯克粉丝心目中，他作品最迷人的优点之一，就在于影片呈现的这一座作为奇人、怪事背景而存在的灰色城市。正如诺曼·劳埃德所说："你会去那些纽约小影院，比方说缪斯女神塔利娅电影院或是类似的什么地方，趁着某个纽约的下雨天，去看上一部希区柯克的黑白电影；散场的时候，你会觉得自己身上也像是穿了伦敦人的风衣外套，就是那种感觉。"[37]

英国的大众媒体，甚至是某些立场前卫的文化单位，当初都对希区柯克赞赏有加，将他捧成了英国电影复兴的化身，也因此，他半途转投美国的做法，造成了相当不小的刺激，甚至还带来了某种伤害。而且，他选择离开的时机，正是 1939 年，恰逢英国向德国宣战前夕，而这自然也更加剧了他们那种遭到背叛的感觉。曾为培养希区柯克的电影才能付出良多的迈克尔·巴尔肯，专为某份伦敦报纸撰文，严厉抨击他这位曾经的门生，批评他在祖国最需用人之际公然背弃的做法，而且巴尔肯还在文中居高临下地以"胖乎乎的年轻初级技术人员"[38] 来称呼他。除巴尔肯之外，其他人倒是大多尽力避免在此问题上感情用事，不过影评人 C·A·勒戎女士也注意到，当时就有许多业内人士坚信，希区柯克"已把灵魂出卖给了好莱坞……从今往后，再也不会有什么希区柯克电影，有的只会是由希区柯克拍摄的好莱坞电影"。[39] 可见，他们当时的看法便是，伦敦的希区柯克，那是一位精致定制款瑞士手表的制作者，而且每块手表背面都刻着他的个人印记；而好莱坞的希区柯克，势必只能成为工厂里的生产领班，在无情转动的流水线上批量打造福特 T 型汽车。这两种消费品固然都很了不起，但只有前者，才配得上用美来形容，只有它才带着其缔造者的灵魂。

正如希区柯克的首部好莱坞电影《蝴蝶梦》所示，上述说法确实有其道理。从许多角度而言，该片确实是一次职业意义上的大捷。勒戎也说过，身处伦敦的那些希区柯克诋毁者，看完《蝴蝶梦》之后，也只能一个个都承认自己先前判断有误，因为"他的第一部好莱坞电影，不管从哪个角度来看，都可说是他至今为止的最佳作品"。[40]关于《蝴蝶梦》拍得究竟如何，希区柯克本人的看法其实也曾有过摇摆，但有一点他始终不曾否认：于他个人事业发展而言，《蝴蝶梦》至关重要。按他自己所说，这"完全就是一部英国电影"[41]，演员都是英国人，主要背景都在英国，原始素材也出自英国作家之手。但是，《蝴蝶梦》描绘的英国，却和英国观众对于希区柯克电影的预期不尽相同。原本的观察入微、务求逼真，此时已退居二线，沦作背景。取而代之的，是一种更泛泛的所谓英国特色，尽是些关于英国上层阶级的刻板印象。对此，希区柯克将之归结为塞尔兹尼克的要求，归结为美国编剧罗伯特·舍伍德（Robert Sherwood）的成绩，认为是舍伍德让《蝴蝶梦》剧本有了"相比英国电影更为宽广的视角"[42]。确实，该片其实走的就是好莱坞流行路线。当时的英格兰电影和英国电影，也就是希区柯克由无声片时代就已开始制作的那一类电影，往往在引进美国后电影票房并不很好，而美国人拍摄的那些有关英国的浪漫幻想作品——几乎清一色都是历史题材——却始终很受美国民众和评论界欢迎。可是，英国人自己却不一定能看得上这些电影。例如由20世纪福克斯拍摄的《劳合社》(*Lloyd's of London*，1937)，就被格雷厄姆·格林嘲笑说是 "剧中人物的口中，竟如此随意地说着英国的国名，于是我们瞬间便能识破，这其实是一部美国电影"。[43] 据某位学者统计，由1930年至1945年，好莱坞共出产这样的 "英国" 电影不下150余部。[44] 而希区柯克也为这一电影类型做了重大贡献。在他头四部好莱坞电影中，有三部都以自己祖国英国作为背景——其中就有《海外特派员》，该片讲述性格直率的美国新闻记者与反英间谍团伙斗智斗勇的故事，背景则是这个王权统治之下的岛国正一步步陷入战争阴影之际。二战时，伦敦有传得神乎其神的所谓 "大轰炸精神"(Blitz spirit)*，《海外特派员》也在这方面助力不少。此外，它还在1941年被提名奥斯卡最佳影片，但该奖项最终由《蝴蝶梦》夺得。

八十年后，情况似乎并无多少变化。英国在全球电影界的定位，仍是以呈现帝王将相故事为主，拍摄对象要不就是早已消逝的过往岁月，要不就是根本就不存在的幻想世界。想当初，首部获得奥斯卡最佳影片奖的英国电影，是1933年的《英宫艳史》(*The Private Life of Henry VIII*)。时至今日，讲述英国贵族劳心劳力的作品，依然还是吸引奥斯卡评委的香饽饽——《女王》(*The Queen*)、《至暗时刻》(*Darkest Hour*)、《国王的演讲》(*The King's Speech*)、《宠儿》(*The Favourite*)，均是例证。英国人即便能拍出英国版本的

---

* 指老百姓面对纳粹轰炸不为所动、日子照过的乐观精神。——译者注

《月光男孩》(*Moonlight*)、《海边的曼彻斯特》(*Manchester by the Sea*)或《三块广告牌》(*Three Billboards Outside Ebbing, Missouri*)来，恐怕也很难获得那种程度的关注。而像是伊德里斯·艾尔巴（Idris Elba）、约翰·博耶加（John Boyega）、桑迪·纽顿（Thandie Newton）这些演员，他们所属的那一类人，英国电影也相对较少反映其真实生活，以至于他们往往都会选择转投好莱坞，重新以美国人的形象出现在大银幕之上。回到希区柯克那个年代，伦敦人查尔斯·卓别林也曾经历过同样的旅程，还有来自布里斯托尔的阿奇·利奇（Archie Leach），他也是一样——到了美国之后，阿奇·利奇华丽转身，成了一个来历不明的异乡人，还把名字改成了加里·格兰特。

希区柯克当初转投美国的时候，带去的是他在伦敦电影界摸爬滚打二十年积累下来的一身本领。在好莱坞，他因地制宜，扬长避短，取得了惊人效果——从他那些大搞追逐战的惊悚片的叙事程式，到"麦格芬"的情节设置，再到银幕下他对于媒体的操控利用，其实全都是他在英国时就已经学习并加以创新的东西。不过，倒是有一件东西他留在了故乡，那就是他对于地点的敏锐感觉，对于剧中人物和其生活地点之间那种互相关系的敏锐感觉。他在奔赴好莱坞之前就说过："只有在一个国家生活了二十年之后，才有可能会讲他们的土话。"[45] 当然，单以他的电影作品而论，希区柯克并没有耽误那么长时间，很快就和美国社会有了深入接触，但即便如此，他所采取的，始终都只是一个局外人的视角——只不过那是一个善于洞察的局外人——而非那种自出生第一天起就呼吸着这里的空气的人。

在他的美国观众面前，希区柯克很会利用好自己的英国人身份。他那副假装一本正经、少言寡语的样子——那种故意不流露情感的做法，其实已近乎一种炫耀——还有他那些尖酸刻薄的俏皮话，以及他做事时近乎挑剔的过分讲究，其实全都是在利用这种英国旧大陆的出身背景在做文章。有时候，他干脆就是故意在制造滑稽幽默的典型案例：上电视时，他头戴圆顶硬礼帽，手持雨伞；在剧组遇到摄影记者的话，也会有意摆出正在看《泰晤士报》或是正在喝下午茶的样子。不管是接受采访还是自己写文章时，他都会从自己出生在英国这个角度来剖析自我，而且往往还都解释得头头是道。按他说法，他对暴力、性、食物、幽默、艺术、文学、服装、育儿、家居装潢、体育、政治、世界史的理解，全都来自他的英国人身份，这是他身上处于核心地位的、想逃都逃不掉的一个事实。有趣的是，帕特丽夏·希区柯克为母亲写的传记里曾提到过，和始终保持乡音的阿尔玛不同，希区柯克说话早已没了家乡口音。[46]她这话的具体意思，或许指的是希区柯克原本的东伦敦喉塞音和圆润元音，随时间推移已渐渐消失；又或者指的是希区柯克在私底下会暂时放下这一套职业形象，说起话来不再那么英国人，而更像是美国人。但是，无论是哪种情况，只要看过他那些深夜脱口秀或是周播的电视剧，只要听过他在那些节目中说的话，相信绝大多数人都会像他所希望的那样，认准了这就是一位毫不起眼的老式英国人，一位被加利福尼亚无休无止的大太阳弄得好不自在、让人发笑的英国人。

不过，虽说他时时刻刻都在提醒人们别忘了他的英国人身份，但这并不代表希区柯克就会无原则地遵从爱国主义。身为英国人这一事实，和他的身材、体型一样，也早已成为希区柯克难以摆脱的某种身份，但他却并不一定非得因此而感到骄傲自豪。所以，他也乐于嘲笑英国人的拘泥传统、阶级樊笼和他们下意识的反美偏见。在这方面，希区柯克身上伦敦人的那一面，又再次显现出来：信奉世界主义；什么事都要怀疑一下，什么事也都能拿来开玩笑；我行我素到了乖张的地步；虽然像是一棵橡树那样，牢牢扎根于英国的土壤之中，但也对各种旗帜、敬礼、效忠誓词保持警惕心态。他这种对于国家认同的矛盾心理，也体现于他 1955 年时最终做出的入籍美国的决定——距此五年之前，阿尔玛早已放弃了英国公民身份。那一天，他告诉开车送他过去的朋友说，接下来的入籍仪式让他感到紧张，因为"希区柯克这个姓名，几乎可追溯到大英帝国建立之初。我的人生始终被英国的传统、历史所包裹着，要放弃谈何容易"。[47]

即便如此，这沉重的包袱即使只是稍稍减轻一些，也可让人顿觉轻松不少。成为美国公民，确实也让他内心暗觉骄傲，因为——至少是对他来说——这意味着他成了一位世界公民。他欣赏美国是一个"多语国家。我常告诉别人，在这里没有什么美国人，大家都是外国人"。[48]

大家都是外国人，用这句话来定义希区柯克的好莱坞作品，倒也颇为相称。在那些电影里，地点和身份常被处理得模糊不清，各种说话口音自由游移，有时甚至会让人觉得近于荒谬。例如《群鸟》，明明是加州波德加湾这么一个远在天涯海角的小地方，可梅兰妮遇上的第一个人，说话口音却极像是新英格兰人，让人以为希区柯克这是又要故布什么疑阵。还有《海外特派员》，拉蕊娜·戴（Laraine Day）和乔尔·麦克雷亚在伦敦时遇到的拉脱维亚外交官，也令人难以置信地完全不会英语、德语或法语，于是女主角只能以他的母语与其沟通，而她倒也"恰好掌握了一些足够应付的拉脱维亚语"。影片后半段，有一位荷兰小女孩当起了英语翻译，但她说的荷兰语竟有相当严重的美国口音，实在让人疑惑她究竟来自哪里。在《艳贼》中，拉特兰家族根植费城，历史悠久，但由肖恩·康纳利饰演的家族长子，说起话来却像是土生土长的爱丁堡人。在以澳大利亚作为背景的《风流夜合花》里，生活中说着一口瑞典美国英语的英格丽·褒曼，为了要在镜头前切换出爱尔兰口音来而心慌意乱。但是约瑟夫·科顿演她丈夫时，就没有这个问题了，因为希区柯克早已让编剧将这个人物的出身由都柏林改成了科顿本人的家乡弗吉尼亚。

　　《谍魂》本身拍得不怎么样，但却是希区柯克那种世界主义和国际主义观点的集大成者，幕前和幕后人员加在一起，本身就像是一支联合国部队。事实上，他对联合国这个话题，一直很感兴趣。《西北偏北》里由格兰特饰演的桑希尔——他是希区柯克作品中那种难以归类的全球主义者的最典型——正是在纽约联合国总部目击了杀人事件，继而踏上亡命之旅。其实，距此几年之前，希区柯克就已经动了念头，想要围绕着联合国来设计一部电影。为此，他还和丹麦驻联合国代表摩根斯·斯科特-汉森（Mogens Skot-Hansen）互通书信，且至少会过一次面，讨论是否有可能将该组织的日常工作搬上银幕。[49] 十三年后的 1964 年春，联合国计划投拍一套六集的系列电影作品，旨在向全美民众宣传推广自己，而希区柯克也同意执导其中一集。翻看当年的新闻报道便会发现，由于"在这个国家，针对联合国组织，普遍存有一种系统性的逆反态度"[50]，能让希区柯克这么一位平素不太喜欢卷入论战的商业片导演同意加入，着实让当时的舆论相当意外。*

当然，世界主义的希区柯克，在拍摄他那些好莱坞电影的时候，确实也紧紧抓住了自己的英国文化之根。一次又一次地，他寻找的都是来自英国的故事素材，来自英国的编剧和来自英国的演员。他还会回到伦敦，以此作为拍摄地点。20世纪50年代至少还有三部希区柯克电影，干脆就以伦敦作为故事背景。在《欲海惊魂》中，希区柯克对于伦敦人的这种感觉，或多或少又有了一丝重现：叫人讨厌的女仆内莉由凯·沃尔什（Kay Walsh）饰演，演得很有味道。她对主人牢骚满腹，又爱在公共场合蜚短流长；而她的主人，由玛琳·黛德丽饰演的嗓音性感的歌舞明星，这个角色感觉也很像是希区柯克和阿尔玛生活中曾无数次遇到过的某种人物。但总体说来，不管是他的电影还是公众形象，此时都已不再强调能否真实反映伦敦。而且，不管是他电影里的伦敦还是他电影里的英国，其实都没能怎么影响到其他人后来的作品。就以007系列中最优秀的那几部为例——该系列明显于希区柯克电影有所传承——虽也能找到一些与早期希区柯克作品相类似的英式风趣，但其英国味道却都流于单薄、扁平，更像是希区柯克的好莱坞作品里所体现的

---

* 希区柯克那一集，主题本是要颂扬世卫组织（WHO）的工作，结果却因日程安排太紧和对理查德·康顿写的剧本不太满意，还没正式启动便提前选择退出。最终，该系列共完成四部短片，于1964年至1966年间在美国广播公司（ABC）陆续播出。

那一种英国味，看不到点缀在《擒凶记》《阴谋破坏》《贵妇失踪记》中的那种让人拍案叫绝的亮点。

当然，这或许也不难理解，随着他那些好莱坞传奇故事日增夜涨，其早期职业生涯已渐渐淡出公众视线，大家也淡忘了他对20世纪伦敦叙事所作出的巨大贡献。如今，在他入行初期曾工作过的庚斯博罗电影公司原址，摆放着一尊硕大的希区柯克钢质头像。但是，头像反映的并非是为了出人头地而勤奋劳作的那个年轻伦敦人希区柯克，而是来自美国加州的那个宽下巴、嘟着嘴的老年希区柯克，那个普罗大众概念中所熟悉的希区柯克。当初在伦敦的这些岁月，明明不管于他本人事业也好，于整座伦敦城的历史也罢，都有着重要意义，结果却始终未能获得足够重视——哪怕是手握大量相关信息的人，竟然也会对此视而不见。明明他就是这座城市过去百年间最为著名、商业上最为成功、最有影响力的艺术家之一，可是最近出版的各种讲述两次世界大战之间那段时间里伦敦社会和文化历史的书籍中，希区柯克的名字却罕见提及。例如杰里·怀特（Jerry White）那本读来引人入胜的《20世纪的伦敦》(*London in the Twentieth Century*, 2001)，明明写到了由阿道司·赫胥黎（Aldous Huxley）、奇想乐队（Kinks）到彼得·斯特林费罗（Peter Stringfellow）和列夫·托洛茨基的一大群伦敦人，可是希区柯克的名字却一次都未提及。[51] 还有朱丽叶·加德纳（Juliet Gardiner）那本《三十年代：私人史》(*The Thirties: An Intimate History*, 2010)，书中记录的那些英式生活同样让人读得津津有味，可是作者留给希区柯克的篇幅，也仅一个小节而已，翔实程度还比不上约翰·格里尔森或是左翼图书俱乐部（Left Book Club）那一部分，仅和曾与希区柯克有过合作的《英宫艳史》奥斯卡影帝查尔斯·劳顿，差不多持平。[52] 在另外一些出版物中，诸如米特福德六姐妹和所谓的"快活年轻人"（Bright Young People）那样的贵族出身社交名流，都被用来当作某种文化密码，用以帮助读者了解两次世界大战之间那几十年里的伦敦社会，反倒是希区柯克，明明当时的伦敦电影院里放映的都是他的作品，而且其中最优秀的那几部，都做到了以其独特方式来如实反映数百万伦敦人当时正经历的现代都市生活，结果那些作者却不知为何，竟然会觉得希区柯克更像是自成一体的存在，并未完全融入这座城市的生活之中。于是，即便是在专门研究文化史的那些学者的心目中，希区柯克的伦敦年代，似乎也只是被视作这位艺术大师的一段学徒期而已，至于他在伦敦拍摄的那些电影，在他们看来，似乎也没能提供多少信息，足以帮助我们了解那个时代的希区柯克，了解影响到他日后那些电影名作的前尘往事。

这也让人想到了希区柯克曾切身感受过的那种被边缘化的经历。劳伦斯·奥利弗比希区柯克年轻八岁，1947 年就因为"在话剧和电影领域的贡献"获颁骑士头衔，距离其四十岁生日才刚过两周。类似的，因拍摄那些大英帝国英雄和冒险家史诗以及翻拍狄更斯小说而成名的大卫·里恩（David Lean）导演，虽然比希区柯克年轻九岁，虽然直至 1942 年才执导处女作，结果却在 1953 年就拿到了大英帝国司令勋章。希区柯克被授予同等荣誉，则已是 1962 年的事情了（比约翰·格里尔森都要晚一年）。结果，他拒绝接受，可能就是因为觉得受了侮辱，认为自己的成就未能获得足够承认。1971 年，他为拍摄《狂凶记》而回到伦敦时——数月之前，他刚获得法国政府授予的荣誉军团勋章——曾告诉影评人查尔斯·钱普林说，去国三十载，始终未变的一点就是，英国的授勋和嘉奖制度依然让他一头雾水。"那些头衔什么的，我从来就没真正弄明白过。就算你已经是乔治爵士了，但平时又有谁会真管你叫乔治爵士呢？也就是高级餐厅的服务员和你自己家里的仆人吧。对朋友而言，你仍旧还是过去那个老家伙。"[53]尽管如此，最终他还是接受了英国王室授予的骑士头衔，但仅仅数月之后，希区柯克便不幸离世。而且，既然已入美籍，不再是大英帝国臣民，严格说来，那几个月里他也无权被称为"阿尔弗雷德·希区柯克爵士"。当时就有记者问他，女王过了这么久才想到要表彰他，他觉得那是出于什么原因。希区柯克耸了耸肩，解释说女王可能还有别的事情要操心吧。

    尽管背井离乡，希区柯克的目光却从未远离英国电影工业。20世纪50年代和60年代，诸如《浪子春潮》(*Saturday Night and Sunday Morning*)、《金屋泪》(*Room at the Top*)、《少妇怨》(*Look Back in Anger*)、《蜜的滋味》(*A Taste of Honey*)和《说谎者比利》(*Billy Liar*)这些"厨房水槽"现实主义电影，他全都看过。此类作品着重将工人阶级和中下层阶层的生活搬上银幕，采取的方式正是希区柯克多年之前便已想过要采用的。[54]后来的《狂凶记》尝试要去捕捉的，也正是类似这样的社会氛围，其故事背景是那个希区柯克小时候十分熟悉的伦敦，有着各种杂货店和市场商贩、酒吧老板员和酒吧女服务员、粗俗的笑话和生存危机。然而，《狂凶记》也让我们看到，希区柯克心目中的那个伦敦，已无法和1972年的那座城市，那个诞生了摇滚明星马克·博兰(Marc Bolan)和女权主义杂志《备用肋骨》(*Spare Rib*)的城市画等号了。1955年为新版《擒凶记》创作剧本期间，希区柯克在约翰·迈克尔·海斯的剧本里注意到了某些不够精准的小错误，其中有几处就出现在关于伦敦的那一部分里：克拉里奇宾馆前台接待的做法、英国人含蓄态度的细微难解之处、MI6 特工的行为举止。此外，针对某些英国角色嘴里说着浓浓美国味台词的问题，他也提出质疑，建议海斯加以修改——但随后又不忘提醒了一句："我和英国其实也已脱节很久了。"[55] 这一点，在《狂凶记》中确实表现得相当明显，那里面的伦敦，感觉就像是某种平行世界，迷雾已散，时尚和科技分明属于70 年代，但其余各方面却停滞在了 1939 年。该片改编自亚瑟·拉伯恩（Arthur La Bern）的小说《再见了皮卡迪利，永别了莱切斯特广场》（*Goodbye Piccadilly, Farewell Leicester Square*），但这位原作者却觉得《狂凶记》"令人反感"，是他体验过的 "最痛苦的观影经历"，而且对白部分也让他不太满意。总之，作者视其为 "老式的下里巴人滑稽戏" 和各种平庸的英国电视连续剧的混合体，并为自己笔下那些 "真实的伦敦人" 没能出现在影片中而痛心不已。[56]

芭芭拉·李–亨特是希区柯克电影里最后一位死于非命的伦敦金发女郎，她也觉得 20 世纪 70 年代的伦敦和希区柯克在影片中想要让人想到的那个伦敦，其实已存有某些差异，"伦敦已经变了，不再是他曾经生活、工作过的那个地方了，我饰演的那个角色，她要去的那种俱乐部，那种事情其实早已成为历史，伦敦女性穿衣打扮也不是那种风格了。我觉得它看着过时了"。不过，2018 年再次重看《狂凶记》时，她已不再介意那些年代背景上的明显错误。"过了那么久，这些已不重要了。"[57] 确实，随着 20 世纪 70 年代也已成为昔年旧影，希区柯克与伦敦的这一次道别，留给我们的其实并不是关于那段历史的忠实记录，而是与之具有同等重要意义的另外一件东西：它是希区柯克那个伦敦的精粹集合，让人感受到了不被时间束缚手脚的伦敦是什么样子。

12

神的仆人

人生最后那一年里，希区柯克的健康状况急转直下。事实上，此前的那十年间，他和阿尔玛的日子已是越过越艰难。1971年拍摄《狂凶记》期间，阿尔玛突然中风，嗣后稍见康复，但又在1976年再度一病不起——也就是希区柯克最后一部电影《大巧局》上映的那一年——且病情远远重于第一次。沉疴宿疾令她大部分时间都只能留在家中，需要专人二十四小时轮班看护，而希区柯克也因此一蹶不振。过去五十年间，阿尔玛始终都是他关系最为亲密的朋友、不变的事业伙伴和情绪上的稳定剂。如今，随着她身体日益衰弱，希区柯克既要担心妻子的健康，也害怕自己失去这有力庇护之后，也会变得孱弱。为了照顾好妻子，希区柯克竭尽所能，但他自己也因关节炎、心脏病以及新近暴露出来的肾脏问题备受困扰——归根到底，这些健康问题很可能都是因为他的过度饮酒才加速恶化的，而且酗酒也让他变得越来越疲惫，越来越糊涂，越来越易怒。他本人也知大限将至，于是过往为人所熟悉的那种处变不惊、故作淡定的形象，也渐渐冰消瓦解。他因为担心妻子即将不久于人世而不禁潸然泪下的情景，有好几位家人、同事和亲友都亲眼见证过；有时候，他甚至还会毫不掩饰地问他们，觉得他还有几年能活。[1]

　　身体机能与艺术创造力双双衰退的那些年里，希区柯克在影坛的存在感，倒是依然能获得延续，而这主要仰赖的还是他那些追随者的贡献。在 20 世纪 70 年代涌现出的许多经典电影，从《威尼斯疑魂》(*Don't Look Now*) 到《大白鲨》(*Jaws*) 再到《魔女嘉莉》(*Carrie*) 乃至 007 系列，全都带着希区柯克电影的印痕。即便是马丁·斯科塞斯，这位过去五十年间成就最高的美国导演，也公开承认受到希区柯克重大影响，尤其是他的《出租车司机》——其公映日期距《大巧局》仅有数周 *，而由德尼罗饰演的主人公特拉维斯，也很像是诺曼·贝茨在美国东海岸的某位表弟，又或者是查理舅舅平时不怎么来往、也没他那么有魅力的儿子。甚至，特拉维斯所在的纽约，也和《房客》里的伦敦一样危险、卑劣，充满着暴力的厌女情绪、男人的愤怒以及对于城市污物的厌恶之情。此外，希区柯克重视画面多于对白的做法，也让斯科塞斯非常赞同。他曾告诉影评人罗杰·伊伯特说："希区柯克电影里我最喜欢反反复复地看，一遍又一遍地看的，往往都是早期的那些无声电影。"拍摄《出租车司机》时，影响斯科塞斯最深的，恰恰就是希区柯克在表现天主教徒情绪体验时那种不靠对白只用画面的本领。"《伸冤记》……对《出租车司机》镜头运动的影响，超过我所能想到的任

---

* 巧合的是，《大巧局》的故事主角乔治，也是一位心怀不满的出租汽车司机，
　由布鲁斯·邓恩饰演。

何一部电影。它表现出的那种负罪感和偏执，给了《出租车司机》很多借鉴。"[2]

时至 1979 年 5 月，明眼人都已看得出来，即便他是希区柯克，此时再想要开拍新片，也只能是痴人说梦而已。忽然，他就关闭了自己在环球影业的办公室，让长期服务于他的那批忠心耿耿的手下人，突然失去了工作。但事实很快证明，他根本就闲不下来。没过多久，希区柯克又重返工作，仿佛从来就未离开过一样。每一次来，他都和以往一样的西装革履，或是坐在办公桌前随意看看写写，或是约人来理发、擦鞋，又或是接待一些不着边际的客人来听他唠叨陈年往事。1980 年 1 月 3 日，英国使馆特别为他安排授勋仪式，地点也相应地选在了环球影业的摄影棚内。第二天，作家吉尔伯特·哈里森（Gilbert Harrison）为写桑顿·怀尔德的传记而登门采访希区柯克，按他的说法，那一天遇到的"阿尔弗雷德·希区柯克"，与其说是大师本人，其实更像是一直以来围绕着他的那些传说和神话的某种反映。

他脸色红润，头已发秃，但又还没全秃。他给人留下的最直观印象，就是那肥硕的身材。他穿一身剪裁考究的黑色西装，里面穿着马甲和白衬衫，系着领带，整个人陷在一张高背旋转办公椅中，看着就像是一头大海象，只不过没有海象的那一口长牙。整个采访期间，这个大家伙几乎始终纹丝未动，只听到那带着中产阶级口音的低沉话语声不断传来，而且显然还小心翼翼地控制着言谈中的抑扬顿挫。他谈到的那些东西，只能说是按部就班，而且遣词造句十分小心翼翼，感觉都已反反复复说过不知多少遍了。那种感觉仿佛就像是，他早就写好了什么剧本，此时正在努力回忆其中的某些内容，好应付你一下罢了。我们的话题很难集中在桑顿·怀尔德身上，我感觉他对怀尔德并无多少兴趣，所以说的始终都是他自己和他的那些作品。[3]

1980 年 4 月 29 日早晨，希区柯克因肾衰竭去世。他的葬礼办在了比弗利山好牧人教堂（Church of the Good Shepherd），尸体几天后便被火化，骨灰撒入太平洋。对于一名生于 19 世纪的天主教徒来说，这着实是不太符合常理的告别方式。虽然梵蒂冈由 1963 年起便已允准火化，但一般都认为，骨灰还是需要妥葬方才适合，不然那就等于是否认了耶稣的复活。6 月 3 日，作为英格兰及威尔士天主教会的圣母教堂，伦敦威斯敏斯特大教堂为他办了纪念安魂弥撒，仪式上唱的第一首赞美诗，便是 19 世纪晚期英国天主教复兴时期的标志性圣歌《我坚定且真诚地相信》（Firmly I Believe and Truly）。但是，希区柯克的信仰究竟有多坚定、多真诚，这问题始终让人觉得扑朔迷离。

想当年，学校的清规戒律确实有可能让希区柯克害怕的厉害，留下了一辈子的心理阴影。不过他也承认，圣依纳爵公学也留给他一笔相当有益的精神财富。在他看来，其中最为重要的便是，他在那里接受的耶稣会教育，深刻影响到他日后思考事情的能力，"让头脑获得了某些特定的推理能力"[4]。作家詹姆斯·乔伊斯认为，是自己在耶稣会寄宿学校的那些老师，教会了他如何"归置梳理各种事物以便对其做出调研、判断"[5]；同样道理，希区柯克也相信，正是圣依纳爵公学让他获得了"组织能力、控制能力以及一定程度的分析能力"。他口中所说的"推理能力"和"分析能力"，指的应该就是他日后拍电影时所展现出来的那种令人羡慕的遇到问题加以解决并汲取教训的本领了。[6]历史上的耶稣会士，遇到问题时所仰赖的，正是所谓的决疑术（casuistry），即由特定案例中寻找普适原理的道德推理方法，而希区柯克那些关于如何才能驾驭观众的理念，显然就有着出自决疑术的影响。例如透过《阴谋破坏》中小男孩史迪威之死的情节，他得到的结论便是，在银幕上杀死小孩，这本身没什么问题，但如果已经让观众觉得这小孩可以获救，这时候再去杀死他，那可就不行了。总之，不管是他制造悬念、发展人物和运用蒙太奇时所遵循的那些规则，还是他赖以塑造自己公众形象的那些信条，追根溯源，其实都有决疑术的影子。

有多位传记作者早已指出，我们几乎可以肯定，圣依纳爵公学当初也给希区柯克反复灌输了天主教在英国曾经遭受严酷迫害的辛酸历史。这种教育，很可能削弱了他的爱国心，也加深了他对酷刑、痛苦、折磨的兴趣。同样道理，他肯定也很熟悉耶稣会士长期以来志在传播《圣经》福音，不辞千里，行遍世界各地的那段历史。对于终日幻想着与雷顿斯通和莱姆豪斯截然不同的花花世界海阔天空的那个小阿尔弗雷德·希区柯克来说，耶稣会传教士那些取得科研突破、赢得中国皇帝青睐、绘制密西西比河地图和徒步穿越亚马孙河流域的异域风情故事，想必很能让他浮想联翩。而且，成为耶稣会的一分子，这本身就是一次激动人心的冒险，那意味着你也要去探索各种奥秘，寻找各种崭新风景。演员兼作家的西蒙·卡洛（Simon Callow）20世纪五六十年代曾就读于伦敦的那几所天主教学校，但他却很羡慕那些由耶稣会士亲自负责授课的同龄男孩，"对于那些在当时仍具有宗教倾向的年轻人而言，耶稣会士就是神职人员浪漫光环的化身，无论在地理上还是在新知上……他们都是无畏的探险家，拥有咄咄逼人的智慧，且讲究实践，办事高效，思想激进"。[7]——所有这些形容词，用来描述希区柯克和他的电影制作之道，其实也都相当合适。

耶稣会寄宿学校甚至还能培养艺术鉴赏能力。某位耶稣会背景的影评人就曾断定，希区柯克电影里那些德国表现主义元素，其来源并非是他观赏弗里茨·朗（Fritz Lang）和茂瑙作品后的醍醐灌顶，也不是他在魏玛文化鼎盛时期走访慕尼黑和柏林的结果，而应该是"第一次世界大战之前圣依纳爵公学之宗教和教育氛围"的自然结果，因为"那里面本就有着巴洛克的深厚底蕴，又和表现主义的新兴浪潮保持着同步"。[8]而且我们也不能忘了，希区柯克由童年至青年那段时间，也正是英格兰由17世纪早期算起，在文化生活上受到天主教影响最明显的时间段，伦敦更是如此。1850年，英格兰的天主教在中断将近三百年后重新恢复了圣统制，恰逢伦敦皇家美院也举办了那场著名的拉斐尔前派画展，结果，这些画作以其毫不妥协的"天主教特质"让当时的建制派批评家大为震惊。由19世纪晚期到20世纪初，天主教对于英国艺术的影响力可谓是全面恢复、百花齐放。除了拉斐尔前派之外，在整个绘画界、哥特复兴式建筑以及工艺美术运动中，也都有所体现。此外，当时还有不少艺术界杰出人士，也都选择改宗天主教，其中就包括了G·K·切斯特顿（G. K. Chesterton，他是希区柯克最喜爱的作

家之一）、杰拉德·曼利·霍普金斯（Gerard Manley Hopkins）、伊
夫林·沃（Evelyn Waugh）、格雷厄姆·格林、奥伯利·比亚兹莱
以及临终之前在病床上改宗皈依的王尔德。而在希区柯克所在的伦
敦，这种来自盎格鲁天主教的影响，以其装饰性、戏剧性、超俗性
作为表征，早在 19 世纪中期便已渐次显现，尤其体现在国会大厦
内部装饰 [由改宗天主教的奥古斯都·普金（Augustus Pugin）负
责设计]、1903 年完成的威斯敏斯特大教堂（《海外特派员》中谋
杀主人公未遂那一场戏的拍摄地点）以及布朗普顿圣堂等建筑物之
上——布朗普顿圣堂还是伦敦第二大的天主教堂，也是 1926 年希
区柯克与阿尔玛正式成婚的地点。

由最表层来看，希区柯克有许多电影的外观，确实可说是具有
天主教元素。例如 20 世纪五六十年代他对于色彩的象征性使用，
其实就和宗教礼拜仪式相当接近，尤其是他为女主角选择服装颜
色时所采用的方式和方法。关于《电话谋杀案》中格蕾丝·凯利的
整体着装配色方案，他曾解释说，之所以要那么设计，正是为了体
现女主角由充满活力的淑女急转直下，沦为精神崩溃的受害者的渐
进过程。初登场时，她穿的是 "鲜艳的红色连衣裙，妆容也非常自
然。但由此开始，她那些衣服的颜色先是变成暗红色，然后是暗褐
色，而妆容也与之保持一致，越变越显苍白。直到最后，其妆容和
着装都已彻底失去了色彩"。[9] 继《电话谋杀案》之后，他在 20
世纪 50 年代又为派拉蒙影业拍摄了《后窗》《捉贼记》《怪尸案》和
《擒凶记》这四部电影，上述这种对于色彩的象征性使用，全都十
分明显。例如《怪尸案》中的佛蒙特秋日色彩和主演雪莉·麦克莱
恩色彩鲜亮的服装，着实让片中某些画面看着宛若教堂中的彩绘玻

璃花窗活了过来。而《捉贼记》中也有那么好几场戏，凭着法国蓝色海岸的那片鲜艳色彩，一下子就让人想到了亨利·马蒂斯在20世纪四五十年代的那些"剪纸"绘画作品——马蒂斯的灵感，恰恰也来自蓝色海岸，来自他面对上帝和天主教会时的再次觉醒。

　　这种偏爱鲜艳风格、戏剧性风格和巴洛克风格的态度，自然都是天主教美学的明显特征，但那其实也仅只是表象，和麦当娜的音乐录影带以及杜嘉班纳手袋上用到的天主教视觉元素，都属同一性质。所以，想要以此为据来判断希区柯克的宗教信仰究竟有多坚定，恐怕并不怎么容易。毫无疑问，不管是小男孩的时候，还是成年后，希区柯克面对宗教仪式感以及各种礼拜仪式、圣事时，始终都为其深深吸引；对于注重感官体验、推崇戏剧性风格与壮绝奇观的希区柯克而言，可以说，这些都很对他胃口。于是，在很多希区柯克电影中，我们都能找到某些宗教元素，尤其是那些看似和宗教题材并无明显关联的作品里，也都出现了各种宗教服饰、宗教仪式、礼拜场所。不知道该说是机缘巧合还是说是善始善终，希区柯克的第一部电影《欢乐园》开始不久之后，便有一场祷告的戏，而他最后一部电影《大巧局》里，也出现了礼拜进行到一半时主教遭人绑架的关键情节，而且该片讲的就是人的出生、死亡、婚姻以及今生和来世之间的诸种关联。至于在这中间那51部电影里（还有数以百计的电视剧集），他也是常常一有机会就置入各种和宗教相关的附带元素，而宗教对于希区柯克的人生体验而言有多重要，在公众看来希区柯克对于宗教有多重视，由此均可见一斑。不过，在作家理查德·康顿与他合作的那个最终流产的电视项目里，前者原本也在故事里硬性塞入了一些修女的元素，以为这应该会很符合希区柯克作品特质。结果，希区柯克却表示说，康顿的一片盛情虽要感激，但修女元素其实并不适合这则故事。[10] 小时候，他相当热衷于参加各类天主教仪式，甚至还当过助祭，在圣坛前后帮忙，哪怕他其实并不知道弥撒时需要应对的那些拉丁语。[11] 让他着迷的，其实是宗教仪式那种直接诉诸感官的戏剧性：白色罩袍、蜡烛、钟鸣、乳香。所有这些元素都被用以吸引宗教仪式的观众，都被用以营造那种和电影院、剧场、法庭以及高级餐厅一样让希区柯克相当钟爱的环境氛围。英国著名的耶稣会教士乔治·蒂瑞尔（George Tyrrell）肯定很能理解希区柯克的这种感受。蒂瑞尔从小就是新教教徒，但 1879 年在伦敦某天主教堂体验过爱尔兰教友的弥撒活动后，便决定改宗天主教。通过那些宗教仪式杂乱的戏剧效果，蒂瑞尔感受到的是与早期基督徒的心灵交流："真实感！这里搞的都是旧的那一套，原班人马，原汁原味；这才叫传承，仿佛让你回到了殉道者的地下墓窟。"[12] 蒂瑞尔口中的这种"真实感"，我们也可以欣喜地在希区柯克电影里找到，他不必拘泥于那些干巴巴的所谓事实，却能将我们直接传送到那些过往的时空之中。

我们还可以在希区柯克的电影美学里找到这么一种天主教理念：表面的美是超验主义的，是通往另一种经验维度的门径。"天主教徒活在魔法世界之中，"来自美国的安德鲁·格里利神父（Andrew Greeley）曾如此解释天主教徒所特有的想象力；于他们而言，世间万物——不仅仅是玫瑰经念珠和瓶中盛的圣水——皆有其神圣性，全都是"来自上帝的某种神示"。[13] 而在希区柯克的电影里，也有那么一些相当著名的镜头：原本普普通通的物件，仿佛被赋予了某种或善或恶的特别力量，突破了物理规则的限制。例如《美人计》里的镜头快速俯拍，穿越宽阔走廊后，聚焦在了英格丽·褒曼手中那把钥匙上的一瞬间，或是《深闺疑云》里加里·格兰特饰演的恶棍强尼鬼鬼祟祟走上楼梯时手里拿着的那杯释放神奇光芒的牛奶——那不禁让人想起了希区柯克小时候在教堂里手持蜡烛的样子。还有《火车怪客》，那里面具有魔性的物件，其数量之多，都快要赶上法国朝圣地卢尔德小镇上的显灵山洞了，包括有最初促成盖尔和布鲁诺偶遇的那两双皮鞋、将他们联系在一起的打火机、让布鲁诺兴奋又愤怒的女式眼镜等等。而在《惊魂记》里也是同样情况，从猫头鹰标本到马桶里浮浮沉沉的那一小片纸，似乎每一件东西都充满超自然的气息。

遍览希区柯克全部作品，各种各样本身并无生命的物件，例如剪刀、眼镜、钥匙和珠宝，都曾反复多次出现。它们就像是某种遗存下来的圣物，在希区柯克电影宇宙中四散流落，地点不断变化，但其所拥有的或能创造和谐或能带来破坏的力量，却始终未变。《蝴蝶梦》里可怕的女管家丹弗斯夫人，将第一任女主人的卧室原样保持，布置得像是一处圣祠，摆满她的衣服，包括由"圣克莱尔一所修道院的修女专门为她制作的"内衣，简直就像是把它们都当成了都灵裹尸布或是钉过耶稣的真十字架的碎片了。而在《拳击场》里，鲍勃送给梅宝的那只手镯，是两人之间本不应该发生的恋情的象征——希区柯克本人也认同，我们可以将手镯看作是对于原罪的某种影射——也让梅宝良心有所不安，不敢将它暴露在外，而这也让人想起他电影里某些人物会把被用于限制、惩罚、羞辱他们的手铐给隐藏起来的做法。说到这种被用于束缚、惩戒的人造物件，尤其是绳索和手铐这两种东西——它们本身就具有恋物癖属性，这一

1962 年的《希区柯克长篇故事集》中《最后的誓约》(The Final Vow) 那一集的拍摄现场，和他在一起的是扮演修女的凯洛尔·林利（Carol Lynley）。

点就连希区柯克也不得不承认——希区柯克对于这类东西的深情迷恋，或许可以由他小时候和戒尺的第一次亲密接触说起。在《房客》结尾，艾弗·诺维罗因为他并未犯下的变态罪行，被激愤的人群要求以命偿命。此时的他，将被铐的双手举过头顶，整个人吊在了跨越泰晤士河的大桥上，动作既像是殉难的基督，又容易让人产生性的联想。前有贝尼尼和他的雕塑《圣特蕾莎的狂喜》，后有希区柯克，其实像他们这么乐于模糊性爱／心灵、神圣／世俗之间界限的天主教徒艺术家，历史上真是数不胜数。不过，和之前说到的《群鸟》一样，希区柯克电影里所表现的此种内容，或许相比他当时那个时候，也是在如今我们这个时代，反而会引发更多共鸣。20世纪80年代初，传记作者唐纳德·斯伯特率先提出希区柯克身上有着施虐受虐狂倾向的论点，结果招来持反对观点者长达二十年的意见反弹。后者坚持认为希翁的内心绝对不存在如此肮脏的心理癖好，但时至今日，在这个后《风流老板俏秘书》（Secretary）时代、后《五十度灰》（Fifty Shades of Grey）时代，有关臣服和支配的对话早已跻身主流，再看到希区柯克电影里的那些手铐和羞辱，我们已经不太会立刻就浮想联翩，觉得这和一个内心畸变的男人的扭曲心理与变态行为有关。相形之下，我们倒是因此更笃信了，希区柯克应该就是具有这么一种预见未来的本领，他早就在那些电影里冲我们淘气地眨眼睛了，他是要提醒我们未来究竟会是如何。

　　回望希区柯克整个创作生涯，那几十年里，梵蒂冈恰好也正为和现代性相对抗——希区柯克的成功，恰恰离不开现代性，甚至我们可以说，他就是现代性的化身——而拼命捍卫当初吸引了少年希

区柯克的那些天主教教义中的神秘元素。1910 年秋，也就是希区
柯克正式入读圣依纳爵公学的同期，教宗庇护十世颁布《反现代主
义誓言》，旨在将天主教信仰抽离出来，减少瞬息万变的花花世界
对其所造成的持续影响。但对希区柯克而言，这充满个人主义色彩
的具有超级都市感觉的外部世界，恰恰是他非常乐于去探索、发掘
的对象。《反现代主义誓言》直至 1967 年 7 月才被废止，此时的希
区柯克，导演生涯已明显走向下坡路，而在这当中的几十年里，在
《反现代主义誓言》的存续期间，希区柯克则想方设法，要将神秘
和现代这两套截然不同的矛盾传统给融合在一起。一方面，他痴迷
于新技术，痴迷于精准规划，但另一方面，他利用这些现代手段来
创造的那个电影宇宙，却是科学、科技和理性思维所无法解释的。
而这种融合方式背后所反映的，恰恰就是许多生活在 20 世纪的天
主教徒日常生活里都曾有过的生活经验：教会的信条，信仰的神
圣，必须要和世俗世界找到一种和解之道。

　　希区柯克夫妇结婚时，阿尔玛改信了天主教，就像当初威
廉·希区柯克娶了阿尔弗雷德·希区柯克的母亲时也跟着妻子改宗
皈依一样。至于女儿帕特丽夏，则由出生起便是天主教徒，但和
父亲小时候不同，她未被要求必须每晚都向父母忏悔罪过。不过，
在她床头确实也挂着一幅圣母玛利亚画像。[14] 从小，她就被父母
带着一起，很有规律地去教堂礼拜，之后也顺利领取了坚振圣事。
1966 年年底，希区柯克专门在百忙之中抽出时间，参加了几个外
孙女的坚振圣事。[15] 五年后，帕特丽夏带着女儿玛丽去欧洲旅行，
顺便还觐见了教皇，获得了专门接待，而希区柯克则早在 1935 年
夏天便已获得过这样的特权。在教皇保罗六世面前，底下人通报了

帕特丽夏母女的名字，同时有一位侍卫开始轻声哼唱电视剧集《希区柯克剧场》的主题旋律[16]，这或许意味着在希区柯克与梵蒂冈之间，影响是彼此的，并不完全只是单一方向。

多年以来，希区柯克和母校圣依纳爵公学之间始终保持着某种若即若离的关系。1994 年，该校为庆祝百年校庆出版校史，希区柯克也在那些"以毕生事业为上帝带来更大荣耀"[17]的著名校友之列。虽然文中也承认，希区柯克"对于母校的赞美并非毫无限度"[18]，但也证实当初学校原址重建时，大部分资金都来自希区柯克的捐助。抵美之后，他参加弥撒的频率，也随着时间推进而变得时高时低，但对于加州的天主教事业，希区柯克同样贡献良多，而且还和耶稣会教士托马斯·沙利文（Thomas Sullivan）过从甚密，为他名下的各种慈善事业提供过资助。不过，1966 年时他却写信给沙利文，拒绝在某个宗教集会上公开讲话，理由是这样的活动常会让他心焦不已，而那种筋疲力尽的感觉，犹如拍摄了一部电影。"整个过程宛若地狱一般煎熬，哪怕最后获得了成功，也不会让我得到丝毫快乐。我顶多也就只是松了一口气，庆幸那并非是一次彻头彻尾的失败罢了。"[19]他这番话，虽不是在向神父告解，但也着实写得情真意切，真是相当少见；毕竟，他平时一直公开表示，一旦剧本完成，之后的拍摄工作所能带给他的，便只剩下令人昏昏欲睡的无聊和乏味了。

1953 年上映的《忏情记》，是他作品中天主教意味最为明显的一部；身为敬虔天主教徒的希区柯克，在此领域的相关知识储备，也在《忏情记》中体现得毫不含糊。这两点，不仅体现于故事主人公本身就是神父，还在于其情节也和具体的圣礼细节密不可分。像这样直接由教堂内部入手，为观众展示神职人员工作的电影，在好莱坞可说是相当罕有。[20]《忏情记》的故事发生在魁北克市，由蒙哥马利·克里夫特饰演的迈克尔·洛根神父听了由 O·E·海斯（O. E. Hasse）饰演的园丁奥托·凯勒的忏悔，得知后者伪装成了神父，潜入富人维莱特家中盗窃时，不慎将其杀死。很快，剧情出现典型转折，观众得知维莱特生前曾试图讹诈由安娜·巴克斯特饰演的露丝·格兰富特；她是当地知名政治家的夫人，但在迈克尔·洛根还没成为神父之前，曾与他有过一段隐秘的关系。警方调查维莱特被害案时，露丝承认了与洛根的陈年往事，而园丁凯勒却装起了无辜，因为他知道圣礼规则禁止神父对外透露告解时听到的信息。于是，神父成了谋杀维莱特的嫌犯，遭到逮捕，出庭受审。但他依然拒绝透露真相，将宗教权力机构摆在了民间权力机构的前面。结果，他勉强逃过了有罪判决，但也让社会大众义愤填膺。凯勒的妻子满怀愧疚，找到洛根表达歉意。绝望的凯勒向她开枪后夺路而逃，警方这才意识到了自己犯下了错误。最后一幕，凯勒死在警察枪底，洛根将他抱在怀中，为他做了临终祷告。

《忏情记》在希区柯克的电影里算不上是一流，但整部电影可说是拍得相当聪明；人物之间的各种复杂互动，足以证明所谓希区柯克电影不太重视人物塑造的说法，纯属无稽之谈。不过，他本人倒是并不怎么欣赏这部电影。一方面，他对该片演员阵容不甚满意，另外也觉得影片缺少了幽默，而男主角蒙哥马利·克里夫特也让他感到失望，再加上票房不如预期，因此晚年时每每谈到这部电影，希区柯克总是语气冷淡。[21] 而且，长期以来总有那么一些人觉得希区柯克的电影不够重视情节合理性，《忏情记》的核心情节——

神父洛根拒绝透露凯勒的告解内容——也被他们视为明显例证之一，这让希区柯克深感沮丧。[22]事实上，《忏情记》不仅如实地反映了圣礼的神圣不可侵犯，而且本身就根植于许多天主教徒当时的真实生活经历，是他们面对真理问题时那种内心矛盾、纠结的真实写照。影片背景设定为20世纪50年代的加拿大魁北克，用某位亲身经历过这一切的加拿大作家的话来说，那地方当时仍处于"日复一日，教会满心欢喜地控制着所有人命运"[23]的状态，因此片中这种法律之治和上帝之治互为角力的情节，着实是既合理又贴切。

除了《忏情记》，还有两部希区柯克电影里，天主教也扮演着重要的角色。这两部影片都源于真实事件，也都触及天主教信仰与现代世界世俗机制互为矛盾冲突的难题。《伸冤记》来自真人真事，主人公背负了莫须有的罪名，但却依然坚持信仰毫不退让；《朱诺和孔雀》则设定在爱尔兰内战期间，那些不幸卷入民族主义和帝国主义之战的人，由这古老的宗教中获得了慰藉和援助。《朱诺和孔雀》的结尾，由莎拉·奥尔古德（Sara Allgood）饰演的朱诺在基督和圣母玛利亚雕像前祈愿，希望可以摆脱令她家庭支离破碎的暴力。而在《伸冤记》里，陷入深深绝望的主人公曼尼·巴雷斯特雷诺，也紧握玫瑰经念珠，在耶稣画像前虔诚祈祷。希区柯克一再强调自己拍摄《伸冤记》的目标，就是要做到严格遵从事实，但此处的剪辑处理仍有可能会给观众留下某种暗示，以为曼尼最终能够脱罪，靠的是他的虔心祈祷。出现这种情况，让希区柯克自己都承认有些遗憾，但事实上，关于曼尼坚持天主教信仰的这些细节，恰恰和同样具有强烈仪式感的刑事司法体系本身，形成了某种耐人寻味的对位关系。本应客观、理性的法律，结果却丧失了原则，这一点让曼尼困惑，更让妻子罗丝身心崩溃，让她对法律和上帝的信仰双双动摇。她告诉丈夫："不管你怎么做，他们早就已经定好了，肯定会对你不利的。不管你有多么清白无辜，不管你怎么努力，他们都会定你有罪的。"这几句话说的，既可以是警察，也可以是神父。但是曼尼的母亲，一位来自欧洲故国的年龄更长的女性，反倒是哀求儿子一定要继续祈祷，只有祈祷才能获得力量。她相信不管到了什么时候，你总能在告解室中得到神父的赦免，而那是纽约警察永远没法向你保证的东西。

希区柯克自己做祷告时，究竟会轻声细语一些什么内容，他有没有什么觉得需要告解的罪过，我们一概不知。他曾公开谈论自己的天主教背景，但却鲜少说明他的宗教信仰究竟属于哪一种具体情况。当初安德烈·巴赞兴冲冲地和他会面，结果却有好些事情让他觉得既惊讶又失望，其中之一便在于，明明巴赞觉得他的电影里有那么明显的天主教主题——负罪、羞耻、忏悔、复仇——结果却发现希区柯克根本就无法对此给出明确回应。巴赞说了自己的想法，即希区柯克电影宇宙的总支配者，是一位詹森主义者的上帝。结果希区柯克却反问他："什么是詹森主义者？"[24] 所谓的詹森主义者，就是信奉荷兰神学家科内留斯·詹森（Cornelius Jansen）那些有关原罪、宿命和肉体堕落的严苛想法的天主教信徒。19 世纪中期，距离詹森去世两百年之后，詹森主义在历经多次饥荒之后的爱尔兰地区蓬勃发展，表现出了公众对于各种人体生理功能的厌恶和对于性冲动抑止的强调。显然，巴赞觉得希区柯克身上就有詹森主义的痕迹，因为他电影里那些遭遇不幸的人物，几乎永远都是不够贞洁、不太正经的那些人。而且，在生活中他也总爱吹嘘自己在拍戏之余，私底下其实对性毫无兴趣——至于大家相不相信，那就是另一回事了——还有他自己家里的浴室，号称也是永远看着都像是从未有人使用过一样，纯白无瑕、一尘不染。据说，他平时每次洗完手之后，一定都会用纸巾将洗手池彻底擦干，因为这是专门留给那些难以启齿的人体生理功能的地方，他不希望有任何来自自己身体的痕迹留下。[25] 同样道理，被迫使用公厕隔间的时候，据说他也肯定会将双脚抬离地面。[26] 不过，因正常人体生理功能而觉得尴尬不安，这其实也不是什么詹森主义的专利。正如传记作家帕特里克·麦吉利根所指出的，这完全也可以被当作是某种英国人的国民性疾病，和那种包括希区柯克在内的许多英国人都具有的屎尿屁幽默感，看似正好相反，其实却是一体两面。总而言之，要说希区柯克身上真有什么詹森主义的严苛性，想来也就是上述这些了。毕竟，对于肉体上的自我放纵，他平时嘴上否定得有多厉害，实际行为上就有多热衷；他喜欢享受，喜欢美的东西，他平时穿的可是丝质睡衣和量身定做的西服套装，而非什么粗衣烂衫。

关于他自己的信仰问题，希区柯克最接近于正面回答的一次说明，出现在20世纪70年代圣依纳爵公学校刊上刊登的一篇简短采访里。当被问及是否虔诚时，希区柯克表示，虽然他自认是天主教徒，但却不一定算得上是神的仆人。"虔诚不虔诚这件事，完全取决于说这话的人自己的良心，就是这么简单。至于我，从小就被灌输了天主教观念，毕竟我生下来就是天主教徒，念的也是教会学校，我也遇到过不少信仰考验，这才有了我如今的良心。"[27] 鉴于这位采访者只是一位年仅十几岁的学生，如此难得的机会摆在眼前，他却未能进一步追问下去，我们也只能说是情有可原了——他就这么放过了希区柯克，转而提出了自己的下一个问题，问他为什么那么喜欢看地图。

希区柯克所说的"信仰考验"，究竟是什么意思？他会因为思考灵魂不灭的问题而辗转反侧夜不能寐吗？在他主题最为黑暗的那些电影里，全都有着上天不仁以万物为刍狗的潜台词，那么他平时也会质疑这样的上帝吗？他是不是也相信人性本恶，所以银幕上那些充满暴力、虐待的画面，是不是其实都是他这种内心想法的投射？平日里他会不会找神父告解，鼓起勇气讲出那些无法和心理医生、朋友、阿尔玛甚至是他自己诉说的心事？

关于这些问题的确切回答，早已随同希区柯克的骨灰，一起流向了太平洋，流去了我们或许永远都无法掌握的另一空间。但在许多曾与他共事的人看来——尤其是那些编剧——希区柯克不管是有心还是无意，始终都在利用他那些电影"编织着属于他电影宇宙的道德观"[28]。在这个宇宙中，但凡是作恶者，必定会遭揭露，遭惩罚，而且几乎每个人都需要因为某些事而去赎罪。晚年的他，某次曾忧心忡忡地告诉一位来访者说："邪恶如今已蔓延得相当厉害，就连那些小镇，也都各有各的邪恶之处。"[29] 不过，这邪恶究竟是怎么出现的，又是由何时开始蔓延的，他并未说明。所以，在他的电影里，坏人坏事永不缺席，犯罪就像是具有传染性，就像是普通感冒那样，轻易就由这个罪人的身上传到了下一个罪人身上。于是就有影评人称其为"罪的传递"[30]，还举出了许多的所谓明显例证：《电话谋杀案》和《讹诈》的女主角，都被动地由受害人变成了杀人者；《辣手摧花》中的小查理，面对像是她"双生儿"的查理舅舅时，也连带着产生了负罪感；《火车怪客》里的盖尔获悉布鲁诺的可怕罪行后吓得不轻，但妻子被杀其实也符合他的内心愿望。甚至还有人觉得《西北偏北》里的罗杰·桑希尔之所以会有那些无比荒唐的遭遇，其实也是因为影片一开场他抢了别人的出租车，因此冥冥之中自有报应。

真要是这么想的话，那等于是将滑稽讽刺与神的严厉混为了一谈。希区柯克电影里的世界观，本就偏好这种凡事皆模棱两可、暧昧不明的态度，但这并不代表强奸、谋杀的暴力可以和自卫反击的暴力画等号，也不代表自私自利的小举动，就可以等同于变态暴行，不代表令人讨厌的念头就可以等同于令人讨厌的行为本身。在希区柯克的电影宇宙里，满满承载着的都是负罪感，剧中人就像是陷入沼泽的玛丽安·克雷恩的汽车那样，被这负罪感慢慢地、不可阻挡地、完全地吞没。但之所以会这样，是因为良心本就像是一位专爱惩罚人的监工，越是心地善良的人，越是敬畏上帝的人，越是容易受到良心惩罚。而这也构成了希区柯克电影里最致命的一个笑话：越是没什么事情需要有负罪感的男男女女，越是会被良心所困。或许，这也是希区柯克自己的内心感受。

所以，《海角擒凶》男主角巴里·凯恩想要获得自由，想让自己对民主继续保持信心，就必须艰苦斗争；还有《爱德华大夫》女主角彼得森大夫想要找出真相，帮助爱侣脱罪，或是《贵妇失踪记》里的艾丽丝想要理顺记忆，救出弗洛依小姐，也都需要付出努力才行。希区柯克为这些人物营造了充满仪式感的挑战，他们必须要坚持下来，才能变得更强大，才能获得赦免，才能确保名声不被玷污。从这个角度来看，这位现代主义大师又变成了中世纪艰辛磨难故事的设计者，因为这些情节让人想起了尚未发生宗教改革之前那个旧世界里的骑士传说。在希区柯克出生的那个国度，亚瑟王城堡和圆桌骑士的传说经久流传；亚瑟王和王后桂妮薇儿以及骑士兰斯洛特之间的致命三角恋情，被欲望、欺骗、内疚、羞耻和复仇牢牢包裹，真可谓是希区柯克惊悚片的绝佳素材。按照影评人尼尔·赫尔利神父（Father Neil Hurley）的说法，这种艰辛磨难其实也是耶稣会精神的根基所在。耶稣会会祖圣依纳爵·罗耀拉坚持认为："对于道德疾病的钻研，能帮助我们获得健康和幸福"[31]，而赫尔利神父就在《艳贼》和《群鸟》等希区柯克作品里找到了这样的例证：由蒂比·海德伦扮演的那两个角色，之所以会历经种种磨难，目的就是为了要解决掉她们身上的那些道德瑕疵，摆脱原本那种不堪或不快乐的生活。所以在赫尔利看来，在希区柯克的电影里，"最终是人的灵魂占据了上风，但在此之前，必须要先经历一番道德斗争。前途是光明的，但只有你自己先主动怀抱希望才行"。[32]

要是这么说的话，也许希区柯克在设定他那些具有古典传奇色彩的冒险故事的叙事结构时，他自己的宗教背景也帮了不少忙。但问题在于，他让剧中人经历的那些磨难，在道德层面究竟是否站得住脚？他自己究竟是怎么看待这个问题的，我们并不知道。在上述这两部蒂比·海德伦主演的电影里，本意始终是要让观众站在她这一边，而且相比她所犯的过错，最终受到的惩罚实在是有些过于严苛了——在《群鸟》里几乎被鸟杀死，在《艳贼》里更是遭到折磨、勒索、强奸，甚至想要自杀。还有《惊魂记》，玛丽安意识到了自己道德上有责任将偷来的钱还回去——然后就被人用刀砍死了。希区柯克自己也承认，纵览他全部电影作品，观众有可能会发现对于原罪这一概念的间接提示。[33]但是我们也可以认为，当他电影里涉及原罪的时候，与其说希区柯克是在支持这一概念，还不如说他其实是在抗议这一说法的不公。看看他电影里那些男男女女主人公，他们所背负的重担，其实来得毫无公平可言，有时候甚至称得上是随意和武断；这些偏执、内疚、羞耻的情绪，重重压在他们肩头，要想摆脱谈何容易，那种疲惫感就像是一场活生生的噩梦。

如果由他电影来判断的话，希区柯克这个人应该是相信类似于善恶这一类东西的，而且应该也很迷恋天主教的那些仪式、图像、标识。但不管是在他的电影里还是在他的个人生活中，上帝经常都只是时隐时现的存在，就像是一台信号不太好的短波收音机那样，时断时续。他电影里有很多位主人公，最终之所以能幸免于难，靠的不是上帝，而是自己——但他们事先又都知道，光靠个人主义并不是总能化险为夷。《房客》男主角最终能幸免于难，靠的是他向黛西敞开胸怀；《后窗》里的杰夫最终能够获得正义和幸福，靠的是他对丽莎的信任；《冲破铁幕》里的科学家之所以能大功告成，也全靠他接受了女友始终不渝的爱情。观看希区柯克的电影，你会觉得这既污秽又危险的世界可真是让人很难一眼看清。正所谓知人知面不知心，只要他们愿意，就可以背叛我们，伤害我们，摧毁我们。但是，我们又离不开他们。所以我们能想到的最好的办法，也就只是要尽可能地鼓起勇气，主动向他们伸出双手——希区柯克自己都觉得，想要做到这一点，其实非常困难，但有时候他这么做了，结果也确实得到了丰厚的回报，这方面最典型的例子便是他和阿尔玛的婚姻了。

关于这个问题，也许奥斯卡·王尔德的想法会让他觉得很有道理。想当初，王尔德声名狼藉之后曾写到过，罪和经历苦难其实都是"美丽、神圣的事"[34]，因为这能帮助你触及自己的内心，经历一次痛苦且艰辛的心灵成长历程，而这反过来又会让你与同胞们变得更为心贴心。虽然王尔德认为这个过程只能靠你自己努力，并不存在看不见的神祇可以依赖，但他也不否认，若想找到心灵上的平和，天主教实体——"可以触摸，可以看到的那些东西"[35]——也有重要作用。他想象着要"为那些无法信神的人创立一个教团，也许就称为'无父者兄弟会'吧，他们的圣坛上不点蜡烛，他们的神父心中也不存在平和二字，他可以用没受过祝福的面包和不盛酒的圣杯来主持圣餐"。[36] 考虑到希区柯克强烈的个人主义信仰和他那些"信仰考验"，再加上他对仪式、奇观、表演的热爱，说不定他很可能会转而信仰这种仪式感强烈的不可知论观点。说到底，想要知道上帝究竟在哪里，我们只能往人心深处那些说不清、道不明的奥秘中去寻找。

希区柯克在他自己创造的电影宇宙中，也做了五十年上帝。有时候，他是仁慈的赐予者，带来爱，带来重获新生的希望。另一些时候，他又会变成《旧约》里的上帝，用瘟疫和复仇天使来施加惩罚。但无论他扮演的究竟是哪一种至高无上的创世者，他创造出来的人物，终究逃不过生老病死的天然命运。在他缔造的这个星球上，每个人都是朝不保夕，随时都有性命之虞——只有他这位高高在上的煽风点火者除外，每部电影里，他都会稍稍露面，似乎成了这个宇宙中唯一永恒不朽的存在。

到了20世纪70年代，情况开始发生变化。为《狂凶记》做宣传时，希区柯克让人把一个他自己真人大小的模型扔进了泰晤士河，以浮尸的方式来宣告他这位"少年导演"的回归——时至此时，他依然喜欢用"少年导演"来称呼自己。又过了四年，《大巧局》的发行商考虑到该片欠缺真正有票房号召力的明星演员，于是索性就用希区柯克来当卖点，特意在电影海报上凸显了他的头像。在那款海报的偏下方，希区柯克的断头被摆在一枚硕大的水晶球内，而且还用冲我们眨眼的方式，暗示影片的最后一个镜头，但那似乎也是在大大咧咧地承认他也已经是年事已高、时日无多——可是，即便是去了另一个世界，他却照样有着全知全能的地位，照样可以将我们耍得团团转。他在《大巧局》里的客串登场，同样也是在拿自己的年龄在说笑，但却比这款海报设计来得更为坦率直接：他那著名的侧面剪影出现在一扇门后，正在训斥某人，而门上则写着这里是"出生和死亡登记处"。

　　笑话归笑话，希区柯克的人生最后阶段过得其实并不容易。想当初他由杀人这件事里获得的那些快乐，如今都因死亡带来的真正恐怖而悉数奉还了。活着的时候，他把生活当作艺术和技艺，力争能过得尽善尽美；但面对死亡时，却实在找不到什么能让自己鼓起勇气或得到宽慰的途径。他也想过要如何才能体面退场，但最终能够得到的，也不过就是影片结尾的那一个"终"字。

　　唐纳德·斯伯特在他写的那本希区柯克传记里提到过，最后那些日子里，希区柯克时而恐惧时而愤怒，而且还和许多人说过，他早已不再和教会联系，也不会接受临终赦免。[37]可是帕特里克·麦吉利根写的那本希区柯克传记里，却又出现了不同说法。书中记录耶稣会教士托马斯·沙利文神父"坚持要每周都去一次贝拉吉奥路他们家，让他和阿尔玛望弥撒"[38]，这听上去会让人觉得，希区柯克人生最后关头之所以还和天主教存有这种联系，与其说是因为他真诚渴望能更进一步地去贴近上帝，还不如说是因为他那种老派的英式待人接物方式和他不太敢拂逆权威人物的心态，让他无法拒绝托马斯·沙利文神父的拜访。

可是，希区柯克人生最后那几周里，多次陪同沙利文神父一起去他家的年轻耶稣会教士马克·亨宁格神父（Mark Henninger）却表示，其实是希区柯克主动要求他俩上门拜访的。至于远离教会那么多年的希区柯克，究竟为什么会在此时重又对其敞开怀抱，马克·亨宁格说他一直也没弄明白其确切原因，而且怀疑连希区柯克自己也不一定完全清楚。"但一定是有什么东西在他心底轻声低语，而我们的拜访也满足了他的某种深层渴望，那是一种真正意义上的人的需求。"[39]

亨宁格第一次陪沙利文神父去拜访希区柯克时，进门后发现他身穿一套黑色睡衣，坐在客厅里睡着了。但是疲劳、年龄和生病并没能抹除他的幽默感，希区柯克醒来后，沙利文神父告诉他说："这位是马克·亨宁格，年轻牧师，克利夫兰人。"睡眼惺忪的希区柯克抬起头来，回答道："专门从克利夫兰过来的？那我真是太失礼了！"望弥撒的过程中，可以明显看出，和他的幽默感一样，他旧有的那些信仰方式也都依然悉数保留着。例如他回答时用的都是拉丁语，就和他小时候一样，而不是像人多数人那样，在梵蒂冈第二届大公会议之后就改用英语来作答了。"但最值得注意的一幕还在于，"亨宁格写道，"领完圣餐之后，他默然哭了起来，泪水顺着他巨大的脸颊滚落下来。"[40]至于那究竟是被上帝的恩典所感动，还是因为害怕面对神的审判，害怕死后的未知世界，又或者仅仅只是人生临近终点时的莫名伤感，亨宁格说他并不知道答案。

希区柯克的去世，让阿尔玛很难接受，因此在她生命最后那两年时间里，阿尔玛始终都觉得他其实并未离开。[41] 从某种意义上来说，这也没错。随着 20 世纪渐行渐远，希区柯克在其中所占据的重要地位，也变得越来越明显。仗着自己惊人的天赋和不落俗套的个性，他给我们留下了各种色彩斑斓的遗产。那些错综复杂、令人不安、活力十足的作品，也堪称是他那个时代的权威写照。距离去世不久之前，他在回答关于自己未来计划的采访时表示：还是同样的东西，还是这年复一年的希区柯克老味道。"我现在还有很多新的想法……总会有新的灵感，新的故事浮现在我脑海……别说我没事先提醒你哦，我可是打算一直就这么干下去的！"[42]

鸣　谢

我要特别感谢希区柯克信托基金会允许我转载他们的各种资料内容。还有多家类似机构也都给予了我同样的协助，在此谨表感谢。

在我研究过程中给过我帮助的热心人士和机构包括有：玛格丽特·赫里克图书馆（Margaret Herrick Library）的丽莎·希尔顿（Lisa Hilton）及其热情的工作人员；美国电影艺术与科学学院口述历史项目部的布伦丹·科茨（Brendan Coates）；波士顿大学霍华德·戈特利布档案研究中心（Howard Gotlieb Archival Research Center）的JC·约翰逊（JC Johnson）及其同仁；加州大学洛杉矶分校的查尔斯·E·杨研究图书馆（Charles E. Young Research Library）；南卫理公会大学戴高礼图书馆的特丽·海达利（Terre Heydari）；得克萨斯大学奥斯汀分校哈里·兰塞姆中心的盖拉·西姆斯（Gaila Sims）；威斯康星历史研究学会的苏珊·克吕格（Susan Krueger）；纽约公共图书馆古籍善本部及比利·罗斯

戏剧分部；耶鲁大学贝内克古籍善本图书馆；哥伦比亚大学巴特勒图书馆；牛津大学博德利图书馆；英国电影学会的维多利亚·贝内特（Victoria Bennett）及其同仁以及伟大的大英图书馆的所有工作人员。

正所谓前人栽树后人乘凉，我还要感谢多位专攻希区柯克相关领域的资深学者，包括有查尔斯·巴尔、珍·斯隆、西德尼·戈特利布、约翰·拉塞尔·泰勒、唐纳德·斯伯托、丹·奥勒、塔妮娅·莫德莱斯基和彼得·康拉德等。还有同属这一群体的帕特里克·麦吉利根，我要特别鸣谢他给予我的友好襄助，并要向苏·琼斯（Sue Jones）、塔比莎·马钦（Tabitha Machin）、大卫·弗里曼、芭芭拉·李-亨特、彼得·博格丹诺维奇、蒂姆·柯比（Tim Kirby）、威廉·德范、玛丽艾特·哈特利（Mariette Hartley）、伯纳德·克里宾斯、尼克·赖特（Nick Wright）、科妮莉亚·帕克、格斯·范·桑特、唐娜·拉涅利（Donna Ranieri）、安德鲁·班布里奇（Andrew Bainbridge）、索菲·斯威特（Sophie Sweet）和克里斯·李维致以谢意。

要感谢诺顿出版社（W. W. Norton）的南希·帕姆奎斯特（Nancy Palmquist）及全社上下诸君，尤其是责编约翰·格鲁斯曼（John Glusman）以及不厌其烦地满足我各种要求的海伦·托迈德斯女史（Helen Thomaides），她身上所展现出的高效与宽容，皆堪称典范。还有版权代理公司的梅丽莎·弗拉姆森（Melissa Flamson）和珍妮特·伍兹（Janet Woods），都曾给过我极其宝贵的指导与帮助，而克里斯·帕里斯-兰姆（Chris Parris-Lamb）也一如既往地给了我许多可贵的建议和鼓励。另外我还想要感谢哥内特文学经纪公司（Gernert Company）的莎拉·波林（Sarah Bolling）及其同仁。

我能有今天的一切，离不开家人始终如一的忍耐与支持，我对此始终铭记于心。

希区柯克作品年表

　　由阿尔弗雷德·希区柯克单独执导的英语长片。关于其最早期那些作品的确切上映年代，坊间存有不同说法，此处仅以其作品的英国首映年代为据，而1939年希区柯克转投好莱坞之后的作品，则依其美国首映年代而定。

《欢乐园》*The Pleasure Garden*（1926）

《山鹰》*The Mountain Eagle*（1926）

《房客》*The Lodger: A Story of the London Fog*（1926）

《下坡路》*Downhill*（1927）

《水性杨花》*Easy Virtue*（1927）

《拳击场》*The Ring*（1927）

《农夫的妻子》*The Farmer's Wife*（1928）

《香槟》*Champagne*（1928）

《孟克斯人》*The Manxman*（1929）

《讹诈》*Blackmail*（1929）

《朱诺和孔雀》*Juno and the Paycock*（1930）

《谋杀》*Murder!*（1930）

《面子游戏》*The Skin Game*（1931）

《奇怪的富翁》*Rich and Strange*（1931）

《十七号》*Number Seventeen*（1932）

《维也纳的华尔兹》*Waltzes from Vienna*（1934）

《擒凶记》*The Man Who Knew Too Much*（1934）

《三十九级台阶》*The 39 Steps*（1935）

《间谍》*Secret Agent*（1936）

《阴谋破坏》*Sabotage*（1936）

《年轻姑娘》*Young and Innocent*（1937）

《贵妇失踪记》*The Lady Vanishes*（1938）

《牙买加旅店》*Jamaica Inn*（1939）

《蝴蝶梦》*Rebecca*（1940）

《海外特派员》*Foreign Correspondent*（1940）

《史密斯夫妇》*Mr. and Mrs. Smith*（1941）

《深闺疑云》*Suspicion*（1941）

《海角擒凶》*Saboteur*（1942）

《辣手摧花》*Shadow of a Doubt*（1943）

《救生艇》*Lifeboat*（1944）

《爱德华大夫》*Spellbound*（1945）

《美人计》*Notorious*（1946）

《凄艳断肠花》*The Paradine Case*（1947）

《夺魂索》*Rope*（1948）

《风流夜合花》*Under Capricorn*（1949）

《欲海惊魂》*Stage Fright*（1950）

《火车怪客》*Strangers on a Train*（1951）

《忏情记》*I Confess*（1953）

《电话谋杀案》*Dial M for Murder*（1954）

《后窗》*Rear Window*（1954）

《捉贼记》*To Catch a Thief*（1955）

《怪尸案》*The Trouble with Harry*（1955）

《擒凶记》*The Man Who Knew Too Much*（1956）

《伸冤记》*The Wrong Man*（1956）

《迷魂记》*Vertigo*（1958）

《西北偏北》*North by Northwest*（1959）

《惊魂记》*Psycho*（1960）

《群鸟》*The Birds*（1963）

《艳贼》*Marnie*（1964）

《冲破铁幕》*Torn Curtain*（1966）

《谍魂》*Topaz*（1969）

《狂凶记》*Frenzy*（1972）

《大巧局》*Family Plot*（1976）

缩　写

AH　　　　Alfred Hitchcock

AHC MHL　Alfred Hitchcock Collection, Margaret Herrick Library,
Academy of Motion Picture Arts and Sciences

BFI　　　British Film Institute

MHL　　　Margaret Herrick Library, Academy of Motion Picture Arts
and Sciences

Kirby　　Transcripts of interviews by Tim Kirby, Patrick McGilligan
Collection, Wisconsin Historical Society

DSP UCLA　Donald Spoto Papers, Department of Special Collections,
Charles E. Young Library, University of California, Los
Angeles

HGARC　　Howard Gotlieb Archival Research Center at Boston
University

OHP　　　Academy of Motion Picture Arts & Sciences Oral History
Projects

PMC WHS　Patrick McGilligan Collection, Wisconsin Historical Society

SMU　　　DeGolyer Library, Southern Methodist University, Ronald L.
Davis Oral History Collectio

注 释

前言

[1] Patrick McGilligan, *Alfred Hitchcock: A Life in Darkness and Light* (New York: HarperCollins, 2010), loc. 1062 of 20272, Kindle.

[2] Andy Warhol, "Hitchcock," *Andy Warhol's Interview*, September 1974, 7.

[3] Paula Marantz Cohen, "Alfred Hitchcock: modest exhibitionist," *TLS* (September 5, 2008), https://www.the-tls.co.uk/articles/private/alfred-hitchcock-modest-exhibitionist/.

[4] David Galenson, *Old Masters and Young Geniuses: The Two Life Cycles of Artistic Creativity* (Princeton and Oxford: Princeton University Press, 2006).

[5] Norman Lloyd, interview by Fletcher Markle, "A Talk with Hitchcock, Part Two," *Telescope*, on the DVD *A Talk with Hitchcock*, 2000. Originally broadcast by CBC, 1964.

1 长不大的男孩

[1] "Our Captious Critic: 'Mary Rose,' at the Haymarket Theatre," review of *Mary Rose* by J. M. Barrie, Haymarket Theatre, London, *Illustrated Sporting and Dramatic News*, May 15, 1920.

[2] " 'Mary Rose' at the Haymarket," review of *Mary Rose* by J. M. Barrie, Haymarket Theatre, London *Common Cause*, May 7, 1920.

[3] Herbert Coleman to Kay Selby, May 9, 1957, Paramount Pictures Production Records, MHL.

[4] Charlotte Chandler, *It's Only a Movie—Alfred Hitchcock: A Personal Biography* (London: Pocket Books, 2006), 34.

[5] Patricia Hitchcock O'Connell, in "Reputations," *Hitch: Alfred the Great*, BBC Two, May 30, 1999.

[6] François Truffaut, *Hitchcock* (London: Faber & Faber, 2017), 25.

[7] 关于耶稣会士的有帮助的叙事吏，见 Jonathan Wright, *God's Soldiers: Adventure, Politics, Intrigue, and Power—A History of the Jesuits* (London: Doubleday, 2005)。

[8] John O'Riordan, "Interview with Alfred Hitchcock," *Ignatian*, summer 1973, reprinted in Neil Hurley, *Soul in Suspense: Hitchcock's Fright and Delight* (Metuchen, NJ, and London: Scarecrow Press, 1993), 290.

[9] Ibid.

[10] Donald Spoto, *The Dark Side of Genius: The Life of Alfred Hitchcock* (London: Collins, 1983), 28, citing an interview with Hitchcock in *TV Guide*, May 29, 1965.

[11] Bill Mumy, interview by Archive of American Television, September 3, 2013, Television Academy Foundation, https://interviews.televisionacademy.com/interviews/bill-mumy.

[12] "The Elderly Cherub That Is Hitchcock, " *TV Guide*, May 29, 1965, 15.

[13] McGilligan, *Darkness and Light*, loc. 485 of 20272, Kindle.

[14] Hedda Hopper, "Hitchcock: He Runs on Fear, " *Los Angeles Times*, August 17, 1958, part V, 1.

[15] Robert Boyle, OHP.

[16] Spoto, *Dark Side of Genius*, 9.

[17] Chandler, *It's Only a Movie*, 37.

[18] Truffaut, *Hitchcock*, 25.

[19] John Russell Taylor, *Hitch: The Life and Times of Alfred Hitchcock* (London: Bloomsbury Reader, 2013), loc. 147 of 5468, Kindle.

[20] Oriana Fallaci, "Mr. Chastity, " in *The Egotists: Sixteen Surprising Interviews*, trans. Pamela Swinglehurst (Chicago: Henry Regnery, 1968), 249. The interview took place in May 1963. See also McGilligan, *Darkness and Light*, loc. 137 of 20272, Kindle.

[21] "Hitchcock in Sydney on PR Visit, " *The Advertiser*, May 5, 1960, AHC MHL.

[22] Chandler, *It's Only a Movie*, 31.

[23] Spoto, *Dark Side of Genius*, 340.

[24] Ibid., 18–19.

[25] 希区柯克把这个故事告诉了不同的采访者，包括Fletcher Markle和Dick Cavett。See Markle, "A Talk with Hitchcock, Part Two, " and *The Dick Cavett Show*, ABC, June 8, 1972.

[26] AH, Markle, "A Talk with Hitchcock, Part Two."

[27] AH, interview by George Angell, *Time of My Life: Alfred Hitchcock*, BBC Home Service, August 28, 1966.

[28] Chandler, *It's Only a Movie*, 13.

[29] Russell Maloney, "What Happens After That?" Profiles, *New Yorker*, September 10, 1938, 24.

[30] Patrick McGilligan, *Backstory 2: Interviews with Screenwriters of the 1940s and 1950s* (Berkeley: University of California Press, 1991), 138.

[31] Hopper, "Hitchcock: He Runs on Fear, " 1.

[32] Alfred Hitchcock, "Why I Am Afraid of the Dark, " in *Hitchcock on Hitchcock, Volume 1*, ed. Sidney Gottlieb, trans. Claire Marrone (London: University of California Press, 1997), 143. Originally published as "Pourquoi J'ai Peur la Nuit, " *Arts: Lettres, Spectacles*, no. 777 (June 1–7, 1960): 1, 7.

[33] Alfred Hitchcock, "Columbus of the Screen," *Film Weekly*, February 21, 1931, 9.

[34] 希区柯克对将旧金山湾区的铁路网络融入《大巧局》剧本中的兴趣从他与电影编剧莱曼的故事讨论的文字记录中可见一斑。Ernest Lehman Collection, Harry Ransom Center, University of Texas at Austin.

[35] 这些问题的讨论出现在关于《短暂的一夜》的各种信件与备忘录的文件夹中。AHC MHL.

[36] Herbert Coleman, *The Man Who Knew Hitchcock: A Hollywood Memoir* (Lanham, MD; Toronto; Plymouth, UK: Scarecrow Press, 2007), 220.

[37] *The Birds* story conference, February 24, 1962, AHC MHL.

[38] Vicky Lebeau, *Childhood and Cinema* (London: Reaktion Books, 2008), 37.

[39] Michael Walker, *Hitchcock's Motifs* (Amsterdam: Amsterdam University Press, 2005), 98–110.

[40] Rex Reed, "Film Violence," *Calgary Herald*, June 17, 1972, 65.

[41] F. S. Jennings, "Master of Suspense," *The Era*, December 9, 1936, 13.

[42] James Chapman, *Hitchcock and the Spy Film* (London: Bloomsbury, 2017), 102, citing Anthony Lejeune, ed., *The C.A. Lejeune Film Reader* (Manchester, UK: Carcanet, 1991), 107.

[43] Alfred Hitchcock, "The Enjoyment of Fear," *Good Housekeeping*, February 1949, 243.

[44] Truffaut, *Hitchcock*, 109.

[45] Gus Van Sant in discussion with the author, October 17, 2018.

[46] Ibid.

[47] Donald Du Pre to AH, undated, AHC MHL.

[48] Truffaut, *Hitchcock*, 259.

[49] Jay Presson Allen, interviewed by Tim Kirby for *Reputations*, BBC, PMC WHS.

[50] Truffaut, *Hitchcock*, 51.

[51] Notes on script, "MELANIE—FINAL SEQUENCE," April 9, 1962, AHC MHL.

[52] William Baer, *Classic American Films: Conversations with the Screenwriters* (Westport, CT; London: Praeger, 2008), 81.

[53] "Everyone's Wicked Uncle," BBC Radio 3, 1999.

[54] Taylor, *Hitch*, loc. 199 of 5468, Kindle.

[55] Ibid., loc. 483 of 5468, Kindle.

[56] Mark Honigsbaum, *Living with Enza: The Forgotten Story of Britain and the Great Flu Pandemic of 1918* (London: Macmillan, 2009), 105.

[57] Jerry White, *Zeppelin Nights: London in the First World War* (London: Bodley Head, 2014), i.

[58] Ibid., 215.

[59] Taylor, *Hitch*, loc. 488 of 5468, Kindle.

[60] "Westcliff Cine Club Visits Mr Hitchcock in Hollywood," https://player.bfi.org.uk/free/film/watch-westcliff-cine-club-visits-mr-hitchcock-in-hollywood-1963-online.

2 杀人者

[1] Michael Balcon, *Michael Balcon Presents: A Lifetime of Films* (London: Hutchinson, 1969), 19.

[2] Ibid.

[3] Lottie Eisner, *The Haunted Screen: Expressionism in the German Cinema and the Influence of Max Reinhardt* (Davis: University of California Press, 2008), 8.

[4] Chandler, *It's Only a Movie*, 51.

[5] Alfred Hitchcock, "My Screen Memories—I: I Begin with a Nightmare," *Film Weekly*, May 2, 1936, 16.

[6] Truffaut, *Hitchcock*, 268.

[7] Keith Brace, "The Trouble with Alfred," *Birmingham Daily Post*, August 5, 1960, 3.

[8] Alfred Hitchcock and Frederic Wertham, "A *Redbook* Dialogue," in Gottlieb, ed., *Hitchcock on Hitchcock, Volume 1*, 152. Originally published in *Redbook* 120 (April 1963): 71, 108, 110–12.

[9] Alfred Hitchcock, "Why 'Thrillers' Thrive," *Picturegoer*, January 18, 1936, 15.

[10] Peggy Robertson, OHP.

[11] Spoto, *Dark Side of Genius*, 311.

[12] Fallaci, "Mr. Chastity," in *The Egotists*, 243.

[13] John Russell Taylor, "Surviving: Alfred Hitchcock," *Sight & Sound* 46 (Summer 1977): 174.

[14] Ivor Davis, "Alfred Hitchcock Abhors Violence, Prefers Suspense": *Los Angeles Times*,

September 7, 1969, 26.

[15] Hitchcock and Wertham, "A *Redbook* Dialogue," in Gottlieb, ed., *Hitchcock on Hitchcock, Volume 1*, 152.

[16] R. Allen Leider, "Interview: Alfred Hitchcock," in Sidney Gottlieb, ed., *Hitchcock on Hitchcock, Volume 2* (Oakland: University of California Press, 2015), 260.

[17] "From the archive, 24 January 1920: Is there a crime wave in the country?" *Guardian*, January 24, 2012, https://www.theguardian.com/theguardian/2012/jan/24/crime-wave-uk-1920. Originally published in the Manchester *Guardian*, January 24, 1920.

[18] Taylor, *Hitch*, loc. 285 of 5468, Kindle.

[19] Alfred Hitchcock, "Murder-with English on It," *New York Times Magazine*, March 3, 1957, 17.

[20] AH to Anita Colby, May 1, 1957, AHC MHL.

[21] Leider, "Interview: Alfred Hitchcock," in Gottlieb, ed., *Hitchcock on Hitchcock, Volume 2*, 260.

[22] Ibid.

[23] Bosley Crowther to AH, December 1, 1960, AHC MHL.

[24] George Orwell, "The English People," *I Have Tried to Tell the Truth: 1943–1944* (London: Secker & Warburg, 1998), 201.

[25] George Orwell, "Decline of the English Murder," in *Decline of the English Murder* (London: Penguin, 2009), 15.

[26] "Alfred Hitchcock Reveals His Methods," *Midland Daily Telegraph*, July 14, 1936, 6.

[27] Hitchcock, "Why 'Thrillers' Thrive," 15.

[28] Joseph Cotten, *Vanity Will Get You Somewhere* (London: Columbus Books, 1987), 64.

[29] Chandler, *It's Only a Movie*, 19.

[30] Harold Hayes to AH, December 28, 1960, AHC MHL.

[31] Alfred Hitchcock, "The Sophistication of Violence," *Esquire*, July 1961, 108.

[32] David Thomson, *The Moment of Psycho: How Alfred Hitchcock Taught America to Love Murder* (New York: Basic Books, 2009).

[33] Leider, "Interview: Alfred Hitchcock," in Gottlieb, ed., *Hitchcock on Hitchcock, Volume 2*, 259.

[34] Truffaut, *Hitchcock*, 44.

[35] Ibid., 47.

[36] "Alfred Hitchcock Murders a Blonde," in Gottlieb, ed., *Hitchcock on Hitchcock, Volume 2*, 87. Originally published in *Weekend Magazine, Ottawa Citizen* 8, no. 22 (May 31, 1958): 6, 7, 33, 44.

[37] Simon Joyce, "Sexual Politics and the Aesthetics of Crime: Oscar Wilde in the '90s,"

FLH 69, no. 2 (Summer 2002): 501–23.

[38] Ibid.

[39] 在Cornwell的第二本书出版之前，Patrick McGilligan注意到了这种联系。See McGilligan, *Darkness and Light*, loc. 12019 of 20272, Kindle. Cornwell's books are *Portrait of a Killer: Jack the Ripper, Case Closed* (New York: Little, Brown, 2002), and *Ripper: The Secret Life of Walter Sickert* (Seattle: Thomas & Mercer, 2017).

[40] Inventory of Hitchcock's art, AHC MHL.

[41] Alfred Hitchcock, *Alfred Hitchcock Presents Music to Be Murdered By*, 1958.

[42] Eminem, Twitter, January 17, 2020, https://twitter.com/Eminem/status/1218044393736822786.

[43] Patricia Hitchcock O'Connell and Laurent Bouzereau, *Alma Hitchcock: The Woman Behind the Man* (New York: Berkley Books, 2003), 203.

[44] J. Danvers Williams, "The Censor Wouldn't Pass It," *Film Weekly*, November 5, 1938, 6.

[45] Truffaut, *Hitchcock*, 159.

[46] Charles Barr and Alain Kerzoncuf, *Hitchcock Lost and Found: The Forgotten Films* (Lexington: University Press of Kentucky, 2015), 126.

[47] Ibid., 158.

[48] Truffaut, *Hitchcock*, 161.

[49] Kay Gladstone, "Separate Intentions: The Allied Screening of Concentration Camp Documentaries in Defeated Germany in 1945–46: *Death Mills and Memory of the Camps*," in *Holocaust and the Moving Image: Representations in Film and Television since 1933*, ed. Toby Haggith and Joanna Newman (London: Wallflower, 2005), 50–64.

[50] 这部影片保存在帝国战争博物馆的档案室，但公众可以在2014年拍摄的纪录片《夜将降临》（*Night Will Fall*）中看到希区柯克剪辑的这部影片的一些镜头，这部纪录片讲述了《德国集中营事实调查》的制作过程，也可以在PBS的前线纪录片单元在线观看。

[51] Sidney Bernstein speaking in *Night Will Fall*, 2014.

[52] Elizabeth Sussex, "The Fate of F3080," *Sight & Sound* 53, no. 2 (Spring 1984): 92.

[53] Jean-Louis Comolli, "Fatal Rendezvous," in *Cinema and the Shoah: An Art Confronts the Tragedy of the Twentieth Century*, ed. Jean-Michel Frodon, trans. Anna Harrison and Tom Mes (Albany: State University of New York Press, 2010), 62.

[54] Robin Wood, *Hitchcock's Films Revisited* (New York: Columbia University Press, 1989), 150.

[55] Peter Bogdanovich, "Hitchcock High and Low," *New York*, May 6, 1974, 75.

[56] Alfred Hitchcock, interview by Richard Schickel, *The Men Who Made the Movies: Alfred Hitchcock*, PBS, November 4, 1973.

[57] Jane Sloan, *Alfred Hitchcock: A Filmography and Bibliography* (Berkeley: University of California Press, 1995), 37.

[58] *Hitchcock at the NFT*, BBC One, December 30, 1969. Viewed at the BFI Southbank Mediatheque, London.

[59] Ibid.

[60] Quoted in Robert Sklar, "Death at Work: Hitchcock's Violence and Spectator Identification," in *After Hitchcock: Influence, Imitation, and Intertexuality*, ed. David Boyd and R. Barton Palmer (Austin: University of Texas Press, 2010), 219. Original source is "Le Devoir" interview, folder no. 96, Sam Peckinpah Collection, MHL.

[61] Barry Foster, speaking in *The Story of Frenzy*, DVD extra on *Frenzy*, 2005.

[62] Ibid.

3 作者

[1] Ronald Neame, interviewed by Tim Kirby for *Reputations*, BBC, PMC WHS.

[2] Ibid.

[3] Gerald Pratley, "Alfred Hitchcock's Working Credo," *Films in Review* 3, no. 10 (December 1952): 502.

[4] Ibid., 503.

[5] André Bazin, "Hitchcock vs. Hitchcock," in *The Cinema of Cruelty: From Buñuel to Hitchcock* (New York: Seaver Books, 1982), 144. Originally appeared in *Cahiers du Cinéma*, no. 39, October 1954.

[6] Ibid., 145.

[7] Richard Roud, "The French Line," *Sight & Sound* 29, no. 4 (Autumn 1960): 167.

[8] Ibid., 169.

[9] Peggy Robertson to Jean Douchet, June 14, 1963, AHC MHL.

[10] Suzanne Gauthier to Miss Minotto at the Fairmont Hotel, San Francisco, June 28, 1963, AHC MHL.

[11] Alfred Hitchcock, "Films We Could Make," *London Evening News*, November 16, 1927, 13.

[12] June Tripp, *The Glass Ladder* (London: William Heinemann, 1960), 156.

[13] Balcon, *Michael Balcon Presents*, 26.

[14] Ivor Montagu, *The Youngest Son* (London: Lawrence and Wishart, 1970), 349.

[15] Ivor Montagu, "Working with Hitchcock," *Sight & Sound* 49, no. 3 (Summer 1980): 190.

[16] Ibid.

[17] Montagu, *The Youngest Son*, 349.

[18] Hitchcock O'Connell and Bouzereau, *Alma Hitchcock*, 3.

[19] Joan Weston Edwards, "Making Good in the Film Trade," unknown publication,

February 26, 1927, AHC MHL.

[20] Hitchcock O'Connell and Bouzerau, *Alma Hitchcock*, 25.

[21] Alma Reville Hitchcock, "My Husband Hates Suspense," *Everywoman's Family Circle*, June 1958, 37.

[22] Hitchcock O'Connell and Bouzereau, *Alma Hitchcock*, 19.

[23] Ibid., 17.

[24] Alfred Hitchcock, "The Woman Who Knows Too Much," *McCall's*, March 1956, 12.

[25] McGilligan, *Darkness and Light*, loc. 1656 of 20272, Kindle.

[26] Hitchcock, "I Begin with a Nightmare," 17.

[27] Ibid.

[28] Alfred Hitchcock, "Life Among the Stars," *News Chronicle*, March 1, 1937, 15.

[29] Patrick McGilligan and Peter Ackroyd both make this point in their biographies of Hitchcock.

[30] A. J. Hitchcock, "Titles—Artistic and Otherwise," *Motion Picture Studio*, July 23, 1921, 6.

[31] Alfred Hitchcock, "My Spies," *Film Weekly*, May 30, 1936, 27.

[32] Alfred Hitchcock, "Lecture at Columbia University," in Gottlieb, ed., *Hitchcock on Hitchcock, Volume 1*, 267. Full transcript of the lecture in AHC MHL.

[33] John P. Shanley, "Lady Producer of Thrillers," *New York Times*, May 29, 1960, 11.

[34] Gilbert Millstein, "Harrison Horror Story," *New York Times*, July 21, 1957, 23.

[35] Janet Leigh with Christopher Nickens, *Psycho: Behind the Scenes of the Classic Thriller* (London: Pavilion Books, 1995), 67.

[36] "Hitchcock's Shower Scene: Another View," *Cinefantastique* 16, no. 4 (October 1986): 66. Saul Bass Collection, MHL.

[37] Ibid.

[38] Evan Hunter to Scott Meredith, October 27, 1961, Evan Hunter Collection, HGARC.

[39] Evan Hunter, *Me and Hitch* (London: Faber & Faber, 1997), 4.

[40] Maloney, "What Happens After That?" 25.

[41] Pamela Robertson Wojcik, "The Author of This Claptrap: Cornell Woolrich, Alfred Hitchcock, and *Rear Window*," in *Hitchcock at the Source: The Auteur as Adaptor*, ed. R. Barton Palmer and David Boyd (Albany: State University of New York Press, 2011), 218. Quoting from AH's deposition in the case of *Stewart* v. *Abend*. See also http://www.writingwithhitchcock.com/ontherecord.html.

[42] Gerald Clark, "Here's Hitchcock's Recipe for Suspense," *Weekend Magazine, The Standard*, December 22, 1951, 11.

[43] Auiler, *Hitchcock's Secret Notebooks*, 24.

[44] 这样的名单和信件在希区柯克文件的多处可见。AHC MHL.

[45] Alfred Hitchcock, "How I Make My Films," *News Chronicle*, March 5, 1937, 14.

[46] "Story Conference for *Family Plot*," 44, Ernest Lehman Collection, Harry Ransom Center, University of Texas at Austin. See also McGilligan, *Darkness and Light*, loc. 16344 of 20272, Kindle.

[47] See Leonard J. Leff, *Hitchcock and Selznick: The Rich and Strange Collaboration of Alfred Hitchcock and David O. Selznick in Hollywood* (London: Weidenfeld & Nicholson, 1987).

[48] Baer, *Classic American Films*, 61.

[49] Peter Bogdanovich, "Alfred Hitchcock (1899–1980)," in *Who the Devil Made It: Conversations with Legendary Film Directors* (New York: Ballantine Books, 1997), loc. 9300 of 15740, Kindle.

[50] Lawrence Greene, "He Is a Camera," *Esquire*, August 1952, 110.

[51] Baer, *Classic American Films*, 63.

[52] Ibid., 71.

[53] Spoto, *Dark Side of Genius*, 392.

[54] Ernest Lehman, "Screen Writer's Recipe for 'Hitch's Brew,' " *New York Times*, August 2, 1959, 5.

[55] Ernest Lehman, Kirby.

[56] Transcript of *Family Plot* story conference, Ernest Lehman Collection, Harry Ransom Center, University of Texas at Austin.

[57] Charles Barr, *English Hitchcock* (Moffat, Scotland: Cameron and Hollis, 1999), 23.

[58] Samuel Taylor, speaking in *Omnibus: It's Only Another Movie*, BBC One, September 26, 1986.

[59] Charles Bennett, *Hitchcock's Partner in Suspense: The Life of Screenwriter Charles Bennett*, ed. John Charles Bennett (Lexington: University of Kentucky, 2018), 205.

[60] Ibid., 67.

[61] Coleman, *The Man Who Knew Hitchcock*, 181.

[62] Bennett, *Hitchcock's Partner in Suspense*, 52.

[63] Evan Hunter to Scott Meredith, September 30, 1961, Evan Hunter Collection, HGARC.

[64] AH to Evan Hunter, November 30, 1961, AHC MHL. Published in Auiler, *Hitchcock's Secret Notebooks*, 206.

[65] Hunter, *Me and Hitch*, 56.

[66] Chris Wehner, "Chris Wehner: Interview with REAR WINDOW scribe John Michael Hayes," http://www.screenwritersutopia.com/article/d14ec43e. Originally published in *Screenwriter's Monthly*, December 2002.

[67] Spoto, *Dark Side of Genius*, 361.

[68] Ibid.

[69] Wehner, "Chris Wehner: Interview."

[70] Ibid.

[71] John Michael Hayes, interview by Steven DeRosa, https://www.youtube.com/watch?v=l981MGsT9n4.

[72] Truffaut, *Hitchcock*, 71.

[73] Thornton Wilder to Isobel Wilder, May 26, 1942, *The Selected Letters of Thornton Wilder*, eds. Robin G. Wilder and Jackson R. Bryer (New York: HarperCollins, 2008), 395.

[74] Bogdanovich, *Who the Devil Made It*, loc. 9798 of 15740, Kindle.

[75] AH, interview by Gilbert Harrison, January 4, 1980, Gilbert A. Harrison Papers Relating to Thornton Wilder, Beinecke Rare Book and Manuscript Library, Yale University.

[76] John Steinbeck to Annie Laurie Williams, February 21, 1944, in *Steinbeck: A Life in Letters*, ed. Elaine Steinbeck and Robert Wallsten (London: Penguin, 2001), 267.

[77] Frank MacShane, *The Life of Raymond Chandler* (London: Hamish Hamilton, 1986), 175.

[78] Ibid., 171.

[79] Ibid., 173. 引自钱德勒个人档案中的笔记。

[80] McGilligan, *Darkness and Light*, loc. 10195 of 20272, Kindle.

[81] Raymond Chandler to AH, December 6, 1950, in *The Raymond Chandler Papers: Selected Letters and Non-Fiction, 1909–1959*, eds. Tom Hiney and Frank MacShane (London: Hamish Hamilton, 2000), 142.

[82] Ibid.

[83] Raymond Chandler to Sol Siegal, April 27, 1951, in Hiney and MacShane, eds., *Raymond Chandler Papers*, 162.

[84] Charles Barr, *Vertigo*, 2nd ed. (London: BFI, 2012), 11. See also Dan Auiler, *Vertigo: The Making of a Hitchcock Classic* (London: Titan, 1999).

[85] AH to Vladimir Nabokov, November 19, 1964, AHC MHL.

[86] Ibid.

[87] Hunter, *Me and Hitch*, 24.

[88] AH to Evan Hunter, November 30, 1961, AHC MHL. Published in Auiler, *Hitchcock's Secret Notebooks*, 209.

[89] Baer, *Classic American Films*, 70.

[90] March 9, 1969, Sandee to AHC MHL.

[91] Cited in Robert Kapsis, *Hitchcock: The Making of a Reputation* (Chicago and London: University of Chicago Press, 1992), 68. 这些话出现在希区柯克办公室在20世纪60年代写给公众的大量信件中，AHC MHL。Kapsis's 的书再现了公众的各种信

件，他们对电影含混的结局及缺乏明显的鸟类袭击原因感到困惑、好奇和愤怒，
64–68。

4 渣男

[1] G. A. Atkinson, "The Authenticity of Alfred," *The Era*, December 16, 1931, 10.

[2] AH to David O. Selznick, July 19, 1939, AHC MHL, reprinted in Auiler, *Hitchcock's Secret Notebooks*, 308.

[3] AH to David O. Selznick, July 21, 1939, AHC MHL, reprinted in Auiler, *Hitchcock's Secret Notebooks*, 309.

[4] Joan Fontaine, *No Bed of Roses* (London: W.H. Allen, 1978), 116.

[5] Leff, *Hitchcock and Selznick*, 74. Originally printed in *Photoplay*, September 1979, 57.

[6] "Exposing Weaknesses of Top Ranking Stars," *Modern Screen*, December 1940, 24. Joan Fontaine Collection, HGARC.

[7] 关于英国妇女参政主义运动的精彩概述，见Diane Atkinson, *Rise Up Women!: The Remarkable Lives of the Suffragettes* (London: Bloomsbury, 2018)。

[8] Anthony Slide, *The Silent Feminists: America's First Women Directors* (Lanham, MD, and London: Scarecrow Press, 1996), xvii.

[9] John Russell Taylor 在他的授权传记中称编剧为Anita Ross;在Peter Bogdanovich未发表的采访中，Hitchcock称她为Elsie Codd。

[10] Bryony Dixon, "The White Shadow," http://www.screenonline.org.uk/film/id/1423007/index.html.

[11] Balcon, *Michael Balcon Presents*, 16.

[12] Title card from *The White Shadow* (1923).

[13] Alfred Hitchcock, "How I Choose My Heroines," in Langford Reed and Hetty Spiers, eds., *Who's Who in Filmland* (London: Chapman and Hall, 1931), xxi.

[14] Huw Weldon, "Alfred Hitchcock on His Films," *The Listener*, August 6, 1964, 189.

[15] Donald Spoto, *Spellbound by Beauty: Alfred Hitchcock and His Leading Ladies* (London: Arrow, 2009), loc. 3777 of 4805, Kindle.

[16] Joseph McBride, "Mr. and Mrs. Hitchcock," *Sight & Sound* 45, no. 4 (Autumn 1976): 225.

[17] Tony Lee Moral, *Hitchcock and the Making of* Marnie (Lanham, MD; Toronto; Plymouth, UK: Scarecrow Press, 2013), 100.

[18] McGilligan, *Darkness and Light*, loc. 4009 of 20272, Kindle.

[19] Truffaut, *Hitchcock*, 34.

[20] Spoto, *Spellbound by Beauty*, loc. 276 of 4805, Kindle.

[21] E. M. Forster, diary entry, cited in Wendy Moffatt, *A Great Unrecorded History: A New Life of E. M. Forster* (New York: Farrar, Straus & Giroux, 2010), 39.

[22] Roderick Mann, "Hitchcock: Show Must Go On," *Los Angeles Times*, August 8, 1978, part IV, 7.

[23] Alfred Hitchcock, "Elegance Above Sex," in Gottlieb, ed., *Hitchcock on Hitchcock, Volume 1*, 95. Originally published in *Hollywood Reporter*, November 1962, 172.

[24] American Film Institute, "Dialogue on Film: Alfred Hitchcock," in Sidney Gottlieb, ed., *Alfred Hitchcock Interviews* (Jackson: University Press of Mississippi, 2003), 93.

[25] Evan Hunter, Kirby.

[26] Bogdanovich, *Who the Devil Made It*, loc. 10034 of 15740, Kindle.

[27] Bryan Mawr, quoted in Robert Lacey, *Grace* (London: Sidgwick & Jackson, 1994), 138.

[28] Steven DeRosa, *Writing with Hitchcock: The Collaboration of Alfred Hitchcock and John Michael Hayes* (New York and London: Faber & Faber, 2001).

[29] 关于丽莎在《后窗》中的 "异形出场" 的精彩描述，见Tania Modleski, *The Women Who Knew Too Much: Hitchcock and Feminist Theory*, 2nd ed. (New York and London: Routledge, 2005), 73。

[30] Richard Allen, *Hitchcock's Romantic Irony* (New York: Columbia University Press, 2007), 81.

[31] Arthur Knight, "Conversation with Alfred Hitchcock," in Gottlieb, ed., *Alfred Hitchcock Interviews*, 175. Originally published in *Oui*, February 1973, 67–68, 82, 114, 116–21.

[32] "Women," in Gottlieb, ed., *Hitchcock on Hitchcock, Volume 2*, 226. Originally published in *Picture Show and TV Mirror*, September 12, 1959, 15.

[33] Including, Eric D. Morley (Miss World) to AH, October 15, 1963; George J. Cavalier (Miss California) to AH, April 4, 1963; Maureen Dragone (Miss Zodiac) to AH, July 29, 1972, AHC MHL.

[34] Jason Frankfort, Women's Basketball Association to AH, October 24, 1978, AHC MHL.

[35] June Morfield, "The One Man Grace Kelly Couldn't Say 'No' To," *TV Radio Mirror*, July 1962, 89.

[36] "Hitchcock Gives Free Rein to the Gentle Sex," *TV Guide*, May 10, 1958, 12.

[37] Rui Nogueira and Nicoletta Zalaffi, "Hitch, Hitch, Hitch, Hurrah!" in Gottlieb, ed., *Hitchcock Interviews*, 123. Originally published in *Écran*, July-August 1972, 2–8.

[38] Ibid.

[39] Hedda Hopper, "Papa Hitchcock," *Chicago Sunday Tribune Magazine*, April 29, 1962, C16, DSP UCLA.

[40] "Hitchcock on Truffaut," in Gottlieb, ed., *Hitchcock on Hitchcock, Volume 2*, 133.

[41] Lois Banner, *American Beauty* (New York: Alfred A. Knopf, 1983), 284.

[42] Draft of *The Trouble with Harry*, July 27, 1954, written by John Michael Hayes, AHC MHL.

[43] Transcript of AH interview with Peter Bogdanovich, 1962, AHC MHL.

[44] Moral, *Making of* Marnie, 17. Transcripts of the Hitchcock-Truffaut interviews, AHC MHL.

[45] Tippi Hedren, *Tippi: A Memoir* (New York: William Morrow, 2016), loc. 614–25 of 3653, Kindle.

[46] Hitchcock O'Connell and Bouzereau, *Alma Hitchcock*, 189.

[47] Hedren, *Tippi*, loc. 625 of 3653, Kindle.

[48] Ibid., loc. 791 of 3653, Kindle.

[49] Kyle Counts, "The Making of Alfred Hitchcock's *The Birds*," *Cinemafantastique*, Fall 1980, 33.

[50] Notes on Edwin Miller's interview with Tippi Hedren and Alfred Hitchcock, March 20, 1963, Edwin Miller Interviews for *Seventeen* Magazine, Rare Books and Manuscript Division, New York Public Library.

[51] Peter Anthony Holder, *Great Conversations* (Albany, NY: BearManor Media, 2017), loc. 3273 of 3562, Kindle.

[52] Hedren, *Tippi*, loc. 709 of 3653, Kindle.

[53] Taylor, *Hitch*, loc. 221 of 5468, Kindle.

[54] Hedren, *Tippi*, loc. 989–1001 of 3653, Kindle.

[55] Tony Lee Moral, "How Accurate is *The Girl?*" *Broadcast*, December 14, 2012, http://www.broadcastnow.co.uk/comment/how-accurate-is-the-girl/5050231.article.

[56] John Russell Taylor, "Alfred Hitchcock: Fact and Fiction by John Russell Taylor," April 8, 2013, https://bloomsburyreader.wordpress.com/2013/04/08/alfred-hitchcock-fact-and-fiction-by-john-russell-taylor/.

[57] McGilligan, *Darkness and Light*, loc. 12557 of 20272, Kindle.

[58] Ibid., loc. 3993 of 20272, Kindle.

[59] Spoto, *Dark Side of Genius*, 550.

[60] David Freeman与笔者的讨论，October 6, 2018。

[61] 这种词汇和类似的术语，已经被许多演员、导演和评论家用来描述希区柯克，包括Barbara Leigh-Hunt和William Devane，他们都在接受笔者采访时使用了这个词。

[62] David Freeman与笔者的讨论, October 6, 2018。

[63] Peggy Robertson, OHP.

[64] Marcella Rabwin, interviewed by Tim Kirby for *Reputations*, BBC. Courtesy BBC / Tim Kirby.

[65] Ibid.

[66] Jean Stein, *West of Eden* (London: Jonathan Cape, 2016), 178.

[67] Elspeth Grant, "Converted to Beatledom," *Tatler*, July 22, 1964, 183.

[68] Eugene Archer, "Hitchcock's 'Marnie,' with Tippi Hedren and Sean Connery," *New York Times*, June 23, 1964, 19.

[69] Robin Wood, in *The Trouble with Marnie*, DVD extra on *Marnie*, 2005.

[70] Hunter, *Me and Hitch*, 75.

[71] Ibid.

[72] Richard Allen, "An Interview with Jay Presson Allen," in *Framing Hitchcock: Selected Essays from the Hitchcock Annual*, eds. Sidney Gottlieb and Christopher Brookhouse (Detroit: Wayne State University Press, 2002), 208.

[73] Jay Presson Allen, interviewed by Tim Kirby for *Reputations*, BBC, PMC WHS.

[74] Bidisha, "What's Wrong with Hitchcock's Women," *Guardian*, October 21, 2010, https://www.theguardian.com/film/2010/oct/21/alfred-hitchcock-women-psycho-the-birds-bidisha.

[75] William Rothman, *Hitchcock: The Murderous Gaze*, 2nd ed. (Albany: State University of New York Press, 2002), 360.

[76] Ibid., 411.

[77] Ibid., 414.

[78] Ibid., 416.

[79] Ibid.

[80] Wood, *Hitchcock's Films Revisited*, 241–42.

[81] Truffaut, *Hitchcock*, 155.

[82] Ibid., 248.

[83] Barbara J. Buchanan, "Alfred Hitchcock Tells a Woman that Women Are a Nuisance," *Film Weekly*, September 20, 1935, 10.

[84] Ibid.

[85] Alfred Hitchcock, "Making 'The Thirty-Nine Steps,' " *Film Weekly*, May 23, 1936, 29.

[86] Cited in Spoto, *Dark Side of Genius*, 458. Quoting Stephen Rebello, "Plotting with Hitchcock," *The Real Paper*, February 16, 1980, 30–31.

[87] Roger Ebert, "*Vertigo*," October 13, 1996, https://www.rogerebert.com/reviews/great-movie-vertigo-1958.

[88] Modleski, *The Women Who Knew Too Much*, 3.

5 胖子

[1] AH to Darryl F. Zanuck, August 30, 1943, in Auiler, *Hitchcock's Secret Notebooks*, 131.

[2] Darry F. Zanuck to AH, September 4, 1943, ibid., 132.

[3] Walter Slezak, *What Time's the Next Swan?* (Garden City, NY: Doubleday, 1962), 219.

[4] Hume Cronyn, *A Terrible Liar: A Memoir* (New York: William Morrow, 1991), 163.

[5] Alfred Hitchcock, "The Woman Who Knows Too Much," *McCall's*, March 1956, 12.

[6] John D. Weaver, "The Man Behind the Body," *Holiday*, September 1964, 85.

[7] Robert Boyle, OHP.

[8] Alfred Hitchcock, "The Real Me (The Thin One)," *Daily Express*, August 9, 1966, 8.

[9] Chandler, *It's Only a Movie*, 33.

[10] Ibid.

[11] Emerson Batdorf, "Let's Hear It for Hitchcock," in Gottlieb, ed., *Hitchcock Interviews*, 78. Originally published in *Cleveland Plain Dealer*, February 1, 1970, 28–31.

[12] David Freeman, *Last Days of Alfred Hitchcock* (Woodstock, NY: Overlook Press, 1984), 6.

[13] Coleman, *The Man Who Knew Hitchcock*, 253.

[14] David Freeman, interviewed by Tim Kirby for *Reputations*, BBC, PMC WHS.

[15] Chandler, *It's Only a Movie*, 233.

[16] Rita Grosvenor, "I don't scare easily, says Mrs Hitchcock," *Sunday Express*, January 30, 1972, 3.

[17] Spike Hughes, "Coarse Cricket," *Daily Herald*, July 30, 1938, 8.

[18] Hitchcock O'Connell and Bouzereau, *Alma Hitchcock*, 151.

[19] Ibid.

[20] T.H.E., "Meet the Strong, Silent Director!" *Sunderland Daily Echo and Shipping Gazette*, February 16, 1935, 10.

[21] Frank S. Nugent, "Assignment in Hollywood," *Good Housekeeping*, November 1945, 12.

[22] Daniel Delis Hill, *Advertising to the American Woman, 1900–1999* (Columbus: Ohio State University Press, 2002).

[23] Peter Stearns, *Fat History: Bodies and Beauty in the Modern West* (New York: New York University Press, 1997), 20.

[24] Alexis Coe, "William Howard Taft Is Still Stuck in the Tub," *New York Times*, September 15, 2017, https://www.nytimes.com/2017/09/15/opinion/william-howard-taft-bathtub.html.

[25] Stearns, *Fat History*, 20.

[26] Toni Bentley, *Sisters of Salome* (Lincoln: University of Nebraska Press, 2005), 38.

[27] Edward White, *The Tastemaker: Carl Van Vechten and the Birth of Modern America* (New York: Farrar, Straus & Giroux, 2014), 79.

[28] Shirley MacLaine, *I'm Over All That: And Other Confessions* (New York: Atria, 2012), 70.

[29] Shirley MacLaine, interview by James Corden, *The Late Late Show with James Corden*, CBS, March 1, 2017.

[30] MacLaine, *I'm Over All That*, 70.

[31] H. Allen Smith, "Hitchcock Likes to Smash Cups," *New York World-Telegram*, August

28, 1937, 7.

[32] McGilligan, *Darkness and Light*, loc. 4666 of 20272, Kindle.

[33] "Falstaff in Manhattan," *New York Times*, September 5, 1937, 122.

[34] Lawrence Greene, "He Is a Camera," *Esquire*, August 1952, 43.

[35] Walter Ross, "Murder in the Mezzanine," *Esquire*, January 1954, 75.

[36] Alva Johnston, "300-Pound Prophet Comes to Hollywood," *Saturday Evening Post*, May 22, 1943, 12.

[37] Bill Davidson, "Alfred Hitchcock Resents," *Saturday Evening Post*, December 15, 1962, 62.

[38] Casey McKittrick, *Hitchcock's Appetites: The Corpulent Plots of Desire and Dread* (New York and London: Bloomsbury, 2016), 30.

[39] Leff, *Hitchcock and Selznick*, 107.

[40] McKittrick, *Hitchcock's Appetites*, 27.

[41] Ibid., 28. See also Spoto, *Dark Side of Genius*, 31.

[42] Ibid. See also McGilligan, *Darkness and Light*, loc. 6331 of 20272, Kindle.

[43] McGilligan, *Darkness and Light*, loc. 15965 of 20272, Kindle.

[44] "Speaking of Pictures . . . Alfred Hitchcock Reduces as Plant Expands," *Life*, March 13, 1944, DSP UCLA.

[45] Alfred Hitchcock, "My Most Exciting Picture," in Gottlieb, ed., *Hitchcock on Hitchcock, Volume 1*, 282. Originally published in *Popular Photography*, November 1948. See also George E. Turner, "Rope—Something Different," *American Cinematographer*, 1985.

[46] Jan Olsson, *Hitchcock à la Carte* (Durham, NC, and London: Duke University Press, 2015), 1.

[47] Whitfield Cook, diary, April 1, 1945, Whitfield Cook Collection, HGARC.

[48] Rodney Ackland and Elspeth Grant, *The Celluloid Mistress, or The Custard Pie of Dr. Caligari* (London: Allan Wingate, 1954), 38.

[49] *Torn Curtain* script, October 6, 1965, AHC MIIL.

[50] Chandler, *It's Only a Movie*, 11.

[51] Ben Wickham, "Hitchcock Co., Horror Unlimited," unknown publication, 1940, AHC MHL.

[52] Clark, "Here's Hitchcock's Recipe for Suspense," 11.

[53] "It's Time Now to Start Taking Off That Turkey and Eggnog Waistline," *Los Angeles Times*, January 18, 1955, B2.

[54] Telegram from AH to Mary Reinholz, September 13, 1967, AHC MHL.

[55] Olsson, *Hitchcock à la Carte*, 54, citing Selma Robinson, "Alfred Hitchcock in the Hundred-Pound Mystery," *McCall's*, April 1958, 58, 150, 152–53.

[56] Chandler, *It's Only a Movie*, 118.

[57] Richard Gehman, "Chairman of the Board," in Gottlieb, ed., *Hitchcock on Hitchcock, Volume 2*, 235. Article found in the Film Study Center, Museum of Modern Art, Hitchcock clippings folder #2. No publication or page number.

[58] Donald Spoto, *High Society: Grace Kelly and Hollywood* (London: Hutchinson, 2005), 138, citing Roderick Mann, "Princess Grace: How a Royal Beauty Stays Beautiful," *Ladies Home Journal*, May 1970.

[59] Oleg Cassini, *In My Own Fashion: An Autobiography* (London: Simon & Schuster, 1987), 252–53.

[60] Marcella Rabwin, interviewed by Tim Kirby for *Reputations*, BBC, courtesy BBC/ Tim Kirby.

[61] Report made by Carol Stevens of AH's income and expenditure for 1939, February 6, 1940, AHC MHL.

[62] Edith Head, *The Dress Doctor* (Kingswood, UK: World's Work, 1960), 151.

[63] Charlotte Chandler, *Ingrid: Ingrid Bergman, A Personal Biography* (London: Simon & Schuster, 2007), 124.

[64] Hitchcock O'Connell and Bouzereau, *Alma Hitchcock*, 228.

[65] Ibid., 230.

[66] Martin Abramson, "What Hitchcock Does with His Blood Money," *Cosmopolitan*, January 1964, 74.

[67] Olsson, *Hitchcock à la Carte*, 57–61.

[68] Marilyn Kaytor, "The Alfred Hitchcock Dinner Hour," *Look*, August 27, 1963, DSP UCLA.

[69] Ibid., 57.

[70] Olsson, *Hitchcock à la Carte*, 57.

[71] AH to Geoffrey Watkins, May 13, 1966, AHC MHL.

[72] Greg Critser, *Fat Land: How Americans Became the Fattest People in the World* (Boston and New York: Houghton Mifflin, 2003).

[73] AH appointment books, AHC MHL.

[74] Ernest Lehman, Kirby.

[75] AH to Elsie Randolph, December 6, 1978, AHC MHL.

[76] David Freeman 与笔者的讨论, October 6, 2018。

[77] AH to Gladys Hitching, June 15, 1978, AHC MHL.

[78] See McKittrick, *Hitchcock's Appetites*, 更彻底地探索了希区柯克如何利用自己的身体以各种方式建立自己的品牌。

[79] David O. Selznick to AH, August 28, 1956, DSP UCLA.

[80] Herman Citron to David O. Selznick, August 30, 1956, DSP UCLA.

[81] Bill Blowitz to AH, March 21, 1963, AHC MHL.

[82] Ibid. Blowitz信的顶部注明，希区柯克拒绝了改变自己轮廓的想法。

6 公子哥儿

[1] David Fincher in *Rope: Pro and Con*, DVD extra on *Hitchcock/Truffaut*, 2016.

[2] 谷歌搜索结果，March 1, 2019。

[3] 关于更多的使王尔德成名的公子哥儿的个性自我发明，见David M. Friedman, *Wilde in America: Oscar Wilde and the Invention of Modern Celebrity* (New York: W. W. Norton, 2014)。

[4] 关于布鲁梅尔生动有趣的传记，见Ian Kelly, *Beau Brummell: The Ultimate Dandy* (London: Hodder & Stoughton, 2005)。

[5] Frank S. Nugent, "The Screen in Review," *New York Times*, October 12, 1939, 33.

[6] Barr, *English Hitchcock*, 204.

[7] Peter Ackroyd, *Alfred Hitchcock* (London: Chatto & Windus, 2015), 81.

[8] *Jamaica Inn* shooting script, Alfred Hitchcock Collection, BFI.

[9] Taylor, *Hitch*, loc. 779 of 5468, Kindle.

[10] Samuel Taylor, in "Reputations," *Hitch: Alfred the Great*, BBC Two, May 30, 1999.

[11] Transcript of Hitchcock's interview with Peter Bogdanovich, AHC MHL.

[12] Oscar Wilde, "The Philosophy of Dress," *New York Tribune*, April 19, 1885, 9.

[13] Taylor, *Hitch*, loc. 2683 of 5468, Kindle.

[14] Philip Mann, *The Dandy at Dusk: Taste and Melancholy in the Twentieth Century* (London: Head of Zeus, 2017), 5.

[15] Thomas Elsaesser, "The Dandy in Hitchcock," in Richard Allen and S. Ishii Gonzales, eds., *Alfred Hitchcock: Centenary Essays* (London: British Film Institute, 1999), 4.

[16] Chandler, *It's Only a Movie*, 2.

[17] Ibid., 1.

[18] Mann, *The Dandy at Dusk*, 33.

[19] AH appointment books, AHC MHL.

[20] Judy Klemsrud, "Men's Clothes: Here Comes the Liberace Look," *New York Times*, March 4, 1970, 50.

[21] Thornton Delehanty, "A Liberated Hitchcock Dreams Gaudy Dreams in Technicolor," *New York Herald Tribune*, April 22, 1945, AHC MHL.

[22] "Some Thoughts on Color by Alfred Hitchcock," *Adelaide Advertiser*, September 4, 1937, 13.

[23] Delehanty, "A Liberated Hitchcock Dreams Gaudy Dreams in Technicolor."

[24] Edith Head and Jane Kesner Ardmore, *The Dress Doctor* (Kingswood, Surrey:

World's Work, 1960), 159.

[25] Edith Head and Paddy Calistro, *Edith Head's Hollywood* (New York: Dutton, 1983), 58.

[26] Head and Kesner Ardmore, *Dress Doctor*, 160.

[27] Ibid., 21.

[28] Auiler, *Vertigo*, 68.

[29] Eva Marie Saint, OHP.

[30] Ibid.

[31] Tim Burrows, "Martin Landau: 'I chose to play Leonard as gay,' " *Daily Telegraph*, October 12, 2012, https://www.telegraph.co.uk/culture/film/starsandstories/9601547/Martin-Landau-I-chose-to-play-Leonard-as-gay.html.

[32] Tom Mankiewicz and Robert Crane, *My Life as a Mankiewicz: An Insider's Journey through Hollywood* (Lexington: University Press of Kentucky, 2012), 109.

[33] Todd McEwen, "Cary Grant's Suit," in *How Not to Be American: Misadventures in the Land of the Free* (London: Aurum, 2013), 147.

[34] Ibid., 151.

[35] Cary Grant, "Cary Grant on Style," *GQ*, April 15, 2013, https://www.gq.com/story/cary-grant-on-style. Originally published in *GQ*, Winter 1967–68.

[36] Head and Kesner Ardmore, *Dress Doctor*, 156.

[37] Nancy Nelson, *Evenings with Cary Grant* (New York: Warner, 1993), 211.

[38] Grant McCann, *Cary Grant: A Class Apart* (New York: Columbia University Press, 1996), 180.

[39] AH to Cary Grant, March 13, 1979, Cary Grant Papers, MHL.

[40] Hunter, *Me and Hitch*, 15.

[41] Hitchcock O'Connell and Bouzereau, *Alma Hitchcock*, 83.

[42] Peggy Robertson, OHP.

[43] Appraisal of property at 10957 Bellagio Road, Bel Air, by John J. Donahue and Associates, 1962, AHC MHL.

[44] Walter Raubicheck, "Working with Hitchcock: A Collaborators' Forum with Patricia Hitchcock, Janet Leigh, Teresa Wright, and Eva Marie Saint," in *Hitchcock Annual*, 2002–03, 33.

[45] Taylor, *Hitch*, loc. 4777 of 5468, Kindle.

[46] Alfred Hitchcock, "Would You Like to Know Your Future?" in Gottlieb, ed., *Hitchcock on Hitchcock, Volume 1*, 140–41. Originally published in *Guideposts Magazine* 14, no. 8 (October 1959): 1–4.

[47] Bogdanovich, *Who the Devil Made It*, loc. 9300 of 15740, Kindle.

[48] Coleman, *The Man Who Knew Hitchcock*, 236.

[49] Spoto, *Dark Side of Genius*, 406–7.

[50] Elsaesser, "The Dandy in Hitchcock," 5.

[51] Mann, *Dandy at Dusk*, 30.

[52] "Film Crasher Hitchcock," *Cue*, May 19, 1951, DSP UCLA.

[53] Alfred Hitchcock, "Direction," in Charles Davy, ed., *Footnotes to the Film* (London: Lovat Dickson, 1937), 9.

[54] Bogdanovich, *Who the Devil Made It*, loc. 10166 of 15740, Kindle.

[55] Chandler, *It's Only a Movie*, 309.

[56] Ibid.

[57] Freeman, *The Last Days of Alfred Hitchcock*, 5.

[58] Bruce Dern with Christopher Fryer and Robert Crane, *Things I've Said, But Probably Shouldn't Have: An Unrepentant Memoir* (Hoboken, NJ: Wiley, 2007), 143.

[59] Bruce Dern, Kirby.

[60] AH, interview by Richard Schickel, *The Men Who Made the Movies: Alfred Hitchcock*, PBS, November 4, 1973.

[61] See Arthur Laurents, *Original Story By: A Memoir of Broadway and Hollywood* (New York: Alfred A. Knopf, 2000).

[62] See George Chauncey, *Gay New York: The Making of the Gay Male World, 1890–1940* (London: Flamingo, 1995).

[63] Farley Granger, *Include Me Out: My Life from Goldwyn to Broadway* (New York: St. Martin's Press, 2007), 69.

[64] Laurents, *Original Story By*, 131.

[65] Ibid.

[66] David Thomson, "Charms and the Man," *Film Comment*, February 1984, 61.

[67] McCann, *Cary Grant*, 121.

[68] Ackland and Grant, *The Celluloid Mistress*, 35.

[69] Ernest Lehman, *North by Northwest* (New York: Viking Press, 1972), 11.

[70] Geoffrey M. Shurlock to Robert Vogel, of the Motion Picture Association of America, August 21, 1958, AHC MHL.

[71] Burrows, "Martin Landau: 'I chose to play Leonard as gay.' "

[72] Ibid.

[73] McGilligan, *Darkness and Light*, loc. 6342 of 20272, Kindle.

[74] Taylor, *Hitch*, loc. 190 of 5468, Kindle.

[75] McGilligan, *Darkness and Light*, loc. 1476 of 20272, Kindle.

[76] Truffaut, *Hitchcock*, 39.

[77] Batdorf, "Let's Hear It for Hitchcock," in Gottlieb, ed., *Alfred Hitchcock Interviews*, 77.

[78] Alfred Hitchcock, "Alfred Hitchcock Presents: The Great Hitchcock Murder Mystery," *This Week*, August 4, 1957, 8–9, 11.

7 居家男人

[1] Alma Reville to Carol Shourds, April 18, 1951, AHC MHL. Published in Hitchcock O'Connell and Bouzereau, *Alma Hitchcock*, 156.

[2] AH to Carol Shourds, May 21, 1951, AHC MHL.

[3] Bogdanovich, *Who the Devil Made It*, loc. 9801 of 15740, Kindle.

[4] AH to Maxwell Anderson, March 15, 1956, AHC MHL.

[5] Alma Reville, "Cutting and Continuity," *Motion Picture News*, January 13, 1923, 10.

[6] "Alma in Wonderland: A woman's place is not always in the home," *Picturegoer*, December 1925, 48.

[7] See Christiana Lane and Josephine Botting, "'What Did Alma Think?' Continuity, Writing, Editing, and Adaptation," in *Hitchcock and Adaptation: On the Page and Screen*, ed. Mark Osteen (Lanham, MD, and Plymouth, UK: Rowman and Littlefield, 2014).

[8] Weston Edwards, "Making Good in the Film Trade," AHC MHL.

[9] Roger Burford, "A New 'Chair' Which a Woman Might Fill," *The Gateway for Women at Work*, July 1929, 102.

[10] Alfred Hitchcock, "Making *Murder!*" *Cassell's Magazine*, August 1930, in Gottlieb, ed., *Hitchcock on Hitchcock, Volume 2*, 165. NB: *The author was unable to locate this piece in the edition of* Cassell's *given by Gottlieb in his anthology.*

[11] Ibid., 164.

[12] Alan Warwick, "Alfred Hitchcock's Tudor Cottage," *Home Chat*, February 27, 1932, AHC MHL.

[13] Mary Benedetta, "A Day with Hitchcock," unknown publication, undated, AHC MHL.

[14] Cyril Connolly, *Enemies of Promise* (Chicago: University of Chicago Press, 2008), 116.

[15] Jeffrey Meyers, *The Enemy: A Biography of Wyndham Lewis* (London: Routledge, 1980), 100. Originally published in Geoffrey Grigson, "Recollections of Wyndham Lewis," *The Listener*, May 16, 1957, 786.

[16] See John Carey, *The Intellectuals and the Masses: Pride and Prejudice Among the Literary Intelligentsia, 1880–1939* (London: Faber & Faber, 1992), 152–81, for a discussion on Bennett's take on family life.

[17] 这个短语最早是Robin Wood在1965年使用的。See Wood, *Hitchcock's Films Revisited*.

[18] Spoto, *Dark Side of Genius*, 132–33.

[19] Truffaut, *Hitchcock*, 80.

[20] Bogdanovich, *Who the Devil Made It*, loc. 9534 of 15740, Kindle.

[21] Barr, *English Hitchcock*, 122.

[22] Geoffrey T. Hellman, "Alfred Hitchcock," *Life*, November 20, 1943, 43.

[23] Hitchcock O'Connell and Bouzereau, *Alma Hitchcock*, 99–100.

[24] Frederick Knott Collection, Beinecke Rare Book and Manuscript Library, Yale University.

[25] Laurents, *Original Story By*, 125.

[26] Arthur Laurents, interview by Donald Spoto, October 19, 1981, DSP UCLA.

[27] Laurents, *Original Story By*, 126.

[28] McGilligan, *Backstory 2*, 138–39.

[29] Peggy Robertson, OHP.

[30] Chandler, *It's Only a Movie*, 256.

[31] Jacques Chambrun to Whitfield Cook, November 17, 1944, Whitfield Cook Collection, HGARC.

[32] "Film Director's Daughter Scores in New Comedy," *Hartford Times*, October 13, 1944, Whitfield Cook Collection, HGARC.

[33] Marjory Adams, "Hitchcock, En Route Overseas, Stops Off for Daughter's Play," *Boston Morning Globe*, October 17, 1944, Whitfield Cook Collection, HGARC.

[34] December 24, 1948, and December 31, 1948, Whitfield Cook diary, Whitfield Cook Collection, HGARC.

[35] December 30, 1945, ibid. 库克的日记说，大卫・塞尔兹尼克有兴趣让邓波儿主演希区柯克的一部旧片重拍版，但没有说明是哪一部。

[36] Whitfield Cook, "Happy Ending," Whitfield Cook Collection, HGARC.

[37] Laurents, *Original Story By*, 126.

[38] Whitfield Cook Diary, September 20, 1948, Whitfield Cook Collection, HGARC.

[39] Whitfield Cook Diary, October 9, 1948, Whitfield Cook Collection, HGARC.

[40] Whitfield Cook Diary, October 1, 1948, Whitfield Cook Collection, HGARC.

[41] McGilligan, *Darkness and Light*, loc. 9739 of 20272, Kindle.

[42] Whitfield Cook Diary, October 7, 1948, Whitfield Cook Collection, HGARC.

[43] Bennett, *Partner in Suspense*, 71.

[44] Alma Reville to Whitfield Cook, August 23, 1949, Whitfield Cook Collection, HGARC.

[45] Richard Coe, "Bergman Sobers Up Down Under," *Washington Post*, October 7, 1949, C12.

[46] Hitchcock O'Connell and Bouzereau, *Alma Hitchcock*, 149.

[47] Whitfield Cook, "Her First Island," Whitfield Cook Collection, HGARC.

[48] AH speech at AFI Lifetime Achievement Award ceremony, March 7, 1979, "Alfred Hitchcock Accepts the AFI Life Achievement Award in 1979," American Film Institute YouTube channel, https://www.youtube.com/watch?v=pb5VdGCQFOM.

[49] Hitchcock O'Connell and Bouzereau, *Alma Hitchcock*, 7.

[50] Hitchcock, *The Woman Who Knows Too Much*, 14.

[51] Alma Reville's script notes, *The Three Hostages*, September 16, 1964, AHC MHL.

[52] AH to Richard Condon, December 8, 1964, Richard Condon Collection, HGARC.

[53] Freeman, *The Last Days of Alfred Hitchcock*, 19.

[54] Peggy Robertson, OHP.

[55] Taylor, *Hitch*, loc. 4233 of 5468, Kindle.

[56] Denis Gifford of the Central Office of Information, to Alma Reville, August 8, 1966, AHC MHL.

[57] AH to Madeline Warren, February 20, 1974, AHC MHL.

[58] Hitchcock, "The Woman Who Knows Too Much," 14.

[59] David Freeman, in discussion with the author, October 6, 2018.

[60] Freeman, *The Last Days of Alfred Hitchcock*, 19.

8 窥视者

[1] James Bone, *The Curse of Beauty: The Scandalous & Tragic Life of Audrey Munson, America's First Supermodel* (New York: Simon & Schuster, 2016).

[2] Calvin Tomkins, *Duchamp: A Biography* (London: Pimlico, 1996), 78.

[3] Warhol, "Hitchcock," 8.

[4] Alfred Hitchcock, "The Chloroform Clue: My Favorite Mystery," in Gottlieb, ed., *Hitchcock on Hitchcock, Volume 2*, 47. Originally published in *American Weekly*, March 22, 1953, 18–20.

[5] Truffaut, *Hitchcock*, 206.

[6] Draft script of *The Trouble with Harry*, July 27, 1954, AHC MHL.

[7] Notes from meeting about *The Short Night* between AH, David Freeman, and Peggy Robertson, December 26, 1978.

[8] Laura Mulvey, "Visual Pleasure and Narrative Cinema," in *Film Theory and Criticism: Introductory Readings*, eds. Leo Braudy and Marshall Cohen (New York: Oxford University Press, 1999), 833–44.

[9] Krohn, *Hitchcock at Work*, 141.

[10] John Belton, "Introduction: Spectacle and Narrative," in *Alfred Hitchcock's Rear Window*, ed. John Belton (Cambridge, UK: Cambridge University Press, 2000), 3.

[11] Patrick McGilligan, *Backstory 3: Interviews with Screenwriters of the 1960s* (Berkeley: University of California Press, 1997), 181.

[12] Alfred Hitchcock, "*Rear Window*," in Gottlieb, ed., *Hitchcock on Hitchcock, Volume 2*, 95. Originally published in *Take One* 2, no.2 (November–December 1968), 18–20.

[13] Ibid., 96.

[14] Alfred Hitchcock, "Film Production," in Gottlieb, ed., *Hitchcock on Hitchcock, Volume*

1, 215. Originally published in *Encyclopaedia Britannica*, vol. 15, 1965, 907–11.

[15] AH, Markle, "A Talk with Hitchcock, Part One."

[16] Roger Ebert, *Awake in the Dark: The Best of Roger Ebert*, 2nd ed. (Chicago: University of Chicago Press, 2017), 11.

[17] Tippi Hedren, SMU.

[18] Vincent, David, *The Culture of Secrecy: Britain, 1832–1998* (Oxford, UK: Oxford University Press, 1998), 10.

[19] Ibid.

[20] AH to Carol Shourds, May 21, 1951, AHC MHL.

[21] Otis L. Guernsey to AH, October 14, 1957, in Auiler, *Hitchcock's Secret Notebooks*, 205.

[22] Baer, *Classic American Films*, 66.

[23] Peggy Robertson, OHP.

[24] Susan Royal, "Steven Spielberg in His Adventures on Earth," in *Steven Spielberg Interviews*, eds. Lester D. Friedman and Brent Notbohm (Jackson: University Press of Mississippi, 2000), 102.

[25] Arthur Knight, "Conversation with Alfred Hitchcock," in Gottlieb, ed., *Alfred Hitchcock Interviews*, 178. Originally printed in *Oui*, February 1973, 67–68, 82, 114, 116–21.

[26] Alfred Hitchcock, "Director's Problems," *The Listener*, February 2, 1938, 241.

[27] David Lewin, "Alfred Hitchcock," *CinemaTV Today*, August 19, 1972, 4.

[28] Hugh Brown notes, June 7, 1955, Paramount Production Records, MHL.

[29] Robert Benchley to Gertrude Benchley, March 25, 1940, Robert Benchley Collection, HGARC.

[30] Krohn, *Hitchcock at Work*, 13.

[31] Ibid. See also "Campaign ideas for 'SABOTEUR' " notes (undated) in AHC MHL.

[32] Duncan Underhill, "Hitchcock Is Like a Pattern Designer," *New York World-Telegram*, April 6, 1940, AHC MHL.

[33] Robert Boyle, OHP.

[34] Granger, *Include Me Out*, 67.

[35] Krohn, *Hitchcock at Work*, 12.

[36] Jack Cardiff, *Magic Hour* (London: Faber & Faber, 1996), 107.

[37] Ibid.

[38] AH, interview by Mike Scott, *Cinema: Alfred Hitchcock*, DVD extra on *Hitchcock: The British Years*, DVD, 2008.

[39] Anthony Macklin, "It's the Manner of Telling: An Interview with Alfred Hitchcock," *Film Heritage* 11 (1976): 18.

[40] Peter Bogdanovich in discussion with the author, September 11, 2018.

[41] AH appointment books, 1956–78, AHC MHL.

[42] Spoto, *Dark Side of Genius*, 495.

[43] Charles Thomas Samuels, *Encountering Directors* (New York: G. P. Putnam's Sons, 1972), 239.

[44] Ibid., 233.

[45] Ibid., 235.

[46] Dolly Haas, SMU.

[47] Chris Hodenfield, "Alfred Hitchcock: Muuuurder by the Babbling Brook," *Rolling Stone*, July 29, 1976, https://www.rollingstone.com/movies/movie-features/alfred-hitchcock-muuuurder-by-the-babbling-brook-59347/.

[48] Royal Academy of Arts, *Transitional Object [PsychoBarn]: Cornelia Park* (London: Royal Academy Publications, 2018), 44.

[49] Stephen Rebello, *Alfred Hitchcock and the Making of* Psycho, (New York: St. Martin's Press, 1998), 68.

[50] Cornelia Parker in discussion with the author, April 2019.

[51] Robert Boyle, OHP.

[52] Truffaut, *Hitchcock*, 103.

[53] Robert Boyle, OHP.

[54] Mac Johnson to Doc Erickson, October 5, 1953, Paramount Pictures Production Records, MHL.

[55] Gordon Cole to Frank Caffey, July 11, 1953, Paramount Pictures Production Records, MHL.

[56] Frank Caffey to Hiller Innes, November 11, 1953, Paramount Pictures Production Records, MHL.

[57] Herbert Coleman to Luigi Zaccardi, July 11, 1956, Paramount Pictures Production Records, MHL.

[58] AH's notes for dubbing on *Frenzy*, October 14, 1971, Peggy Robertson Papers, MHL.

[59] Andrew Sarris, "The Movie Journal," *Village Voice*, June 11, 1960, 8.

[60] Barr, *Vertigo*, 22.

[61] Walker, *Hitchcock's Motifs*, 131.

[62] D. A. Miller, *Hidden Hitchcock* (Chicago and London: University of Chicago Press, 2017), 45.

[63] Ibid., 17.

[64] Ibid., 107.

[65] Ibid., 28, 35.

[66] Peter Bogdanovich in discussion with the author, September 11, 2018.

[67] Patricia Hitchcock, interviewed by Anwar Brett, "Patricia Hitchcock and James C.

Katz Interviews," February 27, 1997, Anwar Brett tapes, Sound and Moving Images Archive, British Library.

[68] Peter Matthews, "*Vertigo* rises: the greatest film of all time?" *Sight & Sound*, September 2012, https://www.bfi.org.uk/news-opinion/sight-sound-magazine/polls-surveys/greatest-films-all-time/vertigo-hitchcock-new-number-one.

[69] Raymond Durgnat, *The Strange Case of Alfred Hitchcock* (London: Faber & Faber, 1974), 236.

9 表演艺人

[1] AH, Markle, "A Talk with Hitchcock, Part Two."

[2] Peter Lev, *Transforming the Screen, 1950–1959* (Berkeley: University of California Press, 2003), 7.

[3] Leigh and Nickens, *Psycho*, 5.

[4] Barbara Goldsmith, "Bristol-Meyers' Alfred Hitchcock: His 'personality' sells what he derides," *Printers' Ink*, July 18, 1958, 68, Barbara Goldsmith Papers, Manuscripts and Archives Division, The New York Public Library, Astor, Lenox, and Tilden Foundations.

[5] Coleman, *The Man Who Knew Hitchcock*, 360; Samuel Taylor, interviewed by Tim Kirby for *Reputations*, BBC, PMC WHS.

[6] Coleman, *The Man Who Knew Hitchcock*, 238.

[7] "Seen on the Screen," *Daily Herald*, April 17, 1926, 9.

[8] "'The Lodger,' the Last Word in Screen Art," *Leeds Mercury*, October 2, 1926, 6.

[9] *Ely Herald*, September 22, 1927, AHC MHL.

[10] Montagu, "Working with Hitchcock," 190.

[11] Balcon, *Michael Balcon Presents*, 27.

[12] Truffaut, *Hitchcock*, 283.

[13] Transcript of Donald Spoto's interview with Ingrid Bergman, DSP UCLA.

[14] "Ingrid Bergman as played by Alfred Hitchcock," *Pageant*, March 1946, 38–41.

[15] Michael Redgrave, *In My Mind's Eye: An Autobiography* (London: Weidenfeld & Nicolson, 1983), 9.

[16] Alan Strachan, *Secret Dreams: The Biography of Michael Redgrave* (London: Weidenfeld & Nicolson, 2004), 161.

[17] Sheridan Morley, *John Gielgud: The Authorized Biography* (London: Simon & Schuster, 2010), 151.

[18] AH, Cavett, *The Dick Cavett Show*.

[19] Redgrave, *In My Mind's Eye*, 125.

[20] Granger, *Include Me Out*, 109.

[21] Doris Day, SMU.

[22] Roy Thinnes to AH, May 25, 1976, AHC MHL. See also McGilligan, *Darkness and Light*, loc. 16537 of 20272, Kindle.

[23] William Devane与笔者的讨论，November 25, 2018。

[24] June Morfield, "The One Man Grace Kelly Couldn't Say 'No' To," *TV Radio Mirror*, July 1962, 90.

[25] "Alfred Hitchcock Reveals His Methods," *Midland Telegraph*, July 14, 1936, 6.

[26] Alfred Hitchcock, "My Spies," *Film Weekly*, May 30, 1936, 27.

[27] Alfred Hitchcock, "The History of Pea Eating," *Henley Telegraph*, December 1920, reprinted in McGilligan, *Darkness and Light*, loc. 963 of 20272, Kindle.

[28] "*Blackmail* Test Take," BFI YouTube Channel, https://www.youtube.com/watch?v=7Z8mSwzSQQk.

[29] Peggy Robertson, OHP.

[30] Bernard Cribbins与笔者的讨论，July 13, 2018。

[31] Herb Steinberg, Kirby.

[32] Clive James, "Exploring the Medium," in *Clive James on Television* (London: Picador, 1991), 307.

[33] Whitney Balliet, "Hitchcock on Hitchcock," *The New Yorker*, August 8, 1959, https://www.newyorker.com/magazine/1959/08/15/hitchcock-on-hitchcock.

[34] Ackland, *The Celluloid Mistress*, 36.

[35] AH to Mel Brooks, March 1, 1979, AHC MHL.

[36] "Audience Reactions at CAMELBACK THEATRE, SCOTTSDALE, ARIZONA," June 10, 1966, AHC MHL.

[37] Claude Chabrol, "Story of an Interview," in Gottlieb, ed., *Alfred Hitchcock Interviews*, 39 (trans. James M. Vest). Originally appeared as "Histoire d'une Interview," *Cahiers du Cinéma*, no. 39 (October 1954): 39–44.

[38] Ibid., 40.

[39] Ibid., 39.

[40] Fallaci, "Mr. Chastity," in *The Egotists*, 256.

[41] 这些，以及其他类似言论，都被大量记录下来。See the Hitchcock biographies by Spoto, McGilligan, and Chandler. 在与笔者的讨论中，William Devane、Bernard Cribbins及Barbara Leigh-Hunt也提到希区柯克的这一怪癖。

[42] McGilligan, *Darkness and Light*, loc. 4288 of 20272, Kindle.

[43] Georgine Darcy, Kirby.

[44] Batdorf, "Let's Hear It for Hitchcock," in Gottlieb, ed., *Alfred Hitchcock Interviews*, 82. See also "Hitchcock Comedy Crew," Cary Grant Papers, MHL.

[45] Kate Fox, *Watching the English: The Hidden Rules of English Behaviour* (London:

Hodder & Stoughton, 2004), 62.

[46] George Orwell, "Funny But Not Vulgar," in *The Collected Essays, Journalism and Letters of George Orwell, Volume 3* (London: Penguin), 1970, 325.

[47] Bob Thomas, "Alfred Hitchcock: The German Years," *Action* (January–February 1973), 23–25, in Gottlieb, ed., *Alfred Hitchcock Interviews*, 159.

[48] Truffaut, *Hitchcock*, 227.

[49] John McCarten, "The Current Cinema," *The New Yorker*, October 29, 1955, 145.

[50] Thelma Ritter to Joseph Moran, August 1954, Thelma Ritter and Joseph Aloysius Moran Papers, MHL.

[51] "Everyone's Wicked Uncle," BBC Radio 3, July 27, 1999.

[52] Spoto, *Spellbound by Beauty*, loc. 882 of 4805, Kindle, quoting Donat in Kenneth Barrow, *Mr Chips: The Life of Robert Donat* (London: Methuen, 1985), 75–76.

[53] Ibid., loc. 953 of 4805, Kindle.

[54] Bennett, *Hitchcock's Partner in Suspense*, 63.

[55] Spoto, *Dark Side of Genius*, 110.

[56] Selznick International Pictures biographical materials on AH, AHC MHL.

[57] Marya Saunders, "My Dad, the Jokester," *Family Weekly*, July 21, 1963, 8.

[58] Spoto, *Dark Side of Genius*, 132.

[59] Bennett, *Hitchcock's Partner in Suspense*, 66.

[60] Mrs Alfred Hitchcock as told to Martin Abramson, "My Husband Alfred Hitchcock Hates Suspense," *Coronet*, August 1964, 17.

[61] AH, Markle, "A Talk with Hitchcock, Part Two."

[62] Donald Spoto's notes on a Warner Bros. draft press release, November 30, 1950, DS UCLA.

[63] AH, interview by George Angell, "Time of My Life," BBC Home Service, August 28, 1968.

[64] McGilligan, *Darkness and Light*, loc. 439 of 20272, Kindle.

10 先驱

[1] Sarris, "The Movie Journal," 8.

[2] Sidney Bernstein to AH, July 31, 1953, AHC MHL.

[3] Rebello, *Making of Psycho*, 149.

[4] Ibid., 151.

[5] "Hitchcock: 'Treat Your Wives Better,' " *The Sun*, May 16, 1960, AHC ML.

[6] "Case of the Missing Shoe," *Sydney Morning Herald*, May 5, 1960, AHC MHL.

[7] "Everything Went Black," *The Herald*, May 14, 1960, AHC MHL.

[8] Kapsis, *Making of a Reputation*, 83.

[9] Tony Lee Moral, *The Making of Hitchcock's* The Birds (Harpenden, UK: Kamera Books, 2013), loc. 3141 of 3812, Kindle.

[10] Hunter, *Me and Hitch*, 77.

[11] Ibid.

[12] *Kinematograph Weekly*, March 31, 1927, AHC MHL.

[13] "Impersonating 'The Lodger,' " *The Bioscope*, March 17, 1927, 70.

[14] Leff, *Hitchcock and Selznick*, 168.

[15] Ernest Lehman, interview by Julian Schlossberg, "[Interview]," Sound and Moving Images Archive, British Library.

[16] 在MHL的Thelma Ritter和Joseph Aloysius Moran文件夹中有关Young 和Rubicam 广告公司的文件表明，希区柯克的"引入"和"引出"被认为是一种商业资产。

[17] "Film-Making Problems," *Daily Mail*, March 31, 1927, AHC MHL.

[18] "Talk of the Trade," *The Bioscope*, April 21, 1927, 20.

[19] "Talk of the Trade," *The Bioscope*, May 26, 1927, 31.

[20] See various clippings in the *Downhill* scrapbook, AHC MHL.

[21] Studio Manager (unidentified) to Ivor Montagu, February 22, 1927, Ivor Montagu Collection, BFI.

[22] "All the Fun of the Fair—Free," *Evening Standard*, June 15, 1927, AHC MHL.

[23] H. G. Boxall to AH, June 6, 1935, Ivor Montagu Collection, BFI.

[24] Thelma Schoonmaker, Peter Von Bagh, and Raymond Durgnat, "Midnight Sun Film Festival," in David Lazar, ed., *Michael Powell: Interviews* (Jackson: University Press of Mississippi, 2003), 146.

[25] Bogdanovich, *Who the Devil Made It*, loc. 9117 of 15740, Kindle.

[26] Laurents, *Original Story By*, 128.

[27] Jack Cardiff, "The Problem of Lighting and Photographing *Under Capricorn*," *American Cinematographer*, October 1949, 382.

[28] Hitchcock, "My Most Exciting Picture," 276.

[29] Harry Watt, "Re-Seeing Blackmail," *World Film News*, April 1937, 15.

[30] David Bordwell, *Reinventing Hollywood: How 1940s Filmmakers Changed Movie Storytelling* (Chicago and London: Chicago University Press, 2017), 442. Quote originally in *Playboy*, March 1967.

[31] Truffaut, *Hitchcock*, 246.

[32] Ibid.

[33] Robert Boyle, OHP.

[34] Nugent, "Assignment in Hollywood," 13.

[35] Marc Eliot, *James Stewart: A Biography* (London: Aurum, 2006), 29.

[36] Leff, *Hitchcock and Selznick*, 190.

[37] Hilton Green, Kirby.

[38] Robert Boyle, OHP.

[39] Ibid.

[40] Ibid.

[41] Moral, *Making of Hitchcock's* The Birds, loc. 1525 of 3812, Kindle.

[42] Transcript of AH interview with Steve Rubin, December 1976, *Cinefantastique* magazine records, MHL.

[43] Moral, *Making of Hitchcock's* The Birds, loc. 2733 of 3812, Kindle. See also AH notes on sound for *The Birds*, October 23, 1962, AHC MHL.

[44] See the correspondence in *The Birds* folders, AHC MHL.

[45] Moral, *Making of Hitchcock's* The Birds, loc. 2676 of 3812, Kindle.

[46] Pells, *Modernist America*, 238.

[47] *A Photographic Production Notebook on Alfred Hitchcock's ROPE*, Warner Bros., 1957, AHC MHL.

[48] Hitchcock, "My Most Exciting Picture," 276.

[49] Samuels, *Encountering Directors*, 237.

[50] Moral, *Making of* Marnie, 99. Quoting from Robert Boyle, American Film Institute seminar, 1977.

[51] Auiler, *Hitchcock's Secret Notebooks*, 549.

[52] Ackland, *The Celluloid Mistress*, 39.

[53] AH to Michael Balcon, October 6, 1977, AHC MHL.

[54] AH notes on the manuscript of *Hitch* by John Russell Taylor, 1974, 12.

[55] See clippings folders, AHC MHL.

[56] AH to François Truffaut, October 20, 1976, in Truffaut, *Hitchcock*, 342.

[57] Bogdanovich, *Who the Devil Made It*, loc. 9196 of 15740, Kindle.

[58] Truffaut, *Hitchcock*, 341.

[59] Edward Said, *On Late Style: Music and Literature Against the Grain* (London: Bloomsbury, 2017), 3.

[60] Ibid., 4.

[61] Mark Goble, "Live Nude Hitchcock: Final Frenzies," in Jonathan Freedman, ed., *The Cambridge Companion to Alfred Hitchcock* (New York: Cambridge University Press, 2015), 208.

11　伦敦人

[1] AH to A. E. Sloman, March 26, 1975, AHC MHL.

[2] Spoto, *Dark Side of Genius*, 22.

[3] John Houseman, *Unfinished Business: Memoirs, 1902–1988* (New York: Applause

Theatre Books, 1989), 235.

[4] Cardiff, *Magic Hour*, 19.

[5] Tripp, *The Glass Ladder*, 156.

[6] Stephen Inwood, *City of Cities: The Birth of Modern London* (London: MacMillan, 2005), xv.

[7] Greater London Authority, "Population Change 1939–2015," https://data.london.gov. uk/dataset/population-change-1939-2015.

[8] Peter Ackroyd, *London: The Concise Biography* (London: Vintage Books, 2012), 560. Quoting Horace Thorogood's memoir *East of Aldgate* (London: Allen and Unwin, 1935).

[9] Alfred Hitchcock, "Murder—With English on It," *New York Times*, March 3, 1957, 199.

[10] Ralph Waldo Emerson, *English Traits* (London and New York: Tauris Parke, 2011), 77.

[11] Wilfred Owen, "Dulce et Decorum Est," 1915, in Wilfred Owen, *Anthem for Doomed Youth* (London: Penguin, 2015), 2.

[12] Jerry White, *London in the Twentieth Century: A City and Its People* (London: Vintage Books, 2008), 313. Quoting Eileen Bailey's memoir, *The Shabby Paradise: The Autobiography of a Decade* (London: Hutchinson & Co., 1958), 17ff.

[13] Charles Champlin, "What's It All About, Alfie?" *Los Angeles Times*, June 7, 1971, 12.

[14] Margaret Pride, "Your Fears Are My Life," *Reveille*, September 23, 1972, 7, AHC MHL.

[15] Henry K. Miller, "Film Society, The (1925–39)," http://www.screenonline.org.uk/ film/id/454755/index.html.

[16] Truffaut, *Hitchcock*, 320.

[17] Ibid.

[18] "From Our London Correspondent," *Western Morning News*, May 29, 1926, 6.

[19] "British Films Booming," *Daily Herald*, September 15, 1926, 2.

[20] "To Be Seen on the Screen," *Daily Herald*, December 5, 1925, 7.

[21] Genevieve Abravanel, *Americanizing Britain: The Rise of Modernism in the Age of the Entertainment Empire* (New York: Oxford University Press, 2012), 8.

[22] G. A. Atkinson, "'British' Films Made to Please America," March 18, 1927, cited in Mark Glancy, *Hollywood and the Americanization of Britain: From the 1920s to the Present* (London and New York: I.B. Tauris, 2013), 14.

[23] "The British Film," *Western Morning News*, October 19, 1926, 4.

[24] "The Farmer's Wife," *Daily Mirror*, March 5, 1928, AHC MHL.

[25] "Putting England on the Screen," *Evening Standard*, March 5, 1928, AHC MHL.

[26] Advertising poster for *Blackmail*, AHC MHL.

[27] *Daily Mail*, June 24, 1929, AHC MHL.

[28] *London Evening News*, June 22, 1929, AHC MHL.

[29] *The Times*, June 24, 1929, AHC MHL.

[30] Batdorf, "Let's Hear It for Hitchcock," in Gottlieb, ed., *Alfred Hitchcock Interviews*, 82.

[31] Alfred Hitchcock, "More Cabbages, Fewer Kings: A Believer in the Little Man," *Kinematograph Weekly*, January 14, 1937, 30.

[32] Alfred Hitchcock, "Stodgy British Pictures," *Film Weekly*, December 14, 1934, 14.

[33] *Britain Through a Lens: The Documentary Film Mob*, BBC Four, July 19, 2011.

[34] John Grierson, "Two Reviews," in Forsyth Hardy, ed., *Grierson on Documentary* (Berkeley: University of California Press, 1971), 71–72.

[35] Barr and Kerzoncuf, *Lost and Found*, 209–10.

[36] Durgnat, *The Strange Case of Alfred Hitchcock*, 30.

[37] Norman Lloyd, SMU.

[38] Michael Balcon, "DESERTERS!" *Sunday Dispatch*, August 25, 1940, 6.

[39] C. A. Lejeune, "Cinema Cameos," *The Sketch*, July 10, 1940, 52.

[40] Ibid.

[41] Truffaut, *Hitchcock*, 128.

[42] Ibid.

[43] H. Mark Glancy, *When Hollywood Loved Britain: The Hollywood 'British' Film, 1930–1945* (Manchester and New York: Manchester University Press, 1999), 3, citing *The Spectator* (May 7, 1937).

[44] Ibid., 1.

[45] Leslie Perkoff, "The Censor and Sydney Street," *World Film News*, March 12, 1938, 5.

[46] Hitchcock O'Connell and Bouzereau, *Alma Hitchcock*, 167.

[47] Coleman, *The Man Who Knew Hitchcock*, 217.

[48] Ian Cameron and V. F. Perkins, "Interview with Hitchcock," *Movie*, no. 6 (January 1963): 6.

[49] Mogens Skot-Hansen, UN Representative to the Motion Picture Industry, to AH, February 5, 1951, AHC MHL.

[50] Peter Bart, "Advertising: TV series on U.N. Stirs Debate," *New York Times*, April 10, 1964, AHC MHL.

[51] White, *London in the Twentieth Century*.

[52] Juliet Gardiner, *The Thirties: An Intimate History* (London: Harper Press, 2010).

[53] Champlin, "What's It All About, Alfie?" 12.

[54] Viewings of all these British films—and many others—are listed in Hitchcock's appointment books, AHC MHL.

[55] AH notes on draft script of *The Man Who Knew Too Much*, April 27, 1955, AHC MHL.

[56] Arthur La Bern, "Letters to the Editor: Hitchcock's 'Frenzy,' from Mr Arthur La Bern," *The Times*, May 29, 1972, 7. See also Taylor, *Hitch*, loc. 4900 of 5468, Kindle.

[57] Barbara Leigh-Hunt in discussion with the author, December 15, 2018.

12 神的仆人

[1] Hitchcock O'Connell and Bouzereau, *Alma Hitchcock*, 216; Spoto, *Dark Side of Genius*, 550.

[2] Roger Ebert, "Scorsese Learns from Those Who Went before Him," January 11, 1998, https://www.rogerebert.com/interviews/scorsese-learns-from-those-who-went-before-him.

[3] Gilbert Harrison's spoken notes on his meeting with AH, January 4, 1980, Gilbert A. Harrison papers relating to Thornton Wilder, 1956–1985, Beinecke Rare Book and Manuscript Library, Yale University.

[4] O'Riordan, "Interview with Alfred Hitchcock," 289.

[5] Bruce Bradley, *James Joyce's Schooldays* (Dublin: Gill and MacMillan, 1982), 7.

[6] Bogdanovich, *Who the Devil Made It*, loc. 9287 of 15740, Kindle.

[7] Simon Callow, "The Spiritual SAS," *Guardian*, January 31, 2004, https://www.theguardian.com/books/2004/jan/31/featuresreviews.guardianreview6.

[8] Neil Hurley, *Soul in Suspense: Hitchcock's Fright and Delight* (Metuchen, NJ, and London: Scarecrow Press, 1993), 13.

[9] Jon Whitcomb, "Master of Mayhem," *Cosmopolitan*, October 1959, 24.

[10] AH to Richard Condon, November 3, 1964, Richard Condon Collection, HGARC.

[11] Spoto, *Dark Side of Genius*, 20.

[12] Anthony M. Maher, *The Forgotten Jesuit of Catholic Modernism: George Tyrrell's Prophetic Theology* (Minneapolis, MN: Fortress Press, 2017), 26.

[13] Andrew Greeley, *The Catholic Imagination* (Berkeley and London: University of California Press, 2000), 1.

[14] Ackland, *The Celluloid Mistress*, 37.

[15] AH appointment books, AHC MHL.

[16] Hitchcock O'Connell and Bouzereau, *Alma Hitchcock*, 213.

[17] Bernard Parkin S.J., *St Ignatius College, 1894–1994* (Enfield, UK: St Ignatius Press, 1994), viii.

[18] Ibid., 146.

[19] AH to Reverend Thomas J. Sullivan, S.J., October 20, 1966, AHC MHL. See also McGilligan, *Darkness and Light*, loc. 15188 of 20272, Kindle.

[20] See Berry C. Knowlton and Eloise R. Knowlton, "Murder Mystery Meets Sacred Mystery: The Catholic Sacramental in Hitchcock's *I Confess*," in Regina Hansen,

ed., *Roman Catholicism in Fantastic Film: Essays on Belief, Spectacle, Ritual and Imagery* (Jefferson, NC: McFarland, 2011), 196.

[21] Truffaut, *Hitchcock*, 200–202.

[22] Ibid., 203.

[23] Murray Pomerance, *An Eye for Hitchcock* (New Brunswick, NJ, and London: Rutgers University Press, 2004), 173.

[24] Bazin, *Cinema of Cruelty*, 152.

[25] Weaver, "The Man Behind the Body," 88.

[26] Spoto, *Dark Side of Genius*, 385.

[27] O'Riordan, "Interview with Alfred Hitchcock," 290.

[28] David Freeman, in discussion with the author, October 6, 2018.

[29] Alfred Hitchcock, interview by Richard Schickel, *The Men Who Made the Movies: Alfred Hitchcock*, PBS, 1973.

[30] Eric Rohmer与Claude Chabrol第一次讨论了这个话题。See Eric Rohmer and Claude Chabrol, *Hitchcock: The First Forty-Four Films*, trans. Stanley Hochman (Oxford: Roundhouse, 1992).

[31] Hurley, *Soul in Suspense*, 72.

[32] Ibid., 199.

[33] Truffaut, *Hitchcock*, 54.

[34] Oscar Wilde, "De Profundis," *De Profundis: The Ballad of Reading Gaol and Other Writings* (London: Wordsworth Editions, 1999), 83.

[35] Ibid., 59.

[36] Ibid.

[37] Spoto, *Dark Side of Genius*, 551.

[38] McGilligan, *Darkness and Light*, loc. 16939 of 20272, Kindle.

[39] Mark Henninger, "Alfred Hitchcock's Surprise Ending," *Wall Street Journal*, June 12, 2012, https://www.wsj.com/articles/SB10001424127887323401904578159573738040636.

[40] Ibid.

[41] Hitchcock O'Connell and Bouzereau, *Alma Hitchcock*, 222.

[42] Taylor, "Surviving," 176.

精选参考文献

基本文献来源说明

对于想要研究阿尔弗雷德·希区柯克生平及作品的人而言，收有阿尔弗雷德·希区柯克重要藏品的洛杉矶美国电影艺术与科学学会玛格丽特·赫里克图书馆，你一定得去。而且，馆内还有许多其他珍贵藏品——分别来自希区柯克曾服务过的那几家好莱坞电影公司和曾为他服务过的那些编剧、演职人员以及他的一些朋友——同样非常重要。你还能在学院的口述史料库中找到大量相关人士的采访文字记录，这都是你研究希区柯克好莱坞时期所需关注的关键人物。此外，同样位于洛杉矶的加州大学洛杉矶分校查尔斯·E·杨研究图书馆特藏部，也为本书资料收集工作提供了许多非常宝贵的材料。

波士顿大学的霍华德-戈特利布档案研究中心藏有一批档案，分别来自希区柯克的好几位同事与合作者。另外你还能在得克萨斯找到不少好东西，包括有得克萨斯大学奥斯汀分校哈里·兰塞姆中心里的欧内斯特·莱曼相关藏品和大卫·O·塞尔兹尼克相关藏品以及达拉斯南卫理公会大学罗纳德·戴维斯口述史藏品（Ronald Davis Oral History Collection）。在纽约现代艺术博物馆以及纽约公共图书馆古籍善本部及比利·罗斯戏剧分部，也都能找到一些资源，数量不大但却非常有用，涉及一些曾与希区柯克合作或是研究过他的作者。还有耶鲁大学贝内克古籍善本图书馆浩若烟海的藏品，其中散落着的各种珍宝，也需细细爬梳，例如作家吉尔伯特·哈里森 1980 年时的希区柯克采访录音，那差不多是后者生前所做的最后一次采访。

　　想要研究希区柯克前往好莱坞之前的职业生涯和社会环境，那就一定要去位于伦敦的英国电影学会了。那儿的鲁宾图书馆（Reuben Library）除藏有价值不可估量的大量过往电影期刊之外，还收藏了大批旧照片和电影胶片，有助于你进一步了解希区柯克那一时期的作品。而在泰晤士河以北，在大英图书馆包罗万象的期刊藏品中，我也找到了 20 世纪 20 年代以降数十篇文章的原件，它们或由希区柯克本人撰写，或是以他作为报道对象，而在大英图书馆的视听档案库里，也藏有大量希区柯克访谈与相关纪录片。在浏览他们强大的在线报纸数据库时，我还意外发现了不少和希区柯克有关的旧文章，可说是意外之喜。最后要特别感谢西德尼·戈特利布和珍·斯隆两位学者的杰出工作，斯隆提供的希区柯克参考书目和戈特利布搜集整理的希区柯克文字作品与访谈，对于任何一位希区柯克研究者而言，都是不可或缺的重要内容，也给了我很大启示。

报刊文章与网站

"Alfred Hitchcock Reveals His Methods." *Midland Daily Telegraph*, July 14,1936.

"All the Fun of the Fair—Free." *Evening Standard*, June 15, 1927.

"Alma in Wonderland: A Woman's Place Is Not Always in the Home." *Picturegoer*, December 1925.

"The British Film." *Western Morning News*, October 19, 1926.

"British Films Booming." *Daily Herald*, September 15, 1926.

"Case of the Missing Shoe." *Sydney Morning Herald*, May 5, 1960.

"The Elderly Cherub That Is Hitchcock." *TV Guide*, May 29, 1965.

"Everything Went Black." *The Herald*, May 14, 1960.

"Exposing Weaknesses of Top Ranking Stars." *Modern Screen*, December 1940.

"Falstaff in Manhattan." *New York Times*, September 5, 1937.

"The Farmer's Wife." *Daily Mirror*, March 5, 1928.

"Film Crasher Hitchcock." Cue, May 19, 1951.

"Film Director's Daughter Scores in New Comedy." *Hartford Times*, October 13, 1944.

"Film-Making Problems." *Daily Mail*, March 31, 1927.

"From Our London Correspondent." *Western Morning News*, May 29, 1926.

"From the archive, 24 January 1920: Is there a crime wave in the country?" *Guardian*, January 24, 2012, https://www.theguardian.com/theguardian/2012/jan/24/crime-wave-uk-1920. Originally published in the *Manchester Guardian*, January 24, 1920.

"Hitchcock Gives Free Rein to the Gentle Sex." *TV Guide*, May 10, 1958.

"Hitchcock in Sydney on PR Visit." *The Advertiser*, May 5, 1960.

"Hitchcock's Shower Scene: Another View." *Cinefantastique* 16, no. 4 (October 1986): 4–5, 64–67.

"Hitchcock: 'Treat Your Wives Better.' " *The Sun*, May 16, 1960.

"Impersonating 'The Lodger.' " *The Bioscope*, March 17, 1927.

"Ingrid Bergman—As Played by Alfred Hitchcock." *Pageant*, March 1946.

" 'The Lodger,' the Last Word in Screen Art." *Leeds Mercury*, October 2, 1926.

" 'Mary Rose' at the Haymarket." *Common Cause*, May 7, 1920.

"Our Captious Critic: 'Mary Rose.' " *Illustrated Sporting and Dramatic News*, May 15, 1920.

"Putting England on the Screen." *Evening Standard*, March 5, 1928.

"Seen on the Screen." *Daily Herald*, April 17, 1926.

"Some Thoughts on Color by Alfred Hitchcock." *Adelaide Advertiser*, September 4, 1937.

"Talk of the Trade." *The Bioscope*, April 21, 1927.

"Talk of the Trade." *The Bioscope*, May 26, 1927.

"To Be Seen on the Screen." *Daily Herald*, December 5, 1925.

Abramson, Martin. "What Hitchcock Does with His Blood Money." *Cosmopolitan*, January 1964.

Adams, Marjory. "Hitchcock, En Route Overseas, Stops Off for Daughter's Play." *Boston Morning Globe*, October 17, 1944.

Archer, Eugene. "Hitchcock's 'Marnie,' with Tippi Hedren and Sean Connery." *New*

York Times, June 23, 1964.

Atkinson, G. A. "The Authenticity of Alfred." *The Era*, December 16, 1931.

Balcon, Michael. "DESERTERS!" *Sunday Dispatch*, August 25, 1940.

Balliet, Whitney. "Hitchcock on Hitchcock." *The New Yorker*, August 8, 1959. https://www.newyorker.com/magazine/1959/08/15/hitchcock-on-hitchcock.

Bart, Peter. "Advertising: TV series on U.N. Stirs Debate." *New York Times*, April 10, 1964.

Benedetta, Mary. "A Day with Hitchcock." Unknown publication, undated. AHC MHL.

Bidisha. "What's Wrong with Hitchcock's Women." *Guardian*, October 21, 2010. https://www.theguardian.com/film/2010/oct/21/alfred-hitchcock-women-psycho-the-birds-bidisha.

Bogdanovich, Peter. "Hitchcock High and Low." *New York*, May 6, 1974.

Brace, Keith. "The Trouble with Alfred." *Birmingham Daily Post*, August 5, 1960.

Buchanan, Barbara J. "Alfred Hitchcock Tells a Woman that Women Are a Nuisance." *Film Weekly*, September 20, 1935.

Burford, Roger. "A New 'Chair' Which a Woman Might Fill." *Gateway for Women at Work* 1, no. 3 (July 1929): 100–103.

Burrows, Tim. "Martin Landau: 'I chose to play Leonard as gay.' " *Daily Telegraph*, October 12, 2012. https://www.telegraph.co.uk/culture/film/starsandstories/9601547/Martin-Landau-I-chose-to-play-Leonard-as-gay.html.

Callow, Simon. "The Spiritual SAS." *Guardian*, January 31, 2004. https://www.theguardian.com/books/2004/jan/31/featuresreviews.guardianreview6.

Cameron, Ian, and V. F. Perkins. "Interview with Hitchcock." *Movie*, no. 6 (January 1963): 4–6.

Champlin, Charles. "What's It All About, Alfie?" *Los Angeles Times*, June 7, 1971.

Clark, Gerald. "Here's Hitchcock's Recipe for Suspense." *Weekend Magazine, The Standard*, December 22, 1951.

Coe, Alexis. "William Howard Taft Is Still Stuck in the Tub." *New York Times*, September 15, 2017. https://www.nytimes.com/2017/09/15/opinion/william-howard-taft-bathtub.html.

Coe, Richard. "Bergman Sobers Up Down Under." *Washington Post*, October 7, 1949.

Cohen, Paula Marantz. "Alfred Hitchcock: Modest Exhibitionist." *TLS*, September 5, 2008. https://www.the-tls.co.uk/articles/private/alfred-hitchcock-modest-exhibitionist/.

Counts, Kyle. "The Making of Alfred Hitchcock's *The Birds*." *Cinefantastique* 10, no. 2 (Fall 1980): 15–35.

Davidson, Bill. "Alfred Hitchcock Resents." *Saturday Evening Post*, December 15, 1962.

Davis, Ivor. "Alfred Hitchcock Abhors Violence, Prefers Suspense." *Los Angeles Times*, September 7, 1969.

Delehanty, Thornton. "A Liberated Hitchcock Dreams Gaudy Dreams in Technicolor." *New York Herald Tribune*, April 22, 1945.

Dixon, Bryony. "The White Shadow." http://www.screenonline.org.uk/film/id/1423007/index.html.

Ebert, Roger. "Scorsese Learns from Those Who Went Before Him." January 11, 1998. https://www.rogerebert.com/interviews/scorsese-learns-from-those-who-went-before-him.

_____. "*Vertigo*." October 13, 1996. https://www.rogerebert.com/reviews/great-movie-vertigo-1958.

Goldsmith, Barbara. "Bristol-Meyers' Alfred Hitchcock: His 'Personality' Sells What He Derides." *Printers' Ink* (July 18, 1958): 63–68.

Grant, Cary. "Cary Grant on Style." GQ, April 15, 2013. https://www.gq.com/story/cary-grant-on-style. Originally published in GQ, Winter 1967–68.

Grant, Elspeth. "Converted to Beatledom." *Tatler*, July 22, 1964.

Greene, Lawrence. "He Is a Camera." *Esquire*, August 1952.

Grosvenor, Rita. "I Don't Scare Easily, Says Mrs Hitchcock." *Sunday Express*, January 30, 1972.

Hellman, Geoffrey T. "Alfred Hitchcock." *Life*, November 20, 1943.

Henninger, Mark. "Alfred Hitchcock's Surprise Ending." *Wall Street Journal*, June 12, 2012. https://www.wsj.com/articles/SB10001424127887323401904578159573738040636.

Hitchcock, A. J. "Titles—Artistic and Otherwise." *Motion Picture Studio*, July 23, 1921.

Hitchcock, Alfred. "Alfred Hitchcock Presents: The Great Hitchcock Murder Mystery." *This Week*, August 4, 1957.

_____. "Columbus of the Screen." *Film Weekly*, February 21, 1931.

_____. "Director's Problems." *The Listener*, February 2, 1938, 241.

_____. "Films We Could Make." *London Evening News*, November 16, 1927.

_____. "How I Make My Films." *News Chronicle*, March 5, 1937.

_____. "It's Time Now to Start Taking Off That Turkey and Eggnog Waistline." *Los Angeles Times*, January 18, 1955.

_____. "Life Among the Stars." *News Chronicle*, March 1, 1937.

_____. "Making 'The Thirty-Nine Steps.' " *Film Weekly*, May 23, 1936.

_____. "More Cabbages, Fewer Kings: A Believer in the Little Man." *Kinematograph Weekly*, January 14, 1937.

_____. "Murder-with English on It." *New York Times Magazine*, March 3, 1957.

_____. "My Screen Memories—1: I Begin with a Nightmare." *Film Weekly*, May 2, 1936.

_____. "My Screen Memories—2: The Story Behind 'Blackmail.' " *Film Weekly*, May 9, 1936.

_____. "My Spies." *Film Weekly*, May 30, 1936.

_____. "My Strangest Year." *Film Weekly*, May 16, 1936.

_____. "The Real Me (The Thin One)." *Daily Express*, August 9, 1966.

_____. "The Sophistication of Violence." *Esquire*, July 1961.

_____. "Stodgy British Pictures." *Film Weekly*, December 14, 1934.

_____. "The Woman Who Knows Too Much." *McCall's*, March 1956.

Hitchcock, Alma Reville. "My Husband Hates Suspense." *Everywoman's Family Circle*, June 1958.

Mrs Alfred Hitchcock, as told to Martin Abramson. "My Husband Alfred Hitchcock Hates Suspense." *Coronet*, August 1964.

Hodenfield, Chris. "Alfred Hitchcock: Muuuurder by the Babbling Brook." *Rolling Stone*, July 29, 1976. https://www.rollingstone.com/movies/movie-features/alfred-hitchcock-muuuurder-by-the-babbling-brook-59347/.

Hopper, Hedda. "Hitchcock: He Runs on Fear." *Los Angeles Times*, August 17, 1958.

_____. "Papa Hitchcock." *Chicago Sunday Tribune Magazine*, October 13, 1944.

Hughes, Spike. "Coarse Cricket." *Daily Herald*, July 30, 1938.

Jennings, F. S. "Master of Suspense." *The Era*, December 9, 1936.

Johnston, Alva. "300-Pound Prophet Comes to Hollywood." *Saturday Evening Post*, May 22, 1943.

Joyce, Simon. "Sexual Politics and the Aesthetics of Crime: Oscar Wilde in the '90s." *ELH* 69, no. 2 (Summer 2002): 501–23.

Kaytor, Marilyn. "The Alfred Hitchcock Dinner Hour." *Look*, August 27, 1963.

Klemsrud, Judy. "Men's Clothes: Here Comes the Liberace Look." *New York Times*, March 4, 1970.

La Bern, Arthur. "Letters to the Editor: Hitchcock's 'Frenzy,' from Mr Arthur La Bern." *The Times*, May 29, 1972.

Lehman, Ernest. "Screen Writer's Recipe for 'Hitch's Brew.' " *New York Times*, August 2, 1959.

Lejenne, C. A. "Cincma Cameos." *The Sketch*, July 10, 1940.

Lewin, David. "Alfred Hitchcock." *CinemaTV Today*, August 19, 1972.

Macklin, Anthony. "It's the Manner of Telling: An Interview with Alfred Hitchcock." *Film Heritage* 11 (1976): 15–32.

Maloney, Russell. "What Happens After That?" Profiles, *The New Yorker*, September 10, 1938.

Mann, Roderick. "Hitchcock: Show Must Go On." *Los Angeles Times*, August 8, 1978.

Matthews, Peter. "*Vertigo* rises: the greatest film of all time?" *Sight & Sound*, September 2012. https://www.bfi.org.uk/news-opinion/sight-sound-magazine/polls-surveys/greatest-films-all-time/vertigo-hitchcock-new-number-one.

McBride, Joseph. "Mr. and Mrs. Hitchcock." *Sight & Sound* 45, no. 4 (Autumn 1976): 224–25.

McCarten, John. "The Current Cinema." *The New Yorker*, October 29, 1955.

Miller, Henry K. "Film Society, The (1925–39)." http://www.screenonline.org.uk/film/id/454755/index.html.

Millstein, Gilbert. "Harrison Horror Story." *New York Times*, July 21, 1957.

Montagu, Ivor. "Working with Hitchcock." *Sight & Sound* 49, no. 3 (Summer 1980): 189–93.

Moral, Tony Lee. "How Accurate is *The Girl?*" *Broadcast*, December 14, 2012. http://www.broadcastnow.co.uk/comment/how-accurate-is-the-girl/5050231.article.

Morfield, June. "The One Man Grace Kelly Couldn't Say 'No' To." *TV Radio Mirror*, July 1962.

Nugent, Frank S. "Assignment in Hollywood." *Good Housekeeping*, November 1945.

_____. "The Screen in Review." *New York Times*, October 12, 1939.

Perkoff, Leslie. "The Censor and Sydney Street." *World Film News*, March 12, 1938.

Pratley, Gerald. "Alfred Hitchcock's Working Credo." *Films in Review* 3, no. 10 (December 1952): 500–503.

Pride, Margaret. "Your Fears Are My Life." *Reveille*, September 23, 1972.

Reed, Rex. "Film Violence." *Calgary Herald*, June 17, 1972.

Reville, Alma. "Cutting and Continuity." *Motion Picture News*, January 13, 1923.

Ross, Walter. "Murder in the Mezzanine." *Esquire*, January 1954.

Roud, Richard. "The French Line." *Sight & Sound* 29, no. 4 (Autumn 1960): 166–71.

Sarris, Andrew. "The Movie Journal." *Village Voice*, June 11, 1960.

Saunders, Marya. "My Dad, the Jokester." *Family Weekly*, July 21, 1963.

Shanley, John P. "Lady Producer of Thrillers." *New York Times*, May 29, 1960.

Smith, H. Allen. "Hitchcock Likes to Smash Cups." *New York World-Telegram*, August 28, 1937.

Sussex, Elizabeth. "The Fate of F3080." *Sight & Sound* 53, no. 2 (Spring 1984): 92–97.

Taylor, John Russell. "Alfred Hitchcock: Fact and Fiction by John Russell Taylor." *Bloomsbury Reader*, April 8, 2013. https://bloomsburyreader.wordpress.com/2013/04/08/alfred-hitchcock-fact-and-fiction-by-john-russell-taylor/.

"Surviving: Alfred Hitchcock." *Sight & Sound* 46, no. 3 (Summer 1977): 174–75.

Turner, George E. "Rope—Something Different," *American Cinematographer* 66, no. 2

(February 1985): 34–40.

T.H.E. "Meet the Strong, Silent Director!" *Sunderland Daily Echo and Shipping Gazette*, February 16, 1935.

Thomson, David. "Charms and the Man," *Film Comment* 20, no. 1 (February 1984): 58–65.

Underhill, Duncan. "Hitchcock Is Like a Pattern Designer." *New York World-Telegram*, April 6, 1940.

Warhol, Andy. "Hitchcock." *Andy Warhol's Interview*, September 1974.

Warwick, Alan. "Alfred Hitchcock's Tudor Cottage." *Home Chat*, February 27, 1932.

Watt, Harry. "Re-Seeing Blackmail." *World Film News* 2, no. 1 (April 1937): 15.

Weaver, John D. "The Man Behind the Body." *Holiday*, September 1964.

Wehner, Chris. "Chris Wehner: Interview with Rear Window scribe John Michael Hayes." http://www.screenwritersutopia.com/article/d14ec43e. Originally published in *Screenwriter's Monthly*, December 2002.

Weldon, Huw. "Alfred Hitchcock on His Films." *The Listener*, August 6, 1964.

Weston Edwards, Joan. "Making Good in the Film Trade." Unknown publication, February 26, 1927. AHC MHL.

Whitcomb, Jon. "Master of Mayhem." *Cosmopolitan*, October 1959.

Wickham, Ben. "Hitchcock Co., Horror Unlimited." Unknown publication, 1940. AHC MHL.

Wilde, Oscar. "The Philosophy of Dress." *New York Tribune*, April 19, 1885.

Williams, J. Danvers. "The Censor Wouldn't Pass It." *Film Weekly*, November 5, 1938.

电视、广播及电影

"Alfred Hitchcock Accepts the AFI Life Achievement Award in 1979." American Film Institute, March 7, 1979. https://www.youtube.com/watch?v=pb5VdGCQFOM.

Bill Mumy, interview by Archive of American Television, September 3, 2013, Television Academy Foundation, https://interviews.televisionacademy.com/interviews/bill-mumy.

"*Blackmail* Test Take," BFI YouTube Channel, https://www.youtube.com/watch?v=7Z8mSwzSQQk.

Britain Through a Lens: The Documentary Film Mob. BBC Four, July 19, 2011.

British Film Institute. "Westcliff Cine Club Visits Mr Hitchcock in Hollywood," https://player.bfi.org.uk/free/film/watch-westcliff-cine-club-visits-mr-hitchcock-in-hollywood-1963-online.

Cinema: Alfred Hitchcock. DVD extra on *Hitchcock: The British Years*, UK: Network, 2008. DVD. Originally broadcast, ITV, 1966.

The Dick Cavett Show. ABC, June 8, 1972.

Everyone's Wicked Uncle. BBC Radio 3, July 27, 1999.

John Michael Hayes, interview by Steven DeRosa, https://www.youtube.com/watch?v=l981MGsT9n4.

Hitchcock at the NFT. BBC One, December 30, 1969.

Hitchcock/Truffaut. Directed by Kent Jones. USA: Dogwoof, 2016. DVD.

The Men Who Made the Movies, "Alfred Hitchcock." PBS, November 4, 1973.

Omnibus, "It's Only Another Movie." BBC One, September 26, 1986.

Reputations, "Hitch: Alfred the Great." BBC Two, 1999.

Reputations, "Hitch: Alfred the Auteur." BBC Two, 1999.

Rope: Pro and Con. DVD extra on *Hitchcock/Truffaut,* 2016.

The Story of Frenzy. DVD extra on *Frenzy.* Directed by Alfred Hitchcock. UK: Universal, 2005. DVD.

A Talk with Hitchcock. USA: Image Entertainment, 2000. DVD. Originally broadcast as *Telescope,* "A Talk with Hitchcock," 1964, CBC.

Time of My Life, "Alfred Hitchcock." BBC Home Service, August 28, 1966.

"Why Oscar-winner Eva Marie Saint Never Went Hollywood." CBS News, March 2, 2014, https://www.cbsnews.com/news/why-oscar-winner-eva-marie-saint-never-went-hollywood/.

书籍

Abramson, Leslie H. *Hitchcock and the Anxiety of Authorship.* New York: Palgrave Mac-Millan, 2015.

Abravanel, Genevieve. *Americanizing Britain: The Rise of Modernism in the Age of the Entertainment Empire.* New York: Oxford University Press, 2012.

Ackland, Rodney, and Elspeth Grant. *The Celluloid Mistress, or The Custard Pie of Dr. Caligari.* London: Allan Wingate, 1954.

Ackroyd, Peter. *Alfred Hitchcock.* London: Chatto & Windus, 2015.

_____. *London: The Concise Biography.* London: Vintage Books, 2012.

Allen, Richard. *Hitchcock's Romantic Irony.* New York: Columbia University Press, 2007.

Atkinson, Diane. *Rise Up Women!: The Remarkable Lives of the Suffragettes.* London: Bloomsbury, 2018.

Auiler, Dan. *Hitchcock's Secret Notebooks.* London: Bloomsbury. 1999.

_____. *Vertigo: The Making of a Hitchcock Classic.* London: Titan, 1999.

Badmington, Neil. *Hitchcock's Magic.* Cardiff: University of Wales Press, 2011.

Baer, William. *Classic American Films: Conversations with the Screenwriters.* Westport, CT, and London: Praeger, 2008.

Balcon, Michael. *Michael Balcon Presents: A Lifetime of Films*. London: Hutchinson, 1969.

Banner, Lois. *American Beauty*. New York: Alfred A. Knopf, 1983.

Barr, Charles. *English Hitchcock*. Moffat, Scotland: Cameron and Hollis, 1999.

_____. *Vertigo*. London: BFI, 2012.

Barr, Charles, and Alain Kerzoncuf. *Hitchcock Lost and Found: The Forgotten Films*. Lexington: University Press of Kentucky, 2015.

Bazin, André. *The Cinema of Cruelty: From Buñuel to Hitchcock*. New York: Seaver Books, 1982.

Belton, John, ed. *Alfred Hitchcock's* Rear Window. Cambridge, UK: Cambridge University Press, 2000.

Bennett, Charles. *Hitchcock's Partner in Suspense: The Life of Screenwriter Charles Bennett*, ed. John Charles Bennett. Lexington: University of Kentucky, 2014.

Bentley, Toni. *Sisters of Salome*. Lincoln: University of Nebraska Press, 2005.

Bogdanovich, Peter. "Alfred Hitchcock (1899–1980)," *Who the Devil Made It: Conversations with Legendary Film Directors*. New York: Ballantine Books, 1997. Kindle.

Bone, James. *The Curse of Beauty: The Scandalous & Tragic Life of Audrey Munson, America's First Supermodel*. New York: Simon & Schuster, 2016.

Bordwell, David. *Reinventing Hollywood: How 1940s Filmmakers Changed Movie Storytelling*. Chicago and London: Chicago University Press, 2017.

Bradley, Bruce. *James Joyce's Schooldays*. Dublin: Gill and MacMillan, 1982.

Brill, Lesley. *The Hitchcock Romance: Love and Irony in Hitchcock's Films*. Princeton, NJ: Princeton University Press, 1988.

Cardiff, Jack. *Magic Hour*. London: Faber & Faber, 1996.

Carey, John. *The Intellectuals and the Masses: Pride and Prejudice among the Literary Intelligentsia, 1880–1939*. London: Faber & Faber, 1992.

Cassini, Oleg. *In My Own Fashion: An Autobiography*. London: Simon & Schuster, 1987.

Chandler, Charlotte. *Ingrid: Ingrid Bergman, A Personal Biography*. London: Simon & Schuster, 2007.

_____. *It's Only a Movie—Alfred Hitchcock: A Personal Biography*. London: Pocket Books, 2006.

Chapman, James. *Hitchcock and the Spy Film*. London: Bloomsbury, 2017.

Chauncey, George. *Gay New York: The Making of the Gay Male World, 1890–1940*. London: Flamingo, 1995.

Cohen, Paula Marantz. *Alfred Hitchcock: The Legacy of Victorianism*. Lexington: University Press of Kentucky, 1995.

Coleman, Herbert. *The Man Who Knew Hitchcock: A Hollywood Memoir*. Lanham, MD; Toronto; Plymouth, UK: Scarecrow Press, 2007.

Comolli, Jean-Louis. "Fatal Rendezvous." In *Cinema and the Shoah: An Art Confronts the Tragedy of the Twentieth Century*, ed. Jean-Michel Frodon, trans. Anna Harrison and Tom Mes. Albany: State University of New York Press, 2010.

Connolly, Cyril. *Enemies of Promise*. Chicago: University of Chicago Press, 2008.

Conrad, Peter. *The Hitchcock Murders*. London: Faber & Faber, 2000.

Cotten, Joseph. *Vanity Will Get You Somewhere*. London: Columbus Books, 1987.

Critser, Greg. *Fat Land: How Americans Became the Fattest People in the World*. Boston and New York: Houghton Mifflin, 2003.

Cronyn, Hume. *A Terrible Liar: A Memoir*. New York: William Morrow, 1991.

Davy, Charles. *Footnotes to the Film*. London: Lovat Dickson, 1937.

Dern, Bruce, with Christopher Fryer and Robert Crane. *Things I've Said, But Probably Shouldn't Have: An Unrepentant Memoir*. Hoboken, NJ: Wiley, 2007.

DeRosa, Steven. *Writing with Hitchcock: The Collaboration of Alfred Hitchcock and John Michael Hayes*. New York; London: Faber & Faber, 2001.

Durgnat, Raymond. *The Strange Case of Alfred Hitchcock*. London: Faber & Faber, 1974.

Ebert, Roger. *Awake in the Dark: The Best of Roger Ebert*, 2nd ed. Chicago: University of Chicago Press, 2017.

Eisner, Lottie. *The Haunted Screen: Expressionism in the German Cinema and the Influence of Max Reinhardt*. Davis: University of California Press, 2008.

Eliot, Marc. *James Stewart: A Biography*. London: Aurum, 2006.

Emerson, Ralph Waldo. *English Traits*. London and New York: Tauris Parke, 2011.

Fallaci, Oriana. *The Egotists: Sixteen Surprising Interviews*, trans. Pamela Swinglehurst. Chicago: Henry Regnery, 1968.

Fishgall, Gary. *Gregory Peck: A Biography*. New York: Scribner, 2002.

Fontaine, Joan. *No Bed of Roses*. London: W.H. Allen, 1978.

Fox, Kate. *Watching the English: The Hidden Rules of English Behaviour*. London: Hodder & Stoughton, 2004.

Freedman, Jonathan, ed. *The Cambridge Companion to Alfred Hitchcock*. New York: Cambridge University Press, 2015.

Freedman, Jonathan, and Richard Millington, eds. *Hitchcock's America*. New York and Oxford: Oxford University Press, 1999.

Freeman, David. *Last Days of Alfred Hitchcock*. Woodstock, NY: Overlook Press, 1984.

Friedman, David M. *Wilde in America: Oscar Wilde and the Invention of Modern Celebrity*. New York: W. W. Norton, 2014.

Galenson, David. *Old Masters and Young Geniuses: The Two Life Cycles of Artistic Creativity*. Princeton, NJ, and Oxford: Princeton University Press, 2006.

Gardiner, Juliet. *The Thirties: An Intimate History*. London: Harper Press, 2010.

Gehring, Wes D. *Hitchcock and Humor: Modes of Comedy in Twelve Defining Films.* Jefferson, NC: McFarland, 2019.

Gladstone, Kay. "Separate Intentions: The Allied Screening of Concentration Camp Documentaries in Defeated Germany in 1945–46: *Death Mills and Memory of the Camps.*" In *Holocaust and the Moving Image: Representations in Film and Television since 1933.* Toby Haggith and Joanna Newman, eds., 50–64. London: Wallflower, 2005.

Glancy, Mark. *Hollywood and the Americanization of Britain: From the 1920s to the Present.* London and New York: I.B. Tauris, 2013.

_____. *When Hollywood Loved Britain: The Hollywood "British" Film, 1930–1945.* Manchester and New York: Manchester University Press, 1999.

Glick, Elisa. *Materializing Queer Desire: Oscar Wilde to Andy Warhol.* Albany: State University of New York Press, 2009.

Gottlieb, Sidney, ed. *Alfred Hitchcock Interviews.* Jackson: University Press of Mississippi, 2003.

_____. *Hitchcock on Hitchcock, Volume 1.* London: University of California Press, 1997.

_____. *Hitchcock on Hitchcock, Volume 2.* Oakland: University of California Press, 2015.

Gottlieb, Sidney, and Christopher Brookhouse, eds. *Framing Hitchcock: Selected Essays from the Hitchcock Annual.* Detroit: Wayne State University Press, 2002.

Grams, Martin, Jr., and Patrik Wikstrom. *The Alfred Hitchcock Presents Companion.* Churchville, MD: OTR, 2001.

Granger, Farley. *Include Me Out: My Life from Goldwyn to Broadway.* New York: St. Martin's Press, 2007.

Greeley, Andrew. *The Catholic Imagination.* Berkeley and London: University of California Press, 2000.

Greven, David. *Intimate Violence: Hitchcock, Sex, and Queer Theory.* New York: Oxford University Press, 2017.

Grierson, John. "Two Reviews." In *Grierson on Documentary,* ed. Forsyth Hardy, 71–72. Berkeley: University of California Press, 1971.

Griffin, Susan M., and Alan Nadel, eds. *The Men Who Knew Too Much: Henry James and Alfred Hitchcock.* Oxford and New York: Oxford University Press, 2012.

Haeffner, Nicholas. *Alfred Hitchcock.* Harlow: Longman, 2005.

Harding, James, *Ivor Novello.* London; W.H. Allen, 1987.

Head, Edith, and Jane Kesner Ardmore. *The Dress Doctor.* Kingswood, UK: World's Work, 1960.

Head, Edith, and Paddy Calistro. *Edith Head's Hollywood.* New York: Dutton, 1983.

Hedren, Tippi. *Tippi: A Memoir.* New York: William Morrow, 2016. Kindle.

Hill, Daniel Delis. *Advertising to the American Woman, 1900–1999.* Columbus: Ohio State

University Press, 2002.

Hiney, Tom, and Frank MacShane, eds. *The Raymond Chandler Papers: Selected Letters and Non-Fiction, 1909–1959*. London: Hamish Hamilton, 2000.

Holder, Peter Anthony. *Great Conversations*. Albany, NY: BearManor Media, 2017.

Honigsbaum, Mark. *Living with Enza: The Forgotten Story of Britain and the Great Flu Pandemic of 1918*. London: Macmillan, 2009.

Houseman, John. *Unfinished Business: Memoirs, 1902–1988*. New York: Applause Theatre Books, 1989.

Hunter, Evan. *Me and Hitch*. London: Faber & Faber, 1997.

Hurley, Neil. *Soul in Suspense: Hitchcock's Fright and Delight*. Metuchen, NJ, and London: Scarecrow Press, 1993.

Inwood, Stephen. *City of Cities: The Birth of Modern London*. London: MacMillan, 2005.

James, Clive. *Clive James on Television*. London: Picador, 1991.

Jorgensen, Jay. *Edith Head: The Fifty-Year Career of Hollywood's Greatest Costume Designer*. Philadelphia and London: Running Press, 2010.

Kapsis, Robert. *Hitchcock: The Making of a Reputation*. Chicago and London: University of Chicago Press, 1992.

Kelly, Ian. *Beau Brummell: The Ultimate Dandy*. London: Hodder & Stoughton, 2005.

Knowlton, Berry C., and Eloise R. Knowlton. "Murder Mystery Meets Sacred Mystery: The Catholic Sacramental in Hitchcock's *I Confess*." In *Roman Catholicism in Fantastic Film: Essays on Belief, Spectacle, Ritual and Imagery*, ed. Regina Hansen, 196–208. Jefferson, NC: McFarland, 2011.

Kraft, John, and Aaron Leventhal. *Footsteps in the Fog: Alfred Hitchcock's San Francisco*. Santa Monica, CA: Santa Monica Press, 2002.

Krohn, Bill. *Hitchcock at Work*. London: Phaidon Press, 2000.

Lacey, Robert. *Grace*. London: Sidgwick & Jackson, 1994.

Laurents, Arthur. *Original Story By: A Memoir of Broadway and Hollywood*. New York: Alfred A. Knopf, 2000.

Lawrence, Amy. *The Passion of Montgomery Clift*. Berkeley and London: University of California Press, 2010.

Lebeau, Vicky. *Childhood and Cinema*. London: Reaktion Books, 2008.

Leff, Leonard J. *Hitchcock and Selznick: The Rich and Strange Collaboration of Alfred Hitchcock and David O. Selznick in Hollywood*. London: Weidenfeld & Nicholson, 1987.

Lehman, Ernest. *North by Northwest*. New York: Viking Press, 1972.

Leigh, Janet, with Christopher Nickens. *Psycho: Behind the Scenes of the Classic Thriller*. London: Pavilion Books, 1995.

Lev, Peter. *Transforming the Screen, 1950–1959*. Berkeley: University of California Press,

2003.

MacLaine, Shirley. *I'm Over All That: And Other Confessions*. New York: Atria, 2012.

MacShane, Frank. *The Life of Raymond Chandler*. London: Hamish Hamilton, 1986.

Maher, Anthony M. *The Forgotten Jesuit of Catholic Modernism: George Tyrrell's Prophetic Theology*. Minneapolis, MN: Fortress Press, 2017.

Mankiewicz, Tom, and Robert Crane. *My Life as a Mankiewicz: An Insider's Journey through Hollywood*. Lexington: University Press of Kentucky, 2012.

Mann, Philip. *The Dandy at Dusk: Taste and Melancholy in the Twentieth Century*. London: Head of Zeus, 2017.

McCann, Grant. *Cary Grant: A Class Apart*. New York: Columbia University Press, 1996.

McEwen, Todd. *How Not to Be American: Misadventures in the Land of the Free*. London: Aurum, 2013.

McGilligan, Patrick. *Alfred Hitchcock: A Life in Darkness and Light*. HarperCollins, 2010. Kindle.

_____. *Backstory 2: Interviews with Screenwriters of the 1940s and 1950s*. Berkeley: University of California Press, 1991.

_____. *Backstory 3: Interviews with Screenwriters of the 1960s*. Berkeley: University of California Press, 1997.

McKittrick, Casey. *Hitchcock's Appetites: The Corpulent Plots of Desire and Dread*. New York and London: Bloomsbury, 2016.

Meyers, Jeffrey. *The Enemy: A Biography of Wyndham Lewis*. London: Routledge, 1980.

Miller, D. A. *Hidden Hitchcock*. Chicago and London: University of Chicago Press, 2017.

Modleski, Tania. *The Women Who Knew Too Much: Hitchcock and Feminist Theory*. New York and London: Routledge, 2005.

Moffatt, Wendy. *A Great Unrecorded History: A New Life of E. M. Forster*. New York: Farrar, Straus & Giroux, 2010.

Montagu, Ivor. *The Youngest Son*. London: Lawrence and Wishart, 1970.

Moorehead, Caroline. *Sidney Bernstein: A Biography*. London: Jonathan Cape, 1984.

Moral, Tony Lee. *Hitchcock and the Making of Marnie*. Lanham, MD; Toronto; Plymouth, UK: Scarecrow Press, 2013.

_____. *The Making of Hitchcock's The Birds*. Harpenden, UK: Kamera Books, 2013. Kindle.

Morley, Sheridan. *John Gielgud: The Authorized Biography*. London: Simon & Schuster, 2010.

Mulvey, Laura. "Visual Pleasure and Narrative Cinema." In *Film Theory and Criticism: Introductory Readings*, eds. Leo Braudy and Marshall Cohen, 5th ed. New York: Oxford University Press, 1999.

Nelson, Nancy. *Evenings with Cary Grant*. New York: Warner, 1993.

Norman, Will. *Transatlantic Aliens: Modernism, Exile, and Culture in Midcentury America*. Baltimore: Johns Hopkins University Press, 2016.

O'Connell, Pat Hitchcock, and Laurent Bouzereau. *Alma Hitchcock: The Woman Behind the Man*. New York: Berkley Books, 2003.

Olson, Debbie. "The Hitchcock Imp: Children and the Hyperreal in Alfred Hitchcock's *The Birds*." In *Lost and Othered Children in Contemporary Cinema*, eds. Debbie Olson and Andrew Scahill, 287–306. Plymouth, UK: Lexington, 2014.

Olsson, Jan. *Hitchcock à la Carte*. Durham, NC, and London: Duke University Press, 2015.

Orr, John. *Hitchcock and Twentieth-Century Cinema*. London and New York: Wallflower Press, 2005.

Orwell, George. *The Collected Essays, Journalism and Letters of George Orwell*, vol. 3. London: Penguin, 1970.

_____. *Decline of the English Murder*. London: Penguin, 2009.

_____. *I Have Tried to Tell the Truth: 1943–1944*. London: Secker & Warburg, 1998.

Osteen, Mark, ed. *Hitchcock and Adaptation: On the Page and Screen*. Lanham, MD, and Plymouth, UK: Rowman and Littlefield, 2014.

Palmer, R. Barton, and David Boyd, eds. *Hitchcock at the Source: The Auteur as Adaptor*. Albany: State University of New York Press, 2011.

Parkin S. J., Bernard. *St Ignatius College, 1894–1994*. Enfield, UK: St Ignatius Press, 1994.

Pells, Richard. *Modernist America: Art, Music, Movies, and the Globalization of American Culture*. New Haven and London: Yale University Press, 2011.

Pomerance, Murray. *An Eye for Hitchcock*. New Brunswick, NJ, and London; Rutgers University Press, 2004.

Raubicheck, Walter. "Working with Hitchcock: A Collaborators' Forum with Patricia Hitchcock, Janet Leigh, Teresa Wright, and Eva Marie Saint." In *Hitchcock Annual: 2002–03*, eds. Sidney Gottlieb and Richard Allen, 32–66. New York: Columbia University, 2003.

Rebello, Stephen. *Alfred Hitchcock and the Making of* Psycho. New York: St. Martin's Press, 1998.

Redgrave, Michael. *In My Mind's Eye: An Autobiography*. London: Weidenfeld & Nicolson, 1983.

Reed, Langford, and Hetty Spiers, eds. *Who's Who in Filmland*. London: Chapman and Hall, 1931.

Rohmer, Eric, and Claude Chabrol. *Hitchcock: The First Forty-Four Films*, trans. Stanley

Hochman. Oxford: Roundhouse, 1992.

Rothman, William. *Hitchcock: The Murderous Gaze.* Albany: State University of New York Press, 2002.

Royal, Susan. "Steven Spielberg in His Adventures on Earth." In *Steven Spielberg Interviews*, eds. Lester D. Friedman and Brent Notbohm. Jackson: University Press of Mississippi, 2000.

Royal Academy of Arts. *Transitional Object [PsychoBarn]: Cornelia Parker.* London: Royal Academy Publications, 2018.

Said, Edward. *On Late Style: Music and Literature Against the Grain.* London: Bloomsbury, 2017.

Samuels, Charles Thomas. *Encountering Directors.* New York: G. P. Putnam's Sons, 1972.

Schoonmaker, Thelma, Peter Von Bagh, and Raymond Durgnat. "Midnight Sun Film Festival." In *Michael Powell: Interviews*, ed. David Lazar. Jackson: University Press of Mississippi, 2003.

Sharff, Stefan. *The Art of Looking in Hitchcock's* Rear Window. New York: Limelight Editions, 1997.

Sklar, Robert. "Death at Work: Hitchcock's Violence and Spectator Identification." In *After Hitchcock: Influence, Imitation, and Intertexuality*, eds. David Boyd and R. Barton Palmer. Austin: University of Texas Press, 2010.

Slezak, Walter. *What Time's the Next Swan?* Garden City, NY: Doubleday, 1962.

Slide, Anthony. *The Silent Feminists: America's First Women Directors.* Lanham, MD, and London: Scarecrow Press, 1996.

Sloan, Jane. *Alfred Hitchcock: A Filmography and Bibliography.* Berkeley: University of California Press, 1995.

Smit, David. *Ingrid Bergman: The Life, Career and Public Image.* Jefferson, NC: McFarland, 2012.

Smith, Susan. *Hitchcock: Suspense, Humour and Tone.* London: BFI, 2000.

Spoto, Donald. *The Art of Alfred Hitchcock. Fifty Years of His Motion Pictures.* London: W. H. Allen, 1977.

_____. *The Dark Side of Genius: The Life of Alfred Hitchcock.* London: Collins, 1983.

_____. *High Society: Grace Kelly and Hollywood.* London: Hutchinson, 2005.

_____. *Spellbound by Beauty: Alfred Hitchcock and His Leading Ladies.* London: Arrow, 2009. Kindle.

Stearns, Peter. *Fat History: Bodies and Beauty in the Modern West.* New York: New York University Press, 1997.

Stein, Jean. *West of Eden: An American Place.* London: Jonathan Cape, 2016.

Steinbeck, Elaine, and Robert Wallsten, eds. *Steinbeck: A Life in Letters.* London: Penguin,

2001.

Strachan, Alan. *Secret Dreams: The Biography of Michael Redgrave*. London: Weidenfeld & Nicolson, 2004.

Taylor, John Russell. *Hitch: The Life and Times of Alfred Hitchcock*. London: Bloomsbury Reader, 2013. Kindle.

Thomson, David. *The Moment of* Psycho: *How Alfred Hitchcock Taught America to Love Murder*. New York: Basic Books, 2009.

Tomkins, Calvin. *Duchamp: A Biography*. London: Pimlico, 1996.

Tripp, June. *The Glass Ladder*. London: William Heinemann, 1960.

Truffaut, François. *Hitchcock*. London: Faber & Faber, 2017.

Vincent, David. *The Culture of Secrecy: Britain, 1832–1998*. Oxford: Oxford University Press, 1998.

Walker, Michael. *Hitchcock's Motifs*. Amsterdam: Amsterdam University Press, 2005.

White, Edward. *The Tastemaker: Carl Van Vechten and the Birth of Modern America*. New York: Farrar, Straus & Giroux, 2014.

White, Jerry. *London in the Twentieth Century: A City and Its People*. London: Vintage Books, 2008.

_____. *Zeppelin Nights: London in the First World War*. London: Bodley Head, 2014.

Wilde, Oscar. *De Profundis: The Ballad of Reading Gaol and Other Writings*. London: Wordsworth Editions, 1999.

Wood, Robin. *Hitchcock's Films Revisited*. New York: Columbia University Press, 1989.

Wright, Jonathan. *God's Soldiers: Adventure, Politics, Intrigue, and Power—A History of the Jesuits*. London: Doubleday, 2005.

Youngkin, Stephen D. *The Lost One: A Life of Peter Lorre*. Lexington: University Press of Kentucky, 2005.

图书在版编目(CIP)数据

希区柯克的 12 种人生/(英)爱德华·怀特
(Edward White)著;黄渊译. —上海:上海人民出版
社,2023
书名原文:The Twelve Lives of Alfred Hitchcock
ISBN 978 - 7 - 208 - 18184 - 7

Ⅰ.①希… Ⅱ.①爱… ②黄… Ⅲ.①希区科克
(Hitchcock,Alfred 1899 - 1980)-传记 Ⅳ.
①K835.615.78

中国国家版本馆 CIP 数据核字(2023)第 041033 号

责任编辑 吴书勇
封面设计 李婷婷

希区柯克的 **12** 种人生
[英]爱德华·怀特 著
黄　渊 译

出　　版	上海人民出版社	
	(201101　上海市闵行区号景路 159 弄 C 座)	
发　　行	上海人民出版社发行中心	
印　　刷	苏州工业园区美柯乐制版印务有限责任公司	
开　　本	890×1240　1/32	
印　　张	15.5	
插　　页	3	
字　　数	341,000	
版　　次	2023 年 5 月第 1 版	
印　　次	2023 年 5 月第 1 次印刷	

ISBN 978 - 7 - 208 - 18184 - 7/K·3268
定　　价　　88.00 元

The Twelve Lives of Alfred Hitchcock: An Anatomy of the Master of Suspense

Copyright © 2021 by Edward White

Chinese (Simplified Characters) Copyright © 2023 by Shanghai People's Publishing House

All rights reserved